Gottfried John

Bekenntnisse eines Unerzogenen

Gottfried John

Bekenntnisse eines Unerzogenen

Econ

»... ach wehe doch nicht so eilig
Herbstwind über der Heide.
Dieses unser Leben, wem soll ich es vergleichen.
Dem Spiegelbild des Mondes
In einem Tropfen Tau
Glitzernd
Am Schnabel der wilden Ente ...«

Zen

Da ist er. Da vorn an der Ecke«, sagte Brigitte, die neben mir saß.

Ich schaltete ganz vorsichtig in den ersten Gang. Seine leicht gebeugte Gestalt war immer deutlicher zu erkennen. Er stand am Straßenrand, starrte vor sich hin und schien seine Umgebung nicht wahrzunehmen. Der Wagen kam rutschend neben ihm zum Stehen. Janek stieg ein und setzte sich hinter uns in die Mitte auf den Rücksitz.

»Ist spiegelglatt. Hab' schon gedacht, du nimmst mich nicht mit«, sagte er in seinem harten polnischen Akzent.

Ich schaltete in den zweiten Gang und fuhr vorsichtig mit schleifender Kupplung wieder an.

»Du weißt, wie du zu Kripo kommst in Ettstraße? Ist Mordkommission?«

Ich zuckte mit den Schultern.

»Wir sind zu spät.«

»Hast du deinen Pass?« fragte ich und schaute in den Rückspiegel.

Er starrte immer noch vor sich hin, als versuchte er sich zu erinnern. Dann atmete er heftig aus. Brigitte drehte schnell ihren Kopf zur Seite, um dem strengen Schnapsgeruch zu entgehen. Ich zündete mir wieder eine Zigarette an.

»Hab' ich noch telefoniert mit ihr gestern«, sagte er leise. »Oder vor ein paar Tage.« Seine olivbraune gegerbte Haut spannte sich über den hohen Wangenknochen. »Hat sie noch

gesagt, ist so dunkel. War aber ein Tag mit Sonne.« Er schien nach innen zu sehen. Seine grauen Augen hatten jede hypnotische Kraft verloren.
»Kannst du halten an der Kiosk?«
»Du kannst eine von mir haben«, sagte ich und reichte ihm die Packung Zigaretten über meine Schulter nach hinten.
»Brauch' ich was für die Nerven«, sagte er bittend. Ich bremste den Wagen vorsichtig ab.
Die Tür schon halb geöffnet, fragte er: »Hast du mal fünf Mark?«
Brigitte kramte genervt in ihrer Manteltasche.
»Ich hab' einen Zwanzigmarkschein.«
»Ist auch gutt«, sagte er und stieg aus.
»Pass auf, es ist glatt«, rief sie ihm hinterher.
»Hab' ich die Strumpf über die Schuhe«, sagte er ernst und hob einen Fuß hoch, um ihn uns zu zeigen. Dann lief er vorsichtig schlurfend zu der Bude.
»Ist noch ein bisschen früh«, sagte Brigitte, während sie ihm zusah, wie er vor dem Kiosk stand, ein kleines Schnapsfläschchen öffnete und es mit einem Schluck austrank, indem er seinen Kopf nach hinten warf. Dann verstaute er eine ganze Batterie Fläschchen in seinem dünnen Sommermantel. Als der Verkäufer ihm das Wechselgeld reichte, winkte er souverän ab, tippte grüßend an die Stirn und drehte sich um. Er kam gestrafft, mit leichten Schritten, wieder zum Wagen zurück.
»Lass ihn«, sagte ich. »Er hat gesoffen, seit ich ihn kenne. Ein Wunder, dass er noch lebt.«
Brigitte schaute mich erschrocken an und sah dann wieder nach vorne. In Janek war das Leben zurückgekehrt. Kräftig schlug er die Autotür zu, beugte sich zwischen uns nach vorne und sagte mit zusammengebissenen Zähnen: »Heilige Irre. Hat sie gekämpft, lebenslang, wie Don Quichotte, jetzt ist sie tott!«

Der Kripobeamte saß hinter seinem Schreibtisch und blätterte in Janeks Pass.
»Jan Wroblewski, W-R-O-B-L-E-W-S-K-I. Staatenlos? Geboren am 2. 2. 1922 in Koscelew, Polen. Sie haben jetzt einen festen Wohnsitz in München?«

Janek stand vor ihm, die Hände hinter dem Rücken gefaltet. Er nickte und sagte dann leise: »Jawoll!«

»Sie sind also der Witwer von der verstorbenen Frau Wroblewski.«

»Wroblewska!« sagte Janek. »In Polen haben Frauennamen hinten eine A.«

»Wir sind hier nicht in Polen«, sagte der Kripobeamte und sah ihn streng an. »Maria Karola, Karola mit K, Ruth Thekla Wroblewski. So steht es hier in der Anmeldebescheinigung. Geboren am 2. 3. 1919 in Berlin, zuletzt wohnhaft Pariser Straße, München. Das ist auch dort, wo wir den Leichnam aufgefunden haben. Na ja, wohnen kann man das ja nicht nennen, so wie das da aussah.«

Er starrte angewidert auf das Blatt Papier. Dann las er die weiteren Angaben vor.

»Beruf Schauspielerin und Schriftstellerin. Kirche: Keine, da aus der Kirche ausgetreten. Familienstand...« Er hob die Augenbrauen. »Dauernd getrennt lebend. Meine Scheidung ließ sich nicht durchführen, da Herr Wroblewski Ausländer ist und nicht auffindbar war.« Er schüttelte den Kopf. »So genau will das doch keiner wissen! Das stiftet nur Verwirrung. Zum Zeitpunkt des Todes waren Sie also noch verheiratet mit dieser Frau Wroblewski, richtig? Ich frage nur, weil wir wissen müssen, wer für die ausstehenden Mietschulden haftbar ist.

Janek straffte sich.

»Das ist richtig, aber wir waren nicht zusammen seit zwanzig Jahre«, sagte er abwehrend.

»Das ist vor dem Gesetz egal. Also sind Sie der Witwer«, beharrte der Kripobeamte. »Und wer sind diese Herrschaften, bitte schön?«

Dabei zeigte er mit einem Kopfnicken auf Brigitte und mich. Brigitte, die meine Hand gehalten hatte, ließ sie jetzt los. Ich räusperte mich und trat einen Schritt vor. »Ich bin der Sohn.«

»Wroblewski junior?« fragte der Beamte und musterte mich.

»Nein, sie ist meine Mutter. Ich heiße John.«

»Sie war Ihre Mutter«, korrigierte er mich. »Ja, aber«, begann der Beamte und starrte wieder auf das Anmeldeformular. »Das war doch der Mädchenname von Frau Wroblewski.« Er schaute von einem zum anderen.

»Ja«, sagte ich. »Ich heiße wie meine Mutter. Ich bin unehelich geboren.« Und plötzlich hatte ich wieder – wie schon so oft in meiner Kindheit – das Gefühl, als müsste ich mich dafür schämen.

»Aha«, sagte der Kripobeamte und starrte mich mitleidig an.

»Und die junge Dame?« fragte er.

». . . ist meine Frau«, antwortete ich, um es nicht noch komplizierter zu machen.

»Nun gut«, sagte der Beamte. »Als unehelich Geborener sind Sie für uns juristisch nicht existent und auch nicht haftbar. Da müssen wir uns an den Witwer halten.«

Janek wurde ganz starr und vergrub seine Hände in den Manteltaschen. Die Schnapsflaschen klirrten.

»Noch etwas«, sagte der Beamte und öffnete eine Schublade. »In der Behausung der Verstorbenen haben wir diesen Pass hier gefunden.«

Er hob ihn triumphierend in die Höhe.

»Dieser Pass wurde manipuliert!« Er schlug die Seite mit dem Passfoto auf und tippte mit dem Zeigefinger auf die Unterschrift. »Die Unterschrift Thekla Wroblewski wurde eigenmächtig durchgestrichen und in Ruth John geändert. Außerdem wurde die Berufsbezeichnung Journalistin auch noch durchgestrichen und Schauspielerin und Schriftstellerin eigenhändig hinzugefügt. Können Sie sich das erklären? Was war sie denn nun?«

»Sie war eine Künstlerin«, sagte Janek ganz ruhig und bestimmt.

»Eine große Künstlerin in Lebben. Aber das kann eine Beamte nicht verstehen. Nie!«

Der Kripobeamte schaute ihn verblüfft an, holte ein paarmal Luft und sagte dann scharf: »Werden Sie nicht persönlich, ja? Hier dürfte es sich eindeutig um den Strafbestand der Urkundenfälschung handeln. Aber die betreffende Person hat sich ja nun der Strafverfolgung entzogen.«

Janek zog seine Hand aus der Manteltasche und streckte sie über den Schreibtisch. Sie zitterte leicht.

»Geben Sie mir. Bitte! Ist einzige Erinnerung an meine Kochanie!«

So hatte er sie früher vor vielen Jahren genannt. Kochanie... Liebling... Damals war er ihre große Liebe. Er hatte beim Einmarsch der deutschen Armee in Polen gegen den Willen des Vaters seine Heimat verlassen. Um ihn zu halten, soll sein Vater gesagt haben: »Wenn du jetzt gehst, wirst du alles hierlassen, was du von mir hast. Auch die Schuhe!«

Janek hatte sich dann in die Schweiz durchgeschlagen. Dort mit Zigaretten Schwarzhandel getrieben. Wurde interniert und floh nach Frankreich. In Paris versteckten ihn die Nutten und fütterten ihn durch. Nach dem Krieg arbeitete er bei der amerikanischen Besatzung in Deutschland in einer polnischen Wachkompanie. Den Ausreiseantrag in die USA in der Tasche wartete er in Rastatt auf den Termin seiner Überfahrt.

Ruth, meine Mutter, traf ihn in einem Tanzlokal. »Ich spürte in meinem Rücken eine magische Kraft«, erzählte sie mir, »mein Herz zog sich zusammen. Bevor ich mich umdrehte, wusste ich: Dieser Mann wird mein Schicksal!«

Es war Liebe vor dem ersten Blick.

»Das ist also der Mann meines Lebens! Dann sah ich ihn zum ersten Mal. Er war in Uniform, ganz in Schwarz. Hypnotische graugrüne Augen. In der rechten Hosentasche eine Flasche Wodka, in der linken Hosentasche Nietzsches ›Zarathustra‹!«

Er wollte Schriftsteller werden. Aber sein Problem war die Sprache. Die deutsche. Sie würde Schauspielerin werden. Dessen war sie sich sicher. Er überzeugter Atheist. Sie überzeugte Katholikin. Er Sadist. Sie Masochist.

»Ich kann dir deinen Glauben nehmen. Ich kann dir keinen neuen geben.«

Er liebte die Farbe Gelb. Sie hasste die Farbe Gelb. Der Kampf war eröffnet.

Janek schaute lange in den aufgeklappten Pass. Sein graues Haar fiel ihm in die Stirn. Dann löste er das Passfoto heraus.

»Sonst ist nur Erinnerung«, sagte er und hielt das kleine Foto fest in seiner geschlossenen Hand. Sie liebte seine feingliedrigen Hände. Der Kripobeamte holte uns wieder zurück in seine Welt.

»Der Leichnam wurde heute zur Bestattung freigegeben. Die Obduktion hat keine Fremdeinwirkung ergeben. Der Bericht wird Ihnen zugesandt. Allerdings soll in der Todesnacht laut Zeugenaussage der Nachbarin, einer älteren Frau, laute Musik aus der Behausung gedrungen sein, und die Dame habe Stimmen gehört, wie bei einer Party. Sie konnte die ganze Nacht nicht schlafen.«
Ich schaute überrascht Janek an. Er wich meinem Blick nicht aus. Plötzlich hatten seine Augen wieder diese hypnotische Kraft von damals.
»Aber«, fuhr der Beamte fort, »von unserer Seite gibt es keinen weiteren Aufklärungsbedarf. Bleibt nur zu klären, wer die Kosten der Bestattung übernimmt.«
»Ich«, sagte ich und versuchte mich von Janeks Blick zu lösen.
»Wie Sie wollen«, sagte der Kripobeamte. »Wünschen Sie eine Erd- oder eine Feuerbestattung?«
Ich war überfordert. Hilflos schaute ich zu Brigitte. Sie sagte: »Was hätte Ruth gewollt? Was denkst du?«
Nichts – dachte ich. Eine Turmuhr in der Nähe schlug dreimal.

Glockengeläut. Bescherungsgebimmel. Ich erinnerte mich an ein Gespräch mit Ruth, mit Rudi, wie ich sie nannte. Es war Weihnachten. Nach ihrer Schilderung wurde ich am Heiligen Abend 1941 gezeugt. Also war Weihnachten für sie der wichtigste Tag. Aber ich wurde am 29. August geboren. Rechnerisch konnte das nicht stimmen. Sehr viel später erfuhr ich, dass ich eine Frühgeburt war. Das hatte sie mir verschwiegen. Pünktlich zum Vierundzwanzigsten überbordete sie mich mit Romantik.
Ich konnte mich kaum der Auflage erwehren, genau an diesem Tag Liebe, Glücklichsein und Freude zu empfinden. Je älter ich wurde, desto mehr empfand ich dieses Fest als kollektiven Wahnsinn.
»Jetzt freu dich doch!« sagte sie.
Ich konnte nicht.

»Also ich find's schön«, sagte sie. »Du bist wie Janek. Wenn ich mich freue, machst du alles kaputt.«
Wir saßen in einem karg möblierten Zimmer. Sie war per Autostopp gekommen, von weit her. Hatte ihre Plastiktüten ausgebreitet, mit denen sie reiste. Das war ihr Gepäck. Baute die Kerzen auf. Einen Baum hatte ich verweigert. Sie holte das Klingelingeling-Glöckchen hervor. »Bitte, Rudi, ich bin ein erwachsener Mann. Lass mich in Ruhe! Ich will mich endlich befreien!«
»Du wirst dich nie befreien!« sagte sie trotzig. »Bis über den Tod hinaus nicht.«
Sie kämmte ihr jetzt schon grau gewordenes Haar und strahlte mich an.
Ich sah uns beide auf dem Fußboden in diesem Zimmer sitzen. Aus den Räumen nebenan ertönten Lachen und Musik. Mich überfiel eine tiefe Traurigkeit.
»Wäre es dir lieber gewesen, du wärest nicht auf die Welt gekommen? Na also!«
Sie zog sich die Lippen nach und zündete die Kerzen an.
»Wenn ich einmal tot bin, dann möchte ich verbrannt werden«, sagte sie unvermittelt und starrte in die Flammen der Kerzen. »Kurz ist der Schmerz, und ewig währt die Freude«, rezitierte sie, »wie die Märtyrer. Wie Jeanne d'Arc.« Und ihre Augen leuchteten in der romantischen Vorstellung, in den Flammen aufzugehen wie Ingrid Bergman im Film.

»Ich glaube, sie wollte verbrannt werden«, sagte ich entschieden.
»Also eine Feuerbestattung«, notierte der Kripobeamte. »Das ist auch billiger.«
Janeks Körper fing an zu zittern. Seine Gesichtsfarbe wechselte von olivbraun zu hellgelb. Die Augen unter den Schlupflidern waren panisch aufgerissen. Er schwankte. Ich hielt ihn und spürte, wie er an seinem ganzen Körper bebte. Er krallte sich an mich und stammelte: »Bitte nicht. Bitte, bitte nicht.«
Ich hielt ihn fest umarmt.

»Das war ihr Wunsch, Janek.«
»Bitte, bitte nicht verbrennen. Nicht in Feuer, nicht verkohlt, verglüht, schwarze Asche, bitte, bitte nicht.«
»Meine Herrschaften, ich bitte Sie!« sagte der Kripobeamte hilflos.
Ich nahm Janek in meine Arme wie ein kleines Kind. Er sah zu mir auf, in seinem Blick eine Angst, wie ich sie noch nie zuvor gesehen hatte.
»Bitte nicht. Sie war doch katholisch, weißt du. Und sie glauben an Wiederauferstehung bei Jüngste Gericht, und sie kann dann nicht wieder aufstehn, wenn Körper verbrannt. Bitte, bitte, versprich mir!«
Er vergrub sein Gesicht an meiner Brust. Ich streichelte ihm über die grauen Haare. Seinen Rücken.
»Ist schon gut, Janek. Ist gut. Keine Angst! Ich verspreche es dir!«
Und ich dachte: Die Lebenden sind wichtiger als die Toten. »Ist gut, Janek!«
Langsam beruhigte er sich. »Danke, Bübchen. Danke. Ich werde auf Mundharmonika spielen für sie an die Grab.«
»Ja«, sagte ich.
Wir fuhren schweigend zurück. Janek leerte unterwegs ein paar dieser kleinen Schnapsflaschen. Er wohnte bei einer ehemaligen Kellnerin, die er schon kannte, als Ruth und er noch ein Liebespaar waren.

Ruth war enttäuscht, dass ihr wilder, freiheitsliebender Janek bei dieser Kellnerin untergekrochen war. Aber auf seiner Freiheit bestand er. Jeden Morgen gab sie ihm fünf Mark. Dann verließ er die Wohnung, immer ein weißes Hemd an mit Krawatte.
»Gibt deutsches Sprichwort. Wie du kommst gegangen, so du wirst empfangen.«
Offiziell gab er sich als Versicherungsvertreter aus. So streunte er mit der Mappe unter dem Arm durch die Stadt, traf sich am Bahnhof, in der Goethestraße mit anderen Emigranten. Schnorrte sich durch, um seinen Alkoholpegel zu halten. Er

brauchte kein Essen. Beflirtete ältere Damen. Aber eigentlich liebte er dralles, fettes, junges Fleisch.
Ruth fand seine sexuelle Vorliebe für diese »jungen, dummen Dinger« widerlich. Sie hatten sich früh auseinandergelebt. So blieben sie nur psychisch aneinandergekettet. Ich glaube, er war der einzige Mann, für den sie je etwas wirklich empfunden hatte. Hassliebe.
Er schlug sie und nahm ihr das Geld ab, um es zu versaufen. Sie ließ ihn nachts vor der Tür stehen. Er randalierte. Sie ließ die Polizei kommen. Tags darauf versöhnten sie sich. Er küsste ihre Füße, weinte und trank Wodka aus ihrem Schuh. Sie verzieh ihm. Er lud sie zum Essen ein und eröffnete ihr bei der Rechnung, dass sie alles zu zahlen hätte. Also musste sie ihren Pass als Pfand hinterlegen.
Dafür schickte sie ihm, als er im Krankenhaus lag, weil ihm bei einer Schlägerei die Zähne ausgeschlagen worden waren, einen Priester ans Bett, der ihn bekehren sollte.
Als er wieder mal eine fette Jungfrau entjungferte, die allerdings ihr vierzigstes Lebensjahr erreicht hatte, von ihm schwanger wurde und ihn auf Vaterschaft verklagte, verloren sie sich aus den Augen.
Janek leugnete aus tiefster Überzeugung, er könne nicht der Vater sein, da seine Spermien durch seinen Alkoholismus unfruchtbar seien.
Der Test war positiv. Janek war zum ersten Mal Vater. Lieber ging er ins Gefängnis, als das zuzugeben.

»Willst du sie noch einmal sehen?« fragte Brigitte.
Diese plötzliche Frage machte mir Angst.
»Es ist bestimmt besser für dich. Sonst glaubst du, dass sie immer noch da ist.«
Vielleicht hatte Brigitte recht. Rudi war immer da. Zwar reiste sie herum, und die seltenen Male, wenn wir uns trafen, hatten wir sofort miteinander Streit. Dann trennten wir uns. Versicherten uns beide, dass wir uns liebhatten. Sie war wieder unterwegs und lebte ihr Leben, und ich versuchte, mein Leben zu leben.

»Und denk daran, keine Nachricht ist gute Nachricht«, sagte sie zum Abschied, lachte und schien wieder fröhlich zu sein, dass sie meinen bohrenden Fragen nicht mehr ausweichen musste.
Ich sollte sie wirklich noch einmal sehen, dachte ich.
Sie war nicht irgendwo unterwegs. Nicht weg, sondern tot. Ich konnte mir das nicht vorstellen. Ich wollte sie noch soviel fragen. Über meine Kindheit. Jetzt war es zu spät.
»Ich sollte sie noch ein letztes Mal sehen«, sagte ich.
»Nimmst du mich mit?« fragte Janek.
Sie konnten nicht voneinander lassen. Bis dass der Tod euch scheidet, dachte ich. Der Kampf war entschieden. Und Janek der verlorene Sieger.
»Ja, Janek«, sagte ich.
Er stieg aus, und ich schaute ihm nach, wie er unschlüssig vor der Haustür stand und auf die Klingelknöpfe starrte.
Das Eis war getaut, die Sonne durch die Wolken gebrochen, und die Menschen bewegten sich wieder normal auf den Straßen. Das Leben geht weiter. Wie banal, dachte ich.
Eigentlich wusste ich kaum etwas über diese Frau, die meine Mutter gewesen war. Was hatte sie so ver-rückt? Vielleicht war ich indirekt schuld. Nach meiner Geburt muss sie den Weg der bürgerlichen Normen verlassen haben. Als romantische Märtyrerin im Kampf gegen bürgerliche Spießigkeit. Unterwegs mit dem Kind der Liebe. »Wir gegen die ganze Welt.«

Sie war das dritte von fünf Kindern, der Vater Berufsoffizier, nach dem Krieg Steuerberater. Katholisches Elternhaus. Sie hatte Fremdsprachenkorrespondentin gelernt. Sprach fließend Englisch und Französisch. Konnte in drei Sprachen stenographieren.
Sie erzählte mir meine Entstehungsgeschichte in dieser Version: Im Jahr 1941 arbeitete sie als Sekretärin bei einer Mineralölgesellschaft in Berlin. Auf der Weihnachtsfeier kommt ihr Chef, der Oberingenieur Gottfried Rietell, Erfinder, auf sie zu und schenkt ihr die kleine Jesusfigur aus der Krippe.
Er wünscht sich von ihr einen Sohn. Nur einen Sohn.
Sie überzeugte Katholikin, erzogen im Heliandbund, Banner-

trägerin und Jugendführerin, rennt von einem katholischen Priester zum andern, um herauszubekommen, ob sie ein Kind ohne das heilige Sakrament der Ehe empfangen dürfe. Alle ermahnen sie zur Keuschheit, erinnern sie an die Dogmen der Kirche. Bis sie endlich einen Priester findet, der ihr sagt, sie müsse diesen Wunsch allein mit ihrem eigenen Gewissen und vor Gott ausmachen.
Sie ist glücklich, nur Gott und ihrem Gewissen verantwortlich zu sein.
Sie wird diesem geliebten Mann einen Sohn schenken, im wahrsten Sinne des Wortes schenken. »Dein Licht mir unters Herz gelegt, verzehrt mich mehr denn je.«
Sie ist in ihrem tiefsten Herzen sicher, dass sie einen Sohn gebären wird. Und dieser Sohn soll eine Überraschung sein für ihre große Liebe.
Während der Schwangerschaft taucht sie unter, zieht nach Bayern und kommt erst wieder zur Geburt nach Berlin. Der Sohn soll ein echter Berliner sein.
In der Nacht der Geburt seien Bomben auf Berlin gefallen. Sie habe mit ihrem Körper das neue Leben beschützt.
Der Vater ist erfreut und erkennt offiziell seinen Sohn an. Sein Erstgeborener solle später in in einer nationalpolitischen Erziehungsanstalt zu einem guten Deutschen erzogen werden.
Beide können sich über die Zukunft des Säuglings nicht einigen. Die Mutter möchte das Kind taufen lassen. Der Vater will sich nicht den katholischen Ritualen unterwerfen.
Er denke nicht daran, in die Kirche einzutreten in der jetzigen Zeit. Unter dieser Bedingung lehne er das Geschenk ab.
Jetzt ist sie das schwarze Schaf. Ein gefallenes Mädchen. Eine Schande für ihre bürgerliche Familie. Ihr Vater rät ihr, die Vormundschaft dem Vater Staat zu übertragen. Der wisse am besten, was für das Kind gut und richtig sei.
Das Kind wird auf den Namen Gottfried getauft.
Allein gelassen mit dem Leben, das sie geboren hatte, war sie wie eine Maria ohne Josef in die Welt gezogen.
Sie trennte sich von Familie und Beruf. Aber ihr Glaube war ungebrochen. Von da an war sie unterwegs mit ihrem Kind der Liebe, von einem Tag zum anderen lebend. »Darum sorget

nicht für den anderen Morgen, denn das Morgende wird für das Seine sorgen. Ihr Kleingläubigen!«
»Ich hatte deinem Vater vertraut, der Kirche, meinen Eltern. Dieser ganzen bigotten Gesellschaft. Dann vertraute ich nur Gott und mir selbst!« Sie hatte sich entschieden zu kämpfen.
Sie würde nur ihrer inneren Wahrheit folgen. Schon immer habe sie in ihrem tiefsten Herzen gewusst, dass sie eine Künstlerin ist. Das sei ihre wahre Berufung. Ihr unabwendbares Schicksal.
Deshalb habe sie auch nicht gewusst, wie eine richtige Mutter mit einem kleinen Kind umgeht, und oft Angst gehabt, dass ich ihr verhungern würde. In ihrer Not habe sie mich von Zeit zu Zeit abgeben müssen. Manchmal zu Nonnen.

Meine Erinnerung an diese Zeit: verschüttet. Nur Erinnerungsinseln. Alterslos. Kinderbilder in meinem Gedächtnis:
Schwarze Frauen. Da war ich allein mit den anderen Kindern, die keine Mutti hatten, die sie da wieder rausholt. Das hieß Waisenhaus.
Die schwarzen Frauen hatten keine Haare, und die Gesichter waren weiß eingerahmt. So konnten wir nur die schmalen Lippen sehen, die immer lächelten, und die bösen Augen. Alle trugen einen Ring, weil sie mit dem lieben Gott verheiratet waren. Der hing halbnackt an der Wand. Das muss ihm sehr weh getan haben. Vor dem knieten die Frauen immer wieder und schlugen sich an die Stirn, den Bauch und die Schultern. Und dann spielten sie mit kleinen schwarzen Kugeln, die an einer Schnur aufgereiht waren, und murmelten. Am Ende der Schnur war noch ein lieber Gott, nur in ganz klein und silbern. Dann war das Spiel aus, und die weißgerahmten Köpfe schimpften wieder mit uns. Das war gütig.
Ich hab' immer wieder ins Bett gemacht, obwohl ich Pipi gegangen bin, aber das war im Traum. Da konnte ich nicht aufhören, und es ist übergelaufen, bis alles ganz nass war und ich aufgewacht bin.
Da hab' ich auch immer gestottert und immer Angst gehabt, dass mein Strumpf weg ist und ich nichts wiederfinden konnte.

Die schwarzen Frauen hatten gar keine Füße, weil die Röcke bis zum Boden gingen, und es rauschte immer, wenn sie vorbeirollten. Wir mussten sie Schwester nennen, aber ich hatte gar keine Schwester.

Und eine hieß Mutter Oberin. Die hatte ein ganz großes, schwarzes Kreuz umhängen, aus Holz. Das war die gütigste, weil die anderen Frauen Angst hatten, wenn die was sagte, und alles machen mussten. Eine schwarze Frau musste Fenster putzen und auf die Fensterbank steigen. Da waren wir sehr neugierig, denn die hatte schwarze Füße, und damit wir besser gucken konnten, haben wir so getan, als ob wir auf dem Fußboden spielten, und heimlich hochgeschaut, aber nichts gesehen von den schwarzen Wollbeinen, weil da viele Röcke davor waren.

Wir sind dann näher rangekrochen, und das hat die gesehen und aufgehört zu putzen. Wir haben dann schnell woanders gespielt in dem großen Raum. Aber da hat die schon geschrien: »Wer war das?«

Und keiner hat was gesagt.

Dann mussten wir uns alle vor der Mutter Oberin hintereinander aufstellen. Die Mutter Oberin hat mit einem Stock auf die Fingerspitzen gehauen. Einmal auf jede Hand. Das war sehr schwer bei der zweiten Hand, weil die erste schon so weh tat. Die Mutter Oberin wurde noch wütender, wenn man die aus Versehen zurückzog.

Danach hat jeder gesagt: »Danke, Mutter Oberin, ich will das nie wieder tun.«

Am besten war es, die Hände ganz schnell zwischen die Oberschenkel zu klemmen, dass es nicht mehr so weh tat.

Das war die gerechte Strafe, weil wir unzüchtig waren. Dabei waren wir nie unzüchtig und haben auch immer, wenn Badetag war, die Unterhose angelassen. Auch später wollte ich nicht, dass meine Mutti mich nackig sieht.

Der Badetag war sowieso am schlimmsten. Die schwarzen Frauen haben uns dann ganz heftig geschrubbt, damit wir sauber wurden, und die Ohren ausgepult. Dann wurden die Fingernägel mit einer Schere geschnitten. Ganz kurz, bis sie bluteten, damit kein Dreck drunterpasst. Das mochte ich nicht, weil man sich nicht kratzen kann oder popeln.

Danach gab es graue Graupensuppe, und beim Essen durften wir nichts trinken, um die runterzuspülen. Erst hinterher. Vorher haben wir unsere Hände gefaltet und gesagt: »Komm, Herr Jesus, sei unser Gast, und segne, was du uns bescherest hast. Amen.« Dabei hab' ich immer auf das Schiff geguckt.
Die Kindheit, zusammenhanglose Bilder. Aber an diese Bescherung konnte ich mich genau erinnern.
»Ja«, antwortete Rudi. »Das war dein Geburtstag. Da warst du in München bei diesen netten Nonnen. Die waren sehr lieb. Und als ich dich da wieder abgeholt habe, da hast du die Schwäne auf dem Kanal am Nymphenburger Schloss gesehen und hast gesagt: ›Mutti, ist die Welt schön! So eine schöne Welt hab' ich noch nie gesehen!‹ Das Schiff?« sagte sie und hatte plötzlich Tränen in den Augen, »das war ein großes weißes Segelschiff aus Holz, das ich dir zum Geburtstag geschenkt hatte. Mit Kanonen und allem, aber das mussten die netten Nonnen leider wegsperren, in eine Vitrine, damit die anderen Kinder nicht eifersüchtig wurden. Dass du dich daran noch erinnern kannst! Die waren wirklich sehr lieb.«
Ich hab' immer Angst vor denen gehabt.
Heute kommt es mir so vor, als sei ich das nicht gewesen. Vielleicht, weil ich noch kein Ich hatte.

Aber damals war ich noch zu klein, um das zu verstehen. Ich kann mich nicht mehr erinnern, wie alt ich da war.
Sie ließ mich in einem Kinderkrankenhaus zurück, obwohl ich gar nicht krank war. Das war zur Beobachtung wegen was Ansteckendem. Da gab es zu essen, und ich musste so tun, als ob ich krank war. Das war langweilig.
An einem Abend hat mich dann eine Schwester hinten auf ein Motorrad gesetzt und ist mit mir einen langen Berg hochgefahren. Da waren hohe Mauern. Mir war ganz unheimlich, weil meine Mutti nicht wusste, dass ich auf einem Berg war, und mich nie wiederfinden konnte. Ich war so traurig, dass ich nicht mehr aufhören konnte zu weinen. Die ganze Nacht. Es wurde immer schlimmer, und ich konnte nicht sprechen und habe alle um mich nur verschwommen gesehen.

In dem Hof war ein tiefer Brunnen. Da soll mal ein Kind reingefallen und ertrunken sein. Ich saß jeden Tag an dem Brunnenrand und hab' da hineingeweint. Mir hat die ganze Brust weh getan. Da haben sie mich dann eingesperrt auf dem Dachboden, der dunkel war. Wenn ich nicht aufhöre mit Weinen, kommt der Klabautermann, haben sie mir gesagt. Vor Angst hab' ich dann nur noch Schluckauf gehabt. Am Morgen saß ich wieder an dem Brunnen. Der war so tief, dass ich meinen Kopf nur ganz klein unten sehen konnte. Da musste ich wieder weinen. Meine Mutti würde mich nie wiederfinden auf diesem Berg. Das Kind unten im Brunnen hatte bestimmt auch seine Mutti verloren. Und jetzt war es tot.

Jahre später, als ich dann groß, selbstbewusst und erwachsen war und zu meiner Mutter nicht mehr Mutti oder Mamschi sagte und auch nicht Ruth, sondern Rudi, da fragte ich sie: »Rudi, erzähl mir von meiner Kindheit. Ich weiß gar nichts. Was war das für eine Geschichte mit dem Brunnen?«

»Ja, da warst du im Krankenhaus. Ein junges Arztehepaar schmuggelte dich dort ein, weil du sonst verhungert wärst. Wir bekamen keine Lebensmittelmarken, da wir immer unterwegs waren, weißt du? Die konnten dich dann nicht mehr länger dort behalten. Eine Krankenschwester war so nett, dich in einem wunderschönen Kinderheim unterzubringen. Das war eine ganz romantische Burg, efeubewachsen, mit hohen alten Bäumen. Und runden Torbögen. Die Sonne ging unter. Und die Butzenscheiben glitzerten bunt in den letzten Sonnenstrahlen. Ich musste dich da leider wieder abholen.«

»Aber was war mit dem Brunnen?« beharrte ich.

»Wenn du mich immer unterbrichst, kann ich dir das gar nicht richtig schildern. Also ... Ich hörte hinter den Mauern ganz zart ein glockenhelles Stimmchen wie aus einer anderen Welt. Ich ging durch die efeubehangenen Torbögen und hörte dieses helle, herzzerreißende Schluchzen von überall her. Wie Engelsstimmen. Als ich zu dem Innenhof kam, schob ich den Efeu, der wie ein Vorhang niederhing, beiseite und sah an dem schön gemauerten Brunnen mein Bübchen sitzen. Die Abendsonne beleuchtete das goldgelockte Haar. Du hattest wunderschöne blonde Locken, weißt du? Und da saß mein Kleiner, ganz allein und einsam am Brunnenrand. Dann bist du auf mich zugestürmt, die Arme ausgestreckt, und ich hab' dich auf den Arm genommen und du hast gesagt: ›Bitte, bitte, Mutti, nimm mich wieder mit. Lass mich nie wieder allein, ich will nicht tot sein!‹ Und da hab' ich es nicht übers Herz gebracht und dich wieder mitgenommen.«

Wir wurden immer mitgenommen. Mutti war die Einzige auf der Welt, die winkte, sobald ein Auto zu sehen war. Wir waren immer unterwegs. Ich stand mit meiner schönen Mutti irgendwo in einem Dorf am Straßenrand. Wir waren die Sensation.
»Hättest du lieber eine Mutter wie die da drüben? Mit Dutt und Kittelschürze?«
Ich sah zu ihr hoch und legte meinen Kopf an ihren Bauch. Um uns herum Sonntagsspaziergänger mit ihren Kindern, die uns begafften. Besonders einer war widerlich mit seinen Sommersprossen. Der war ungefähr in meinem Alter und glubschte mich grinsend an, während er in der Nase bohrte.
Meiner Mutti machte es nichts aus, angestarrt zu werden. Sie schien die Leute gar nicht zu bemerken. Sie kämmte ihren Pony, betrachtete sich in einem kleinen Handspiegel und zog sich mit einem knallroten Stift die Lippen nach. Dann drehte sie sich um und fragte: »Kannst du mir sagen, ob die Nähte verrutscht sind?«
Ich schaute auf ihre wohlgeformten, etwas kräftigen Waden, die durch die Strumpfnaht und die Stöckelschuhe schlanker wirkten.
»Nee, die sind noch grade.«
Sie war sehr schön, meine Mutti. Ich wollte lieber so eine haben mit großen braunen Augen und einem großen roten Mund, den sie mit der Zunge immer etwas vorschob, damit er voller wirkte, mit Stöckelschuhen und durchsichtigen Strümpfen. Die anderen Mütter sahen so alt aus. Meine Mutti war jung und sie war immer wieder stolz zu hören: »Was, Sie haben schon so einen großen Sohn? Wir dachten, Sie sind die Schwester!«
Ich langweilte mich und setzte mich auf den Bordstein. Zwi-

schen den Pflastersteinen beobachtete ich die Ameisen, die alle mit einem festen Ziel hin und her rannten.
Es kamen sehr wenige Lastautos durch die Dorfstraße. Immer wenn entfernt das Brummen zu hören war, sprang ich auf. Die Dorfgemeinschaft und wir starrten gebannt auf das näher kommende, qualmende Ungetüm. Meine Mutti stellte sich in Positur, einen Fuß noch auf dem Bordstein, als wollte sie sich gleich vor den Wagen werfen. Sie setzte ihr strahlendes Lächeln auf und winkte den Daumen abgespreizt dem Lenker des Lastwagens zu. Der grinste und winkte zurück. Die Meute um uns herum brach in brüllendes Gelächter aus.
»Mach dir nichts draus. Die Hunde bellen, und die Karawane zieht weiter«, sagte sie.
Besonders die Sommersprosse verschluckte sich fast vor Vergnügen, hüpfte hysterisch winkend herum, bis ihm seine Mutter eine Ohrfeige gab. Meine Mutti hat mich nie geschlagen. Nie, nie, nie.
Jetzt grinste ich. Die Sommersprosse kämpfte gegen Tränen, zog ihre sommersprossige Nase hoch und streckte mir die Zunge raus. Dann kickte er wütend einen Stein in meine Richtung.
»Wollt ihr nicht ein bisschen miteinander spielen? Du langweilst dich doch«, sagte sie und lächelte den Jungen freundlich an.
Ich setzte mich trotzig wieder auf den Bordstein. »Ich hab' aber Hunger.«
»Jetzt quengel doch nicht so! Wenn wir aus dem Kaff raus sind, bekommst du eine Cadbury.«
»Wann denn?«
„Du machst es einem aber auch schwer. Ich kann doch auch nicht zaubern.«
Ich nahm den Stein von der Sommersprosse in die Hand. Ich spielte lieber meine eigenen Spiele. Die Rotznase durfte sowieso nicht spielen, weil heute Sonntag war. Das sah man daran, weil sich alle langweilten und fein angezogen waren und die Kleider nicht schmutzig werden durften. Ich stocherte mit dem Finger im staubigen Rinnstein zwischen den Ameisen herum und suchte mir eine aus. Ich erwischte sie nicht gleich beim

ersten Mal. Sie versuchte zu flüchten, und mit jedem Schlag wurde sie hektischer. Funken stoben neben ihr auf. Ich war wie der liebe Gott, aber ich ließ sie nicht leben. Mit der Spitze des Steins drückte ich erst nur ihren Hinterleib platt. Sie kroch mit den Vorderbeinen weiter. Die andern rasten in Panik über sie hinweg. Die Rotznase schaute mir neidisch zu. Dann befühlten einige die Schwerverletzte und zogen sie mit vereinten Kräften zu einem kleinen Loch. Kurz bevor sie in Sicherheit waren, vernichtete ich mit der flachen Seite des Steins auch die Retter.
Die Glocken läuteten. Immer mehr Menschen strömten zusammen. Das ganze Dorf schien sich hier zu versammeln, um sich über uns zu amüsieren.
»Jetzt lach doch mal! Schau mal ... den wunderschönen Sonnenuntergang!«
Ich schaute hoch und sah nur die grinsenden Gesichter. Außerdem musste ich Pipi. Meine langen Wollstrümpfe kratzten und meine kurze Hose hatte keinen Schlitz, und alle hätten gesehen, dass ich darunter ein Leibchen trug, an dem die Strümpfe festgemacht waren. Und als Unterhose hatte ich Muttis rosa Schlüpfer an.
»Mamschi, können wir nicht raus aus dem Dorf laufen? Mir ist das hier peinlich.«
Meine Mutter schaute kämpferisch in die Runde.
»Jetzt kümmer dich nicht um die blöden Spießer. Willst du guten Eindruck machen oder willst du weiterkommen?«
Sie hatte mit mir immer schon erwachsen geredet.
»Aber Mutti! Die Mädchen!«
»Na und? Die sind doch auch nicht viel älter als du. Höchstens fünf.«
Ich war jetzt sehr wütend auf sie und fing an zu weinen.
»Du bist aber auch ein Quälgeist«, sagte sie sanft und schaute mich traurig an.
»Willst du da lang oder da lang?«
»Mir doch egal.«
»Wie du willst!«
Ich konnte immer meinen Willen durchsetzen. Immer.
Dann nahm sie mich bei der Hand und ging hocherhobenen Hauptes durch die Menge, die uns Platz machte. Wir waren

erst ein paar Schritte gegangen, da donnerte ein Lastwagen die Dorfstraße entlang.
»Siehst du! Wenn du denkst, es geht nicht mehr, kommt von irgendwo ein Lichtlein her.«
Er hatte schon die Scheinwerfer an.
»Diesmal klappt es. Bestimmt. Das verspreche ich dir!«
Sie ließ mich los, schob die Leute, die ihr im Weg waren, zur Seite und stellte sich mitten auf die Straße.
Der Lastwagen bremste und kam schnaufend, zischend und quietschend dann mit einem letzten Ruck zum Stehen. Der Fahrer kurbelte die Scheibe runter und schaute auf die Menschenmenge.
»Na, junge Frau! Was ist denn passiert?«
»Das erklär' ich Ihnen gleich. Können Sie mich ein Stück mitnehmen?«
Der Mann hatte ein freundlich zerfurchtes Gesicht.
»Eigentlich darf ich nicht.«
»Ach, geben Sie Ihrem Herzen einen Stoß«, sagte sie und strahlte ihn an. Dann klappte sie ein paarmal ihre großen Augen auf und zu und setzte zart nach: »Hm?«
»Mein Chef darf das aber nicht wissen. Wohin müssen Sie denn?«
»Sie sind ein Engel«, lachte sie und ging triumphierend zur Beifahrerseite, zog mich zwischen den Gaffern hervor, öffnete die Tür und hob mich auf das Trittbrett.
»Ich muss aber«, sagte ich.
»Aber nicht jetzt!« sagte sie.
Ich rutschte zur Mitte neben den verblüfften Fahrer. Meine Mutter schob den engen Rock hoch, um auf das hohe Trittbrett zu kommen. Das Strumpfende, das mit einem Knopf an den Strapsen befestigt war, blitzte auf.
Von oben herab konnte ich auf die Sommersprosse hinunterblicken, die uns mit weit geöffnetem Mund zusah. Seine Mutter legte ihm schnell die Hand auf die Augen und drehte seinen Kopf weg, bevor ich ihm die Zunge rausstrecken konnte.
Endlich waren wir wieder unterwegs. Wie immer. Ich hatte meinen festen Platz zwischen meiner hübschen Mutti und den Fahrern. Wie immer. Und immer dieselbe Frage: »Wie heißt du denn, mein Kleiner?«

Aber die meinten mich gar nicht. Deshalb saß ich ja in der Mitte, damit die nicht grabschen konnten. Und meine Mutter erzählte immer neue Geschichten. Dass sie mit ihrem kleinen Bruder zu dem Vater musste. Oder von dem Ehemann, der seinen kranken Sohn noch einmal sehen sollte. Dabei hatten wir gar keinen Mann. Ich hatte meine Mutti für mich ganz allein. Aber das wussten die nicht.
Ich habe meistens nichts gesagt, weil ich gestottert habe und mir die Geschichten nicht merken konnte. Ich hab' vor mich hin geschaut auf die Straßen, die kein Ende haben. Wenn ich müde war, durfte ich oben in der Schlafkabine liegen. Das laute Brummen der Maschinen, das kitzlige Zittern der harten Sitze, der Geruch von Schweiß und Benzin, das vibrierende Schaukeln in der Koje, das war schön und warm und zu Hause. Dann hab' ich noch gesagt: »Mutti, ich hab' dich soooo ... lieb ... so lang wie die Autobahn.« Das war unterwegs. Mit ihr.

Das war schöner als irgendwo allein in irgendwelchen Zimmern. Da wartete ich immer, wie ein Vogeljunges im Nest, bis sie wiederkam und Essen brachte und wir weiterziehen konnten. Den ganzen Tag lang.
Mir war langweilig. Ich lag dann im Bett, hatte die Decke über den Kopf gezogen und wärmte mich mit meinem Atem. Ich versuchte noch mal einzuschlafen und zu träumen. Mir war flau im Magen. Und immer noch nicht ihr schneller Schritt, das harte Klack, Klack, Klack ihrer Absätze. Die Straßengeräusche wurden immer lauter. Es musste früher Nachmittag sein.
Ich konnte nicht mehr schlafen und starrte auf die Tapete. Da waren manchmal nur Linien oder Blumenmuster. Wenn ich die lange ansah, begannen sie sich zu bewegen. Drohende Gestalten, die kämpften. Tiere, die sich zerfleischten. Fratzen, die schrien.
Wenn ich mich zu viel fürchtete, bin ich aufgestanden und habe ins Waschbecken Pipi gemacht. Dann lauschte ich, ob ich das Klappern ihrer Absätze hören könnte. Aber sie kam immer noch nicht.

Dann habe ich mich auf die Fensterbank gesetzt. Und mein Gesicht an die Scheibe gedrückt. Draußen liefen die vielen Menschen hin und her wie in einem Ameisenhaufen. Dabei konnte ich stundenlang zugucken. Wenn die Scheibe von meinem Atem beschlagen war, habe ich ein kleines Loch frei gewischt. Dann habe ich mir mit einem Auge einen ausgesucht und verfolgt. Das war spannend.
Und irgendwann hörte ich die schnellen, harten Schritte ihrer Stöckelschuhe, und mein Herz schlug ganz heftig vor Freude, dass sie wieder da war. Dann hatte sie immer etwas zu essen mitgebracht oder Schokolade. Schokolade war besser, weil die die meisten Kalorien hat und auch besser schmeckt. Wenn sie Geld mitgebracht hatte, konnten wir auch das Zimmer bezahlen und weiterziehen.
Aber manchmal, wenn wir zu viele Tage und Nächte in einem Zimmer blieben, mussten wir uns ganz leise nachts rausschleichen. Das war auch spannend, und wir haben dann viel gelacht.
»Jeder Tag ist ein Abenteuer«, hat sie gesagt. »Schau mal den schönen Sonnenaufgang!«

Graue, dunkle Bildfetzen. Bis heute fehlt mir die Gabe, Erlebtes zeitlich einzuordnen. Erfahrungen an Jahreszahlen festzumachen. Alle Menschen, die ich getroffen habe, können das. Als fehlten in meinem Inneren die Begriffe Anfang und Ende. Start und Ziel. Als existierte für mich nur das Jetzt.

Jetzt bin ich Waise, dachte ich, als ich auf dem Friedhofsgelände war.
Ein kleiner grauer Mann mit tiefen, ernsten Augen kam auf mich zu. Er übernahm ganz zart ihre Lieblingskleidung. Das blaue Jackett und die blauen flachen Schuhe, die sie an der Seite aufgeschnitten hatte, damit ihre Ballen nicht so weh taten. Eine weiße Bluse, einen blauen Rock. Dieser Moment war ganz unerwartet schmerzhaft, als ich dem Leichenwäscher ihre Kleidung übergab. War das alles, was von ihr übrigblieb?

Als könnte er alle Schmerzen dieser Welt verstehen, blickte mich dieser kleine Mann an. Sein Mitleid rührte mich zu Tränen. Ich konnte nicht mehr weitersprechen. Bis dahin hatte ich mich wie ein Automat gefühlt. Ohne Trauer. Diese ganzen abstrakten Dinge berührten mich nicht. In einem kleinen Elektrokarren über den Friedhof fahren. Vorbei an Gräbern, Kreuzen, steinernen trauernden Statuen. Kränzen. Frisch aufgehäuften Hügeln. Schwarzgekleideten Menschen mit unpassend grünen Gießkannen.
Ich fand einen ruhigen Ort mit einer Birke daneben. Janek starrte auf diesen Fleck Erde, und ich spürte, dass er an seinen eigenen Tod dachte.
Dies sei leider ein Doppelgrab, wurde ich unterrichtet, aber es gäbe noch ein Stück weiter eine hübsche Stelle …
Ich entschied mich für das Doppelgrab. Die Birke hätte ihr gefallen.
Dann sah ich mir zu, wie ich in einem Bestattungsinstitut Prospekte blätterte. Preislisten wurden mir vorgelegt. Aufpreise erklärt. Holzsorten. Sonderausstattungen. Das alles ließ mich innerlich kalt. Nein, keine Musikkapelle. Keine Kränze. Keine Blumen. Keine Rede. Kein Pfarrer.
Ich bewegte mich zwischen grotesken, lächerlichen Nichtigkeiten. Das alles hatte mit uns nichts zu tun, mit ihr und mir. Nur dieser kleine graue Mann hatte in meine Seele geblickt. Und alles verstanden.

Janek war ein gebrochener Mann. Ein Wrack. Jeder lebt seine Hölle, dachte ich. Er deprimierte mich. Rudi hätte mit ihrem Berliner Witz gesagt: »Die Sonne jeht nich unter, det scheint nur so.«
Ich versuchte, mich an beide zu erinnern, als sie noch jung, stark und frech waren, optimistisch und zukunftsschwanger. Anfang der Fünfziger.

In Berlin hatte Rudi ein kleines Tischchen an der Straße zur sowjetischen Zone aufgebaut und Rasierklingen verkauft.

Man ging nur über die Straße und war im Osten, wo alles billiger war. Ich spielte mit Tonmurmeln neben unserem Verkaufsstand. Die Straße war voller Menschen. Geldwechsler sprachen jeden Passanten flüsternd an: »Ost, West, Ost, West«, und wenn ein Schupo kam – so nannte sich der Polizist mit seinem komischen Helm – und seinen Rundgang machte, verschwanden alle auf die andere Straßenseite über die Grenze.

Gewohnt haben wir im sowjetischen Sektor in verschiedenen Behausungen. Immer wieder woanders.

Ich erinnere mich nicht, in dieser Zeit in die Schule gegangen zu sein. Oder wenn, dann müsste ich so oft die Schulen gewechselt haben, dass sie keinen Eindruck in meiner Erinnerung hinterlassen haben. Andererseits muss ich irgendwann Lesen gelernt haben. Ich erinnere mich, dass Janek mit mir Buchstabieren übte. Da ich ihn nie mochte, fühlte ich mich gequält. »Du musst lernen. Worte. Alle Worte. Du lernen jeden Tag, sonst du bist wie ich. Musst auf Klo gehen und Wörterbuch blättern, weil nicht weißt, was die Wort heißt. Und wenn du Buchstabe kannst, du musst lesen. Ist gut für Kopf!«

Also begann ich alles, was ich sah, zu buchstabieren. Aal-ex-an-der-p-latz Su-nil Sa-rot-ti Sal-am-an-der Ach-tun-g Si-e veer-las-sen den am-erika-nischen Sekt-tor

Die Schriftzeichen fingen an mich zu bedrängen. Ich konnte mich nicht mehr dagegen wehren. Es war wie ein Zwang. So wie wenn man durch die Straßen läuft und die Füße keine Linie berühren dürfen. Man bekommt einen hüpfenden Gang oder fängt an zu trippeln, besonders auf Kopfsteinpflaster, versucht das Gleichgewicht zu halten, springt dann über die weiter entfernt liegende Linie, um sich dann auf einem freien Feld auszuruhen. Überlegt sich die nächsten Schritte. Aber man ist eingekreist. Es gibt kein Entrinnen. Ich musste mich damit abfinden, alles zu buchstabieren.

Von überall tauchten sie auf. An jeder Straßenecke. Auf den nackten Häuserfassaden. Über den Geschäften. An Kiosken. Sogar am Himmel zogen Flugzeuge Fahnen hinter sich her oder schrieben mit Rauchbuchstaben in die Luft. Ich hatte

meine Unschuld verloren und war traurig darüber, dass die Striche und Linien mit Bedeutungen besetzt waren.
Das war also der Grund, weshalb Erwachsene in Papier blätterten und sich aufregten oder lachten und die Wirklichkeit um sich herum nicht mehr wahrnahmen, wie sie wirklich war. Die Zeichen schienen ihnen wichtiger zu sein. Sie schimpften und zeigten auf Schilder, auf denen ich meistens das Wort buchstabierte: Verb-oten.
Meine frühere Kinderwelt wurde eingeengt und war mit fremder Bedeutung besetzt. Und dann war ich doch stolz, ganze Sätze lesen zu können, die sich sogar reimten, wie: »So wich-tig wie die Braut zur Trau-ung ist Bull-rich-salz für die Ver-dauung.«
So begann ich Wissen anzusammeln und konnte auch bald richtig lesen. Am liebsten las ich Landser- oder Cowboyhefte, die mich so aufregten, dass ich die Welt um mich herum vergaß.
Aber das Leben ist mehr als die sechsundzwanzig Buchstaben. »Wer A sagt, muss nicht B sagen«, versuche ich mich zu wehren. »Ich setze mir das Puzzle selber zusammen und mach mir ein eigenes Bild von der Welt.« Aber manchmal passte das Puzzle nicht zusammen, und ich fing wieder an zu stottern. Besonders, wenn mir etwas sehr wichtig war. Dann wurden meine vorauseilenden Gedanken zu schnell für die Sprache, die ich zur Verfügung hatte. Und ich stolperte über die Buchstaben und Linien. Und je öfter ich danebentrat, um so schlimmer wurde es. Bis ich kaum noch etwas sagte.
Wenn ich andern zuhörte, schienen sie sich hinter der Sprache zu verstecken. Je schneller sie Worte aneinanderreihten, desto panischer schienen sie sich von dem Sinn dessen, was sie sagen wollten, zu entfernen. Je gebildeter sie parlierten und zitierten, desto mehr spürte ich, dass Sprache dazu benutzt wurde, den anderen mundtot zu machen. Der verbale Machtkampf. Es ging nicht um den Austausch von Wissen. Es ging um Macht und Unterdrückung. Das war Klassenkampf. Als stotternder Bildungskrüppel war ich das ideale Opfer. Aber ich würde mich wehren.

»Gibt deutsche Sprichwort«, sagte Janek, »jede ist seine Glückes Schmied. Wer nicht wagt, nix gewinnt.«
Er wollte eine Kneipe aufmachen. Er hatte ein altes Ehepaar überredet, ihm ihre Bauernwirtschaft in Süddeutschland gegen Beteiligung zu überlassen. In der Nähe war eine amerikanische Kaserne, in der viele Polen arbeiteten. Er würde die Kontakte knüpfen und Ruth könnte endlich ihre schauspielerische Begabung beweisen und mit ihrem Charme seine Landsleute zum Trinken animieren. Das Wirtschaftswunder war in aller Munde, und er wollte endlich daran teilhaben.
Ruth war Feuer und Flamme und sprühte vor Ideen. Endlich gab es eine Zukunft am Horizont. Dank Janeks genialem Geschäftssinn.
Für ihn ließ sie sich herab, ihre Berufung dem schnöden Mammon unterzuordnen und die heruntergekommene, dumpfe Kaschemme in eine romantische norddeutsche Fischerhütte zu verwandeln. Jetzt hatte sie ihre eigene Bühne. Sie dekorierte den Raum mit blinkenden Leuchttürmen, großmaschigen Fischernetzen und Ankern an den Wänden. Eine Musikbox wurde angeschafft.
Es gab so viel zu tun und vorzubereiten, dass wenig Zeit für das Bübchen übrigblieb. Also sprang Rudi über ihren Schatten und nahm wieder Kontakt mit ihren Eltern auf. Ich kannte meine Großeltern gar nicht, da ich bis dahin immer unterwegs war. Ich wurde bei der Oma in Berlin geparkt, bis sich der Erfolg eingestellt hätte und sie mich dann nachholen würden ins Schlaraffenland.
Ein neues Leben begann.

Für mich war bei der Oma das Paradies. Allerdings ein Paradies nach dem Sündenfall.
Das Paradies war ein riesiger Garten, den der Opa angelegt hatte. Da gab es alles. Besonders schöne große Äpfel. Johannisbeeren. Erdbeeren. Brombeeren. Schwarze Kirschen. Rote Kirschen. Grüne Weintrauben. Blaue Weintrauben. Bohnen. Birken. Pappeln. Birnen. Und Quitten.

Die Quitten hatte der Opa neben den Brombeerhecken entlang gepflanzt. Hinter dem Zaun verlief ein schmaler öffentlicher Weg, der von einem Stadtbezirk zum andern führte. Der Weg wurde kaum benutzt. Nur nachts stiegen manche über den Zaun, um die leuchtenden Äpfel zu klauen. »Wenn die dann herzhaft in den gestohlenen Apfel beißen, dann beißen die sich die Zähne aus«, freute sich der Opa diebisch und strich sich mit dem Taschentuch über die schwitzende Glatze.
Nächtelang lag der Opa auf der Lauer. Um den Dieben das Handwerk zu legen, schaffte er Fakten. Er riss den Zaun weg und verbreiterte seinen Garten bis zum Nachbarn. Jahrzehntelang war dieser Weg noch im Stadtplan eingezeichnet, obwohl er gar nicht mehr existierte. Opa hatte seinen Garten vergrößert und Bäume auf den Weg gepflanzt. Aber hinter dem Garten gab es noch Felder, die brachlagen.
Als ehemaliger Berufsoffizier eroberte er auch diese per Landnahme. So versetzte er Zäune und nahm Stück für Stück neue Gebiete ein. Seine Soldaten waren die Bäume und Sträucher, die als Besatzungsmacht die Stellung hielten. Er hatte den ganzen Garten streng gegliedert und organisiert. Das Hauptquartier war nicht weit hinter dem Haus eine riesige Eiche. Von dort erschallten die Kommandos. Denn um dieses große Reich zu beherrschen, musste der innere Feind bekämpft werden. Er musste ausgerottet und vernichtet werden. Und das war meine Aufgabe. Unkraut jäten.
Ich war für Opa der willkommene Hilfswilli, der von einem Brennpunkt zum anderen kommandiert wurde. Täglich gab es neue Aufstände, besonders die der Brennesseln, die sich schmerzhaft wehrten. Ein Kampf, der nicht zu gewinnen war.
So desertierte ich immer öfter in die Brombeerhecken oder auf einen Baum. Lauschte zitternd der cholerischen Stimme und verfolgte mit ängstlichen Augen zwischen den Blättern den hochroten Kopf meines Opas und rührte mich nicht. Entdeckte er mich nicht in meinem Versteck, begann er selber schwitzend und fluchend diese »Drecksarbeit« zu machen, und so verstand ich endlich den Satz »Nach dem Sündenfall im Schweiße seines Angesichts die Erde beackern«.

Nur, was war der Sündenfall?
Ich war jetzt neun Jahre alt und noch nicht so erfahren im kleinen Katechismus. Die Großeltern waren ein katholisches Haus. Ich wusste nicht, wieso es ein katholisches Haus sein sollte. Eigentlich war es eine Doppelhaushälfte. Im Erdgeschoss ein kleiner Flur. Links ein schmaler Raum mit den Fenstern zur Straße, das Herrenzimmer mit einer riesigen schwarzdunklen Anrichte. Von da aus eine Glasschiebetür, die in den Wohnraum führte. Links ein Klavier, rechts ein Kachelofen. In der Mitte ein großer Tisch, an der Wand ein kleines Kreuz.
Neben dem Fenster mit Gartenblick stand links in der Ecke Opas Sessel. Die Füße und Armlehnen mündeten in schwarzgeschnitzten Adlerkrallen aus Holz. Daneben auf einem winzigen Tischchen das Radio. Ein Volksempfänger mit Hakenkreuz.
Da saß der Opa, rauchte Zigarre und hörte »Die Nachrichten«. Dann mussten alle still sein.
Neben dem Kachelofen war eine Tür, die auch auf den kleinen Flur führte. Am Ende des Flurs war die Küche mit dem Fenster zum Garten. Das war Omas Reich. Da war es am schönsten.
Sie trug eine blaue Kittelschürze mit weißen Punkten. Über ihren weißen Haaren, die hinten zu einem Dutt gesteckt waren, lag ein kaum sichtbares Haarnetz. Ich habe meine Oma nie anders gesehen. Das Gepolter des Opas ließ sie stumm über sich ergehen. Statt dessen sprach sie mit den Augen zu mir. Ich habe sie immer genau verstanden, wenn sie mir mit ihren blauen, sanften Augen sagte: »Nimm den nicht so wichtig. Lass ihn schreien. Zum einen Ohr rein, zum andern wieder raus. Alles ist gut. Der kann nicht anders.«
Dann lächelten wir uns an, und ich hatte keine Angst mehr.
Sie hat ihm auch nie widersprochen. Als lebte sie in einer andern Welt, immer beschäftigt, ohne dass man es merkte. Schälte Kartoffeln. Schnippelte Bohnen. Zupfte Salat. Schnitt Brot. Rührte Teig. Hackte Zwiebeln. Rieb Mohrrüben. Quirlte Sahne. Schmierte Schmalzbrote. Ich habe sie vom frühen Morgen bis zum späten Abend nie untätig gesehen.
Eine freundliche, ruhige, alles verzeihende Sanftmut.
Sie war meine große unausgesprochene Liebe. Meine Mutter Erde. Der Fels in der Brandung, auf den ich meinen Glauben

baute. Der andere Glaube war mir lästig. Jeden Sonntagmorgen in die Kirche laufen. Eine halbe Stunde. Dann die ganze Langeweile über mich ergehen lassen. Unterbrochen von Hinknien und Aufstehen. So tun, als würde ich mitsingen. Dann, als der Moment kam, wo alle nach vorne mussten und eine weiße Oblate in den Mund gesteckt bekamen, durfte ich gehen, hatte Oma gesagt. Weil ich zwar katholisch getauft war, aber noch nicht die erste heilige Kommunion empfangen hatte.
Ich hatte auch keinen Wunsch danach.
Denn jetzt konnte ich raus aus dem kalten Raum und schnell nach Hause rennen, bevor im Radio die Sendung »Onkel Tobias im Rias« anfing. Außer Atem mit Seitenstechen saß ich auf Opas Sessel und lauschte gebannt Onkel Tobias, während die anderen noch den Leib Christi runterspülen mussten.
Oma schickte mich nun auch täglich in die Schule. Sie war nicht weit weg. Zwei Straßen weiter, vorbei an einem ausgebrannten Panzer, der an der nächsten Ecke stand. Dahinter war eine ehemalige Kaserne. Das war die Schule.
Die Oma half mir immer bei den Hausaufgaben, die mir sehr schwerfielen. Besonders Gedichte auswendig lernen. Sie konnte sofort alles auswendig und half mir geduldig, während sie meine Strümpfe stopfte. Ich bewunderte sie dafür, während ich mühsam Satzbrocken an Satzbrocken aneinanderreihte und den Anfang schon wieder vergessen hatte.
Auch das kleine Einmaleins musste ich auswendig lernen.
»Du lernst nicht für die Schule, du lernst fürs Leben«, wurde mir immer gesagt. Aber mir war nicht klar, was das kleine Einmaleins mit meinem Leben zu tun hatte. Mit dem Rauschen der Pappeln, die bis in den Himmel zeigten, wenn ich im Gras auf dem Rücken lag und die weißen Wolken vorbeizogen. Ritter, die kämpften. Indianer, die Büffel jagten. Drachen, die weiße Jungfrauen verschlangen. Und manchmal ein brummender Flieger, der aus einer Wolke auftauchte und in der Sonne verschwand. Und dieses widerliche kleine Einmaleins, das auswendig zu lernen war, sollte das Leben sein? Ich dachte mit Schrecken an das große Einmaleins. Dabei war doch ein mal eins nur eins.

Egal, meine Oma würde mir helfen. Besondere Schwierigkeiten hatte ich mit sieben mal acht.
Ich war den Tränen nahe und fing zu stottern an, weil ich den Sinn von Auswendiglernen nicht verstand. Der Opa bekam wieder einen roten Kopf und brüllte: »Kein Wunder, dass der Junge verblödet ist, bei dieser Tochter und dem Polacken!«
Meine Oma legte ihre Hand auf meinen Kopf und führte mich sanft aus dem Gewitter. Sie öffnete die Tür zur Kellertreppe.
Der Keller war der intimste Bereich des Hauses. Niemand durfte den Keller betreten. Oma und Opa hatten sich aus ihrem Haus zurückgezogen und waren in die Kellerräume umgezogen. Für die Kinder. Sie hatten sich dort ihr Schlafzimmer eingerichtet. Das war ihr Bereich. Jeden Morgen, ganz früh, stiegen sie aus der dunklen Tiefe. Ordentlich gewaschen, geputzt, gekämmt, mit Haarnetz und gebügelten Hosen. Ich konnte mir gar nicht vorstellen, dass sie vielleicht in einem Bett gelegen, ein Nachthemd oder einen Schlafanzug getragen hatten. Oder sonst eine Unordentlichkeit. Sie verschlossen die Kellertür hinter sich und waren gewappnet, dem Tageslicht entgegenzutreten.
Ich empfand es deshalb als ganz besondere Ehre, dass sie mich die Kellertreppe hinunterführte in ihre geheimnisvolle andere Welt. Oma machte die Kellertür hinter uns zu. Vom Opa waren nur dumpfe Laute zu hören. Oma nahm mich bei der Hand, und wir beide schritten die schwere Holztreppe hinunter. Es war ein angenehmes, schummeriges Licht. Oma sagte leise: »Jetzt versuchen wir es einfach noch mal. Sieben mal acht ist sechsundfünfzig.«
»Sieben mal acht ist sechsundfünfzig«, wiederholte ich, um es mir zu merken. »Jetzt weiß ich es auch. Aber wenn ich abgefragt werde, habe ich es wieder vergessen.«
»Das vergisst du nicht«, sagte die Oma ruhig. »Du denkst einfach an die Kellertreppe. Sieben mal acht ist die Kellertreppe. Und die Kellertreppe ist?«
»Sechsundfünfzig«, sagte ich erleichtert.
»Und wieviel ist sieben mal acht?«
»Sechsundfünfzig«, sagte ich und sprang zwei Stufen runter vor Freude.

»Siehst du«, sagte die Oma, »jetzt wirst du das nie wieder vergessen.«
Sie hatte recht. Ich habe diese Kellertreppe nie wieder vergessen. Diese Treppe war mein wichtigstes Schlüsselerlebnis. Und die Oma hatte mir diesen Schlüssel geschenkt. Er war so wertvoll, dass ich ihn mein Leben lang benutzen konnte. Nur ich hatte das Schloss noch nicht entdeckt.
Immer, wenn ich etwas auswendig lernen musste, funktionierte mein Gedächtnis nicht so wie das der anderen. Alle konnten auswendig Gelerntes seelenlos aufsagen. Ich versagte. Dann entdeckte ich mein optisches Gedächtnis. Ich las das zu Lernende einfach ab. Die linke Seite links oben nach rechts unten. Dann die gegenüberliegende Seite. Aber dabei schlichen sich viele Flüchtigkeitsfehler ein. Dann umblättern. Linke Seite links oben und so weiter. Bis ich mich verblätterte und wieder mit der vorhergehenden Seite anfing. Ich verzweifelte. Deprimiert erkannte ich, dass alle anderen besser gelernt hatten, auswendig zu lernen, als ich.
Offensichtlich funktionierte etwas in meinem Kopf nicht so wie bei den meisten anderen. So dachte ich über das Gedächtnis nach und suchte das Schloss.
Mir fiel auf, dass ich mich sehr genau an Situationen erinnern konnte. An Stimmungen. An Positionen, von denen aus ich, als Mittelpunkt der Welt, meine Umwelt und andere wahrgenommen hatte. Von vorne, von hinten, von rechts, von links, von oben, von unten.
Und dann fiel mir die Kellertreppe wieder ein. Wenn ich durch die Situation auf der Kellertreppe mich erinnern kann, dass sieben mal acht sechsundfünfzig ist, dann musste ich nur das zu Lernende mit einer Situation zusammenschweißen. Unlösbar miteinander verbinden. Das eine ist nicht möglich ohne das andere. Wie kompliziert einfach!
Ich war stolz auf diese Entdeckung. Vielleicht war ich ja auch ein Erfinder wie mein Vater, der Rietell. Nur anders. Ich hatte erfunden, wie das Gedächtnis funktioniert! Ich war fasziniert, dass man über einen Umweg schneller ans Ziel kommt als über den direkten Weg.
Später erfuhr ich, dass meine Erfindung über das Gedächtnis

längst allgemein bekannt war. Der Volksmund nennt das eine Eselsbrücke. Schade!
Aber damals wollte ich erst einmal den Keller erforschen. Oma schloss die halb angelehnte Tür zu ihrem Schlafzimmer, die von einem Regal eingerahmt war. Das war vom Boden bis zur Decke voller Gläser mit eingelegten Früchten. Oma stellte ein Weckglas mit eingelegten Pfirsichen dazu.
»Für den Winter«, sagte sie.
»Darf ich denn so lange bleiben?« fragte ich hoffnungsvoll.
»Du darfst so lange bleiben, wie du willst«, sagte sie mit ihrer warmen Stimme. Stumm und glücklich stiegen wir die Kellertreppe wieder hoch. Kurz bevor wir die Tür öffneten, flüsterte sie: »Sieben mal acht?«
»Sechsundfünfzig«, flüsterte ich zurück.
Dann öffnete sie die Tür, das Tageslicht blendete mich, und Opa hatte mich wieder am Wickel. Offensichtlich tat es ihm leid, dass er so jähzornig getobt hatte. Er wollte mir etwas Gutes tun und seinen Teil zur Erziehung beitragen. Also führte er mich bis zum Ende des riesigen Gartens, dann kämpften wir uns durch Brombeerhecken, bis wir ein kleines zugewachsenes Gartentor fanden. Mit einem rostigen Schlüssel schloss er es auf, und wir standen auf dem angrenzenden Feld.
In die Erde waren aus schmalen Brennholzscheiten Pflöcke gerammt. Um diese Pflöcke war eine Schnur gespannt. Der Opa stand andächtig mit mir davor. Opa legte seine Hand auf meine Schulter.
»Weißt du denn, was ein Rechteck ist?« fragte er.
Ich schüttelte zaghaft den Kopf.
»Das, was du hier siehst, zwischen den Pflöcken eingerahmt, das ist ein Rechteck. Hast du das verstanden?«
Ich nickte heftig und fand das ganz schön groß.
»Und dieses ganze Stück Land hier in dem Rechteck, das gehört dir!«
Ich schaute erschrocken auf das eingerahmte Unkrautfeld. Vor lauter Begeisterung kniff er mir ganz fest in die Schulter.
»Damit du Eigenverantwortung lernst.« Er zog sein Taschentuch heraus und wischte sich damit über den schwitzenden

Schädel. Dann schneuzte er sich ganz aufgeregt und wischte noch ein paarmal unter der Nase mit dem Taschentuch hin und her, damit nichts hängenblieb.
»Erst muss das natürlich gerodet werden«, sagte er energisch. »Und dann musst du alles umgraben.«
Er schaute mich freudig an. »Das darfst du alles ganz alleine machen. Ich borge dir dafür meinen Spaten.«
Das war wirklich eine besondere Ehre. Opas Spaten war blitzblank und scharf geschliffen. Er hatte das modernste Modell. Wenn man ihn mit einem Fuß in die Erde rammte, spannte man damit eine starke Feder. Um die Erde hochzuheben und umzudrehen, entspannte man sie. Er schnellte ohne Kraftanstrengung hoch, nur bedurfte es einiger Übung und Geschicklichkeit, dem emporhüpfenden Spaten im richtigen Moment die Drehung zu geben, dass die Erde sich auch umdrehte und nicht mitsamt dem Spaten in der Gegend herumflog.
Ich konnte diese Ehre nicht ablehnen und lächelte freudig. Opa schaute mich stolz an. Jetzt waren wir wieder gut.
»Dieses Stück eigener Scholle wird dir viel Freude bereiten. Es gehört dir. Du kannst damit machen, was du willst!«
Das beruhigte mich. Wenn ich mir mein Stück Erde so betrachtete, fand ich es jetzt schon ganz schön. Zwischen gelben Blumen gab es Pusteblumen, und zwischen den größeren Halmen entdeckte ich weiße und kleine gelbe Blumen, und sogar die Brennesseln hatten schön gezackte Blätter. Man musste ihnen ja nicht zu nahe kommen mit den nackten Beinen.
Wir sahen gedankenverloren auf das Rechteck.
»Danke schön, lieber Opa«, sagte ich dankbar.
Ich sah, wie er vor Freude einen roten Kopf bekam. Dann hieb er mir mit seiner großen Hand schwer auf den Rücken.
»Na, mein Junge! Und was willst du jetzt damit machen?«
Er schaute mich erwartungsvoll an. Ich hob unentschlossen die Schultern.
»Kannst du dich nicht entscheiden?«
Ich schüttelte den Kopf.
»Du musst immer daran denken, dass du alleine dafür verantwortlich bist. Dieses Stück Erde ist dir anvertraut. Du musst

dich dann auch darum kümmern. Also wähle klug! Am besten, du fängst damit an, etwas Einfaches zu pflanzen.«
Ich nickte einsichtig.
»Vielleicht etwas Nützliches?« Der Opa wartete und ließ mir Zeit nachzudenken. »Wenn du etwas Nützliches pflanzt, kannst du die Früchte deiner Arbeit ernten«, half er mir nach beim Nachdenken. »Ein Samenkorn in die Erde, und du wirst das Werden der Schöpfung erkennen«, sagte er, von sich ergriffen.
Ich dachte, das dauert aber ganz schön lange, bis ich dann die Früchte meiner Arbeit habe und die Kirschen endlich essen kann. Das wird ja Jahre dauern.
»Vielleicht etwas, das schneller geht?« fragte ich Opa ratlos.
»Sehr klug!« lobte mich der Opa.
Er wurde mir immer angenehmer.
»Du bist ja doch mein echtes Enkelkind, wie ich es mir immer gewünscht habe.« Er drückte mich freudig an sich, dass mir fast die Luft wegblieb. »Da bin ich aber stolz auf dich. Eine gute Entscheidung, etwas Nützliches und Praktisches. Aber dein Ehrenwort, du kümmerst dich selbstverantwortlich um deine Krume Erde. Jeden Tag.«
Er griff dabei in die Erde und zerrieb den Dreck zwischen seinen Fingern.
»Ehrenwort?«
»Ehrenwort«, sagte ich und drückte seine Hand.
Dann wischte ich mir den Dreck heimlich am Hosenboden meiner kurzen Hose ab.
»Ich bin froh über deine Entscheidung!« sagte der Opa, während wir den langen Weg durch den Garten wieder zum Haus zurückgingen. »Wir haben sowieso keinen Platz mehr dafür«, sagte er mit einer weit ausholenden Bewegung.
Ich sah aus den Augenwinkeln meine Feinde, das Unkraut, überall hervorlugen. Aber jetzt hatte ich meinen eigenen Grund und Boden, für den ich Verantwortung trug.
Oma sah uns erfreut mit einem leichten Staunen in den Augen an, als wir so einvernehmlich ihre Küche betraten. Es duftete nach Heimat und Geborgenheit.
»Wir hatten ein Gespräch unter Männern«, sagte der Opa und klopfte mir freundlich auf den Kopf.

Oma sah uns fragend an.
»Der Gottfried übernimmt jetzt Verantwortung. Er wird jetzt sein Land selbst bestellen. Rate mal, was er pflanzen will?«
Oma rührte den Kuchenteig, den ich bestimmt gleich auskratzen durfte. Ich naschte mit den Fingern schon mal ein bisschen.
»Nicht so viel«, sagte die Oma. »Sonst bekommst du Magenschmerzen. Und was willst du pflanzen?«
Ich hatte mich noch nicht entschieden.
»Erdbeeren?« fragte die Oma. Sie kannte meinen Geschmack.
»Kartoffeln«, sagte der Opa freudig und betrachtete mich stolz.
Ich traute mich nicht zu widersprechen.
»Wirklich?« sagte die Oma und rührte im Teig. »Das ist das einzige, was wir noch nicht im Garten haben.«
Plötzlich war mir schlecht.
»Das hab' ich dir gleich gesagt«, sagte die Oma. »Der Kuchenteig macht dir nur Magenschmerzen. Jetzt gehst du erst mal in die Wanne. Ich habe den Badeofen schon vorgeheizt, und das Wasser ist jetzt bestimmt heiß. Danach gibt es Spiegelei mit Bratkartoffeln. Dann geht es dir wieder besser. Aber bleib nicht zu lange im Wasser, dann kann Opa auch noch rein.« Und zum Opa gewandt: »Der Kleine ist ja sauber. Und du kannst so lange deine Zigarre im Wohnzimmer rauchen. Und heiz den Ofen wieder an für Bernd und Nina. Die wollen dann auch baden.«
Es war Sonnabend. Unser aller Badetag.

Nina war die blonde jüngere Schwester von meiner Mutter. Sie war die Einzige, die immer zu Hause blieb. Sie hatte einen ruhigen, netten Mann geheiratet, mit ganz hellblauen Augen. Sie hatten einen Sohn, Bernd, der ein paar Jahre jünger war als ich, und eine kleine Tochter, mit der man noch nicht richtig spielen konnte. Die beiden Schwestern waren zerstritten. Warum, wusste ich nicht, und deshalb habe ich auch nicht viel mit Nina zu tun gehabt. Nur Bernd habe ich immer wieder mal in den Schwitzkasten genommen, bis er geweint hat. Dann ist er pet-

zen gegangen, was wieder ein Grund war, ihn in den Schwitzkasten zu nehmen.
Die wohnten alle im ersten Stock mit Leni. Leni war auch eine jüngere Schwester von Ruth. Blass, verhuscht, fast unsichtbar. Hinter den Brillengläsern erschrockene, graue Augen, die sich für ihre Anwesenheit zu entschuldigen schienen.
Dem Opa imponierte die Großzügigkeit des Beichtvaters der Oma, der früher immer sie, Leni und alle Kinder zu den Ferien auf seinen Landsitz einlud. Dann konnte sich Opa mit seinen Kriegskameraden aus dem Ersten Weltkrieg treffen und über den Zweiten schwadronieren.
Opa kam aus kleinen Verhältnissen, musste als Vierzehnjähriger schon unter Tage arbeiten. Die einzige Möglichkeit, da herauszukommen, war, Berufssoldat zu werden und die Offizierslaufbahn einzuschlagen. Er lernte Oma kennen, die sich als was Besseres fühlte. Sie sei wahrscheinlich die heimliche Tochter eines polnischen Adeligen, behauptete Rudi. Statt wie ihre Schwestern als Nonne ins Kloster zu gehen, heiratete Oma lieber unter ihrem Stand. Mit ihren Möglichkeiten versuchte sie, etwas Niveau in die kleinbürgerlichen Verhältnisse zu bringen. Der sichtbare Rest dieser Bemühungen war das schwarze Klavier, das noch in das kleine Wohnzimmer gequetscht worden war.
Es muss nicht leicht für den Opa gewesen sein, sich gegenüber dieser Frau und seinen fünf Töchtern zu behaupten. Seinen einzigen Sohn hatte er kurz vor der Niederlage im Zweiten Weltkrieg dem Vaterland opfern müssen. So tobte er durch den Garten und brüllte Kommandos, auf die niemand reagierte. Auch ich wurde unempfindlicher.

Mein in langen Reihen angelegtes Kartoffelfeld verkümmerte. Die ersten grünen Sprossen, die sich erhoben hatten, welkten dahin, und Armeen schwarz-gelber Kartoffelkäfer vernichteten den Rest. Ich betrachtete deprimiert mein Werk. In der staubig aufgebrochenen Erde Kartoffelleichen. Auch diese Schlacht war verloren. Nach dieser Niederlage gab Opa mich auf. Ich war froh, meinen Besitz wieder los zu sein. Jetzt hatte ich endlich wieder mehr Freiheit.

Heimlich traf ich mich mit den Nachbarskindern, mit denen ich nicht spielen durfte, weil die solch ein Gesocks waren. Mit dem Gesocks zog ich durch die Hintergärten. Spielte in dem alten Panzer. Wenn wir leere braune Bierflaschen fanden, taten wir Karbid hinein, spuckten darauf, verschlossen sie wieder und warteten darauf, dass sie explodierten.
Klingelten an fremden Häusern. Spielten auf dem Friedhof Räuber und Gendarm, Cowboy und Indianer. Und manchmal durfte auch ein Mädchen mitmachen, die musste die Gefangene spielen. Dann wurde sie in einen Geräteschuppen auf dem Friedhof verschleppt. Aber ich musste draußen bleiben. Da ich nicht wirklich zu ihnen gehörte, hätte ich sie verraten können. Ich wartete vor dem Schuppen, schlich einmal herum, lauschte an den Holzbrettern, die noch nach Hitze rochen, versuchte, durch die Ritzen zu sehen, aber es war dunkel da drin und ganz still.
Es war schon später Nachmittag, und ich war der Einzige, der um Punkt fünf zu Hause sein musste. Sie blieben lange da drin. Ich konnte nicht länger warten. Gesocks, dachte ich und rannte nach Hause. Ich war eine halbe Stunde zu spät.
Die Erwachsenen waren ganz aufgeregt wegen der Geschichte auf dem Friedhof. Man müsste die Polizei rufen und den Eltern Bescheid sagen, was da alles passieren könne. Ich bekam ungerechterweise für den nächsten Tag Hausarrest und schlich mich die Treppe hoch, schnell vorbei am ersten Stock, öffnete die Luke, die zum Dachboden führte, kletterte eine Leiter hoch, und dahinter war ein ausgebautes Mansardenzimmer, mein Reich. Ich setzte mich ans Fenster und schaute rüber zu dem Nachbarsgarten. Wenn man die Wahrheit sagt, wird man bestraft, dachte ich.
Hätte ich denn lügen sollen? Die haben mich ja nicht mitspielen lassen. Selber schuld, dachte ich, das Gesocks!
Rudi und ich hatten ausgemacht, uns immer die Wahrheit zu sagen. Das war das Wichtigste für uns. Aber wenn ich anderen die Wahrheit sagte, gab es Ärger. Die Wahrheit schien etwas Gefährliches zu sein. Man konnte überhaupt nicht vorhersehen, was dann alles passierte. Rudi konnte ich alles sagen.
Ich hätte ja auch lügen können, aber ich wusste eigentlich nicht,

warum. Außerdem war Lügen anstrengend. Da musste das eine zu dem anderen passen, und ich wurde rot, fing an zu stottern, und mir fiel nichts mehr ein. Die Wahrheit war viel leichter. Bloß hatte ich den Eindruck, dass alle anderen lieber wollten, dass man lügt. Dann mussten sie sich nicht so aufregen und schimpfen und behaupten, die Wahrheit sei gar nicht wahr. Ich war immer erschrocken, was die Wahrheit für Folgen hat. Wie im Religionsunterricht. Da konnte ich nicht glauben, dass Maria noch Jungfrau war und das Kind einfach so bekommen hatte.

Rudi hatte mich früh aufgeklärt und mir gesagt, es könnte nur sein, dass das Jungfernhäutchen vielleicht eingerissen gewesen sei und Maria bloß nicht gemerkt habe, dass der männliche Samen in ihren Bauch gekommen sei. Vielleicht im Schlaf. So etwas habe es gegeben.

Der Religionslehrer wurde richtig wütend, und ich durfte an dem Unterricht nicht mehr teilnehmen. Ich fand den sowieso blöde.

Rudi hatte mir gesagt, du musst nicht alles glauben, was die Erwachsenen erzählen. Später, wenn du mal groß bist, suchst du dir selber deine Religion aus. In anderen Ländern glauben Menschen an etwas ganz anderes. Wenn du erwachsen bist, wirst du selber entscheiden, was du glaubst.«

Ich freute mich schon auf die freie Schulstunde. Statt dessen wurde ich in eine andere Klasse gesetzt und musste dort die Handarbeitsstunde mitmachen. Da habe ich dann Häkeln gelernt.

Oma war sehr traurig über meine Schwierigkeiten in der Schule, aber dann hat sie sich doch gefreut, als ich ihr mein erstes selbstgehäkeltes Deckchen als Untersetzer für ihre Kaffeekanne schenkte. Sie nannte den Kaffee immer Muckefuck. Trotz allem musste ich jeden Sonntagmorgen in die Kirche.

»Wegen der Nachbarn«, sagte Oma.

Das war mir nicht verständlich, weil die sich doch nicht mochten.

Aber ich fügte mich.

Meinem Weg in die normale, bürgerliche Welt schien nichts weiter entgegenzustehen. Das mit der Religion würde ich schon noch hinkriegen. Ich konnte ja nicht wissen, dass Religion noch gefährlicher ist als Wahrheit, wenn man anderer Meinung ist.

»Reden ist Silber, Schweigen ist Gold«, sagte die Oma.

Ich hab' sowieso kaum geredet. Und das Gold war wahrscheinlich das Fünfpfennigstück, das mir der Opa gab, wenn ich ihm seine Zigarren holen sollte. Denn dann schwieg ich und redete nicht solche Sachen wie: »Opa, die stinken aber. Das ganze Wohnzimmer stinkt. Und du stinkst auch.«

Das wäre die Wahrheit gewesen. Aber wenn ich schwieg, gab es Geld, und dafür konnte ich beim Bäcker Brausepulver bekommen.

Und bei der Religion war das wahrscheinlich so wie beim Opa: »Da rein, da raus.« Da gab es dann zwar kein Fünfpfennigstück, wenn man nichts sagte, dafür aber bunte Heiligenbildchen. Wenn man viele davon hatte, konnte man sie gegen ein kleines Fußballerbild tauschen oder gegen andere Bilder, die in den Margarinepackungen von Sanella waren. Deshalb wollte ich lieber Margarine aufs Butterbrot, statt Butter. Es gab große Alben, in die man diese Bildchen, die man sammelte, einkleben konnte. Doch eins fehlte immer. Aber die anderen Kinder in der Schule tauschten mit mir keine Bildchen mehr, weil ich ein Heide war.

Erst wunderte ich mich, woher die wussten, dass ich schon mal in Norddeutschland gewesen war. Aber ein Heide hatte nichts mit den violetten Farben zu tun, wie sie ja auch in der Kirche sind. Ein Heide glaubt nicht an Gott und auch nicht an den Teufel. Der war mir sowieso unheimlich mit seinem Fegefeuer, in dem man schmoren muss wie die Pellkartoffeln in der Glut, bis sie fast schwarz sind. Wenn die anderen Kinder mit dem Finger auf mich zeigten und riefen: »Kiek mal, det is 'n Heide, der jlobt ja jarnischt, der Bastard, der hat ja nich' mal 'n Vater!«, dann dachte ich: »Reden ist Silber, Schweigen ist Gold« und streckte ihnen nur die Zunge raus, schielte und wackelte mit den Ohren. Dann amüsierten sie sich und schrien: »Gottfried John ist ein Clown, Gottfried John ist ein Clown!«

Auch Rudi und Janek fanden ihren Platz in der Gesellschaft. Alle Nachbarn standen hinter den Gardinen und beobachteten ein Auto, das vor unserer Haustür hielt. Durch unsere kleine Straße fuhr nie ein Auto. Rudi stieg aus. Ich war sehr stolz. Die Geschäfte gingen so gut, dass ein Opel P4 angeschafft wurde, mit dem sie mich sofort besuchte. Ich hatte nie gewusst, dass meine Mutti so ein Gefährt chauffieren konnte.
Der Müggelsee sollte unser Ausflugsziel sein.
Als wir ruckelnd und qualmend losfuhren, warnte sie mich.
»Wenn was passiert, schmeiß dich sofort auf den Boden. Das ist schon so lange her, dass ich Automobil fahren gelernt habe. Bestimmt schon über zehn Jahre.«
Als sie mit mir schwanger war, hatte sie im Krieg heimlich einen Führerschein gemacht. Um ihrem geliebten Chef, dem Gottfried Rietell, zu imponieren und ihn zu überraschen, hatte sie seinen geliebten Mercedes, in dem ich wohl gezeugt wurde, um die Ecke geparkt und versteckt. Der Herr Oberingenieur fand das überhaupt nicht komisch. Seit dieser missglückten Überraschung war sie nie wieder selber gefahren. Besser wäre gewesen, mein Vater hätte sie noch etwas üben lassen.
Wir fuhren durch die engen Straßen. Der Scheibenwischer wischte jaulend die Scheibe, obwohl es nicht regnete.
»Mach mich jetzt nicht nervös«, sagte Rudi. Sie saß dicht über das Lenkrad gebeugt. Ihre Augen blickten starr geradeaus. Ihre Hände hielten das Lenkrad so fest umklammert, dass das Weiße der Knöchel hervortrat.
»Hoffentlich kommt keine Unterführung bis zum Müggelsee«, sagte sie ängstlich.
»Doch«, sagte ich.
»Wo?« fragte sie panisch.
»Die S-Bahn hinter der Kirche«, sagte ich. »Da müssen wir unten durch.«
Ich wusste das von meinen Ausflügen in die Stadt mit der Oma, wenn ich oben im Doppeldeckerbus vorne saß. Das war spannender als in der Achterbahn. Die Zweige klatschten gegen die Scheibe oder aufs Dach. Bei jeder Haltestelle hatte man von hier oben das Gefühl, der Bus würde alle anderen Autos rammen oder gleich umkippen. Das war ein aufregendes Kitzeln im Magen.

Aber mit Rudi in unserem neuen Auto war das kein spannendes Kitzeln, sondern Angst, die mir den Magen zusammendrückte.

Wir fuhren in der Mitte der breiten Allee. Hinter uns hupte ein Doppeldeckerbus. Wir waren nicht schnell. Links neben uns quetschte sich ein Motorradfahrer mit Beiwagen vorbei. Sein Schal flatterte wie eine graue Fahne im Wind.

»Wann kommt denn die blöde Unterführung?« fragte Rudi. »Ich hasse Unterführungen!«

»Warum?« fragte ich und äugte auf meine Füße. Sehr viel Platz war nicht, um mich auf den Boden zu werfen.

»Wenn man auf eine Unterführung zufährt, sieht das Loch immer so klein aus«, sagte sie und fuhr noch langsamer.

Der Bus tauchte bedrohlich nah am Rückfenster auf. Von weitem sahen wir die Unterführung. Vorher war aber noch eine Kreuzung zu bewältigen. In der Mitte der Kreuzung stand ein Schutzmann, der den Arm gehoben hatte. Rudi traute sich nicht, plötzlich zu bremsen. Der Bus hätte uns weitergeschoben. Wir kamen kurz vor dem Schutzmann in der Mitte der Kreuzung zum Stehen. Er stand quer zu uns, die Arme weit ausgebreitet. Von rechts näherte sich eine Straßenbahn. Funken stoben auf den Gleisen. Unser Opel P4 hüpfte noch zweimal vorwärts und blieb auf den Gleisen stehen. Der Schutzmann hatte mit einer schnellen Drehung sein Leben gerettet. Kreidebleich reckte er einen Arm in die Höhe und drehte sich in alle Richtungen. Während seine Backen vor Anstrengung wie bei einem Frosch aufgeblasen waren. Seine Trillerpfeife schrillte uns in den Ohren. Ich schaute aus meinem Seitenfenster erschrocken auf das heruntergeklappte Fanggitter der Straßenbahn, die dicht neben mir zum Stehen gekommen war. Links von uns stand ein Volkswagen quer, der es grade noch geschafft hatte, auszuweichen. Die Straßenbahn bimmelte. Die Autos hupten. Der Schutzmann trillerte. Rudi versuchte den Wagen zu starten und lächelte hilflos in die Runde. Aus dem Motor drang ein dreimaliges quälendes Stöhnen, dann war er stumm.

Um uns herum hatte sich eine gestikulierende Menschentraube versammelt. Rudi hob die Hände und sagte durch die geschlos-

sene Scheibe: »Ich bin seit zehn Jahren nicht mehr mit so einem blöden Ding da gefahren.«
Der Schutzmann machte wütende Zeichen. Schnelle kreisende Handbewegungen.
»Ich glaube, du sollst die Scheibe runterkurbeln«, sagte ich.
»Was will der denn von uns?« fragte Rudi. »Das ist ja wohl nicht strafbar, wenn das einfach nicht fahren will.«
Sie kurbelte die Scheibe hinunter. Der Schutzmann tippte an seine Mütze.
»Gnädiges Fräulein, sehen Sie nicht, was Sie da angerichtet haben? Bitte räumen Sie sofort die Kreuzung!«
Rudi setzte ihr strahlendes Lächeln auf: »Vielleicht können Sie mir helfen, Herr Oberwachtmeister. Das Automobil will einfach nicht fahren.«
»So, so«, sagte der Schutzmann. »Wahrscheinlich haben sie den Motor abgewürgt. Wo haben Sie denn die Kurbel für den Anlasser?«
»Ich bin technisch nicht so versiert. Vielleicht können Sie mir mit Ihrem Sachverstand helfen?«
Sein Sachverstand half uns mit ein paar wütenden Fahrgästen aus der Straßenbahn den Wagen von der Kreuzung zu schieben. Rudi lächelte mich an, während sie das Lenkrad hielt.
»Ist das nicht dufte, wie hilfreich die Berliner sind?«
Ich schämte mich.
Die Kreuzung war endlich geräumt. Die Kurbel für den Anlasser wurde gefunden. Der Wagen sprang wieder an. Unser Ausflug war beendet.

Rudi überlebte die Rückfahrt nach Süddeutschland. »Die Kneipe läuft wie die Feuerwehr«, schrieb sie auf einer Karte. Janek saß an der Quelle und löschte seinen Durst, lud polnische Freunde und Bekannte ein, schmiss Lokalrunden.
»Musst du anfüttern«, war seine Theorie.
Er war jetzt Geschäftsmann. Und die überfüllte Kneipe schien ihm recht zu geben. Die Stimmung war gut. Das neue Lokal hatte sich herumgesprochen. Die Kneipe war der Tip. Aber es kam kaum Geld in die Kasse.

Oma und Opa betrachteten ungläubig die Fotos von den stolzen Lokalbesitzern.
»Wenn das mal was wird«, brummte Opa und zog heftig an seiner Zigarre. »Wer nichts wird, wird Wirt«, sagte er noch und setzte sich in seinen Sessel mit den Krallenfüßen und stellte den Volksempfänger an.
Diesmal drehte er die Nachrichten besonders laut auf, als wolle er sonst nichts mehr hören.
»Auf der Düsseldorfer Funkausstellung werden die ersten UKW-Radioempfänger vorgestellt... Der Roman von Hans Fallada ›Der Trinker‹ wurde posthum veröffentlicht... Er beschreibt den Niedergang eines Alkoholikers...«
»Die schämen sich auch gar nicht«, kommentierte der Opa. »Hast du schon deine Schularbeiten gemacht?« rief er.
»Noch nicht«, sage ich erschrocken und riss mich von den Fotos los. Jetzt hatte ich doch Heimweh nach meiner Mutti. Ich wäre lieber da gewesen, wo sie jetzt war, als hier in dem nach Zigarrenrauch stinkenden Wohnzimmer mit dem Opa. Immer hatte er irgendeine Aufgabe für mich.
»Wenn du fertig bist, kannst du mir noch im Garten helfen«, übertönte er den Nachrichtensprecher.
»... In der Bundesrepublik endete nach elf Jahren die Ausgabe von Lebensmittelkarten...«, sagte die Stimme aus dem Radio.
»Das ist interessant«, sagte Opa aufgeregt und paffte heftig an der Zigarre, während er sein Ohr dicht an den Lautsprecher hielt.
Wie langweilig Opas Leben ist, dachte ich. Nachrichten hören und Unkraut jäten. Ich schaute verstohlen auf die Fotos. Eigentlich tat er mir leid.
»Jetzt pack endlich die Fotografien weg und tu deine Pflicht. Damit du mal was Ordentliches wirst!«
Er fühlte sich wohl durch meine Anwesenheit bei seinen Nachrichten gestört. Jetzt tat er mir doch nicht leid. Er war bestimmt nur neidisch auf unseren Erfolg.
»Die Hausaufgaben kann ich doch auch noch später machen«, versuchte ich mich rauszureden.
Wenn Opa später in seinem Garten wütete, könnte er mich ja nicht bei den Hausaufgaben stören.

»Was du heute kannst besorgen, das verschiebe nicht auf morgen!«
Erwachsene waren so unlogisch. Ich hatte nicht morgen gesagt, sondern später. Aber die hörten sowieso nicht zu. Nur die Oma. Ich ging zu ihr in die Küche.
»Hast du die Hausaufgaben schon gemacht?« fragte sie, während sie die Kurbel der Schneidemaschine drehte und den Laib Brot in Scheiben schnitt. Ich schüttelte den Kopf.
»Die kannst du ja auch später machen nach der Vesperzeit. Bis dahin geh mal ein bisschen raus an die frische Luft. Du siehst ja ganz blass aus von dem Zigarrenqualm.«
»Wann soll ich zurück sein?«
»Um vier gibt es einen schönen, starken Muckefuck, und dann helf' ich dir bei den Hausaufgaben.«
Oma verstand einfach alles.
»Ach, eh' ich es vergesse...« Sie wischte sich die Hände an der Schürze ab und zog einen gefalteten Brief aus der Tasche. »Die Ruth hat geschrieben, dass sie am nächsten Sonntag kommt.«
Mein Herz schlug ganz heftig vor Freude. Oma sah von dem Brief hoch und schaute mich besorgt an.
»Sie wollen beide hierherkommen. Aber sag dem Opa noch nichts. Ich bring' ihm das schonend bei.« Sie strich mir sanft über den Kopf und sah mich liebevoll an. »Das bleibt erst mal unser Geheimnis. Versprochen?«
»Versprochen!« sagte ich.
Sie schaute mich merkwürdig traurig an, als wollte sie noch etwas sagen. Dann verstaute sie entschlossen den Brief in der Kittelschürze und öffnete die Tür zur Speisekammer.
»Freust du dich?« fragte sie, während sie in der Kammer kramte.
»Und wie!« sagte ich in ihren Rücken.
Die weißen Punkte auf der blauen Schürze schimmerten hell aus dem Halbdunkel. Wie Sterne. Leise hörte ich sie sagen: »Dann geh jetzt mal spielen, solange noch Zeit ist. Du weißt ja, ich will nur das Beste für dich.«
Ihre Stimme klang ganz hoch und zittrig. Ich hatte plötzlich einen Kloß im Hals.

»Wo sind denn bloß die Zwiebeln, die muss ich noch schneiden.«
Die weißen Punkte auf ihrem Rücken bewegten sich. Dann hörte ich, wie sie sich dezent schneuzte.
»Die blöden Zwiebeln«, hörte ich sie leise lachen, während sie sich die Nase hochzog.
»Um vier bin ich wieder zurück!« sagte ich in ihren Rücken.
»Ja, lauf los, mein Junge, ich find' sie schon.«
»Versprochen!« rief ich noch im Gehen.
»Ist gut, mein Herz, jetzt lauf!«
Sie drehte sich nicht um.
Ich rannte unsere kleine Straße runter, so schnell ich konnte, vorbei an dem einzigen Geschäft, dem Bäcker, bis zur großen Straße, die zwei Fahrbahnen hatte, die von einem grünen Mittelstreifen getrennt waren.
An der Ecke blieb ich außer Atem stehen und versuchte mich zu beruhigen. Irgend etwas war passiert.
Auf der gegenüberliegenden Seite vor der großen Straße war vor ein paar Tagen ein knallgelbes Telefonhäuschen aufgestellt worden. In unserer Gegend war es das einzige Telefon. Ich kannte niemanden, der so etwas zu Hause hatte. Die ganzen letzten Tage hatte ich neugierig hinübergeschaut. Aber ich durfte die Straße nicht überqueren. Das war zu gefährlich wegen der vielen Autos. Das hatte ich versprochen. Und was man verspricht, das hält man auch. Und Rudi hatte der Oma versprochen, dass sie am Sonntag kommt. Jetzt war mir wieder leichter. Und ich hatte versprochen, nicht über die große Straße zu gehen.
Also setzte ich mich auf den Bordstein und schaute sehnsüchtig auf den einzigen gelben Farbfleck, der da auf der verbotenen Seite stand. Ich war immer noch aufgeregt und versuchte mich abzulenken, indem ich die Autos zählte, die vorbeifuhren, und die Nummernschilder auswendig lernte. Das war ja auch wie Schulaufgaben, nur spannender. Aber ich konnte mich nicht wirklich konzentrieren. Oma hatte noch nie geweint.

Es war ein heißer Sommer. Bald waren Schulferien. Rudi würde mir dann bestimmt das Lokal in Süddeutschland zeigen. Am meisten interessierte mich die bunte Musikbox, von der sie erzählt hatte. Und der Fluss, der durch die Stadt floss, in dem man schwimmen konnte. Hier bei der Oma gab es kein Wasser in der Nähe. Nur ein Schwimmbad im nächsten Bezirk. In leichtem Trab schaffte ich es bis dorthin in einer halben Stunde. Manchmal legte ich auch eine kleine Galoppstrecke ein. Mir imponierte, wie in den Tom-Mix-Filmen die Reiter eins mit ihrem Pferd waren. So schwang auch ich mich mit einem eleganten Schwung auf mein Phantasiepferd, hielt mit der linken Hand die Zügel lässig in Bauchhöhe, tänzelte leicht vor und zurück, manchmal drehte ich mich auch, da mein Pferd rassig und nervös war, schnaubte heftig und gab mir mangels Sporen, was ein praktisches Problem war, mit der rechten Hand einen heftigen kurzen Klaps auf meinen rechten Hinterschenkel, mein Pferd stieg auf, ich hielt es mit meiner linken Hand in Brusthöhe leicht zurück und ließ es dann laufen. Dann galoppierte ich los. Mein rechter Lauf stieß mich vom Boden ab, der linke eilte raumgreifend voraus, während der rechte das Gewicht hielt und leicht versetzt nachklappte. Das Taram, Taram des Galoppierens, dieser Rhythmus wurde eins mit meinem Herzschlag, meinem Atem. Nur unterbrochen manchmal von einem prustenden Schnauben, wenn ich an einer Straßenecke warten musste. Um mich dann wieder mit einem Klaps anzutreiben, den Kopf edel erhoben, mit der linken Faust locker die Richtung führend, der rechte Arm lässig an der Seite herunterhängend.
Wir waren eins, mein Phantasiepferd und ich. Das war die schönste Art der Fortbewegung. Ganz anders, als wenn man nur rennt, um ans Ziel zu kommen.
Vor dem Schwimmbad stoppte ich mich mit einem harten Brrrrrrr und sprang mit einem Satz seitlich versetzt ab. Dann führte ich mein Pferd mit meiner rechten Hand in Schulterhöhe zum Fahrradständer und schlang die Zügel mit einem gekonnten Wurf locker um die Stange. Es würde auf mich warten.
Breitbeinig betrat ich die Liegewiese. Ich kam ungern hierher, obwohl ich hier schwimmen gelernt hatte. Nur wenn es sehr

heiß war. Der überfüllte Rasen mit halbnackten Leibern, das laute Kreischen, brüllende Rufe, das Schubsen und Rempeln, hysterisches Juchzen. Das greinende, ohrenbetäubende Weinen der Kinder, rot vor Wut und Ohnmacht. Bellende Befehlslaute. Die Trillerpfeife des Bademeisters. Orte, an denen Menschen zusammengepfercht sind, machten mir Angst. Schulhöfe, Fußballplätze, Heime, Schwimmbäder.
Um mich herum Gesichter, vor Vergnügen zu Fratzen verzerrt. So meinte ich, ihr Grinsen zu spüren, als ich mich auszog. Spindeldürr. Bei dem kann man die Rippen zählen, wie bei einem aus dem KZ, sagten sie und lachten. Dabei hatte mir Oma eine ganz moderne Badehose gekauft. Weinrot. Mit weißen Schnüren an jeder Seite. Ein Dreieck, das man an beiden Seiten unterhalb der vorstehenden Hüftknochen verschnürte.
Ich hatte die Hose schon zu Hause festgezurrt, aber trotzdem war sie noch etwas zu groß. Dadurch waren die langen Beine noch dünner. Und vor Scham stolperte ich über meine eigenen Fußknöchel. Als ich das Spießrutenlaufen beendete, die Luft anhielt und schnell kopfüber im Wasser des Schwimmbeckens abtauchte, in Atemnot die restliche Luft in den Magen schluckte, das ruhige Rauschen und meinen Herzschlag hörte und erst auf der anderen Seite des Beckens wieder in den Lärm auftauchen musste, um Luft zu holen, wünschte ich mir, für immer unter Wasser bleiben zu können.
Mein Schwimmlehrer hatte mir jede Angst vor dieser fremden Welt genommen, weil er mir erst das Tauchen beibrachte, bevor ich schwimmen lernte. So wusste ich, dass ich gar nicht untergehen konnte, sondern nur wieder auftauchen musste, um Luft zu holen, damit ich weiter tauchen konnte. Ich entwickelte mich dadurch zu einem guten Schwimmer, der sich mehr unter Wasser als über Wasser wohl fühlte.
Damit konnte ich den gleichaltrigen Jungs imponieren und mich, wenn ich aus dem Wasser kam, lässig abtrocknen und meinen dürren Körper unter dem Handtuch verstecken. Die nasse Badehose ließ ich lieber an, zog meine Sachen drüber, verließ eilig das lärmende Vergnügen. Fast wäre ich auf eine Sonnenbrille getreten.

Ich setzte sie auf und trabte ruhig und einsam, diesmal als Zorro, der Rächer, wieder nach Hause zu Oma. Mit dieser Sonnenbrille fühlte ich mich unsichtbar.

Zu Hause im Flur ging ich zu dem großen Spiegel, um zu sehen, ob das stimmte. Statt dessen hatte ich das Gefühl, dass ich mir meiner selbst zum ersten Mal bewusst wurde. Ich hatte mich entdeckt, und mein Stellvertreter-Ich beobachtete mich. Von diesem Moment an war ich unter Beobachtung. Sosehr ich versuchte, mich zu wehren, ich bin dieses beobachtende Ich nie wieder losgeworden. Außer in Momenten der Ekstase, der Verliebtheit, des Rausches oder in der Natur. Dann verstummt kurzfristig mein plappernder Zwilling im Kopf, und ich bin wieder frei. Ohne Selbstbeobachtung. Bis zu diesem Moment war ich, wenn ich in den Spiegel schaute – wenn überhaupt – nur ein unwichtiges, langweiliges Etwas. Aber jetzt war dieser blonde, blasse Junge, der da im Spiegel mich anschaute, etwas Unverwechselbares, etwas Persönliches. Das war ich! Mit dieser Verkleidung war ich eine Persönlichkeit.

Oma nahm mir meine Persönlichkeit in Verwahrung, zog mir die nasse Badehose aus und steckte mich in die heiße Wanne. Etwas finden und nicht abgeben ist fast so wie stehlen. Ich war traurig. Damit ich nicht so traurig wäre, versprach mir die Oma, dass sie, nur mit mir ganz allein, einen Ausflug machen würde an einen großen See, wo ich ganz alleine baden könnte, ohne die vielen Menschen. Versprochen? »Versprochen«, sagte sie und lächelte traurig.

Wir planten diesen Ausflug für den Sonntag, an dem Rudi und Janek zu Besuch kämen. Ich war im Zwiespalt und entschied mich dann doch für den Ausflug. Dann hätte ich beides, den Ausflug und das Wiedersehen. Wenn ich zurückkäme, würde meine Mutti vielleicht schon dasein. Dann würden wir bei Kaffee und Kuchen alle zusammen im Wohnzimmer sitzen und uns erzählen, was wir in der Zwischenzeit erlebt hätten. Ich hatte sie doch schon fünf Monate und dreiundzwanzig Tage nicht gesehen.

»Möchtest du lieber zum Müggelsee oder zum Wannsee?« fragte Oma.
Wir waren schon sehr früh aufgestanden. Ich sah den Opa nur kurz mit rotem Kopf und einer Gewittermiene im Garten verschwinden. Dabei schien die Sonne.
»Nicht zum Müggelsee«, sagte ich und dachte an den missglückten Ausflug mit Rudi. »Lieber zum Wannsee. Aber nicht ins Strandbad.«
Oma schmierte Margarine auf die Brotscheiben, holte aus der Schublade sauber gefaltetes Pergamentpapier, das mit dunklen Fettflecken durchsetzt war, und wickelte die Stullen ein. Sie seufzte und verstaute die eingewickelten Butterbrote, auf die sie etwas Zucker gestreut hatte, in ihrem Einkaufsnetz. Dann füllte sie Leitungswasser in eine braune Flasche mit einem weißen Keramikkopf, an dem unten ein Gummiring war, und drückte den Bügel herunter. Sie drehte die Flasche um und prüfte, ob kein Wasser herauskam, und stellte sie dann in das Netz.
Ich hatte meine Badehose schon angezogen und die Handtücher zusammengerollt.
»So«, sagte Oma fröhlich, »haben wir alles? Hut, Schirm, Gesangbuch?«
Sie lachte und setzte sich einen gelben Strohhut auf mit einem blauen Band. Jetzt sah sie aus wie ein junges Mädchen.
»Nimmst du mich so mit?« fragte sie und drehte sich einmal im Kreis, so dass ihr Kleid flog. Es hatte die gleiche Farbe wie die Kittelschürze, nur aus feinem, leichtem Stoff.
»Hübsch siehst du aus«, sagte ich stolz.
Sie wurde leicht rot.
»Ach was!« sagte sie. »Hinten Lyzeum, vorne Museum! Jetzt gehen wir aber, sonst verdirbt uns Opa noch den schönen Tag. Heute muss er mal allein in die Sonntagsmette.«
Wir schlichen kichernd aus dem Haus. Schnell gingen wir unsere kleine Straße entlang bis zur großen Kreuzung. Da war die Bushaltestelle. Auf dem Weg dahin bewegten sich die Gardinen hinter den Fenstern der Nachbarn. Es war das erste Mal, dass meine Oma und ich Hand in Hand unsere Straße entlangliefen. Oma war ganz übermütig mit ihrem Strohhut. Das blaue Band

flatterte im Wind. Sie spürte die Blicke und lachte: »Käsar und Kikero gingen in den Kirkus, Käsar im Kilinderhut und Kikero in Kivil!«
Dann hatten wir die Nachbarn hinter uns gelassen und standen an der Bushaltestelle.
»Schau mal, da steht ja ein Telefonhäuschen. Hast du das schon gesehen? Da könnte man ja jetzt überallhin telefonieren. Ohne Postamt!«
Der große Doppeldeckerbus kam und hielt scharf vor uns an der Bordsteinkante. Er war hinten offen. Der Schaffner half der Oma auf die Plattform.
»Na, jnädiges Frollein, uff Weltreise, ab in die Sommerfrische? Ick warte mal, bis Sie mit Ihrem Galan oben sind.«
»Nein, nein, nur bis zur S-Bahn«, sagte die Oma schüchtern.
Der Schaffner wartete, bis wir die schmale Treppe hochgeklettert waren und uns oben in die erste Reihe gesetzt hatten. Dann fuhr der Bus rasant los. Ich genoss wieder das Klatschen der Zweige gegen die Scheibe und den Nervenkitzel dieser Aussicht von hier oben.
Der Schaffner kam gebückt nach vorne geschwankt und gab der Oma aus einem Gerät, das ihm vor dem Bauch hing und mit jedem Hebeldruck Kleingeld ausspuckte, das Wechselgeld zurück. Oma zählte nach und legte die Münzen einzeln in ihr abgegriffenes schwarzes Portemonnaie, steckte die Fahrkarten in ein Extrafach, klappte es zu, überprüfte, ob es verschlossen war, und verstaute es in ihrer kleinen braunen Handtasche, die sie dann wieder in das Einkaufsnetz packte.
»Hier oben können Se ooch roochen«, sagte der Schaffner schelmisch.
»Nein, vielen Dank«, sagte die Oma und wurde wieder rot und schaute schnell aus dem Fenster.
Nach einer Weile kam der Schaffner wieder zu uns nach vorne.
»Jetzt müssen Se alleene weiter, ohne mir, wenn Se zum Wannsee wollen!«
Oma schaute ihn erschrocken an.
»Na, mit die Handtücher wolln Se doch nich uff'm Ku'damm flaniern und die Amis bei die Parade winken.«

Oma sprang schnell auf und stieß sich leicht den Kopf.
»Immer langsam, hübsche Frau, sonst zerknautschen Se noch det schöne Stroh.«
Oma nahm schnell den Hut ab und hielt das Einkaufsnetz fest an sich gepresst. Sie war froh, dem geballten Charme des Schaffners zu entkommen.
Der S-Bahnhof war voller Menschen mit Badetüchern. Alle wollten zum Wannsee. Wir ergatterten trotzdem einen Platz. Oma ließ mich am Fenster sitzen. Wir ratterten durch die Stadt. Vorbei an hohen grauen Hinterhöfen und halbfertigen Ruinen. An einigen Fenstern war Wäsche aufgehängt, die lange brauchen würde, um zu trocknen, weil dort nie die Sonne hinkam.
»Bei uns draußen ist es doch schöner als in der Stadt«, sagte die Oma und reichte mir ein Butterbrot.
Kauend betrachtete ich die vorbeiziehenden schmutzigen Fassaden und dachte an früher, an die Zeit mit Rudi in der Stadt. Ich fand es zu Hause auch viel schöner. Und ich durfte so lange bleiben, wie ich wollte. Hatte Oma mir versprochen.
»Hm, finde ich auch viel schöner bei uns«, murmelte ich und rieb meinen Kopf an ihrer Schulter, während ich aus dem Fenster schaute.
»Noch ein paar Stationen, dann sind wir da«, sagte sie. »Der ist auch sehr schön, der Wannsee. Warst du da schon mal?«
Ich schüttelte den Kopf.
»Du wirst staunen«, sagte sie lächelnd und strich mir das Haar aus der Stirn.
»Aber zu Hause ist es am schönsten«, sagte ich.
»Zu Hause ist es immer am schönsten«, sagte die Oma und hatte wieder so einen merkwürdigen Schimmer in den Augen.
Die vielen Menschen, die hier mit uns ausgestiegen waren, schoben uns durch den kleinen Bahnhof aus roten Backsteinziegeln ins Freie. Ich hielt Oma fest an der Hand, um sie nicht zu verlieren. Wir strömten mit allen anderen zum See. Am Dampfersteg machten wir halt.
Der riesige See war wie aus einer anderen Welt. Voller weißer Segel auf dem Blau des Wassers. Große weiße Ausflugsdampfer

mit roten Schornsteinen. Menschenmassen, die auf den Holzsteg trappelten und sich auf die Dampfer drängten. Luftballonverkäufer. Leierkastenmänner. Eisverkäufer mit kleinen Wagen, die sie vor sich herschoben. Ein riesiger, blauer Ball schwebte in der Luft, auf dem in weißer Schrift »Nivea« stand. Schreiende Kinder. Lautsprecherstimmen, die zur Rundfahrt auf dem kleinen und dem großen Wannsee, aufforderten. Übertönt von den Orgeln der Leierkästen und den Rufen der Eisverkäufer. Ein Drängeln und Schubsen. Es war wie im Schwimmbad, nur bunter.

»Möchtest du auch eine Dampferfahrt machen?« fragte Oma und schien den Trubel um sich herum zu genießen.

»Nee, lieber woanders«, sagte ich und zog sie von dem Steg weg.

»Oder ein Eis? Das können wir uns noch leisten.«

»Ich mag aber kein Eis«, sagte ich und schaute auf die verschmierten Münder der Kinder, die alle verzückt an den Kugeln schleckten. Manche braun verschmiert, als hätten sie das Gesicht in ihren Nachttopf getunkt. Ich ekelte mich.

»Oder möchtest du lieber die Schwäne füttern?« fragte sie.

Ich schüttelte den Kopf.

»Ich war auch schon lange nicht mehr hier«, sagte die Oma und betrachtete mich hilflos. »Das hat sich alles sehr verändert!«

»Du hast versprochen, dass ich schwimmen darf, ganz allein!« sagte ich vorwurfsvoll und schaute zu ihr hoch.

»Dann lass uns einen Platz finden, der dir gefällt. Der See ist ja groß genug«, sagte Oma entschieden und nahm mich bei der Hand.

Wir marschierten los.

Es war heiß. Oma hatte ihren Hut wieder aufgesetzt. Wir liefen zwischen duftenden Kiefernwäldern auf einem sandigen Waldweg immer am See entlang, der durch die Bäume schimmerte. Es war mühsam. Ich zog meine Schuhe aus und hängte sie mir um den Hals. Oma stapfte voraus, und ich trottete hinterher.

»Ist es noch weit?« fragte ich missmutig.

»Keine Ahnung. Wenn du etwas Besonderes willst, dann musst

du auch etwas dafür tun. Wenn uns als Kinder der Weg zu weit war, dann haben wir uns immer Reime aufgesagt.«

Ich konnte mir gar nicht vorstellen, dass Oma mal ein Kind war. »Hilft das denn? Was für'n Reim?«

Oma blieb stehen und lachte mich an.

»Pass auf! Und jetzt im Gleichschritt, los: Klotz, Klotz, Klotz am Been, Klavier vorm Bauch, wie lang ist die Chaussee! Links 'ne Pappel, rechts 'ne Pappel, in der Mitt 'n Pferdeappel.«

So kannte ich die Oma gar nicht. Wir liefen fröhlich im Gleichschritt.

»Klotz, Klotz, Klotz am Been, Klavier vorm Bauch, wie lang ist die Chaussee! Links 'ne Eiche, rechts 'ne Eiche, in der Mitt 'ne Pferdeleiche.«

So machte das Marschieren richtig Spaß. Ich krähte laut mit ihr mit: »Klotz, Klotz, Klotz am Been …«

Irgendwann hatten wir unsere Stelle am See gefunden. Eine Bucht. Ein kleiner Sandstrand mitten im Wald. Das Wasser war ganz klar und plätscherte sanft ans Ufer. Links und rechts eingerahmt von dichtem Schilf. Die Sonne schien durch die Bäume und warf kleine, helle Lichtflecken auf den vermoosten Boden. Nur das Rauschen des Schilfs und vereinzelte Vogellaute waren zu hören. Sie klangen ganz anders als die von Spatzen und Tauben. Weit entfernt über dem See segelte eine Möwe. Ich fühlte mich wie im Märchen. Ich war ein Prinz und hatte den See ganz für mich allein.

Oma hatte sich an einen umgekippten Baumstamm gesetzt und das Handtuch unter sich ausgebreitet. Meine Sachen lagen sauber gefaltet neben ihr. Ich stand mit den Füßen im Wasser, um mich an die frische Kühle zu gewöhnen. Das Wasser glitzerte und blendete mich leicht. Ich hätte ewig so stehen bleiben können.

»Jetzt geh schon rein und sei kein Frosch!« hörte ich die Oma.

Ich drehte mich zu ihr um. Sie saß geheimnisvoll vor dem dunklen Grün in ihrem blauen Kleid und dem gelben Strohhut und hatte ein kleines, schmales helles Buch in der Hand.

»Was liest du da?« fragte ich erstaunt. Ich hatte sie noch nie ein Buch lesen sehen.

»Ach, das ist so ein kleines Reclamheft. Rainer Maria Rilke. Das sind ... ach, so was interessiert dich noch nicht.«
Sie blätterte versonnen in den Seiten.
»Früher habe ich viel gelesen, wenn ich mit den Kindern im Strandbad war da drüben.«
Sie zeigte vage über den See.
»Aber später bin ich nicht mehr dazu gekommen.«
Sie hielt das kleine Buch fest umklammert und starrte auf den Einband.
»Und deine Mutter, die kleine Ruth, hat mir damals einen richtigen Schock versetzt. Plötzlich war sie verschwunden. Ich war tief in ein Buch versunken, und plötzlich höre ich im Strandbad Wannsee eine Megaphonstimme: ›Die kleine Ruth hat ihre Mutter verloren.‹ Ich dachte, mir bleibt das Herz stehen. Sie stand da ganz klein und zart hoch oben auf dem Sprungturm und wurde ausgerufen. Ich glaube, danach habe ich mich nicht mehr getraut zu lesen. Bei den vielen Kindern ...«
Sie zuckte leicht mit den Schultern und neigte den Kopf, so dass ich nur ihre Hutkrempe sehen konnte mit dem blauen Band.
»Jetzt hast du ja bloß mich«, sagte ich. »Ich geh' dir nicht verloren, bei mir kannst du ruhig was lesen.«
Sie hob den Kopf und schaute mich an. Dann sagte sie nachdenklich: »Du bist ein ganz lieber Junge, weißt du das?«
»Ach was!« sagte ich und stürzte mich in das kalte Wasser.
Ich hielt die Augen unter Wasser offen. Alles war grün um mich. Als ich wieder auftauchte, taten die Augen nicht so weh wie im Schwimmbad, das immer nach Chlor stank. Ich trat auf der Stelle und schaute zurück. Der blaue Punkt in der Mitte der Bucht war die Oma. Sie winkte. Ich winkte zurück und legte mich auf den Rücken, schaute in den Himmel. Drei einsame Wölkchen schwebten über mir. Dann tauchte ich wieder ab in die Tiefe, kam prustend hoch und kraulte, so schnell ich konnte, weit hinaus auf den See.
Das Wasser war jetzt wärmer, unterbrochen von einigen Kälteinseln, die ich schnell durchquerte. Jetzt war ich sehr weit draußen. Die Bucht war kaum noch zu erkennen. Nur die unterschiedlich grünen Streifen des Schilfgürtels und der Bäume.

Weiter drüben ein langer, heller Streifen. Das musste das Strandbad Wannsee sein.
Ich merkte, dass ich doch nicht geübt war, lange zu schwimmen. Ich bekam kurz Panik, die mir den Atem nahm. Hier so weit draußen, allein auf dem See. Ich kann gar nicht untergehen, beruhigte ich mich. Ich legte mich auf den Rücken, pumpte etwas Luft in den Magen, streckte die Arme weit nach oben und ruhte mich aus. Wie eine Wasserwaage, die Luftblase in der Mitte, hielt ich das Gleichgewicht und ließ mich treiben. Schaute auf meine Zehen, die wie kleine Kobolde aus dem Wasser ragten. Dann schwamm ich in langsamen, ruhigen Zügen wieder zum Ufer.
Als ich zurückkam, saß Oma noch immer an den Baumstamm gelehnt. Die Augen geschlossen. Das kleine Buch lag in ihrem Schoß. Den Hut hatte sie neben sich gelegt. Ihr Mund war leicht geöffnet. Aber sie atmete.
Zum ersten Mal dachte ich daran, dass Oma nicht ewig lebt. Lange starrte ich sie an. Ohne Scheu. Bis ich merkte, dass ich vor Nässe bibberte. Leise trocknete ich mich ab und schaute, ob sie noch die Augen geschlossen hatte. Zog meine nasse Badehose aus, schlüpfte in die kurze Hose.
Ich stromerte den Schilfgürtel entlang, immer auf der Suche, woher das aufgeregte Gezeter eines Vogels kam, irgendwo zwischen den Halmen. Ich watete immer weiter am Ufer entlang. Es gab hier viele schöne Stellen. Hinter einem Gebüsch blieb ich stehen und schaute einem schwarz-weißen Vogel zu, der schnell trippelnd am Ufer stolzierte und ständig mit seinem Schwanz wippte. Plötzlich wurde er von einem Geräusch aufgescheucht.
Zwischen den Blättern des Gebüschs sah ich etwas Helles, Rosafarbenes sich bewegen. Ich schlich mit angehaltenem Atem etwas näher. Eine ältere, korpulente Frau, jünger als die Oma, aber dicker, hatte ihr Kleid ausgezogen. Ich wusste nicht, ob sie mich bemerkt hatte. Ich hielt den Atem an und wagte kaum, mich zu rühren. Sie schaute nicht in meine Richtung. Langsam hakte sie ihr rosafarbenes Mieder auf. Und mit jedem Haken quoll weißes, helles Fleisch hervor, bis sie mit einem erleichterten Seufzer ihre riesigen Brüste befreite, die sich hoch

und rund über dem Bauch wölbten. Aus dem großen roten Hof der Brustspitzen reckten sich langsam dunkle immer größer werdende Nippel hervor. Gleichzeitig spürte ich, wie alles Blut in die Mitte meines Körpers zwischen meine Beine schoss und mein Pipi anschwoll.
Mein Kopf war leer, und meine Beine zitterten.
Die Frau zog langsam ihren langen, fast durchsichtigen Schlüpfer, der ihr bis zu den Knien reichte, herunter. Dann stieg sie mit ihren runden, dicken Beinen elegant aus dem rosafarbenen Knäuel, das um ihre Knöcheln hing, als entstiege sie einer Eiscremetorte. Ihr runder, riesiger Hintern war das ideale Gegengewicht zu ihrem runden Bauch und den beiden mächtigen Wölbungen darüber. Alles an ihr war rund. Und schön.
Dann verschränkte sie ihre runden Arme zwischen Busen und Bauch, machte einen kleinen Schritt vor und tauchte einen Zeh ins Wasser. Sie stieß einen kurzen, spitzen Schrei aus. Erschauerte leicht. Ihr riesiger, runder Körper begann zu vibrieren wie Götterspeise, die man berührt.
Meine kurze Hose spannte und tat mir weh. Dann öffnete sie weit ihren Mund und holte tief Luft, formte ihn dann zu einem runden O und atmete mit einem leichten Laut wieder aus. Langsam hob sie die Arme, als würde sie balancieren, und setzte den anderen Fuß ins Wasser. Während sie ihre langen Haare über ihrem Kopf verknotete und den weißen Nacken freilegte, drehte sie sich lächelnd in meine Richtung.
Ich stand starr und steif. Vor Schreck konnte ich mich nicht rühren. Sie lächelte noch einen endlosen Augenblick das Gebüsch an, hinter dem ich stand, und watete dann mit ruhigen, runden Bewegungen immer tiefer in den See, bis ihr Körper ganz bedeckt war. Die Wasserringe um sie herum vergrößerten sich träge. Ein weißer Schwan durchquerte sie majestätisch mit einer Bugwelle und beäugte mich misstrauisch.
Ich fühlte mich ertappt. Plötzlich schämte ich mich, und das Blut schoss mir wieder in den Kopf zurück. Ich rannte weg. Das Gebüsch zerkratzte mir die Beine, und die Hose passte auch wieder. Nur ein ziehender Schmerz blieb zurück. Wahrscheinlich musste ich mal. Ich blieb stehen und suchte mir einen Baum aus. Es dauerte etwas, bis ich Pipi machen konnte. Vielleicht

hatte ich mich doch verkühlt. Während ich dem Strahl zusah, wie er in der Sonne golden glitzerte und die trockene Rinde nässte und im Moos versickerte, hörte ich wieder diese merkwürdigen Vogellaute. Er musste hier irgendwo in der Nähe sein.

Ich lief suchend am Ufer des Schilfgürtels entlang. Fast wäre ich auf ihn getreten. Er hatte einen Flügel abgespreizt und rührte sich nicht. Der spitze Schnabel war leicht geöffnet, und ich konnte ihn atmen sehen. Als ich mich zu ihm runterbeugte, versuchte er flatternd zum Wasserrand zu fliehen. Kurz davor blieb er zwischen dem umgeknickten Schilf hängen. Einen dünnen Halm hielt er mit seinen Krallen fest umklammert. Ich hob ihn mit beiden Händen vorsichtig hoch. Er wehrte sich nicht. Nur sein Atem ging ganz schnell, und ich fühlte in meiner Hand, wie sein Herz pochte. Der Flügel war immer noch abgespreizt. Vielleicht gebrochen. Oder er war aus dem Nest gefallen. Auf jeden Fall brauchte er Hilfe, oder vielleicht hatte er auch Hunger.

Als ich zur Oma zurückkam, schlief sie noch immer. Ihr Kopf war zur Seite gesackt und sie schreckte hoch, als ich auf einen Ast trat, der knackte. Der Vogel in meiner Hand zuckte zusammen. Oma sah mich schlaftrunken an.

»Mein Gott, ich muss wohl eingenickt sein«, sagte sie und hatte ein ganz weiches Gesicht.

Sie richtete sich auf, schaute verunsichert nach rechts und links, ob noch alle Sachen da wären, und murmelte: »War es denn schön, dein Schwimmen?«

Erst dann bemerkte sie den Vogel in meiner Hand.

»Was hast du denn da gefunden?« fragte sie erstaunt.

»Der ist verletzt«, sagte ich. »Der kann nicht fliegen. Vielleicht hat er Hunger. Meinst du, der mag was von unserem Brot?«

»Ich weiß nicht«, sagte die Oma. »Was willst du denn mit ihm machen?«

»Wir können ihn doch mit nach Hause nehmen«, sagte ich hoffnungsvoll. »Auf dem Dachboden ist noch ein alter Vogelbauer, da bau' ich ihm dann ein Nest und kann ihn füttern.«

Ich fuhr mit meinem Zeigefinger über den kleinen Kopf. Er ließ es mit sich geschehen, nur sein Herz pochte heftig.

»Lass ihn allein, hier kennt er sich aus und hat seine Freunde«, sagte die Oma. »Du möchtest doch auch nicht eingesperrt sein, auch wenn du gefüttert wirst.«
»Aber ich kann ihn dann doch wieder freilassen, wenn er größer ist.«
»Dann ist es zu spät!« sagte die Oma ernst. »Wenn so ein kleines Leben in Gefangenschaft aufwächst, dann kann es nie wieder zurück ins normale Leben. Die anderen nehmen es nicht mehr an.«
»Warum nicht?« fragte ich und schaute besorgt auf das Häufchen Leben in meiner Hand.
»Vielleicht, weil ...« Oma überlegte. »Vielleicht, weil es dann anders ist. Die anderen riechen das. Auch wenn er will, kann er nie wieder zurück.«
»Auch nicht zu seinen Verwandten?«
Oma schüttelte traurig den Kopf.
»Das finde ich aber gemein«, sagte ich.
»Das ist überall so in der Natur«, sagte Oma bestimmt. »In jeder Gemeinschaft. Er bleibt immer ein Außenseiter, auch wenn er überlebt.«
Der kleine Vogel zitterte, hatte die Augen schon halb zugeklappt und atmete nur noch hechelnd.
»Dann lass' ich ihn lieber frei und füttere ihn noch etwas. Der ist ja schon ganz schwach und kann gar nicht seine Mama rufen. Die sucht ihn bestimmt schon.«
»Du meine Güte«, sagte die Oma und schaute über den See auf die tiefer stehende Sonne. »Wir müssen uns auf den Heimweg machen.«
Sie erhob sich eilig und strich ihr Kleid glatt.
»Ich will ihn nur noch schnell füttern, damit er zu Kräften kommt«, sagte ich entschlossen und setzte den Vogel in Omas Strohhut, der auf dem Moos lag.
Aus dem Einkaufsnetz holte ich mein angebissenes Brot, brach einen Krümel ab und hielt ihn vor den halbgeöffneten Schnabel. Der Vogel reagierte nicht. Ich drehte aus dem Krümel eine winzige Kugel, wie einen Popel, und stopfte ihn auf die kleine rote Zunge.
»Jetzt friss! Ich mein' das ja nur gut«, sagte ich genervt.

Er saß da, den weißen Klumpen zwischen dem Schnabel, die Augen geschlossen und ließ unter sich eine hellbraune Flüssigkeit in Omas Strohhut.
»Ich glaub', der hat Dünnschiss«, sagte ich und schaute Oma entschuldigend an.
»Das ist Angst«, sagte Oma.
»Aber ich meine das doch nur gut mit ihm!« Ich schaute den Vogel verständnislos an.
»Jetzt lass ihn allein«, sagte die Oma und verstaute ihr Buch im Einkaufsnetz. »Manchmal meint man etwas gut und bewirkt damit genau das Gegenteil.«
Sie sah sich suchend um, ob sie etwas vergessen hätte.
»Der soll vor mir keine Angst haben, der kann mir ruhig vertrauen«, sagte ich und schaute den verstockten Vogel skeptisch an.
»Vertrauen kann man nicht erzwingen. Jetzt komm, wir müssen heim.«
»Und dein Hut?« fragte ich und schaute auf das kleine Federknäuel in Omas Hut. Er hatte immer noch nichts gegessen und rührte sich nicht.
»Ich glaub', den lass' ich besser hier«, sagte sie und nahm mich bei der Hand. »Ich brauch' ihn nicht mehr. Bis ich wieder einen Ausflug machen kann, ist er bestimmt aus der Mode.«
Ich schaute Oma dankbar an, dass sie mir keinen Vorwurf machte wegen der Kacke in ihrem Strohhut.
»Glaubst du, der überlebt?« frage ich im Weggehen und schaute noch einmal zurück.
»Bestimmt!« sagte die Oma und zog mich weiter. »Der hat ja auch nur einen Ausflug gemacht und hat jetzt seinen Eltern viel zu erzählen. Vielleicht sind die beiden ja schon da, Ruth und der Janek, wenn wir nach Hause kommen.«
»Ich kann das ja am Montag als Schulaufsatz schreiben«, sagte ich nachdenklich, »den Janek interessiert so was nicht.«
Ich schaute noch einmal auf unseren Platz. Der Strohhut lag gelb und fremd auf dem grünen Moos neben dem umgekippten Baumstamm. Das blaue Hutband lugte darunter hervor und bewegte sich leicht im Wind.
»Schreibt ihr am Montag einen Aufsatz?«

»Ja«, sagte ich. »Das Thema lautet: Mein schönstes Erlebnis am Wochenende.«
»Da hast du ja viel zu erzählen«, sagte die Oma und lief etwas schneller.
»Ja«, sagte ich keuchend und dachte an die dicke Frau im Wasser.
Aber vielleicht war es besser, nur von dem Vogel zu berichten. Da würde ich auch nicht so viele Rechtschreibfehler machen. Aber lieber wollte ich jetzt noch nicht daran denken und freute mich auf das Wiedersehen mit Rudi. Die schimpfte mich nie, auch wenn ich schlechte Noten hatte. Oma auch nicht. Nur der Opa. Aber der wusste ja nicht, dass wir morgen einen Aufsatz schreiben müssen. Jetzt wollte ich lieber an Kaffee und Kuchen denken, mit allen zusammen.
»Wir haben uns ganz schön vertrödelt«, sagte Oma leicht außer Atem. »Vor dem Abendessen sind wir nicht zu Hause.«
»Dann gibt's keinen Kuchen«, sagte ich enttäuscht.
Ich musste zwischendurch immer einen leichten Trab einlegen, um mit Omas Tempo mitzuhalten.
»Keine Bange«, sagte Oma, vorauseilend. »Den bekommst du heute als Nachtisch. Ausnahmsweise. Weil heute Sonntag ist und die Ruth uns besucht.«

Der Zug war gerade weggefahren. Wir setzten uns gleich neben dem Bahnhof in das Restaurant aus roten Backsteinen. Bestellten aber nichts. Oma schaute auf die Karte. Als der Ober kam, sagte sie: »Nein danke, solche Wucherpreise zahlen wir nicht.«
Der Ober schaute uns fassungslos an. Wedelte wütend mit der Karte über seinen Tisch mit der Nummer 13, als hätten wir ihn befleckt.
»Außerdem ist 13 eine Unglückszahl. Da bin ich abergläubisch«, sagte Oma.
Trotzdem erwischten wir gerade noch den letzten Zug. Es war schwül. Der Himmel hatte sich zusammengezogen, und die nackten Fenster der grauen Hinterhöfe schauten mit toten

Augen auf uns. Ich stierte mit langem Blick zurück. Mir war schläfrig. Die Rückfahrt schien mir endlos.
»Das gibt bestimmt noch ein Gewitter heute abend«, sagte Oma.
Als wir endlich in den Bus umstiegen, konnte ich kaum noch meine Augen offenhalten.
»Leg deinen Kopf in meinen Schoß. Dann wird dir die Zeit nicht so lang.«
Ich kuschelte meinen Kopf in ihren Schoß, dann spürte ich ihre warme Hand auf meinem Kopf, die mir sanft über die Haare strich, und sah noch die weißen Punkte auf dem Blau verschwimmen.
»Komm, mein Herz, aufwachen! Wir sind da!«
»Jetzt schon?« Ich richtete mich verschlafen auf. »Meine Beine kribbeln.«
»Die sind bestimmt eingeschlafen. Jetzt komm, der Busfahrer will auch noch nach Hause«, sagte Oma. »Schönen Feierabend«, sagte sie noch zum Fahrer.
Es dämmerte schon, als wir in unsere kleine Straße einbogen. Aber es hatte noch nicht geregnet.
Ein paar Blitze zuckten und erhellten die spärlich beleuchtete Straße. Aber es war noch kein Donner zu hören.
»Komm schnell«, sagte Oma, »bevor das Donnerwetter richtig losgeht. Hoffentlich sind die Fenster zu.«
Unsere Straße machte einen Bogen. In der Höhe unseres Bäckers konnten wir unser Haus sehen. Die Fenster waren geschlossen. In ihnen spiegelte sich ein blaues Licht, das regelmäßig aufblitzte. Im ersten Moment dachte ich an ein Wetterleuchten. Als wir ein paar Schritte weiter um die Biegung kamen, sah ich den VW, der vor dem Haus stand. Das Blaulicht auf seinem Dach warf zuckende Blitze auf die Häuser in unserer kleinen Straße.
»O mein Gott, da ist was passiert!« rief die Oma, »hoffentlich nicht bei uns!« und rannte los.
Kurz bevor wir ankamen, fuhr das Polizeiauto los. Ohne Blaulicht. Wir sahen nur noch die Rücklichter, die in der Dunkelheit verschwanden. Das ganze Haus war hell erleuchtet. In allen Zimmern brannte Licht. Das war sonst nie so.

Jeder von uns hatte immer das Licht auszumachen, wenn wir aus dem Zimmer gingen. Es musste wirklich etwas passiert sein. Dumpf hörte ich Opa im Haus brüllen, überlagert von einer hohen, kreischenden Stimme. Wir lauschten erschrocken.

»Bleib mal einen Moment hier, ich schau' mal nach, was da los ist«, sagte die Oma hastig. »Ich hab's geahnt.«

»Was denn?« fragte ich unsicher.

»Jetzt sei mal ein lieber Junge und warte hier auf mich. Ich bin gleich wieder da.«

Es fing an zu donnern.

»Holst du mich dann rein?« fragte ich.

»Glaubst du, ich lass' dich hier im Regen stehen? Oder vertraust du mir nicht?«

»Doch«, sagte ich.

Plötzlich hörten wir Glas splittern.

»Versprochen?« rief ich Oma hinterher, die schon an der Haustür war.

Sie drehte sich noch einmal um und lächelte. »Ehrenwort!« sagte sie und schloss die Tür hinter sich.

Ich wartete draußen vor dem kleinen Gartentor und starrte auf das Haus, lauschte auf die an- und abschwellenden Stimmen, konnte aber nichts verstehen.

Die Nachbarn gegenüber hatten die Vorhänge zur Seite geschoben und gafften ungeniert auf unser Haus. Dann schalteten sie das Licht aus, aber ich konnte noch ihren Schattenriss sehen, weil sie vergessen hatten, das Flurlicht hinter sich auszumachen.

Die ersten warmen Regentropfen fielen. Das Gewitter kam näher. Ich zählte die Sekunden nach dem Blitz, bis es donnerte. Die Abstände wurden immer kürzer. Aber ich wollte ein lieber Junge sein und hielt mich an mein Versprechen und wartete.

Der Regen wurde stärker. Ich starrte auf die Haustür. Endlich öffnete sich die Tür weit. Das Flurlicht blendete mich. Eine dunkle Gestalt stürzte auf mich zu und drückte mich an sich. Die Haustür schloss sich wieder.

»Mein Kleiner! Bin ich froh, dass du wieder da bist. Ich hab' mir solche Sorgen gemacht. Ich dachte schon, die hätten dich entführt!«

Sie drückte mich so fest an sich, dass ich kaum Luft bekam. Dann ließ mich meine Mutter los. Der Regen schien sie nicht zu stören. Im Gegenteil. Sie schritt auf die Mitte der gepflasterten Straße, als betrete sie eine Bühne, hob kämpferisch den Kopf und rief laut: »Weißt du, was mir geschehn?«

Ich hatte mich ganz klein gemacht, auf den nassen Bordstein gehockt und ließ ihre Suada wortlos über mich ergehen, während sie vor mir theatralisch auf und ab lief. Ihre Schilderung schien mehr an die Nachbarn gerichtet als an mich: ... Wie ihr leiblicher Vater sie und Janek des Elternhauses verwiesen hätte, nachdem sie erschöpft von der langen Reise um Unterkunft gebettelt habe, er aber in seinem Fremdenhass, der wohl noch aus seiner Nazivergangenheit stamme, zwar ihr vorübergehende Bleibe angeboten habe, aber diesen hergelaufenen Polen nicht in seinem Hause haben wolle, besonders nachdem er aus ihren Briefen erfahren musste, dass dieser Scharlatan das neue Lokal, welches doch ihre Existenz hätte werden sollen, in so kurzer Zeit heruntergewirtschaftet habe und jetzt die Unverschämtheit besäße, bereits zu Lebzeiten der Eltern das ihr zustehende Erbe ausgezahlt haben zu wollen, obwohl sie ja nicht einmal im Stand der Ehe seien, und er sie nur warnen könne, sich mit so einem Menschen einzulassen, dass er nicht Untermensch gesagt habe, sei ein Wunder, auf jeden Fall habe er Polacke gesagt, und er als verantwortliches Familienoberhaupt, Vater von sechs Kindern und jetzt Großvater einiger Enkelkinder, dass er es nicht zulassen würde, schließlich sei der kleine Gottfried, wenn auch unehelich, blutsmäßig doch immerhin verwandt, ja, nicht zulassen könne, dass sein Enkelkind auch noch in die Fänge dieses Hasardeurs gerate und dem jungen Leben den Lebensweg zerstöre. Dafür werde er Sorge tragen, so wahr er Gustav heiße! Daraufhin sei sie in Panik geraten und habe den Opa gefragt, ob er ihr das Kind wegnehmen wolle, der habe das empört von sich gewiesen, gedroht, er wolle endlich Ordnung schaffen, die Möglichkeiten hätte er, so lasse er nicht mit sich umspringen und sich von so einem hergelaufenen Gesindel seine Familie zerstören, und diese Beleidigungen seien ihr zuviel gewesen, so dass ihr die Hand ausgerutscht sei, woraufhin der Opa unverhältnismäßig laut aufgeschrien hätte, von nun an habe er keine Tochter mehr, er werde sie enterben, sie solle sich mit ihrem Zuhälter von dannen schleichen und sich nie wieder blicken lassen, sonst hole er die Polizei und verklage sie wegen Hausfriedensbruch. Damit habe er sie und Janek tätlich aus dem Haus geworfen und die Tür abgesperrt.

Ihre Stimme hatte sich gesteigert. Jetzt wechselte sie den Tonfall und faltete ihre Hände wie im Gebet vor dem Gesicht.

Sie habe daraufhin geklopft, gebittet und gebettelt, er möge ihr das Kind und die beiden Koffer herausgeben, die sie im Wohnzimmer abgestellt hätten.

Sie breitete die Arme aus.

Er aber in seiner unmenschlichen Hartherzigkeit habe überhaupt nicht mehr reagiert.

Sie zeigte mit ausgestrecktem Arm auf das Ende der kleinen Straße.

Dann seien sie zur Telefonzelle gelaufen, hätten den Polizeinotruf gewählt. Sie hätten trotz des Notrufs lange auf das Einsatzkommando warten müssen, obwohl sie die Machenschaften ihres Vaters, die Kindesentführung und die Gewaltakte plastisch geschildert habe.

Letztendlich sei nur ein kleiner Wagen mit zwei Beamten erschienen, aber trotzdem habe sie sich mit Polizeigewalt wieder Zutritt zu ihrem Elternhaus verschaffen können.

Sie hatte die Arme verschränkt und schaute auf das Haus.

Ihr Vater habe, falsch, wie er sei, plötzlich ganz ruhig und freundlich mit den Polizisten gesprochen. Sie hätte den Eindruck gehabt, als ehemaliger Offizier stecke er mit ihnen unter einer Decke und kenne sie noch aus der Nazizeit. Anders sei ihr es nicht erklärlich, dass ihr Vater so die Wahrheit verdrehen konnte, sie als hysterische Person und Lügnerin hingestellt – sie schüttelte heftig den Kopf, um ihren Unglauben zu demonstrieren und hob die Stimme – und in infamer Weise auch noch Janek denunziert habe. Obwohl sie doch die Beamten zu ihrem Schutz geholt habe, um sich ihr

Recht zu verschaffen, hätten diese ehemaligen Nazis den Intrigen des Vaters geglaubt und Janek aufs Polizeirevier mitgenommen, um dessen Personalien zu überprüfen. Sie sei empört zurückgeblieben und habe verzweifelt im ganzen Haus in jedem Zimmer ihr Kind gesucht. Ihr Vater habe versucht, sie daran zu hindern. Dabei sei eine Scheibe zu Bruch gegangen, an der sich der Vater den Kopf verletzt habe. Blut sei geflossen. Niemand habe sie davon abhalten können, auch nicht ihre eigene Mutter, gegen die sie sich tätlich wehren musste, ihr Kind wieder einzufordern, um es aus diesem spießigen, verlogenen, bürgerlichen Gefängnis zu befreien. Erst nach ihrer Drohung, sie werde das ganze Haus, an dem sich die Eltern habgierig festkrallten, zerstören, wenn sie nicht das Kind der Mutter zurückgäben, hätten sie kleinmütig zugegeben, den kleinen Jungen schutzlos draußen im Regen einfach stehengelassen zu haben. Daraufhin sei sie sofort überglücklich zu mir herausgestürzt.

In ihren Augen war ich gerettet.

Der kurze, warme Sommerregen hatte aufgehört. Rudi war erregt vor mir auf und ab gelaufen und hatte die letzten Blitze und das folgende Wetterleuchten dramatisch genutzt, um den Ablauf der Ereignisse im Haus plastisch und lauthals zu schildern. Besonders die Passage, wo sie vor der Haustür bittet und bettelt, der grausame Vater solle ihr das Kind zurückgeben, wurde effektvoll von einem letzten Blitz erhellt. Sie war in ihrem Element.

Den Kopf gen Himmel gereckt, die nassen Haarsträhnen im Gesicht, ließ sie die letzten Regentropfen herunterrinnen, und es sah so aus, als flösse eine Flut von Tränen über ihre Wangen.

Die Nachbarn hatten die Fenster geöffnet, wohl um die frische Luft nach dem reinigenden Gewitter nicht zu verpassen. Und Rudi hatte ihre Bühne in nass glänzender Kulisse. Aber der erste Akt »Ouvertüre bis Ankunft Staatsmacht« und der zweite Akt »dramatische Zuspitzung, Gewalt und Rettung des verlorenen Sohnes aus den Klauen des Drachen« waren vorbei. Jetzt begann der dritte Akt. Auch ich war neugierig, wie löst sich der Konflikt? Happy-End oder tragisches Ende?

Die unfreiwilligen Zuschauer kannten meine Mutter nicht. Sie war eine begnadete Tragödin. Sie eröffnete das Finale mit Herz-Schmerz. Entdeckte das arme, durchnässte Kind. Trocknete ihm liebevoll das Haar mit dem Handtuch, das sie bei mir entdeckte. Sie kniete nieder, rieb mir die Füße trocken. Zog mir mein Hemd aus.

»Rudi, bitte lass das!«

Sie bestand darauf, da ich mich bestimmt schon zu Tode erkältet hätte. Wischte mir über meinen mageren Körper und steigerte sich jetzt mit laut rufender Stimme, das Elternhaus anklagend: »Ihr Unmenschen! Ihr nennt euch Vater und Mutter. Gebt eurer Tochter wenigstens ihre letzte Habe heraus, damit das Kind nicht erfriert!«

Die Stimme klang hell und weittragend in der klaren Luft. Ich stand, dazu passend, fröstelnd neben ihr und hatte den Kopf gesenkt. Lichtwechsel. In unserer kleinen Straße gingen die Lichter in den Fenstern an, obwohl schon Schlafenszeit war. Die Nachbarn reckten jetzt ungeniert ihre Köpfe aus den Fenstern und betrachteten das öffentliche Spektakel. Ich fühlte mich nackt wie in einem Alptraum und starrte panisch auf die geschlossene Haustür.

Oma hatte doch versprochen, sie würde mich reinholen. Das wäre die Rettung. Ich flüchtete durch den kleinen Vorgarten und rannte zu der Tür. Sie war abgeschlossen. Ich rüttelte an der Klinke und rief zaghaft: »Oma?«

Keine Antwort.

»Ruhe!« schrie jemand aus der Nachbarschaft. »Was soll denn dieser Krach hier! Wenn nicht endlich Ruhe ist, holen wir die Polizei!«

Rudi spürte, dass ihr Publikum sich gegen sie wandte. Das Drama drohte ihr zu entgleisen. Mit kämpferischem Elan versuchte sie das Blatt zu wenden und rief, theatralisch die Arme weit ausgebreitet: »Ja, bitte! Holen Sie die Polizei! Helfen Sie uns! Diese bigotten Spießer hier haben uns unsere Sachen geraubt. Ich verlange die Herausgabe unseres Besitzes. Ich fordere Sie alle auf: Helfen Sie uns!«

Erwartungsvolle Stille.

Ich spürte die Blicke aller Nachbarn auf uns gerichtet. Ich

wusste nicht, wo ich mich verkriechen konnte. Also schlich ich mich aus dem kleinen Vorgarten, setzte mich wieder auf den Bordstein und verbarg mein Gesicht zwischen den Knien, die Arme über dem Kopf verschränkt.
Ich fühlte mich wie früher. Auf irgendeiner Straße. Um uns herum die Gaffer.
Ich hörte Rudi, etwas zu schrill: »Was seid ihr doch für Feiglinge! Ihr alle! Ihr schaut tatenlos zu, wie ein Kind zugrunde gerichtet wird. Aber ich werde mich von euch nicht unterkriegen lassen! Ich werde kämpfen!«
Jetzt hatte sie überzogen und ihr Publikum beschimpft. Die Zwischenrufe wurden lauter.
»Ruhe!« Und: »Wann ist endlich Schluss mit diesem Affentheater!«
Plötzlich hörte ich, wie die Tür hinter uns aufgeschlossen wurde. Ich drehte ungläubig meinen Kopf. Die Haustür öffnete sich halb.
Endlich!
Durch die halbgeöffnete Tür wurden zwei alte Pappkoffer in den Vorgarten geworfen.
Der Besitz!
Dann wurde die Haustür mit einem lauten Knall zugeworfen. Ich hörte, wie zweimal abgeschlossen wurde, danach das Geräusch der Türkette.
Ich wusste, die Pforte zu meinem Paradies war von nun an verschlossen. Für immer.
Das Licht in den Fenstern erlosch. Das Haus lag nun im Dunkeln. Fremd und abweisend. Oma hatte mich verlassen. Ich habe sie nie wieder gesehen.

Der Regen setzte wieder ein. Die kleine Straße hatte sich beruhigt. Nach und nach schlossen sich die Fenster. Die Lichter gingen aus. Bis nur noch die spärliche Straßenbeleuchtung übrigblieb. Wie eine Notbeleuchtung. Das Publikum hatte sich verschlossen und zurückgezogen. Die Vorstellung war beendet. Es war ganz still. Die Straße war wie ausgestorben.

Der Regen wurde stärker. Er würde nie wieder aufhören. Wie die Sintflut. Rudi hatte sich mit den beiden Koffern erschöpft neben mich auf den Rinnstein gesetzt. Wir spürten die Nässe nicht. Wir starrten stumm auf den Regen, der wie Perlenschnüre im Gegenlicht auf die Straße fiel, und lauschten dem Platschen der Tropfen auf den Blättern des Kirschbaums, der hinter uns im Vorgarten stand. Es klang wie Beifall, aber es war nur der Regen.
Erst jetzt verstand ich die Vertreibung aus dem Paradies.
Ich drehte mich noch ein letztes Mal um. Aber ich sah nur in der niedrigen Hecke die weißen Knallerbsen schimmern. Wie Punkte auf Omas Schürze. Wenn die Knallerbsen reif waren, dann hatte ich Geburtstag und wäre zehn Jahre alt geworden. Ich begann zu frösteln.
Die kleine Straße mit ihrem nass glänzenden Kopfsteinpflaster war mir plötzlich fremd geworden. Jetzt war es nur noch eine dunkle Straße irgendwo am Ende der Welt, an der wir darauf warteten, dass das Schicksal uns mitnehmen würde.
Das Schicksal erschien nach einer Ewigkeit in Gestalt eines älteren Nachbarn.
»Sie sind ein Engel«, sagte Rudi.
Wir liefen mit dem Engel durch den gegenüberliegenden Torbogen die eigentliche Fortsetzung des Weges entlang, den der Opa unpassierbar gemacht hatte. Der Engel wohnte am Ende des Weges.
In die Wände des Torbogens waren Zeichen eingeritzt. Ein auf die Spitze gestelltes Viereck, durch das von oben nach unten ein Strich ging, der die Spitzen nicht mehr berührte. An den vier Außenseiten ein paar magere Striche wie ein Strahlenkranz. Das sei eine Sauerei, hieß es. Aber ich wusste nicht, was für eine. Außerdem war es jetzt zu dunkel, um etwas zu erkennen.
»Wenn du glaubst, es geht nicht mehr, kommt von irgendwo ein Lichtlein her«, sagte Rudi.
Unsere Schritte hallten laut in dem Torbogen. Sonst war es still. Das Lichtlein schleppte die beiden Koffer und erzählte uns flüsternd, er habe erfahren, die Polizei sei dagewesen, ein Ausländer sei wohl gewalttätig geworden und ein ihm nur aus der

Kirchengemeinde bekanntes Ehepaar habe die eigene Tochter und deren Kind im Regen auf die Straße gesetzt. Normalerweise interessiere er sich nicht für Klatsch und Tratsch der Nachbarn, sagte der Mann und setzte kurz die Koffer ab, um zu verschnaufen. Aber in diesem Falle habe er sich seiner Christenpflicht besonnen, auch um diesem Ehepaar, das ihm schon immer unsympathisch gewesen sei, mit praktischer Nächstenliebe zu demonstrieren, dass es nicht genüge, sich bei dem Pfarrer lieb Kind zu machen und andere Gläubige der Gemeinde nicht zu grüßen. Nach mehrmaligen Versuchen habe er sie auch nicht mehr gegrüßt.
Er nahm heftig die Koffer wieder auf. Er habe sich gleich gedacht, dass in dieser Familie etwas nicht stimme. Außerdem fände er es unverantwortlich, das Kind – damit meinte er mich –, das ja morgen früh wieder zur Schule müsse, mit diesen skandalösen Familiengeschichten, für die er sich nicht interessiere, zu überfordern. Auf jeden Fall erkläre er sich bereit, mit Einverständnis seiner Frau, uns für diese Nacht Herberge zu gewähren.
Rudi bedankte sich im Sinne Maria-und-Josefs, tätschelte mich liebevoll wie das Jesuskind und erklärte, dass der Ausländer ihr Verlobter sei, den sie in ein paar Tagen heiraten wolle, um dem Kind eine intakte Familie zu bescheren.
Ich hörte kaum zu und dachte nur panisch an meinen Aufsatz, den ich am nächsten Tag zu schreiben hatte: »Mein schönstes Erlebnis am Wochenende«. Wir waren am Ende des Weges angelangt.
Das Haus war im gleichen Stil gebaut wie das Haus der Großeltern. Unser Retter und seine Frau gaben uns zu essen, dann wurde ich angehalten, mich zu waschen, und ins Bett gesteckt. Sie gaben mir das ehemalige Kinderzimmer ihrer Tochter.
Ich hörte durch die geschlossene Tür noch einmal Rudis leicht abgewandelte dramatische Version der Geschehnisse, unterbrochen von Ahs und Ohs, und grübelte, ob die beiden wirklich heiraten wollten. Rudi und Janek.
Im Halbschlaf bekam ich noch Worte mit wie: Unehelich. Jugendamt. Heimverwahrung. Vormundschaft zurück.

Das alles interessierte mich nicht, bis auf den Satz: Der Staat verlange eine Eheschließung, und dann wortwörtlich: »In dieser Woche heiraten wir. Am Mittwoch um zehn Uhr fünfunddreißig.«
Und das klang nicht nach Rudi, das klang echt.
Ich kämpfte noch gegen den Schlaf, aber das enge fremde Bett hier war immer noch besser als eine Koje im Lastwagen, dachte ich, und ich würde nie wieder einem Ehrenwort vertrauen. Nie wieder würde ich versuchen, ein guter Junge zu sein. Nie wieder. Ehrenwort. Versprochen ist versprochen.
Ich wischte das salzige Nass von den Lippen und schlief erschöpft ein.

An diesem Montagmorgen kam ich zu spät in die Schule. Rudi hatte mich nicht rechtzeitig geweckt, weil sie nicht wusste, wann der Unterricht anfängt. Ich hatte keine Zeit mehr zu frühstücken. Sie brachte mich zum Bus an der großen Straße, gab mir Fahrgeld und steckte mir noch ein Fünfzigpfennigstück in die Hosentasche für das Pausenbrot.
Rudi hatte starke Ringe unter den Augen, wahrscheinlich hatte sie schlecht geschlafen.
»Ich hole dich dann von der Schule ab«, sagte sie hastig.
»Versprochen?« fragte ich und hätte mir auf die Zunge beißen können.
»Versprochen!« sagte sie.
»Bis gleich!« rief sie dem abfahrenden Bus hinterher.
Ich sah noch, wie sie winkte. Als ich mich nach einiger Zeit wieder umdrehte, winkte sie immer noch, so lange, bis ich sie nicht mehr erkennen konnte. Aus irgendeinem Grund machte mich das traurig. Vielleicht, weil ich bald Geburtstag hatte.
Die Spätsommersonne warf lange Schatten auf das rote Schulgebäude, das jetzt bedrohlich aussah, weil es so still war.
Mit flauem Magen ging ich durch die leeren Flure. Vor der Tür meines Klassenzimmers blieb ich stehen. Am liebsten wäre ich umgekehrt. Einfach weggerannt. Als hätte ich eine Vorahnung gehabt. Aber ich wusste nicht, wohin. Mein Herz klopfte bis zum Hals. Manchmal ist feige sein und wegrennen besser. Das

hätte mein Schicksal verändert. Denn das Leben richtet sich nicht nach Schulnoten. Aber davon hatte ich keine Ahnung. Ich wollte kein Feigling sein und öffnete die Tür zum Klassenzimmer.

»Kannst du nicht anklopfen?« fragte der Lehrer.

Er stand am Fenster und schaute mich streng über seine Brille an. Ich stand im Türrahmen. Meine Knie zitterten. Noch halb über ihre Pulte und ein Blatt Papier gebeugt, starrte mich die ganze Klasse feixend an.

»Ich ... ich bin zu spät«, stotterte ich.

»Das sieht man«, sagte der Lehrer.

Die Klasse kicherte unterdrückt.

»Kannst du nicht die Tür schließen? Oder bist du in der S-Bahn geboren?«

Die Klasse lachte erleichtert und dankbar für die Unterbrechung.

»Nein«, sagte ich kleinlaut und drehte mich um zu der geöffneten Tür. Noch hätte ich abhauen können. Statt dessen schloss ich die Tür hinter mir zu und starrte auf den Boden.

»Ruhe!« rief der Lehrer. Es war augenblicklich still. »Da siehst du, was du mit deinem Zuspätkommen angerichtet hast. Du störst den Unterricht, hältst deine Kameraden von der Arbeit ab. Die werden sich bei dir bedanken für die schlechten Noten, die sie bekommen, wenn der Aufsatz nicht fertig ist. Also weitermachen. Ihr habt noch genau ...« Er schaute auf seine Armbanduhr, obwohl eine große Uhr an der Wand hing. »Ihr habt noch genau vierundzwanzig Minuten und dreißig Sekunden!«

Alle beugten sich eilig über das Blatt Papier und versuchten sich zu konzentrieren.

»Wo ist dein Schulranzen?« fragte der Lehrer.

»Hab' ich vergessen«, sagte ich leise, um nicht zu stören.

»So, so, den hast du vergessen«, sagte er. »Hast du nicht gewusst, dass wir heute einen Aufsatz schreiben?«

»Doch«, sagte ich verzagt.

Der Lehrer bekam einen gefährlich leisen Unterton.

»Wir haben doch gelernt: Auf eine Frage antwortet man mit einem vollständigen Satz. Sieh mich an!«

Ich sah ihn an. Er hatte leicht vorstehende Augen. »Doch, ich habe gewusst, dass wir heute einen Aufsatz schreiben, Herr Lehrer!«
»Na also«, sagte er befriedigt und lief zwischen den Reihen hindurch. Ich stand immer noch an der Tür. Langsam sagte er, während er von Bank zu Bank ging und auf die beschriebenen Blätter schaute: »Und du glaubst ... mit dieser faulen Ausrede ... kannst du dich ... vor dem Aufsatz ... drücken ... Was?«
An der letzten Bank blieb er stehen und schaute über die tiefgebeugten Rücken der Schüler zu mir nach vorne. Ich war verstummt.
»Man sagt ja, stille Wasser seien tief ... Dann wollen wir mal sehen, ob das stimmt. Du kannst dich setzen!«
Immer noch den Kopf gesenkt, lief ich zwischen den Bänken zu meinem leeren Platz in der vorletzten Reihe. Ich quetschte mich in die für mich wegen meiner langen Beine zu enge Schulbank, stieß mir in der Eile das Knie und hockte dann vor dem leeren Blatt Papier.
In meinem Nacken spürte ich den nach Leberwurst riechenden Atem des Lehrers, der sich vorgebeugt hatte.
»Da bin ich mal gespannt, was du Interessantes zu erzählen hast, nach so einem langen Wochenende!« Er legte eine Hand auf meine Schulter. »Du wirst dich doch bestimmt bestens vorbereitet haben.«
»Ja, schon«, murmelte ich. »Aber ich habe nichts zum Schreiben.«
Ich sah ihn hilflos an.
Seine Pupillen hinter den Brillengläsern wurden ganz klein, während die Augen ihm fast aus dem Kopf fielen. Er nahm die Hand von meiner Schulter und packte langsam mit Daumen und Zeigefinger die Haare an meiner linken Schläfe, drehte sie in einer letzten Drehung zum Ohr und zog mich dann hoch. Mir schossen die Tränen vor Schmerz in die Augen, aber ich gab keinen Laut von mir. Er hielt mich weiter hoch wie einen Fisch an der Angel, aber ich zappelte nicht, sondern versuchte, mich mit schrägem Kopf, das linke Bein leicht angehoben, länger zu machen, um dem Schmerz zu entgehen.

Lächelnd sagte er leise: »Du willst mich doch nicht belügen?« Dabei zog er mich noch ein bisschen höher, so dass ich auf die Zehenspitzen musste.
»Bestimmt nicht, Herr Lehrer. Ehrenwort«, stöhnte ich.
Er ließ mich plötzlich los.
»Na gut«, sagte er freundlich. »Vielleicht kann ja einer deiner Mitschüler dir seinen Federhalter leihen!«
Ich rieb mir die schmerzende Schläfe. Niemand drehte sich zu uns um. Ich sah nur krumme, angespannte Rücken. Sie erinnerten mich an Sträflinge auf einer Galeere, die auf den Peitschenhieb warteten.
»Nun ja, ich bin ja kein Unmensch«, sagte er und legte mir wieder die Hand auf die Schulter. »Ich leihe dir meinen eigenen Füllfederhalter.«
Er griff in die Innentasche seines braunen Anzugs, holte einen Füllfederhalter heraus, schraubte ihn auf, stülpte die Kappe auf das Ende und überreichte ihn mir. Danach ging er langsam wieder nach vorne, setzte sich hinter sein Pult und nahm die Brille ab, rieb sich müde die Nasenwurzel, die leicht hervorstehenden Augen halb geschlossen. Er sah so aus, als ob er schliefe.
Wie ein träges Krokodil, bereit, zuzuschnappen, aufzuspringen, den Aufsatz zu zerreißen und uns mit der Note Sechs genüsslich zu vernichten.
Das Klicken des Sekundenzeigers der Wanduhr schien immer schneller seine Runden zu drehen. Ich saß gelähmt vor dem weißen Blatt Papier, starrte auf die wertvolle Leihgabe. Der Griff in meiner Hand, wie aus Perlmutt glänzend, längs gestreift mit einer braunen Maserung wie Schilf in der untergehenden Sonne, mündete in einer breiten goldenen Feder. Auf der Spitze der Kappe war ein Schwan mit langem Schnabel, der seine Flügel nach hinten ausgebreitet hatte. Auf dem goldenen Ring um die Kappe entzifferte ich den Schriftzug »Pelikan«. Aber für mich war es trotzdem ein Schwan.
»Noch achtzehn Minuten«, drang die ruhige Stimme des Lehrers in meinen Kopf, der wie aus Watte war.
Irgend etwas musste auf dieses widerliche leere weiße Blatt

Papier. Ich sollte schon einmal anfangen. Wenigstens die Überschrift. In Schönschrift.
Die königsblaue Tinte malte mit breitem Strich: »Mein schönstes Erlebnis am Wochenende«, Aufstrich, Abstrich, die beiden Punkte genau über dem o. Vielleicht gab es wenigstens eine gute Note für die Schrift.
Für gute Noten war die Form meistens wichtiger als der Inhalt. Jetzt suchte ich den Inhalt für die Form. Möglichst kurze Sätze, damit ich nicht über ein Komma stürzte, das mir, wenn ich nicht aufpasste, nicht nur als Flüchtigkeitsfehler ausgelegt werden würde, sondern als Beweis meiner Unfähigkeit, mich der deutschen Grammatik zu bemächtigen, die nur dazu diente, mit korrekt gesetzten Interpunktionen einen Satz verständlich zu gliedern, damit ein Leser verstünde, wovon ich überhaupt redete. Also kurze Sätze:
»Mutti und Vati machten einen Ausflug. Der Sonntag war sonnig. Wir fuhren nichts wie raus zum Wannsee. Vati kaufte mir ein Schokoladeneis. Das Eis schmeckte lecker. Mutti ging schwimmen. Sie trug einen rosa Badeanzug. Vati schnitzte mir einen Stock. Mutti war nass. Der Stock wurde am Ende ganz spitz. Ein böser Schwan kam angeschwommen. Ich rannte weg. Der schöne Stock ist mir dabei zerbrochen weil ich ...«
Das musste ich sauber durchstreichen, da jetzt irgendwo ein Komma lauerte.
»Der schöne Stock war geknickt. Ich auch.«
»Ich auch« ist kein ganzer Satz. Vorsichtig quetschte ich, um das Schriftbild nicht zu versauen, »br« vor das »auch« und schrieb einen ganzen Satz:
»Ich brauchte ihn nämlich nicht mehr.«
Ich war stolz auf mein Werk, es fiel kaum auf, nur der Abstand zwischen »Ich« und »brauchte« war zu eng. Und wer nämlich mit h schreibt, ist dämlich.
Jetzt konzentrierte ich mich und schrieb weiter:
»Wir haben alle Kaffee und Kuchen gegessen. Vati und Mutti wollen nächste Woche heiraten. Ich konnte nachts nicht schlafen. Das Gewitter blitzte und donnerte laut. Ich habe vor Angst verschlafen. Das war mein schönstes Erlebnis am Wochenende!«

Ich war fertig. Das Schlimmste war überstanden. Na bitte! Aber ich hätte auf die Oma hören sollen: Man soll den Tag nicht vor dem Abend loben. Aber ich habe der Oma sowieso nichts mehr geglaubt. Ich wollte nicht mehr an sie denken. In meinem Herzen war sie für mich gestorben. Aus und vorbei.
Genau zum Pausenzeichen legte ich das beschriebene Blatt auf das Pult. Der Lehrer glubschte mich freundlich an und tätschelte so heftig meine Wange, dass es weh tat. Aber wahrscheinlich meinte er es nur gut mit mir.
»Ich meine es nur gut mit dir«, sagte er. »Disziplin, Fleiß und Gehorsam gegenüber Erwachsenen, damit kommst du am weitesten!«
»Jawoll, Herr Lehrer. Danke für Ihren Rat, Herr Lehrer!«
»Schon gut«, sagte er und entließ mich mit einem kleinen, schmerzhaften Kopfstüber.
Vielleicht war er mir ja doch gut gesonnen. Ich ärgerte mich über meine Angst vorher. Fast wäre ich weggerannt, weil ich so ein ungutes Gefühl hatte, vor diesem Tag. Besser war es, seinem Verstand zu folgen, als einem unguten Gefühl nachzugeben und abzuhauen.
Noch war Zeit.
Die nächste Stunde war Erdkunde. Ich döste vor mich hin. Zwischendurch sackte ich weg.
Rudi würde mich nach der Schule hier rausholen, und wahrscheinlich würden wir sowieso woanders hinziehen. Da konnten mir die Erdschichten und Gesteinsstrukturen unter Unterkassel egal sein.
Die schrille Klingel zur großen Pause riss mich aus meinen Tagträumen. Alle stürmten befreit auf den großen Schulhof und lärmten.

Ich stand allein in einer Ecke und überlegte, wem ich sein Schulbrot abkaufen könnte. Mir war flau im Magen, aber das Fünfzigpfennigstück war viel Geld. Da mir keiner Geld zurückgeben würde, hätte ich eine Butterstulle teuer erkaufen müssen. Lieber hungerte ich.

Der eine Streber aus der ersten Reihe kam schmatzend auf mich zu und meckerte.
»Was hast du gesagt?« fragte ich aggressiv.
Er kaute mit offenem Mund, so dass ich noch die Reste der Salami sehen konnte, die ihm seine Eltern aufs Brot gelegt hatten. Die mussten sehr reich sein.
Er schluckte den Rest runter und sagte: »Ich habe gesagt: Du hast mir meine Eins in Deutsch versaut, du Blödmann!«
»Sag das noch mal!« sagte ich.
Er sah mich verächtlich an und plärrte: »Hörst du schlecht? Der Pfarrer predigt auch nicht zweimal! Aber du bist ja ein Heide und lernst häkeln wie ein Mädchen!«
Ich versuchte, ihn mit dem ersten Griff in den Schwitzkasten zu bekommen, aber er war schneller. Er hatte einen Arm hochgenommen und konnte so seinen Kopf aus der Schlinge meiner Umklammerung ziehen. Durch meine Wut war ich unvorsichtig, und er trat mir mit voller Wucht gegen das Knie. Ich knickte ein und fiel auf den Schotter. Das Knie war aufgeschürft und blutete. Der Streber war zwischen den anderen verschwunden. Macht nichts. Den würde ich mir nach der Schule noch vorknöpfen. Rache, dachte ich und biss die Zähne zusammen.
Plötzlich wurde ich am Hemdkragen hochgezogen. Der Deutschlehrer hatte mich am Wickel.
»So, mein Bürschchen! Jetzt kommst du mal mit!«
»Zum Direktor?« fragte ich ängstlich.
»Nein«, sagte er streng.
Ich war erleichtert. Der Mann mochte mich wirklich.
»Zwei Herrschaften möchten dich sprechen.« Dabei steckte er mir das Hemd in die Hose, auch vorne. »So kann man dich ja nicht herzeigen. Wir sind ja nicht bei den Hottentotten. Denk daran: Disziplin, Fleiß und Gehorsam, und mach einen Diener bei den Herrschaften!«
»Danke, Herr Lehrer!«
»Schon gut«, sagte er und gab mir einen aufmunternden Klaps aufs Hinterteil.
Er mochte mich wirklich. Wir gingen zusammen durch die lärmenden Kinder, die jetzt eine Gasse bildeten, zum Eingangstor des Schulhofs. Ich spürte die hämischen Blicke. Dass ich von

dem Lehrer abgeführt werde, dachten die. Wenn die wüssten, dachte ich.

Ich ging leicht humpelnd, hoch erhobenen Hauptes durch die Gasse, die sich hinter uns schloss. Alle starrten uns hinterher.

Am Eingangstor des Schulhofs standen die Herrschaften. Ein Mann und eine Frau. Beide grau gekleidet. Der Mann hatte einen grauen Anzug an und trug einen grauen Hut. Die Frau hatte ein graues, auf Wespentaille geschnittenes Kostüm an und trug einen Filzhut schräg auf dem Kopf, der aussah wie ein in der Mitte durchgeschnittener grauer Gummiball. Hinter ihnen war ein grauer VW-Käfer am Straßenrand geparkt. Die Seitentür stand offen.

Der Deutschlehrer ging mit mir auf die Straße. Vor den beiden blieben wir stehen. Wieder hatte ich so ein Gefühl, als sollte ich wegrennen. Der Mann hatte seine rechte Hand in die Anzugtasche gesteckt. Mit der anderen lüftete er leicht seinen Hut.

»Jetzt sag mal schön guten Tag!«

Ich streckte die Hand aus. Die Dame ergriff sie zögernd. Eigentlich drückte ich nur ihre Finger. Der Deutschlehrer gab mir einen leichten Stoß in den Rücken, um mich an den Diener zu erinnern. Ich beugte den Kopf schnell und sagte: »Guten Tag, gnädige Frau.«

Dann streckte ich dem Mann meine Hand entgegen. Er ergriff sie mit der Linken. Der Händedruck war schlaff. Ich beugte wieder den Kopf und sagte: »Guten Tag.«

Dabei fiel mir auf, dass der Ärmel seines rechten Armes zusammengefallen war. Vor Zwergen und Krüppeln muss man immer auf der Hut sein, hatte Rudi gesagt.

»Bist du der Gottfried John?« fragte die Frau und betrachtete mich wie ein fremdes Insekt.

Ihre Augen blickten kalt und gleichgültig.

Ich nickte und schaute sie fragend an. »Warum?«

Der Deutschlehrer sagte: »Du sollst nur antworten und keine Fragen stellen!«

»Ja«, sagte ich.

Der Deutschlehrer sagte: »Wir haben doch gelernt, mit einem vollständigen Satz zu antworten!«

»Ja«, wiederholte ich. »Ich bin der Gottfried John.«
Das »der« klang so gestelzt.
»Sie können das bestätigen?« mischte sich der Mann ein. Er hatte eine knarrende, leise Stimme.
»Aber selbstverständlich«, sagte der Deutschlehrer.
Das ist auch kein vollständiger Satz, dachte ich, sagte aber nichts.
»Na, dann komm mal mit!« sagte der Mann und packte meinen rechten Oberarm. Sein Griff war kräftig.
»Die Herrschaften sind nämlich vom Jugendamt«, sagte der Deutschlehrer und lächelte die Herrschaften an.
Die Klingel zum Ende der großen Pause schrillte gellend hinter mir. Zum ersten Mal war ich froh, wieder in den Unterricht zu müssen.
»Ich muss wieder zum Unterricht«, lächelte ich entschuldigend und versuchte, meinen Arm aus dem Griff zu winden.
Der Griff verstärkte sich ohne Anstrengung wie ein Schraubstock.
»Das bring' ich schon für dich in Ordnung«, half mir der Deutschlehrer. »Da mach dir mal keine Sorgen!«
Wahrscheinlich hatte der Mann so viel Kraft, weil er ein Krüppel war vom Krieg und nur noch diesen einen Arm hatte.
»Ihr schreibt doch heute keine Arbeit mehr, oder?« fragte der Deutschlehrer.
Vielleicht hätte ich lügen sollen, aber ich schüttelte den Kopf.
»Na siehst du«, sagte der Lehrer freundlich. »Da versäumst du nichts.«
Mir fiel nichts mehr ein. Wieder hatte ich das Gefühl, ich sollte wegrennen.
»Die Herrschaften haben nur ein paar Fragen, das dauert bestimmt nicht lange. Ich werde dich bei den anderen Lehrkörpern entschuldigen. Was hältst du davon?«
»Ich war unentschlossen und zuckte mit der linken Schulter. Die Klammer an meinem rechten Oberarm lockerte sich leicht.
»Jetzt sei mal ein lieber Junge. Du willst uns doch keine Schwierigkeiten machen?« sagte die Frau, stellte sich neben mich und

legte freundschaftlich den Arm um meine Schulter. Ich schaute zu ihr hoch. Sie hatte immer noch diesen kalten Blick.
»Tja, ich muss jetzt zum Unterricht«, sagte der Deutschlehrer. »Dir wird schon nicht der Kopf abgerissen, was!«
Er lachte und gab mir noch eine kräftige Kopfnuss, wie es so seine Art war, und ließ mich zwischen den beiden Herrschaften allein. Ich drehte meinen Kopf nach hinten und sah ihm nach.
»Danke, Herr Lehrer!« rief ich ihm hinterher.
Ohne sich noch einmal umzudrehen, winkte er und rief: »Schon gut!«
Eilig überquerte er den jetzt einsamen Platz des Schulhofes und verschwand in dem roten Schulgebäude. Ich hatte ein ganz ungutes Gefühl.

»Wo hast du dir denn das Knie aufgeschlagen?« fragte die Frau und schaute etwas angeekelt an mir herunter. »Tut das nicht weh?«
Ich schaute auch auf das Knie. Auf der Wunde kroch eine Fliege herum und kitzelte.
»Nee, das zwiebelt nur ein bisschen.«
»Du bist ja ein richtig tapferer Junge«, sagte sie. »Warte mal, ich hol' dir ein Pflaster.«
Sie lief zu dem Wagen, beugte sich hinein, kniete sich mit einem Bein auf den Vordersitz und kramte im Handschuhfach. Der graue, enge Kostümrock rutschte etwas hoch, spannte über ihrem Hintern und dem Schenkel, und die Umrisse ihres Strumpfhalters und der Strapse zeichneten sich ab. Dieser Anblick machte sie mir menschlicher. Der Mann hatte mich losgelassen und stand dicht hinter mir. Die Frau tauchte wieder auf und hatte eine Rolle Pflaster und eine Schere in der Hand. Sie zog den Rock mit einer strengen Bewegung wieder herunter.
»Komm, setz dich hierher. Das kann ich ja gar nicht mit ansehen.«
Ich setzte mich quer auf den Vordersitz, das eine Bein auf dem Trittbrett des Wagens aufgestellt, das andere weit ausgestreckt. Sie hockte sich vor mich hin, ein Knie etwas tiefer versetzt,

stützte sich mit einer Hand auf meinem Oberschenkel ab, um das Gleichgewicht zu halten, und betrachtete mit kalten Augen das aufgeschürfte, blutverkrustete Knie.

»Das sieht ja widerlich aus!« sagte sie und verscheuchte die Fliegen, die sich gierig auf der Wunde versammelt hatten. Dann griff sie an mir vorbei ins Handschuhfach, holte ein Fläschchen heraus, auf dem die Zahl 4711 stand, öffnete es und schüttete etwas Flüssigkeit auf die Wunde. Ich zuckte zusammen.

»Tut es weh?« fragte sie kühl.

»Ganz schön!« sagte ich gepresst und schielte zwischen ihren Knien vorbei auf das weiße Fleisch am Ende ihrer Strümpfe.

»Das soll es auch!« sagte sie und sah mich streng an.

Ich hatte die Augen schmerzverzerrt zusammengekniffen. Sie betrachtete sich ihr Werk, näherte sich mit ihrem Mund meinem Knie und blies, den Kopf leicht hin und her drehend, über die Wunde. Der kühle Atem tat gut.

»Wir sollten jetzt los!« sagte der Mann, den ich fast vergessen hatte.

»Ich bin gleich fertig«, sagte sie. »Das genügt fürs erste.«

Sie stand abrupt auf, zog den verrutschten Rock am Saum in die korrekte Form knapp unter das Knie. Dann schnitt sie ein Stück Pflaster ab, reichte dem Mann die Schere und beugte sich über mich. Ich hatte die Augen geschlossen und roch die Mischung aus süßlichem Achselschweiß und dem Kölnisch Wasser, das sie mir auf die Wunde geträufelt hatte. Ich sog diesen aufregenden Geruch tief in mich ein. Während ich spürte, wie sie das Pflaster auf mein Knie legte und die Seiten sanft massierend feststrich, sagte sie: »Am besten, du setzt dich nach hinten, da kannst du dein Bein auf der Bank ausstrecken.« Ich setzte mich quer auf die Hinterbank und schaute durch das kleine geteilte Rückfenster des VW, wie das rote Schulgebäude sich entfernte und immer kleiner wurde. Ich sollte es nie wiedersehen.

Wir fuhren durch die Stadt, ohne dass ein einziges Wort gesprochen wurde. Die Frau saß am Steuer. Der Mann hatte seinen Hut abgesetzt, und ich starrte auf die Nackenfalte an seinem hochrasierten Hinterkopf. Dann betrachtete ich das abweisende Halbprofil der Frau, die starr geradeaus blickte. Ich überlegte, wie sie wohl unter dem Panzer ihres strengen, grauen Kostüms aussah. Bestimmt nicht so rund wie die Dicke vom See.

Die Frau warf mir einen kurzen, strafenden Blick über die Schulter zu. Aber sie konnte doch nicht wissen, was ich denke. Oder doch? Die Frau war mir unheimlich.

Wir waren bestimmt schon eine Stunde unterwegs. Der Mann versuchte die ganze Zeit, mit der linken Hand seinen rechten Ärmel wieder in die Jackentasche zu stopfen. Es gelang ihm nicht. Der Ärmel war in der Seitentür eingeklemmt. Ich sah gebannt seinen hilflosen Versuchen zu. Bald müssten sie das Auto anhalten, die Seitentür öffnen, um den leeren Ärmel aus der Klemme zu befreien. Er würde aussteigen, um den Ärmel korrekt in die Jackentasche zu schieben. Ich würde den Sitz nach vorne stoßen, aus dem Wagen springen und wegrennen. Kein noch so aufregendes Strumpfende könnte mehr meine Flucht verhindern. Mein Herzschlag wurde schneller.

»Könnten Sie einen Moment halten?« fragte der Mann. Alle meine Muskeln waren angespannt. Ich war auf dem Sprung. Meine letzte Chance.

»Verdammt!« sagte der Mann. Er hatte mit einem letzten Versuch den Ärmel befreit. Missmutig betrachtete er das Ende des Ärmels. Ein Stück war ausgerissen und steckte noch in der Tür.

»Das ist aber zu ärgerlich!« sagte der Mann und drehte sich wütend zu mir um.

»Der Junge kann doch nichts dafür!« sagte die Frau und schaute auf den zerfransten Ärmel. »Außerdem sieht das niemand, wenn Sie ihn in die Tasche stecken.«

»Da haben Sie recht«, sagte der Mann und steckte den Ärmel in die Tasche. Dann schaute er nach, ob man nichts sah. »So was hat auch sein Gutes. Sonst hätte ich einen neuen Anzug kaufen müssen!«

Dabei drehte er sich vorwurfsvoll zu mir um.

»Der Herr Wackernagel war nämlich bis vor kurzem für uns

ehrenamtlich tätig. Mit seinen Erfahrungen von früher«, sagte die Frau.
Der Mann nickte. Ich wusste nicht, was ich darauf sagen sollte.
»Er will nur dein Bestes«, sagte sie noch.
»Das tut mir leid«, sagte ich. »Das mit dem Ärmel.«
Ich schaute aus dem Fenster. Auch wenn ich abgehauen wäre, hätte ich gar nicht gewusst, wohin. Wir waren irgendwo in dieser riesigen Stadt, die kein Ende nahm. Ich döste schicksalsergeben vor mich hin. Nach einer langen Weile sagte die Frau: »Wir sind bald da!«
Ich schreckte hoch und sah, dass wir eine breite Straße entlangfuhren.
Wir mussten irgendwo am Rande der Stadt sein. Es gab viel mehr Bäume.
»Der Herr Wackernagel ist nämlich jetzt dein Vormund«, sagte die Frau, ohne sich umzudrehen.
Ich schaute auf den Rücken meines Vormundes und versuchte zu verstehen, was das heißt. Wieso ist der mein Vormund? Weil er vor meinem Mund sitzt? Wäre es nicht richtiger zu sagen, mein Vorsitz? Ich würde nachher den Deutschlehrer fragen. Der kannte sich mit solchen Spitzfindigkeiten besser aus. Vormund! Die Erwachsenen hatten komische Wörter ohne Sinn.
»Hoffentlich bringen wir es schnell hinter uns«, sagte der Mann.
»Da machen Sie sich mal keine Gedanken, Herr Wackernagel«, sagte sie. »Es ist alles vorbereitet.«
»Dann ist ja gut«, sagte der Mann und straffte sich.
»Schließlich ist das noch neu für mich.« Er strich sich nervös über den leeren Arm.
»Zu Anfang ist es immer am schlimmsten«, sagte sie. »Aber man gewöhnt sich daran.«
»Ich weiß nicht«, sagte er und strich sich immer noch über den leeren Ärmel. »Manchmal spüre ich ihn noch, obwohl er in Wirklichkeit nicht mehr da ist.«
»Ja, ja«, sagte sie, »so kann man sich täuschen.«
»Da gewöhnt man sich nie dran. Manchmal weiß man erst hinterher, was man gehabt hat«, sagte er und kratzte den leeren Ärmel.

»Das ist schwer«, sagte sie. »Jeder hat sein Päckchen zu tragen.«
»Ja, schon«, sagte er, »aber mit einem Arm?«
»Gegen sein Schicksal darf man sich nicht wehren«, sagte sie. »Ich schicke Ihnen dann morgen die Akte über das Mündel.«
»Das ist auch dringend notwendig«, sagte er. »Ich muss mir den Fall ja erst noch erarbeiten.«
»Da haben Sie genug zu tun. Nach Aktenlage ist es unglaublich, in welchem verrotteten Zustand wir unsere Schützlinge abliefern müssen. Die sind ja schon in jungen Jahren verroht und unsensibel, seelische Krüppel.«
Bei dem Wort Krüppel zuckte er leicht zusammen, und ich sah, wie ihm die Röte den Nacken hochkroch.
»Wer ist bei der Übergabe zeichnungsberechtigt?« fragte er.
Sie sah ihn kurz an.
»Das wird jetzt Ihre erste Amtshandlung für uns sein, Herr Wackernagel. Ich gratuliere!«
»Ich werde mein Bestes tun«, sagte er und schob den Ärmel tiefer in die Tasche.
Wahrscheinlich war er Rechtshänder und genierte sich wegen der Unterschrift. Ich interessierte mich nicht für die Probleme der Herrschaften und lugte unter das Pflaster am Knie, ob schon Schorf drauf war.
Das dauerte alles länger, als ich gedacht hatte. Was die mir wohl für Fragen stellen wollen, fragte ich mich. Hoffentlich bin ich rechtzeitig zurück, wenn Rudi mich von der Schule abholt.
Wir fuhren auf eine Mauer zu, in der ein großes, halbrundes Gittertor war, das sich öffnete. Auf einem gepflasterten Hof, der auf drei Seiten eingerahmt war von efeubewachsenen Häusern mit Butzenscheiben, hielten wir an. Im Vorbeifahren hatte ich noch einen Blick auf das Schild am Eingangstor erhaschen können: »Kinderheim« stand da und so etwas ähnliches wie »Barmherzige Schwestern«. Das Gittertor schloss sich rasselnd hinter uns.
Die beiden Herrschaften führten mich durch die leeren hohen Gänge in das Büro der Mutter Oberin. Ich wehrte mich nicht.
Ich saß in einem zu großen Stuhl und sah zu, wie die Herrschaf-

ten mit der Mutter Oberin Papiere austauschten. Der Mann unterschrieb eilig mit der linken Hand, während ihm die Frau das Blatt festhielt.
Die Schwester Oberin setzte ihre Brille auf und studierte das unterschriebene Blatt.
»Der Junge ist römisch-katholisch?«
»Getauft? Selbstverständlich!« sagte die Frau und machte noch ein Zeichen auf das Blatt.
»Andernfalls«, sagte die Mutter Oberin, »andernfalls könnten wir Ihnen nicht behilflich sein.«
»Nein, nein, das hat alles seine Ordnung«, sagte die Frau.
Die Mutter Oberin sah mich gütig an.
»Glaubst du denn an Jesus Christus, unseren Herrn?«
Also, das war die Frage, die ich beantworten sollte. Ich wollte sagen, dass ich eigentlich ein Heide bin, aber ich nickte lieber. Ich wollte nichts falsch machen. Um so schneller käme ich hier wieder raus. Bei solchen Fragen sollte man lieber nicken, sonst gab es Ärger. Also nickte ich noch einmal. Diesmal heftiger.
»Das ist schön«, sagte die Mutter. »Kannst du denn auch das Vaterunser?«
Ich nickte wieder. Sie schaute mich erwartungsvoll an. Ich schluckte. Die Frau legte sanft ihre Hand auf meinen Kopf.
»Der Junge ist nicht verstockt, nur schüchtern.«
»Wie heißt du denn?« fragte die Mutter Oberin.
»Gottfried«, sagte ich zaghaft.
»Das ist aber ein schöner, christlicher Name. Gottes Friede. Nomen est omen. Dann kannst du doch bestimmt auch das Gebet an unseren lieben Herrgott.
»Vater unser ...«, begann sie und nickte mir aufmunternd zu.
»Vater unser«, sagte ich schnell, »der du bist im Himmel, geheiligt werde dein Name, dein Reich komme, dein Wille geschehe, in Ewigkeit, Amen.«
»Da fehlt aber noch etwas«, sagte die Mutter Oberin freundlich.
Ich hatte es verpatzt. Mir war ganz flau im Magen.
»Ach ja«, fiel mir ein. »Unser täglich Brot gib uns heute, und vergib uns unsere Schuld.«

Jetzt murmelten alle helfend mit.
»Wie auch wir vergeben unseren Schuldigern.« Ich war erleichtert. »Amen«, sagte ich.
»Und?« fragte die Mutter Oberin.
Mir fiel nichts mehr ein.
Die Frau beugte sich zu mir herunter, und ich hatte wieder ihr Kölnisch Wasser in der Nase. Sanft sagte sie mir langsam eindringlich ins Ohr: »Und führe uns nicht in Versuchung, sondern erlöse uns von dem Übel.«
»Das stimmt«, sagte ich verunsichert. Vielleicht konnte sie ja doch Gedanken lesen.
»Aber so etwas kann man ja schon mal vergessen«, sagte die Frau. »Dafür ist er ja noch jung.«
»Dafür ist man nie zu jung«, sagte die Mutter Oberin und musterte die Frau von oben bis unten.
Die Frau zog ihre Kostümjacke glatt. Ihre Taille wirkte noch schmaler.
»Auf jeden Fall ist er katholisch getauft«, mischte sich der Mann jetzt ein. »Können wir damit den Fall abschließen?«
Die Mutter Oberin schaute von einem zum anderen und dann skeptisch auf mich. Ich lächelte sie hilflos an. Ich spürte, es war auf der Kippe. Vielleicht hätte ich doch in den Religionsunterricht gehen sollen. Dann hätten sie mich vielleicht laufenlassen. Ich überlegte fieberhaft. Plötzlich sah ich ein Bild von der Jungfrau Maria an der Wand, und wie ein Zeichen vom Himmel fiel mir das andere Gedicht ein. Ich stand auf und sagte, ernst der Mutter Oberin in die Augen schauend: »Gegrüßest seist du, Maria, voll der Gnade, der Herr ist mit dir. Du bist gebenedeiet unter den Frauen, und gebenedeiet ist die Frucht deines Leibes!«
Die Mutter Oberin bekam ganz weiche Augen.
»Heilige Maria, Mutter Gottes!« setzte ich noch eins drauf. »Bitte für uns Sünder, jetzt und in der Stunde unseres Todes. Amen.«
Ich war gerettet. Das war fehlerfrei. Ich setzte mich. Die Befragung war beendet.
»Das ist aber ein lieber Junge«, sagte die Mutter Oberin und stand auf. Gab der Frau die Hand und dann dem Herrn, der

sich zackig darüber beugte und den Ring der Mutter küsste, der ein Zeichen dafür war, dass sie mit dem lieben Gott verlobt war. Wie ich es noch aus dem Waisenhaus wusste. Heute dachte ich anders darüber. Eigentlich war das ja Vielweiberei und ungerecht, wenn die anderen nur eine Frau heiraten durften.

Plötzlich fiel mir ein, dass Rudi und Janek auch heiraten wollten. Und Rudi wartete auf mich. Ich sprang auf und wollte hinter den beiden Herrschaften her, die schon die Tür geöffnet hatten.

»Jetzt machst du mir aber keine Schwierigkeiten!« sagte die Frau und zog streng ihre Kostümjacke herunter, die immer wieder hochrutschte, so dass ich die Wölbung ihres Busens ahnen konnte.

»Wo willst du denn hin?« fragte die Mutter Oberin und erwischte mich noch am Ellenbogen.

»Zu meiner Mutter«, sagte ich panisch, »und zum Vater!« fügte ich noch hinzu, weil mir das seriöser erschien.

Die Frau kam jetzt drohend zwei Schritte auf mich zu.

»Jetzt hör mal gut zu, mein Junge. Wenn du hier anfängst zu lügen ... Wer ist denn dein Vater?«

»Der Gottfried Rietell«, sagte ich.

»Und wann hast du deinen Vater zum letzten Mal gesehen?«

»Noch nie«, sagte ich und merkte, wie mir eine Träne kullerte, weil ich verloren hatte.

»Das arme Kind«, sagte die Mutter Oberin und setzte ihre Brille ab.

»Na siehst du«, sagte die Frau. »Lügen haben kurze Beine.«

Obwohl das bei mir nicht stimmte, schaute ich beschämt auf den Boden.

»Dein Vater ist jetzt der Herr Wackernagel, und deine neue Mutter ist jetzt die Mutter Oberin. Die findest du doch auch nett?«

Die Mutter Oberin sah mich erwartungsvoll an. Ich nickte trotzig und zog die Nase hoch.

»Hast du kein Taschentuch?« fragte die Mutter Oberin und zog aus ihrem schwarzen Gewand ein blütenweißes Taschentuch. »Hier, schneuz dich mal!« Sie drückte es mir auf die Nase.

Ich rotzte rein, so kräftig ich konnte. Sie faltete es schnell zusammen und warf es neben das kleine Kruzifix, das auf ihrem Schreibtisch stand. Ich schniefte noch einmal nach und sagte: »Aber meine Mutti wartet auf mich vor der Schule.«
»Jetzt ist aber Schluss mit den Lügen!« Die Frau wurde richtig wütend. »Das Jugendamt hat die Fürsorgepflicht für dich übernehmen müssen, und wir tragen die Verantwortung. Alle wollen nur dein Bestes, und du bist so undankbar! Du bleibst jetzt hier. Muss ich noch deutlicher werden?«
Ich schaute sie erschrocken an.
»Ja, aber ...«
»Kein Aber«, mischte sich nun auch mein Vormund heftig ein. »Du sprichst nur, wenn du gefragt wirst! Verstanden?« fuhr er mir über den Mund.
Jetzt wusste ich, warum der Vormund hieß.
»Wenn du ein lieber Junge bist«, sagte die Frau, wieder freundlicher, und hockte sich vor mich hin. »Dann kannst du bald Besuch bekommen... Vielleicht schon morgen... Das ist ja nicht mehr lange. Was hältst du davon?«
Diesmal schaute ich nicht zwischen ihre Knie, sondern auf ihren lächelnden Mund. Ich musste überlegen.
»Das liegt ganz bei dir«, sagte sie sanft. »Du möchtest doch, dass du Besuch bekommst?«
Ich schaute in ihre grauen Augen. Mein Widerstand war gebrochen.
»Na siehst du«, sagte sie leise. »Versprochen?«
Sie küsste mich kurz auf die Wange und schaute mich an.
»Versprochen«, sagte ich. Damit stand sie abrupt auf und sagte im Gehen: »Es ist immer dasselbe Drama, aber Sie kennen das ja!«
»Er wird sich schon daran gewöhnen«, sagte die Mutter Oberin und öffnete die Tür.
Die Frau schob den Mann hinaus, drehte sich noch einmal zu mir um und lächelte mich zärtlich an. Ich lächelte zaghaft zurück. Dann holte sie noch einmal Atem, als wollte sie etwas sagen, schlug die Augen nieder und drehte sich um. Ich sah das graue Kostüm mit der Wespentaille verschwinden, und die Tür schloss sich hinter ihr. Nur das eilige Klappern ihrer Absätze

hallte noch nach. Irgend etwas erinnerte mich an Rudi. Die Frau war mir immer noch sympathischer als die Mutter Oberin. Aber ich hatte nicht mehr so viel Angst vor denen wie früher im Waisenhaus. Jetzt war ich ja schon älter. Das sind auch nur Frauen unter ihren schwarzen Kutten, dachte ich, obwohl man das nicht sehen konnte.

Die Mutter Oberin der Barmherzigen Schwestern hatte ihre Brille wieder aufgesetzt, nahm das Blatt Papier in die Hand, das der Mann unterschrieben hatte. Sie las sich noch einmal alles durch, schüttelte zwischendurch mit dem Kopf und sagte mehrmals: »Tse, tse, tse«, dann sah sie mich mitleidig an und sagte: »Armes Kind!«
Damit meinte sie wohl mich.
»Ist das alles, was du dabeihast?« fragte sie. »Keinen Schlafanzug oder wenigstens eine Zahnbürste?«
Ich hob die Schultern.
»Armes Kind«, sagte sie noch mal. »Das macht nichts, wir haben eine große Kleiderkammer, da finden wir bestimmt etwas Passendes für dich. Das ist von den Kindern, die uns schon verlassen haben, weißt du. Die waren hier alle sehr glücklich. Manche kommen uns heute noch besuchen als Erwachsene. Das war ihre glücklichste Zeit bei uns.«
»Wie lange muss ich denn hierbleiben?« fragte ich erschrocken.
»Das kann ich dir noch nicht sagen. Das wird das Jugendamt entscheiden, und dein Vormund. Du bist ja ein Staatsmündel. Aber deine vollständige Akte bekomme ich erst in den nächsten Tagen.«
»Dann bleibe ich länger hier?« fragte ich und überlegte, was ein Staatsmündel ist.
»Mach dir mal keine Sorgen«, sagte sie freundlich. »Die nächste Zeit darfst du bei uns bleiben. Aber nicht länger als bis zu deinem zwölften Lebensjahr. Du bist ja erst …« Sie schaute wieder auf das Blatt Papier, in dem stand wohl alles über mich. »Du bist erst neun, nein, übermorgen wirst du ja schon zehn. Also mindestens noch zwei Jahre. Und dann sehen wir weiter. Bis dahin ist ja noch Zeit.«

Sie lächelte freundlich.
»Zwei Jahre«, sagte ich und hatte einen dicken Kloß im Hals.
»Ja, leider. Länger geht das nicht. Aber dann kümmert sich das Jugendamt wieder um dich. Die nehmen ihre Fürsorgepflicht sehr ernst und begleiten dich, bis du erwachsen bist. Und wenn du dann volljährig bist mit einundzwanzig, dann kannst du machen, was du willst. Aber das sagt dir dann schon dein Vormund, wenn es soweit ist. Der weiß am besten, was für dich gut ist.«
Einundzwanzig Jahre! Das war ja über doppelt so lang, wie ich jetzt alt war. Also eigentlich zweimal lebenslänglich. Da wäre ich ja dann so alt wie die Schwester von Rudi, die kleine Hilla, die ja mit einundzwanzig schon tot war. Ich würde da bestimmt nicht mehr leben. Jetzt saß ich in der Falle und kam nicht mehr raus. Auch Rudi konnte mir nicht helfen.
Sie wusste ja gar nicht, wo ich war, weil sie an der Schule auf mich wartete. Ich fühlte mich wieder wie vier oder fünf. Wieder eingesperrt bei diesen schwarzen Frauen. Wieder in der Hölle, wo vom Himmel erzählt wurde. Aber der war noch über elf Jahre weit weg. Und solange musste ich schmoren. Lieber Gott, mach mich fromm, dass ich in den Himmel komm', fiel mir ein. Aber das half ja auch nichts. Das Beten. Weil ich ja erst neun war.
»Na, na ... so ein großer Junge! Der weint doch nicht. Wir wollen doch keine Heulsuse sein!« hörte ich die Mutter Oberin sagen. »Mein armer, armer Junge, jetzt komm mal zu mir her.«
Sie kam auf mich zu, nahm mich in den Arm und drückte mich an ihr schwarzes Gewand. Unterhalb des weißen Latzes fühlte ich mit meinem Gesicht die weichen, mächtigen Brüste wie warme Gummikissen, und das tröstete mich. Ich drückte mich noch tiefer hinein und dachte an die Frau vom See. Wenigstens blieben mir schöne Erinnerungen zum Träumen.
»Hast du denn schon was gegessen?« hörte ich die Kissen fragen.
Ich schob sie mit meinem Kopfschütteln hin und her und wischte mir dabei die Tränen ab.

Die liebe Mutter Oberin führte mich in den Speisesaal, der jetzt leer war, weil die Mittagszeit vorbei war, und sorgte dafür, dass ich noch Reste der lauwarmen Erbsensuppe bekam, die die anderen Kinder nicht aufgegessen hatten. Aber ich hatte zuviel Hunger, um zu mäkeln.
Ich erinnerte mich daran, was mir die Nonnen aus dem Waisenhaus eingebleut hatten: Wenn du Hunger hast, musst du erst dein Kreuzzeichen machen, Stirn, Bauch, linke Schulter, rechte Schulter, und sagen: »Komm, Herr Jesus, sei unser Gast und segne, was du uns bescheret hast.«
Von der Bescherung bat ich sogar noch um Nachschlag. Seit gestern abend hatte ich nichts gegessen. Die Mutter Oberin freute sich. Nachdem ich satt war, sagte ich: »Dir sei, o Herr, für Speis und Trank, für all das Gute Lob und Dank. Darf ich aufstehen?«
Reime ließen sich leichter behalten. Die Erbsensuppe lag mir schwer im Magen. An diesem Tag war ich sehr erschöpft und übermüdet. Willenlos ließ ich mich in der Kleiderkammer mit den alten Sachen neu einkleiden, die die glücklichen Zöglinge hier zurückgelassen hatten. Ich trug jetzt verwaschene gestopfte, graue, kurze Hosen und ein graues, geflicktes Hemd. Und so fühlte ich mich auch. Wie ein Sträfling. Meine Zelle sollte nur vorübergehend sein, bis ein Platz im Gemeinschaftsschlafraum frei wäre. In einer ehemaligen Besenkammer, die nach Sagrotan und Bohnerwachs roch und so dunkel war, dass man Licht machen musste, wurde ein Klappbett aufgestellt, frisch bezogen, die Laken schon vergilbt.
Die neuen Kleider und mein jetziges Zuhause seien nicht schön, aber sauber, sagte Schwester Eugenia. Sie hatte ein schmales, hageres Gesicht und flinke Augen. Die Mutter Oberin hatte mich ihrer Obhut übergeben. Mir war schlecht. Emsig den Staub wegwischend, jammerte Schwester Eugenia vor sich hin, sie sei nicht vorbereitet gewesen für einen Neuzugang. Sie rannte geschäftig hin und her, zupfte dort an der Bettdecke, schob hier einen Eimer in die Ecke, rückte dort einen Karton wieder an die Wand. Sie stöhnte bei jedem Handgriff und sagte, solche wie ich würden ihr noch mehr Arbeit machen, sie habe mit den anderen schon genug zu tun. Auf jeden Fall erwarte sie

eine strikte Einhaltung ihrer Anweisungen, damit der Tagesablauf der Mitzöglinge und ihre eigene, weiß Gott, schwere Tätigkeit nicht gestört werde wie heute, da ich plötzlich hereingeschneit sei, ohne dass man ihr vorher etwas gesagt habe. Für solche Extrawürste habe sie eigentlich keine Zeit, und Gott möge ihr verzeihen, sie komme nicht einmal mehr richtig zum Beten. Sie war wirklich überfordert.

Mir war ganz wirr im Kopf von den Eindrücken des Tages. Aber ich kam nicht mehr dazu, über alles nachzudenken. Ich kämpfte gegen die Folgen der Erbsensuppe. Ich hatte mich ängstlich bemüht, die Pupse, die mir schon Bauchgrimmen machten, zurückzuhalten, um Schwester Eugenia nicht noch Anlass zu geben, vom Teufel auf den Beelzebub zu kommen. Sonst wäre ich noch in den Geruch gekommen, ein unartiger Junge zu sein. Das durfte mir nicht passieren. Durch die kleine Luke, die oben kaum Tageslicht hereinließ, würde die Luft schwer abziehen.

Schwester Eugenia würde mir das oder ähnliches nie verzeihen. Mit Schrecken dachte ich an die Zeit meiner Bettnässerei damals im Waisenhaus.

Ich war froh, als sie mich endlich allein ließ. Sie wünschte mir angenehme Ruhe, schärfte mir noch ein, das Nachtgebet nicht zu vergessen, und morgen früh, wenn Gott will, würde sie mich zeitig wecken und mich mit den anderen zur Kapelle führen zur Morgenandacht. Dann löschte sie von außen das Licht der nackten Glühbirne und ließ mich im Dunklen zurück, obwohl es draußen noch hell war.

Ich rollte mich unter der Bettdecke zusammen. Jetzt war dicke Luft. Endlich erleichtert, schlief ich wie betäubt ein. Am nächsten Morgen fühlte ich mich immer noch benommen. Ich hatte schlecht geschlafen und Alpträume gehabt, an die ich mich nicht erinnern konnte.

Jetzt erst während der Morgenandacht in der kleinen, kalten Kapelle wurde mir meine ausweglose Situation bewusst. Ich saß in der Falle. Eingeklemmt zwischen den anderen Zöglingen, die misstrauisch den Fremdkörper beäugten, versuchte ich

erst, die Lieder mitzubrummeln. Das Knien auf dem harten Holz der Kirchenbank tat verdammt weh. Das Pflaster war abgegangen, und das Knie fing wieder an zu bluten.
Ich betrachtete mir die Figuren und Bilder in der Kapelle. Auch bei denen quoll überall Blut hervor. Die schmerzverzerrten Gesichter lustvoll geschnitzt oder gemalt. Das spritzende Blut bis zum letzten Tropfen liebevoll nachempfunden. Mir wurde übel. Und kein Entrinnen aus dem düsteren Schoß der Mutter Kirche.
Schmerzgepeinigt verweigerte ich den nächsten Kniefall und hockte mich einfach auf die Bank und rührte mich nicht mehr. Die anderen schauten mich ungläubig an, während sie aufstanden und knieten, und wieder aufstanden, die Lieder plärrten und wieder knieten. Einige in meiner Reihe hatten sich auch gesetzt, bis sie merkten, dass etwas nicht stimmte, knieten sich dann schnell, standen auf und kamen völlig durcheinander. Sie fingen an zu kichern. Ein unterdrücktes Lachen ging durch die Gesänge.
Ich hatte ein Chaos angerichtet. Aber ich konnte mich nicht mehr einreihen. Mein Knie tat höllisch weh. So ließ ich sie alleine jubilieren und frohlocken, betrachtete meine Wunde, die jetzt über dem Rot grau-wässrig nässte.
Als die Veranstaltung beendet war, wurde ich sofort der Mutter Oberin vorgeführt. Auch Schwester Eugenia erwartete mich schon. Sie hatte in dem Bett, das ich morgens versäumt hatte, ordnungsgemäß zu machen, eine, Gott sei es geklagt, er möge ihr vergeben, Riesenschweinerei entdecken müssen. Blutspuren, vermischt mit bräunlichen Flecken. Sie habe sich fast erbrechen müssen. Außerdem sei ihr zugetragen worden, der Zögling, damit meinte sie wohl mich, habe mutwillig die heiligen Rituale der Andacht gestört. Weder habe er mitgesungen noch gebetet und sich geweigert zu knien.
Sie bekreuzigte sich entsetzt und sprach von einem faulen Apfel, der alle anderen mit seiner Fäulnis anstecke. Wie ein junger Wolf mit gefletschten Zähnen habe er die Gemeinschaft der gottesfürchtigen Schäflein verschreckt.
Die Mutter Oberin bemühte sich um Strenge. Was ich zu diesen Vorkommnissen zu sagen hätte. Ich solle sie ansehen, wenn sie

mit mir rede. Ich will gar nicht in die Schafsgemeinschaft, dachte ich und schwieg. Statt sie anzusehen, starrte ich auf eine Spinne, die sich von dem Kreuz an der Wand abseilte. Eine Fliege hatte sich im Netz verfangen und zappelte. Das feine graue Netz glitzerte in der Morgensonne. Die Spinne näherte sich vorsichtig ihrem Opfer und wartete. Auf dem Rücken hatte sie ein weißes Kreuz.

Schwester Eugenia begann wieder zu meckern, an mir könne man sehen, dass es hoffnungslose Fälle gebe, die der Güte Gottes nicht zugänglich seien, da diese bereits in jungen Jahren ihre Herzen für immer verschlossen hätten. Solche hätten hier nichts zu suchen. Diese Schäfchen seien für immer verloren.

Die Mutter Oberin widersprach und versuchte noch ein letztes Mal, mir den Mund zu öffnen. Ob ich ihr zuliebe und für Schwester Eugenia wenigstens das Glaubensbekenntnis aufsagen könnte. Beide schauten mich erwartungsvoll an. Wie auf Knopfdruck spulte es sich in mir ab, aber ich schwieg. Ich schaute auf das feingewobene Spinnennetz. Dabei ratterte dieser auswendig gelernte Text in meinem Kopf: Ich glaube an Gott, den allmächtigen Vater, den Schöpfer des Himmels und der Erde, und an Jesus Christus, seinen eingeborenen Sohn, empfangen durch den heiligen Geist, geboren von der Jungfrau Maria …

Ich glaube das nicht! dachte ich. Und wenn ich es nicht glaube, dann sage ich es auch nicht, dachte ich und sagte nichts. Die Fliege zappelte nicht mehr.

Nachdem die Schwestern einige Zeit meinen abwesenden Blick betrachtet hatten, unterbrach Schwester Eugenia das Schweigen.

»Da sehen Sie es! Nicht einmal dazu ist er bereit!« Sie bekam einen hässlich verkniffenen Mund. »Bei so einem müssen Sie andere Saiten aufziehen! Gott sei es geklagt!«

Die Spinne zog sich vorsichtig zurück.

»Na gut«, sagte die Mutter Oberin. »Dann kann ich dir auch nicht helfen. Unter diesen Umständen muss ich leider die Besuchserlaubnis streichen. Deine Mutter hatte sich für heute angekündigt. Sie wollte dir ein paar persönliche Sachen vorbeibringen.«

»Ich glaube, sie wartet schon!«
Rudi? Rudi war hier? Sie war die Einzige, die mich hier herausholen konnte. Mir wurde abwechselnd heiß und kalt. Rudi würde mich retten. Hastig sagte ich: »Ich… Ich glaube an Gott, den Vater, den allmächtigen.«
»Das hilft dir jetzt auch nichts mehr«, sagte die Mutter Oberin und schaute Schwester Eugenia bestätigungsheischend an.
»Das ist jetzt zu spät!« Schwester Eugenia lächelte erfreut zurück.
»Aber ich will meine Mutti sehen!« sagte ich und kämpfte mit den Tränen.
»Du willst gar nichts«, sagte die Mutter Oberin.
»Unser aller Wille ist in Gottes Hand!« Schwester Eugenia nickte.
»Bitte!« stammelte ich. »Darf ich meine Mutti sehen? Bitte! Nur ganz kurz! Ich werde auch immer brav sein und beten und…« Ich kam nicht weiter.
Die Mutter Oberin schaute Schwester Eugenia fragend an. Schwester Eugenia schaute gütig auf mich hernieder.
»Bitte«, sagte ich und schaute durch einen Tränenschleier zu Schwester Eugenia hoch. Sie war die Allmächtige.
Schwester Eugenia machte nachdenklich ein paar Schritte und zerstörte mit einer abwesenden Handbewegung das Spinnennetz unter dem Kreuz. Während sie den grauen Klumpen an ihrer Kutte abwischte, sagte sie: »Sei's drum. So Gott will. Soll er sie kurz sehen. Aber soviel ich weiß, ist die ältere, weißhaarige Dame draußen nicht seine Mutter.«
»Ach so«, sagte die Mutter Oberin.
»Ich habe mich schon gewundert, woher die seinen Aufenthalt kennt.«
»Nein, nein«, sagte die Schwester Eugenia, »die Mutter hat hier nichts zu suchen. Seine Großmutter wollte ihn sehen. Eine sehr nette Frau. Ihre Schwester ist bei den Ursulinerinnen, wie sie mir sagte.«
»Tja, dann sollten wir der Frau gestatten, ihren Enkel zu sehen. Was meinen Sie?«
In mir brach eine Welt zusammen. Oma wusste also, dass ich

hier eingesperrt war, und Rudi hatte keine Ahnung. Die beiden Nonnen konnten mich kaum bändigen. Ich schrie und tobte: »Ich will die nicht sehen! Nie wieder! Nie, nie wieder!« und noch einiges andere, an das ich mich nicht erinnere.
Ich konnte mich kaum beruhigen in meiner hoffnungslosen Wut und Verzweiflung. Sie holten noch andere Schwestern zu Hilfe und sperrten mich in die Schlafkammer, bis über mein weiteres Schicksal entschieden werde. Von der Rangelei hatte ich auch noch eine Schramme an der Stirn, die jetzt brannte. Irgendeines der Kreuze, die an den Nonnen baumelten, war mir quer durchs Gesicht geratscht.
Ich hatte mich wieder beruhigt und saß im Halbdunkel auf der Matratze. Das Bettzeug war abgezogen worden und lag auf einem Haufen in der Ecke, blutverschmiert. Jetzt wartete ich gottergeben auf die Strafe. Da konnte ich auf keine Gnade hoffen. Schwester Eugenia hatte obsiegt.

Wie es in den Wald reinruft, schallt es wieder raus, fiel mir ein Spruch von der Oma ein. Aber ich konnte einfach den Wald vor lauter Bäumen nicht sehen. Oma hatte mich verraten, und meine Mutti hatte ich wieder verloren. Ich tat mir ein bisschen selber leid, aber das half ja auch nichts. Außerdem konnten die mich nicht zwingen zu beten. Rudi hatte mir gesagt, es gibt auch das Herzensgebet, und dazu muss man nicht in die Kirche und auf den Knien rumrutschen.
Irgendwie musste ich hier raus. Ich starrte nach oben zu der Luke. Es musste noch früher Nachmittag sein, oder doch schon später? Ich wusste es nicht. Die Luke war zu hoch und zu klein, um durchzukriechen, ich würde da steckenbleiben. Also versuchte ich das Herzensgebet.
»Lieber Gott, mach, dass ich irdgendwie rauskomme aus dieser Höhle. Mach, dass ich nicht wieder in die Hölle muss!«
Ich wurde erhört. Feste Schritte näherten sich. Die Tür wurde aufgeschlossen. Zwei Polizisten nahmen mich in die Mitte. Eskortierten mich durch die leeren Gänge. Ich hörte die anderen Kinder singen: »Großer Gott, wir loben dich«. Wahrscheinlich mussten sie das zur Strafe üben wegen heute morgen.

Draußen stand ein VW-Bus mit vergitterten Scheiben. Ich wurde nach hinten gesetzt, und wir fuhren los. Wir holperten über den Hof. Das große Tor wurde geöffnet von zwei schwarzweißen Nonnen. Dann schloss sich das Tor hinter mir. Ich schaute durch das vergitterte Fenster. Endlich. Ich war frei!

Wir fuhren nicht lange. Etwa eine halbe Stunde. Ich kannte die Gegend nicht. Es musste noch weiter außerhalb der Stadt sein. Rechts und links waren Kiefernwälder. Dann tauchten schöne, große Häuser auf. Wir hielten vor einem Anwesen.

Eine prächtige Villa stand auf dem Grundstück, umgeben von alten Bäumen. Das Grundstück war eingerahmt von einem hohen Eisengitter, das wie aneinandergereihte Lanzen aussah.

Das Tor öffnete sich, und wir fuhren die Auffahrt entlang bis zu einer Treppe, die zu einem Portal führte. Die beiden Schupos nahmen mich am Arm und führten mich die Treppe hoch. Dort wartete ein Mann auf uns. Er unterschrieb dann ein Papier, das sie dann unterschrieben und ihm wieder übergaben. Das war dann wohl ich, der übergeben wurde. Dann nahm mich der Mann am Arm und führte mich in eine riesige weiße Halle. Wir schritten über eine sehr breite weiße Marmortreppe nach oben. Das Geländer blitzte golden in der Abendsonne, die durch die riesigen Fenster schien. Der Mann sagte nichts, bis wir oben angelangt waren.

Er war kräftig und vielleicht viermal älter als ich, nicht unsympathisch. Er hatte große, breite Hände, wie Maurerkellen, dachte ich, nach hinten gekämmte Haare und graublaue Augen. Er trug ein weißes Hemd ohne Krawatte, eine graue Hose, deren Bügelfalten doppelt waren. Wahrscheinlich hatte er die Hose selber gebügelt. Und graue, geschlossene Sandalen.

Wir betraten einen Raum, der wohl das Büro war.

Der Mann hatte sich hinter seinen Schreibtisch gesetzt, der pingelig aufgeräumt war. Ich blieb davor stehen, da kein anderer Stuhl vorhanden war. Die Arme auf dem Rücken verschränkt, schaute ich mich um.

Außer einem Kalender, der den Monat August zeigte, waren keine Bilder an den Wänden. Ich konnte aber auch kein Kreuz entdecken.

Der Mann las sich noch einmal kurz die Papiere durch, legte sie in eine Mappe, die er in einer Schublade verstaute, die er dann ordentlich verschloss. Den Schlüsselbund hatte er an einer Kette, die am Gürtel befestigt war. Er steckte die vielen Schlüssel wieder in seine Hosentasche und stand nachdenklich auf. Er ging zum Fenster, schaute hinaus, während er mit seiner Hand in der Hosentasche mit den Schlüsseln klimperte. Dann drehte er sich um und schaute mich fragend an.
Ich schaute fragend zurück. Sein langes Schweigen war mir unangenehm. Aber ich wollte nichts sagen, bevor ich nicht gefragt wurde, Erwachsenen war das sehr wichtig.
Der Mann kam langsam auf mich zu, blieb dann vor mir stehen und schaute auf mich herunter. Er studierte lange mein Gesicht und fragte mich nicht unfreundlich: »Na, mein Junge? Was hast du denn ausgefressen?«
Ich war froh, dass er endlich redete.
»Nichts«, sagte ich erleichtert.
Der Schlag tat nicht wirklich weh, obwohl ich meinte, der Kopf fliegt mir weg. Er kam so überraschend.
»Damit du gleich Bescheid weißt«, sagte der Mann ruhig. »Hier wird nicht gelogen! Also noch einmal: Was hast du angestellt?«
Ich versuchte es noch einmal.
»Ehrlich, nichts!«
Diesmal flog mein Kopf auf die andere Seite, und ich glaubte schon, mein Trommelfell sei geplatzt. Durch den hohen Ton in meinem Ohr hörte ich seine Stimme weit entfernt.
»Wie du willst, mein Junge.« Er hatte sich wieder hinter den Schreibtisch gesetzt. »Du bist also ein harter Brocken.« Er sah mich ruhig an. »Wenn du es nicht sagen willst, sag lieber gar nichts. Aber keine Lügen. Verstanden?«
Ich nickte, obwohl ich das Gefühl hatte, mein Nacken sei ausgerenkt.
»Hier weißt du gleich, woran du bist, klar?«
Das war mir jetzt auch klar. Er beugte sich vor und starrte mich an. Ich starrte zurück.
»Du hast doch geschlägert, stimmt's? Woher hast du denn sonst die Verletzung am Kopf und am Knie?«

Es war besser, ich sagte nichts. Wenn man die Wahrheit sagt, wird man bestraft.
»Na gut.« Er lehnte sich zurück. »Das bekomm' ich noch raus. Deine Akte kommt in den nächsten Tagen, und dann haben wir noch einmal ein Gespräch miteinander.«
Ich überlegte panisch, was da wohl alles drinstand, in der Akte.
»Bis dahin«, er bog seine Finger nach hinten, bis sie laut knackten. »Bis dahin wirst du dich in deinem neuen Zuhause eingefügt haben. Wir sind schon mit ganz anderen fertig geworden.«
Ich schluckte.
»Du wirst dich bei uns schnell wohl fühlen, wenn du die Spielregeln einhältst. Und die sind ganz einfach. Du tust das, was ich dir sage. Den Rest bringen dir die Älteren bei, die das schon kennen.«
Er war jetzt aufgestanden und umkreiste mich mit langsamen Schritten. Ich blieb mit dem Gesicht zum Schreibtisch stehen und schaute auf den Kalender. Morgen würde ich schon zehn Jahre alt sein.
»Um das vorweg zu sagen, schlag dir jeden Gedanken an Flucht aus dem Kopf. Wir haben noch jeden wiedergekriegt. Hier ist nämlich Endstation für euch.«
Jetzt verstand ich erst das Sprichwort: vom Regen in die Traufe. Trotzdem war mir die Traufe lieber, da wusste ich gleich, woran ich bin. Die war was Handfestes. Er lief jetzt hinter mir auf und ab.
»Und wenn ihr hier wieder rauskommt, seid ihr gut erzogene Mitglieder unserer Gesellschaft. Das ist mein Ehrgeiz. Aus jedem noch so rostigen, krummen Nagel schmieden wir hier ein brauchbares Werkzeug.«
Ich dachte wieder an Rudi: Es gibt nur Hammer oder Amboss. Und ich war wohl der krumme Nagel zwischen beiden.
»Oder was glaubst du denn, warum du hier bist?«
Hatte er mich das gefragt? Ich drehte leicht meinen Kopf und wartete. Seine Stimme wurde lauter.
»Ich habe dich gefragt, warum du wohl hier bist?«
Ich zuckte die Schultern. Jetzt schrie er mir seine Frage in mein taubes Ohr: »Na? Wo bist du hier?«

»Ich weiß es nicht«, sagte ich unsicher.
Wieder traf mich der Schlag gegen den Hinterkopf unerwartet. Sein Mund tauchte dicht vor meinem Gesicht auf.
»Du bist hier in einem Heim für Schwererziehbare!« schrie er, und ich konnte graue Plomben an den Backenzähnen sehen. Er hatte Mundgeruch. »Aber das Wort schwererziehbar höre ich nicht gern«, sagte er und senkte die Stimme.
»Schwererziehbar gibt es für mich nicht!« sagte er jetzt leichthin. »Wir sind ein ganz normales Heim wie alle anderen auch. Wir müssen uns nur ein bisschen mehr anstrengen. Besser sein als die anderen. Und wenn du keinen Ärger machst, dann werden wir uns gut vertragen.
Er reichte mir seine Pranke. Ich legte meine Hand hinein.
»Ich bin hier der Heimleiter! Mein Name ist Maurer!«
Das war leicht zu merken. Er drückte meine Hand so fest, dass ich das Gefühl hatte, sie sei nur noch ein Klumpen.
»Ich heiße Gottfried«, sagte ich gequetscht.
»Also, Gottfried«, sagte er freundlich, »wir werden uns bestimmt gut vertragen. Da bin ich sicher.«
Ich nickte freudig. Was blieb mir anderes übrig. Bei den Händen.
»Dann auf gute Kameradschaft!«
Er ließ endlich meine Hand los und hieb mir auf den Rücken.
»Ja«, sagte ich hustend.
»Dann zeige ich dir jetzt mal dein neues Zuhause.«

Mein neues Zuhause war riesig. Während wir die weiße Treppe hinunterschritten, erklärte er mir mein künftiges Leben.
»Dieses Haus hat fünfundvierzig bis fünfzig Insassen. Ihr seid in zwei Gruppen aufgeteilt. Die erste von zwölf bis vierzehn, und die zweite von zehn bis zwölf.«
Ich wollte sagen, dass ich erst neun war, aber es war wohl klüger, ihn nicht zu unterbrechen.
»Für beide Gruppen gibt es ein paar Hilfskräfte, und zur Zeit nur zwei Erzieher. Mich, und seit ein paar Tagen Fräulein Hase. Das heißt, ihr organisiert euch selbst. Außer für die

Mahlzeiten, das besorgt Frau Brand. Für alles andere seid ihr selbst verantwortlich. Und du siehst…« Wir waren durch die Halle gegangen und in einem großen Schlafsaal angelangt. Er zeigte auf ein gemachtes Bett. »Alles hat hier seine Ordnung.«

Die Decke war sauber unter der Matratze eingeschlagen. Wie ein weißer Kragen war das Laken unter der Decke nach oben umgeschlagen.

»Genau eine Handbreit!« sagte Herr Maurer, und damit meinte er seine Hand. Er prüfte es an dem ersten Bett. Die Breite stimmte.

»Stimmt«, sagte er.

Ich überlegte, dass seine Handbreite ungefähr meine Handlänge ohne die Fingerkuppen war.

»Von den vierunddreißig Betten in diesem Saal sind noch drei Schlafstellen frei. Du kannst dir eine aussuchen.«

Er zeigte auf die verschiedenen Betten, auf denen drei Matratzenteile übereinandergestapelt waren. Der Raum war zu klein für vierunddreißig Betten. An den beiden Längswänden waren je vier Gestelle mit drei Betten übereinander. An der Stirnwand gegenüber den vergitterten Fenstern noch einmal zwei Gestelle mit zwei Betten übereinander. In der Mitte des Raumes standen längs noch sechs Einzelbetten.

»Du musst dich jetzt entscheiden«, sagte er.

Die freien Betten waren bei den Dreiergestellen an den Längswänden. Eins war oben frei, auf der anderen Seite eins unten. Und in derselben Reihe eins in der Mitte. Ich konnte mich nicht entscheiden, also wählte ich die Mitte.

»Ich gebe dir einen guten Rat«, sagte Herr Maurer und klopfte auf die Matratze des mittleren Bettes, das ich gewählt hatte. »Das hier ist die schlechteste Wahl! Und warum?« Er sah mich wissend an.

Ich zuckte fragend mit den Schultern.

»Weil du hier in der Mitte bist. Das hast du doch auch gelernt. Wärme oder Mief steigt nach oben, und was ist über dir? Genau! Wieder eine Matratze. Der Mief kann nicht entweichen. Wie in einem Backofen. Und wenn du Pech hast, schläft über dir ein Bettnässer. Also?«

»Unten?« fragte ich.
»Wieder falsch«, sagte er. »Dann hast du ja zwei Bettnässer über dir, und immer, wenn die mal rausmüssen, hast du ihre Käsefüße im Gesicht.« Er lachte. »Also?«
»Oben«, sagte ich und schaute erschrocken nach oben. Das war schon sehr hoch ohne Leiter.
»Schlaues Bürschchen«, sagte er. »Du lernst schnell! Den Rest lernst du auch noch. Ich zeige dir jetzt unseren Park, auf den wir sehr stolz sind. Macht viel Arbeit!«
Wir gingen nach draußen. Alles war wirklich sehr gepflegt. Erleichtert stellte ich fest, dass der Zaun nicht unüberwindlich war. Während wir durch den Garten schritten und Herr Maurer mir den Tagesablauf erklärte, schaute ich verstohlen auf einen großen Baum neben dem Zaun. Der war leicht zu erklimmen. Von dort zwischen den Lanzenspitzen mich runterhängen lassen auf der anderen Seite. Das war immer noch hoch. Noch zweimal meine Körperlänge. Aber mit ein bisschen Glück ...
»Um sechs Uhr ist Wecken. Fünfzehn Minuten Zähneputzen, Waschen, Toilette, fünf Minuten Bettenmachen, das ist zu schaffen. Der letzte beim Frühstück muss auf das halbe Brötchen verzichten. Das hat sich bewährt. Nach zwanzig Minuten seid ihr in der Schulklasse, die zeig' ich dir nachher.«
Ich durfte mir nur nicht den Fuß verknacksen beim Absprung.
»Ihr seid alle in derselben Klasse und habt einen Lehrer.«
Ich sah plötzlich einen Stacheldraht oben zwischen den Lanzenspitzen.
»Um zwölf Uhr fünfzehn Mittagessen bis eins. Dann abräumen, bis ein Uhr dreißig habt ihr Zeit, um eure Notdurft zu verrichten. Leider gibt es für alle nur zehn Toiletten. Also Beeilung!«
Das würde alles komplizieren. Vielleicht sollte ich ein Handtuch über den Stacheldraht legen. Oder abhauen, wenn alle auf dem Klo sind?
»Danach könnt ihr wählen: abwaschen oder Haus putzen. Von zwei Uhr dreißig bis vier Uhr Schularbeiten. Danach könnt ihr raus ins Freie.«

Das wäre dann meine Chance um vier.
»Für die Gartenarbeit braucht ihr mindestens eine Stunde.«
Also doch nicht.
»Kommt ganz darauf an, wie schnell ihr fertig seid. Denn danach habt ihr Freizeit bis achtzehn Uhr.«
Das hieß, nur da war die Lücke. Aber um diese Jahreszeit war es dann noch taghell.
»Das Abendessen dauert eine dreiviertel Stunde, danach abräumen, abwaschen, das Übliche.«
Da würde ich schon weg sein. Wir waren um das große Haus fast herumgelaufen und blieben vor einem ebenerdigen vergitterten Fenster stehen. Die Gitter waren auch mit Stacheldraht umwickelt.
»Das ist unser Kartoffelkeller!« sagte Herr Maurer. »Da kommen alle die rein, die gegen die Regeln verstoßen. Die müssen für das ganze Haus die Kartoffeln schälen, und das dauert manchmal Tage. Prügelstrafe lehne ich strikt ab!« sagte er überzeugt.
Ich spürte immer noch seine Striktheit auf meiner Wange. Wir gingen weiter.
»Irgendeiner sitzt da immer drin«, lachte er. »Ist ja auch notwendig bei den vielen Essern. Da kommt ihr nicht auf dumme Gedanken!«
Er sah mich von der Seite an. Ich fühlte mich ertappt, aber er konnte nichts gemerkt haben.
»Wenn ihr Sauereien macht oder an euch rumspielt. Da könnt ihr mir nichts vormachen.« Er schaute mich streng an. »Das seh' ich an den Augen.«
Ich nickte und wusste nicht genau, was er meinte. Wollte er etwa sagen, dass er auch Gedanken lesen konnte wie die Frau vom Jugendamt? Weil ich ihren Namen nicht wusste, hatte ich sie für mich Maria getauft. Da hatte ich ja unzüchtige Gedanken gehabt. Aber hier musste ich nicht gleich ganze Ave Marias aufsagen, sondern nur Kartoffeln schälen. Und beim Kartoffelschälen konnte ich ja denken, was ich wollte.
Wir waren schweigend weitergegangen.
»Wo war ich stehengeblieben?« sagte er.
Gedankenversunken sagte ich: »Bei der Maria!« Ich wurde rot.

»Nein, stehengeblieben sind wir vor dem Kartoffelkeller«, sagte ich schnell. »Wegen … wegen der Sauereien.«
»Gut, dass du dir das gemerkt hast!« Er sah mich spöttisch an. »Hier gibt es nämlich nur Jungs! Kannst du nähen?« fragte er plötzlich.
»Nein, aber häkeln«, sagte ich stolz.
»Das können wir nicht gebrauchen. Du lernst hier deine Strümpfe stopfen, Knöpfe annähen. Die Risse in deiner Kleidung flicken. Du bist für deine Sachen selbst verantwortlich, dann brauchst du später keine Frau!
Ich schaute auf seine schiefen Bügelfalten. Wozu brauchte der eine Frau, höchstens zum Bügeln.
»Dafür habt ihr eine Stunde Zeit.«
Als wir wieder durch das Portal ins Haus gehen wollten, wurden wir bei unserem Gespräch von dem Tatütata eines Polizeibusses unterbrochen. Er hielt vor dem Tor. Herr Maurer drehte sich triumphierend um.
»Habe ich es nicht gesagt? Die nächste Fuhre. Die kommen alle wieder zurück. Wenn das so weitergeht, muss ich Kartoffeln nachbestellen.«
In der Halle gab er einem Jungen, der auf den Knien rutschte und den Boden schrubbte, einen Schlüssel, den er von seiner Kette löste.
»In fünf Minuten gibst du mir den persönlich wieder, Freddi!«
Der Junge war ungefähr zwei Jahre älter als ich. Er nahm den Schlüssel.
»Sind alle wieder da?«
»Ich glaube, einer fehlt noch.«
»Den erwischen wa auch noch«, sagte der Junge, als sei er die Polizei persönlich. »Gleich in' Keller oder erst duschen?«
»Keller«, sagte Herr Maurer. »Ich kümmere mich dann um die.«
»Alles klar, Chef«, sagte der Junge und rannte nach draußen.
»Du siehst«, sagte Herr Maurer, »wir haben hier gute Jungs und ein paar böse Jungs. Für die Bösen, die abhauen wollen, macht die Polizei mal kurz die Sirene an. Dann wissen alle, es hat wieder nicht geklappt. Uns ist noch keiner entwischt. Die

guten Jungs hier arbeiten mit mir zusammen. Aber manchmal können die auch nicht eine Flucht verhindern. Man kann ja niemandem hinter die Stirn sehen.«
Dabei schaute er mir auf die Stirn.
Gott sei Dank, dachte ich und sah auf den frischgeputzten Boden. Unsere Fußstapfen hinterließen eine dreckige Spur. Da würde sich der gute Junge aber freuen.
»Jeder, der mit mir zusammenarbeitet, bekommt auch kleine Vergünstigungen. Bei guter Zusammenarbeit erlaube ich einmal im Monat Besuch. Bekommst du Besuch?«
»Ich weiß nicht«, sagte ich und musste schlucken.
»Die meisten bekommen keinen. Aber die, die sich am besten führen, dürfen die Halle schrubben und etwas verdienen. Einen Groschen. In einem Vierteljahr vielleicht kann ich dir schon den ersten Freigang gestatten, du kannst dir dann ein Eis kaufen.«
Die Halle war riesig. Dafür würde ich mindestens einen Tag brauchen. Heimlich fühlte ich das Fünfzigpfennigstück in meiner Tasche, das ich gerettet hatte. Das war fünf Tage Halle schrubben.
»Also, am besten ist es für dich, du hältst dich an die Guten. Jetzt bring' ich dich erst mal in den Duschraum.« Er schaute auf seine Armbanduhr. »Jetzt ist es einundzwanzig Uhr zehn, da ist die zweite Gruppe drin.«

Während wir in die Kellerräume hinunterstiegen, überlegte ich, dass es vielleicht besser wäre, meine Flucht noch etwas zu verschieben. Wie sollte ich bloß herausfinden, wer die Guten oder die Bösen waren! Man konnte ja niemandem hinter die Stirn gucken. Und jeder Schritt war gefährlich. Bei der letzten Stufe stolperte ich.
»Vorsicht!« sagte Herr Maurer. »Die haben wieder die Glühbirnen geklaut! Die verschachern aber auch alles.«
Damit eilte er mit mir durch die dunklen Gänge. Es war wie in einem Labyrinth. Endlich sahen wir am Ende eines Ganges Licht hinter einer großen, in mehrfache Karrees geteilten Glaswand. Die Scheiben waren beschlagen. Ganz oben waren über die ganze Breite schmale Klappen geöff-

net, aus denen der Dampf quoll. Man hörte Stimmengewirr und prasselnde Wassergeräusche. Wie bei einem Wolkenbruch.
Ich dachte an Omas Haus. Dort war meine Welt noch in Ordnung. Das war erst vorgestern gewesen. Jetzt war ich in einer anderen Ordnung und versuchte, mich hier in dieser neuen Welt zurechtzufinden.
Ich konnte kaum etwas erkennen. Der Wasserdampf schlug uns entgegen. Herr Maurer rief in den Dunst: »Hier ist der Neue! Wie heißt du noch mal?«
»Gottfried«, sagte ich leise.
»Das ist der Gottlieb!« sagte er in das Rauschen des Wassers.
Aus dem Dampf scholl mir Gegröle entgegen.
»Ruhe! Wer hat hier die Aufsicht?« schrie Herr Maurer.
Das Gegröle verstummte.
»Das bin ich«, erklang eine Frauenstimme.
»Sie müssen sich schon durchsetzen, Fräulein Hase, wenn Sie hier länger bleiben wollen«, sagte Herr Maurer. »Wenn Sie Hilfe brauchen, lassen Sie mich rufen. Ich übergebe Ihnen hiermit den Neuzugang.«
Damit schob er mich in den Raum und schloss die Tür hinter mir. Der Dunst hatte sich leicht verzogen. Schemenhaft sah ich in einer Ecke des Raumes Fräulein Hase auf einem Stuhl sitzen. Vor ihr in einem knöchelhohen viereckigen Becken stand eine Gruppe von Jungs. Ungefähr ein Dutzend. Alle nackt. Den Rücken zu Fräulein Hase gedreht. An der Decke waren alle Duschköpfe aufgedreht. Halb eingeseift starrten sie prustend und grinsend auf den Neuen.
»Zieh dich aus«, sagte Fräulein Hase. »Deine Sachen kannst du hier bei mir ablegen.«
»Ganz?« fragte ich.
Wieder grölte die Meute.
»Bitte, Kinder, seid nicht so laut! Ihr könnt euch gerne unterhalten, aber so, dass Herr Maurer es nicht hört. Besonders du, Egon!«
»Hab' doch jarnischt jesacht!« sagte Egon und ließ seinen Mund mit Duschwasser vollaufen und spie es seinem Nächsten ins Gesicht.

»Gleich kriegste ’n paar in die Fresse«, sagte ein größerer, der etwas entfernt stand und schon Stimmbruch hatte.
»Bitte, Karl, solche Worte will ich nicht hören«, sagte Fräulein Hase.
»Ick sach ja nur«, kiekste Karls Stimme, und er seifte sich sein Geschlechtsteil ein. Das war ganz schön groß und er hatte auch schon Haare drum herum.
Jetzt sah ich schon klarer. Der mit den Haaren war bestimmt ein Guter, und der andere, der Egon, war bestimmt einer von den Bösen.
An den würde ich mich halten.
»Du brauchst dich nicht zu genieren«, unterbrach Fräulein Hase meine Überlegungen. »Ihr seid doch alle Jungs!«
Ich genierte mich auch eher vor Fräulein Hase, weil ich noch keine Haare unten hatte. Aber ihr schien das egal zu sein. Ich zog meine graue Unterhose aus und flüchtete mich zu den anderen unter die Dusche. Wie alle mit dem Rücken zu ihr gedreht. Die genierten sich also auch.
»Hier haste ’n Stück Seife!« Das war Egon. Der war mir gleich sympathisch. »Aber nich damit wichsen!« zischte er mir noch zu und kniepte ein Auge.
»Kanner doch noch jarnich«, sagte der neben ihm. »Der ...«
Das prasselnde Wasser verschluckte ihre Sätze.
»Schnauze!« sagte Egon und hieb dem anderen unabsichtlich in den Magen. »Det iss mein Kumpel!«
Ich hatte mich in ihm nicht geirrt.
»Ick meld’ dir dem Maurer, wenn de nich uffpasst«, hörte ich Karls brüchige Stimme hinter mir. Vor dem musste ich auf der Hut sein, das war ein Guter.
»Karl, wir wollen doch nicht petzen!« hörte ich Fräulein Hase aus ihrer Ecke. »Ihr habt noch zwei Minuten, dann stell’ ich das Wasser ab.«
Egon griente mich an. Ich war froh über die neue Freundschaft. Nachdem wir uns alle abgetrocknet und wieder angezogen hatten, gingen wir im Gänsemarsch durch die dunklen Gänge zu dem Schlafsaal. Egon hatte ich aus den Augen verloren. Aber den würde ich unter Tausenden wiedererkennen.

Als wir durch die Halle kamen, sah ich den anderen guten Jungen immer noch an meinen Fußspuren schrubben. Er sah mich böse an, und ich wusste, ab jetzt hätte ich auch einen neuen Feind. Freddi.

Freddi war semmelblond mit Stupsnase und Sommersprossen. Er sah eigentlich harmlos aus. Als ich mein Bett fertig bezogen hatte, in luftiger Höhe, musste ich noch mal runterklettern, um das Kopfkissen zu holen. Die anderen im Schlafsaal lärmten, quatschten und pufften sich. Ein letztes quirliges Aufbäumen. Die letzten Minuten, bevor es endgültig hieß: Licht aus.

Niemand kümmerte sich um mich, und das war mir ganz recht so. Egon war nirgends zu entdecken. Es musste noch einen anderen Schlafsaal geben. Ich warf das Kissen in den dritten Stock und kletterte hinterher. Kaum war ich oben angelangt, ein Fuß suchte noch Halt im zweiten Stock, wurde ich am Fußgelenk heruntergerissen. Ich rutschte alle drei Stockwerke wieder runter und landete auf meinem kaputten Knie. Ich schaute wütend hoch. Freddi stand über mir. Er sah nicht sehr kräftig aus, aber sehnig.

»Au«, sagte ich, »das hat aber weh getan«, und wollte mich wieder aufrappeln.

»Au, das hat weh getan«, äffte er mich nach.

Er stieß mich mit seinem nackten Fuß zurück und stellte ihn mir auf den Hals.

»Hör auf, ich krieg' keine Luft!« Dabei versuchte ich den Fuß von meiner Gurgel wegzuschieben. Er drückte noch ein bisschen nach.

»Wenn de mir noch mal die Schweißmauken ins Jesicht hältst, tut's noch mehr weh, klar?«

Damit wischte er mir mit seiner Fußsohle einmal quer über das Gesicht. Die stanken wirklich. Angeekelt rieb ich mir mit dem Handrücken die Wange. Während ich aufstand, sagte ich: »Das wollte ich nicht. Aber anders kann ich nicht in mein Bett.«

Ich war größer als er. Aber nur kurz. Blitzschnell boxte er mich zwischen die Rippen. Ich fiel nach hinten auf das untere Bett und stieß mir den Hinterkopf an dem Eisengestell.

»Hey«, sagte ich und hielt mir den Kopf.

Ich schaute zu ihm hoch und rang nach Atem. Er stand breitbeinig vor mir, so dass ich nicht rauskam.
»Wat willst'n hier unten in meine Furzmulde. Die iss mir!« Er schaute mich provozierend an. Der war ganz schön frech. »Iss schon jut«, sagte Freddi und griente. »Einverstanden, wir tauschen. Du bleibst hier unten, und ick zieh' nach oben.
»Det iss nich jerecht, Freddi!« mischte sich jetzt der Junge aus dem zweiten Stock ein und hängte seinen Kopf runter zu mir. Er hatte knallrote, ganz kurz geschorene Haare.
»Der Willi hat recht«, sagte Freddi und drückte Willis Kopf noch weiter runter, so dass seine Stirnader anschwoll. »Du krichst mein Bett unten, dafür kriej' ick det kleene Taschenmesser.
»Okay«, stöhnte Willi. Sein Gesicht war schon so rot wie seine Haare. Nachdem er ihn noch weiter runtergedrückt hatte, ließ Freddi den Kopf los.
»Deine berühmten Stinkfürze kannste bei dem Neuen ablassen.«
Willi grinste stolz, und ich hörte, wie er demonstrativ einmal pupste.
»Det kann der uff Kommando«, sagte Freddi und bestieg den dritten Stock.
»Und wo kann ich schlafen?« fragte ich.
Willi sprang mit einem Satz aus dem zweiten Stock.
»Du nimmst meine Koje«, sagte er und setzte sich zu mir auf das untere Bett. »Iss schön vorjewärmt. In der Mitte. Wie heißt'n du?«
»Gottfried«, sagte ich.
»Von Bulljong?« sagte er. »Also Goddi, ick bin der Willi. Jetzt mach ma' Platz. Det sehn die nich jern, zwee im selben Bett. Aber jeh immer am Fußende hoch. Sonst krichste Ärjer mit mir.«
»Alles klar«, sagte ich und kletterte am Fußende hoch in den zweiten Stock.
Freddi steckte kurz seinen Kopf über den oberen Rand zu mir runter.
»Und wenn de hier hochstinkst, denn scheiß' ick dir zu! Klar?«

»Alles klar«, sagte ich und schaute auf den Gitterrost über mir, durch den sich die Matratze drückte.
»Und jetzt absolute Ruhe!« hörte ich Herrn Maurer rufen. Augenblicklich wurde es ruhig. Er machte seine Runde durch den Schlafsaal. Vor unserem Dreierturm blieb er stehen.
»Was machst du denn da oben, Freddi?« sagte er streng und sah mich irritiert an.
»Wir ham jetauscht«, hörte ich Freddi, »war dem lieber so.«
»Stimmt das?« Herr Maurer sah mich skeptisch an.
»Das stimmt«, sagte ich laut.
»Na ja«, sagte Herr Maurer. »Wie ihr wollt. Macht das unter euch aus.«
»Machen wa!« hörte ich Freddi. »Det ha ick doch jern jemacht, Herr Maurer.«
»Das ist nett von dir, Freddi«, sagte Herr Maurer. »Bei der nächsten Gelegenheit versuche ich dir ein Einzelbett zu besorgen. Das ist dir doch auch lieber, oder?«
»Danke, Herr Maurer«, rief Freddi ihm noch hinterher.
»So, ich höre jetzt keinen Mucks mehr! Gute Nacht! Ich mach' jetzt das Licht aus. Gute Nacht!«
»Gute Nacht!« antworteten alle im Chor.

Es wurde dunkel. Alle waren wirklich still. Nur das Quietschen der Gestelle war zu hören, wenn sich einer umdrehte. Bei jeder stärkeren Bewegung wackelte der ganze Turm. Ich musste mich daran gewöhnen. Für eine Nacht war das auszuhalten. Eine Lastwagenkoje war auch nicht besser. Morgen früh, wenn Gott will, würde ich weitersehen. Ich dachte an die Nonnen. Denen war ich ja auch entwischt. Dann fiel mir die Frau vom Jugendamt ein. Maria hatte ich sie getauft. Hier gab es überhaupt keine Mädchen. Ich fing an zu träumen.
»Nach fuffzich Handwechsel!« hörte ich plötzlich einen Jungen in die Dunkelheit rufen.
»Isser weg?«
»Ja«, sagte einer.
»Der Maurer jeht jetzt mauern.«
Von überall her schwirrten Sprüche durch den Saal.

»Bei der Hase.«
»Häschen in der Grube, die drückt ihm uff die Tube.«
»Hoppeldipopp-popp-popp.«
Unter mir hörte ich Willi einen langgezogenen Ton von sich geben.
»Sau!«
»Jetzt seid doch mal ruhig, da kann doch keiner pennen!«
»Die Nacht ist nicht zum Pennen da, die Nacht ist da für trallalla.«
»Zum Vöjeln.«
»Nee, zum Ficken.«
»Det iss doch detselbe!«
»Quatsch! Vöjeln iss janz anders.«
»Am Freitag soll die Trulla wieder baden.«
»Ehrlich?«
»Die ist noch Jungfrau.«
»Denkste!«
»Anjeber!«
»Wichser!«
»Drei ham se erwischt!«
»Scheiße!«
»Ede iss noch uff Trebe.«
»Den erwischn se ooch.«
»Nie!«
»Der schafft det bestimmt«, hörte ich Freddi über mir. »Ihr seid bloß zu dämlich. Arschloch!« hörte ich ihn sagen, und damit drehte er sich um.
Das Gitter quietschte über mir. Vielleicht war der ja doch auf der anderen Seite. Nur auf welcher? Langsam verebbte das nächtliche Gespräch.
»Hundert und Handwechsel! Ick komme!« versuchte einer noch mal das Gespräch an sich zu reißen.
»Du kannst ja noch jarnich spritzen!«
»Kannst ja mal dein Maul aufmachen.«
»Schwule Sau!«
Ich hatte mich auf die Seite gedreht. Die letzten Sätze bekam ich kaum noch mit.
»Die Hase kann jut lecken.«

»Blasen heißt det, du Idiot!«
Bevor ich mir Gedanken darüber machen konnte, war ich eingeschlafen.

Endlich kam Rudi und holte mich ab. Sie trug ein engsitzendes weißes Kostüm mit Wespentaille. Wahrscheinlich kam sie direkt von der Hochzeit. Sie hatte mir ein großes, in schwarzweißem Papier verpacktes Geschenk mitgebracht. Aber es passte nicht durch das Gitter am Zaun. Ich war traurig. Aber Rudi fand die Lösung. Sie öffnete das Tor, und ich konnte mein Geschenk auspacken. Ich hatte Schwierigkeiten, es aufzumachen. Es war mit Kordeln, die wie ein riesiger Rosenkranz aussahen, mehrfach verschnürt. Mit einem kleinen Taschenmesser zerschnitt ich die Kordeln. Wir waren in der großen weißen Eingangshalle. Ich wusste nicht, wo ich das schwarzweiße Papier hintun sollte, und gab es Rudi. Sie hatte mir den Vogelbauer vom Dachboden mitgebracht. In dem Käfig saß ein blauer Vogel mit weißgepunktetem Gefieder, der mich ängstlich ansah. Als ich ihn streicheln wollte, entwischte er mir und hüpfte vor mir die Treppe hoch. Wahrscheinlich war er ein Schwimmvogel und konnte nicht fliegen. Zwischen seinen Zehen waren Schwimmhäute. Aber er hatte nur ein Bein, deshalb konnte er wahrscheinlich auch nicht schwimmen. Er tat mir leid. Ich versuchte, ihn wieder einzufangen, aber er hüpfte flatternd vor mir her die Treppe hoch. Dabei hinterließ er auf der frischgeputzten Treppe längliche Vierecke mit einem Strich in der Mitte, wie ich sie in dem Torbogen bei unserer Straße gesehen hatte.
Ich wollte ihn erwischen, bevor die anderen ihn finden und quälen. Im Käfig war er sicher. Der Vogel verschwand auf dem Dachboden. Da oben war es düster und verwinkelt. Ich konnte ihn nirgends entdecken. Plötzlich sah ich im Dämmerlicht die weißen Punkte seines blauen Gefieders. Er verschwand in einem Loch in der Wand. Ich kroch hinterher. Ganz oben konnte ich eine winzige helle Luke sehen, die ins Freie führte. Je weiter ich kroch, desto enger wurde der Schacht. Mein Kopf war eingezwängt, und ich bekam kaum noch Luft. Als ich zurück-

schaute, sah ich tief unten plötzlich eine Nonne stehen. Aber es war Gott sei Dank nur Rudi, die sich das Geschenkpapier umgehängt hatte und mir helfen wollte. Plötzlich hörte ich den Vogel ganz schrill trällern. Wahrscheinlich hatte er Angst.
»Der Vogel ist ein Geschenk von der Oma«, rief Rudi. »Die Oma wollte dir noch sagen ...«
Der Vogel schrie so kreischend, dass ich sie nicht verstehen konnte.
»Was?« fragte ich und versuchte die Trillerpfeife zu übertönen.
»Aufstehen, du Penner!« sagte Willi und zog mir die Decke weg.

Ich hätte gerne noch gewusst, was die Oma mir sagen wollte. Das beschäftigte mich den ganzen Vormittag. Schlaftrunken tappte ich mit den anderen in den schlauchigen Waschraum, an dessen Längsseiten ein Waschbecken neben dem anderen war. Die ganze Meute putzte sich hastig die Zähne, wusch sich flüchtig das Gesicht und wurde schon von den nächsten weggeschubst.
Als ich zurückkam, hatten die meisten ihr Bett schon gemacht. Ich versuchte, das Laken unter der Wolldecke eine Handbreit überstehen zu lassen. Es passte nicht, und ich fing wieder von vorne an. Der Letzte, der aus dem leeren Schlafsaal verschwand, sagte: »Du bist der Letzte, und der Letzte bekommt keen Brötchen. Aber wenn de willst, jeb ick dir meins, wat hast'n zum Tauschen?«
Ich überlegte und dachte an die fünfzig Pfennig von Rudi. Das war verdammt teuer für ein halbes Brötchen. Aber was sollte ich machen.
»Ich geb' dir ein Fünfzigpfennigstück«, sagte ich zögernd.
Er kam eilig auf mich zu und sah mich ungläubig an.
»Okay«, sagte er. »Jib her!«
Ich fasste in meine rechte Hosentasche, da war es nicht. In der linken auch nicht. Ich fühlte noch mal nach.
»Wat iss jetzt, du Spinner?« fragte der Junge ungeduldig.
»Das ist weg«, sagte ich grübelnd.
Ich wühlte in der Tasche, aber da war kein Loch.

»Das muss mir jemand geklaut haben«, sagte ich ungläubig.
»Da würd ick die Schnauze halten«, sagte der Junge. »Wer so wat petzt, kricht Klassenkeile. Hier klaut keener, klar?«

Das Frühstück bestand aus zwei Scheiben Graubrot. Auf eine Scheibe war dünn Marmelade geschmiert, ohne Margarine. Margarine gab es nur auf dem halben Brötchen. Dadurch wurde es besonders wertvoll. Man konnte es auf die trockene Scheibe legen oder ganz luxuriös auf die Scheibe mit der Marmelade. Mir blieb nur übrig, die beiden Graubrotscheiben zusammenzuklappen. Trotz der Marmelade war jeder Bissen trocken und blieb im Hals stecken. Ich versuchte, mit etwas Ähnlichem wie Tee nachzuhelfen. Zu Anfang musste ich würgen. Die Tasse roch nach Abwasch und Bakelit. Oder war es die abgeschabte blaukarierte Wachstuchdecke, die so stank?
Wir saßen uns gegenüber an langen Tischen, die von einem Ende bis zum anderen des Raumes reichten. Ich fand einen leeren Platz am Ende des Tisches näher am Eingang. In der langen Reihe der Tische versuchte ich meinen Freund Egon ausfindig zu machen, aber ich konnte ihn nirgends entdecken. Vielleicht würde ich ihn doch nicht wiedererkennen. Wen ich wiedererkannte, war Karl. Das war der, der schon Haare untenrum hatte. Er war der Einzige, vor dem zwei Brötchenhälften lagen. Vielleicht hatte der mein Geld geklaut. Er spürte meinen prüfenden Blick.
Kauend sagte er: »Wat kiekst'n, Kleener, koofst ja nischt.«
»Kann ja kieken, kost ja nischt«, kannte ich die zweite Hälfte des Spruchs.
Er griente mich wohlwollend an und wischte sich mit dem Handrücken den Mund ab. Erst jetzt bemerkte ich, dass ihm der halbe Zeigefinger fehlte.
»Wieso hast du zwei Brötchen?« begann ich das Gespräch und deutete auf die beiden Hälften.
»Weil ick älter bin!« beendete er das Gespräch, klappte das Brötchen zusammen und steckte es in den Mund. Dann stand er auf und ging.

»Mit dem legste dich besser nicht an«, sagte der Junge links neben mir. Er hatte zarte Gesichtszüge und ganz lange Wimpern.
»Und warum hat der zwei Brötchen?« ließ ich nicht locker.
»Weil er der Stärkste iss und schon in die Lehre geht.«
»Und wo ist sein Finger?«
Der Junge drehte sich kurz um und schaute über die Schulter. Flüsternd sagte er: »Den Finger hat er sich abgesägt. In der Lehre. Aber quatsch ihn nicht drauf an, dann wird er sauer. Deshalb muss er nämlich noch hierbleiben. Er sucht 'ne neue Stelle. Und warum bist du hier?«
»Ich hab' keine Ahnung«, sagte ich wahrheitsgemäß.
»Das behaupten alle«, sagte er und strich sich durch die dunklen Locken.
»Und du?« hakte ich nach.
»Ich?« Er drehte eine Locke um den Zeigefinger und sah mich schräg von unten an. Dann senkte er die langen Wimpern. »Meine Mutter ist Opernsängerin. Sie ist dauernd auf Tournee. Und weil sie im Nachtgewerbe ist, hat se tagsüber nich so viel Zeit für mich. Aber nächsten Sonntag besucht se mich, hat sie geschrieben. Du musst die Sachen selber abräumen und abwaschen. Die Schule fängt gleich an«, sagte er noch und ging.
»Wie heißt'n du?« rief ich ihm hinterher.
Er blickte über die Schulter zurück. Er war wirklich hübsch wie ein Mädchen.
»Christian!« sagte er und war zwischen den anderen verschwunden.
Ich wusch meinen Teller und die Tasse in einem großen Bottich mit lauwarmem Abwaschwasser ab. Nachdem ich alles mit einem alten Handtuch abgetrocknet hatte, stellte ich die Tasse auf ein langes Regal und den Teller zu den anderen Stapeln. Dann begann die Schule.

Alle Jungs aus dem Heim waren in diesem Raum versammelt. Beide Gruppen. Vom zehnten bis zum vierzehnten Lebensjahr. Es gab keine Schulbänke. Jeder saß auf einem Stuhl. An der Wand war eine große schwarze Tafel. An beiden Seiten hing mit einer Schnur festgebunden ein Stück Kreide. Unser Lehrer

sprach zu uns als Gruppe Eins und Gruppe Zwei. Wahrscheinlich kannte er die Namen seiner Schüler gar nicht. Andere Lehrer gab es nicht. Er war der Einzige. Ein runder, älterer Herr mit einem weißen Haarkranz.
Ich setzte mich in die letzte Reihe auf einen Stuhl, der noch frei war, und tauchte ab.
»Heute haben wir für beide Gruppen die gleiche Aufgabe«, sagte er mit einer hohen Fistelstimme. »Ihr werdet euch denselben Film ansehen. Aber die Gruppe Eins wird als Hausaufgabe die Flora und Fauna beschreiben, und die Gruppe Zwei bekommt als Hausaufgabe a) wieviel Menschen in diesem Film aufgetaucht sind, b) wie viele Frauen und c) wie viele Männer. Die Lösung der Aufgabe: Wie lautet die Zahl, wenn ihr die Männer und Frauen zusammengezählt habt.
Er hatte eine weiße Leinwand vor der Tafel heruntergerollt.
»Bevor ich euch den Film zeige, habe ich noch eine Frage an euch. Was ist der Unterschied zwischen dasselbe und das gleiche?«
Er betrachtete seine Schüler.
»Du!« Er zeigte auf einen Jungen in der ersten Reihe.
Der stand auf, drehte sich halb nach hinten und sagte grinsend: »Det is doch ejal!«
Die Stimme des Lehrers überschlug sich in der Höhe. »Das ist eben nicht egal! Dasselbe gibt es nur einmal, das gleiche ist eben nur gleich. Dasselbe ist eben nicht dasselbe wie das gleiche. Und das gleiche ist eben nicht dasselbe wie dasselbe. Habe ich mich klar ausgedrückt?«
»Na klar«, sagte der Junge. »Wann jehts denn nu los?« und setzte sich.
Der Saal klatschte.
»Gleich«, fistelte der Lehrer erschrocken. »Ich muss nur das Licht löschen. Ich bitte um konzentrierte Ruhe!«
Er eilte zu dem Projektor, wo der Film schon eingefädelt war. Der Raum wurde dunkel. Und auf der Leinwand wackelte in Schwarzweiß der Titel: Der Spreewald.
Grau flimmernd war ein Kahn zu erkennen, der durch einen Bach an langen Stangen geschoben wurde. Dann sah man ein paar Menschen, die sich duckten und albern lachten, wenn die

herunterhängenden Zweige zu tief waren. Der Film war ohne Ton.
Dann sah man das nächste Boot, in dem waren auch Kinder. Das waren weder Männer noch Frauen. Sollten die Kinder auch mitgezählt werden? Oder war die Aufgabe falsch gestellt? Kinder waren doch auch Menschen, oder? Aber Männer und Frauen zusammengezählt ergibt wie viele Kinder? Nein, die Frage war, wie viele Menschen. Vielleicht zählen die Kinder doch noch nicht zu den Menschen. Kinder und Erwachsene waren doch nicht dasselbe. Vielleicht meinte er auch eine Dreisatzrechnung. Männer mal Frauen geteilt durch die Kinder. Wie meistens in der Schule verstand ich die Aufgabe nicht. Und hier war es wieder dasselbe, oder war es das gleiche?
Das Schnurren des Projektors ließ meine Gedanken abschweifen. Ich zählte nicht mehr. Sogar eine Sechs konnte mir hier nicht den Lebensweg verbauen. Und meine Versetzung war auch nicht gefährdet. Wohin sollte ich denn versetzt werden, auf einen anderen Stuhl? Der Film langweilte mich.
Ich schaute mich um und sah die offenen Mäuler, die versunken auf die Projektion starrten. Immer wieder erleuchtet vom flakkernden Spreewald.
Gesocks, dachte ich und fühlte mich einsam. Die hatten wahrscheinlich noch nie Tom Mix oder Zorro gesehen. Was würde Zorro an meiner Stelle machen? Auf jeden Fall abhauen. Das war klar. Ich dachte wieder an meine Flucht.
Der Mensch denkt, und Gott lenkt, fiel mir die Oma wieder ein. Was wollte sie mir bloß noch sagen im Traum? Vielleicht konnte ich mich ja bis zu ihr durchschlagen. Wenn hier der Spreewald in der Nähe wäre, könnte ich mit so einem Kahn bis zum Wannsee. Plötzlich sah ich den Film mit anderen Augen. Dann mit der S-Bahn bis zum Bus, und dann nach Hause.
Ich verwarf den Plan wieder. Es gab ja kein Zuhause. Egal, ich musste hier weg. Der Gedanke an Flucht gab mir irgendwie Hoffnung. Vielleicht sollte ich noch etwas warten. Doch die Gelegenheit kam schneller, als ich gedacht hatte. Unverhofft kommt oft, hatte Oma gesagt. Ich wollte nicht mehr an sie denken. Diese Tür war zu.

Nach der Schule gab es zu Mittag Kartoffelsuppe mit einer Scheibe trockenem Graubrot. Die Suppe hatte einen eigenartigen, bitteren Beigeschmack.
»Die tun da Hängolin rein«, klärte mich mein Nachbar auf.
Was denn Hängolin sei, wollte ich wissen.
»Dann biste schlaff und hast nicht mal mehr Lust zum Wichsen«, sagte er und holte sich noch Nachschlag.
Ich war satt. Nachdem wir abgeräumt hatten, meldete ich mich zum Abwasch, das war mir lieber als Hausputz. Beim Abwasch könnte ich dafür sorgen, dass die Teller nicht so rochen. Mein Besteck war auch nicht sauber gewesen. Am Löffel hingen noch getrocknete Reste der Tomatensuppe, die es wohl gestern gegeben hatte. Aber vor unseren häuslichen Arbeiten wurden wir alle zur Toilette geschickt. Immer in Zehnergruppen.

Jede Gruppe hatte acht Minuten Zeit, um ihr Geschäft zu machen. Ich war in der vierten Gruppe. Das war nicht so angenehm. Je später man drankam, um so stärker war man den Gerüchen des Vorgängers ausgeliefert. Und es war besser, in seiner Zehnergruppe unter den vier ersten zu sein. Dann konnte man ein Klo an der Ecke besetzen und hatte nur einen Nachbarn zur Seite. Aber das war alles erst noch zu erlernen, wenn man nicht dämlich ist.
Ich war der letzte. Wir hatten uns hintereinander aufgestellt. Ein Junge war verantwortlich für die Papierausgabe. Von einer großen Klopapierrolle riss er drei Blatt ab und gab sie jedem in die Hand. Mir fiel auf, dass einige auch vier Blatt bekamen. Die hatten wahrscheinlich bessere Beziehungen zu dem Klojungen.
Unser wertvolles Klopapier fest im Griff, rannten wir hinunter in den Keller, während die vorherige Gruppe uns entgegenkam. Der dunkelbraune Toilettenraum hatte eine lange, schwarz lackierte Pisswand und je fünf sich gegenüberliegende, enge Klokabinen. Die Türen waren ausgehängt.
Ein süßlicher Geruchsnebel hing im Raum. Ich musste würgen. Ich saß in der Mitte der einen Kabinenreihe auf der nackten, erwärmten Kloschüssel und versuchte es zu vermeiden, auf das

rote, verdrückte Gesicht meines Gegenübers zu starren. Statt dessen schloss ich die Augen in der Illusion, wenn ich niemanden sehe, sieht mich auch niemand. Dafür hörte ich um so intensiver das Stöhnen und Platschen meiner Nachbarn. Der rechts von mir hatte Durchfall.

Ich gab keinen Laut von mir.

»Hey, du Arschloch!« Mein linker Nachbar hämmerte gegen die Holzwand. »Det stinkt ja wie 'n Iltis unter Omas Rock!«

»Jeh Pisse stapeln«, ächzte der Durchfall rechts von mir.

Ich konnte nicht. Nicht so.

Mein Gegenüber drückte immer noch. Es sah so aus, als ob er gleich platzte. Ich konnte meine drei Blatt nicht verwenden. Hustend verließ ich den Raum. Der Junge vor der Tür, der aufpasste, dass wir die Zeit einhielten, sagte: »Wat denn? Wat? Schon fertig? Du hast noch sechs Minuten!«

Ich stürmte nach oben und holte tief Luft. Die Portaltür war weit geöffnet, und ein lauer Spätsommerwind lockte mich nach draußen. In der Einfahrt stand ein Lieferwagen mit dem Aufdruck »Wäscherei«. Es war niemand zu sehen. Das Tor zur Straße stand weit offen. Ich rannte los. An dem Auto vorbei. Sechs Minuten Vorsprung. Vor Aufregung hatte ich ganz weiche Knie und fiel fast hin. Ich fing mich wieder, rannte weiter, schaute kurz über die Schulter zurück. Keine Verfolger. Ich war frei.

Ich rannte die Straße rechts hoch aus Angst, den Polizeiautos zu begegnen, die immer von links die Straße hochgekommen waren. An der nächsten Ecke las ich »Bergstraße«. Niemand begegnete mir. Ich rannte die Straße weiter hoch. Meine Verfolger würden bestimmt bergab laufen, da das schneller war. An der nächsten Ecke links war ich außer Sichtweite. Ich las »Lindenstraße«. Ich rannte weiter. Plötzlich hörte ich Motorengeräusche hinter mir. Im Laufen drehte ich mich um. Das Wäschereiauto verfolgte mich. Gleich hatte es mich eingeholt. Ich hatte keine Chance mehr. Mein Herz klopfte bis zum Hals. Außer Atem blieb ich stehen. Ich drehte mich um und sah in ängstlicher Erwartung den Wagen näher kommen und ... das wars! ... an mir vorbeifahren.

Ungläubig schaute ich ihm hinterher. Ich muss Haken schlagen. Ich rannte ein Stück in die entgegengesetzte Richtung. Niemand war auf der Straße. Eine feinere Wohngegend mit herrschaftlichen Villen wie das Jugendheim. Ich musste raus aus dieser Gegend. Links eine kleine Straße. Vor Schreck blieb ich stehen. Vor mir eine Kirche. Von der Traufe in den Regen. Ich hatte Stiche in den Seiten. Die Glocken fingen an zu läuten.
Vorsichtshalber machte ich einen großen Bogen um diese Gefahr.
Dann fand ich einen schmalen Weg. Er war zu eng für ein Auto. Am Ende des Weges freies Feld. Weit hinten der Waldrand. Ich stolperte geduckt über ein Stoppelfeld, die aufgestellten Heugarben als Schutz benutzend. Die Sonne brannte. Endlich der rettende Wald. Ich hockte mich hin und verschnaufte im Schatten versteckt hinter einem Baumstamm.
Es war ein heißer Sommer. Auf dem Feld war niemand zu sehen. In der flimmernden Hitze weit entfernt die Kirchturmspitze. Die Glocken bellten schwach herüber. Würden die mich mit Hunden suchen? Am Rande des Stoppelfeldes tauchte ein Punkt auf. Ich duckte mich tiefer in ein Gebüsch. Es war ein Fahrradfahrer. Er trug nur eine Badehose und hatte ein Handtuch auf dem Gepäckträger. Also musste Wasser in der Nähe sein. Vielleicht war ich ja doch im Spreewald. Aber irgendwie sah das hier anders aus. Dummerweise konnte ich mich nicht mehr an die Flora und Fauna erinnern, weil ich nur die Menschen gezählt hatte.
Ich aß ein paar Brombeeren, die ich im Gestrüpp fand, und überlegte. Hier im Wald würde mich so leicht keiner finden. Wenn hier der Spreewald wäre, könnte ich ein paar Bäche durchqueren, und die Hunde würden meine Witterung verlieren. Andererseits, von Brombeeren allein wird man nicht satt. Wie lange kann man damit überhaupt überleben?
Ein paar Tage? Eine Woche? Und dann?
Vor Panik stellte sich sofort ein Hungergefühl ein. Ich stopfte mir noch ein paar Brombeeren in den Mund und änderte meine Pläne. Das Glockenläuten hatte aufgehört. Hier draußen auf der freien Wildbahn müsste ich irgendwann zu Kreuze krie-

chen. Sogar Füchse schleichen sich manchmal in die Stadt, wenn sie Hunger haben, und reißen ein Huhn.
Mir blieb nichts anderes übrig. Zurück in den Großstadtdschungel, schlau wie ein Fuchs, und nicht erwischen lassen.
Wir erwischen alle, fiel mir Herr Maurer wieder ein. Mich nicht!
Ich rannte wieder los, einen Waldweg entlang. Diesmal nicht wie Zorro locker galoppierend unterwegs, sondern zäh und ausdauernd wie Emil Zatopek, der Langstreckenläufer, der sein Ziel erreichen muss. Und mein Ziel war: weg!
Am Ende des Weges hatte ich meinen Rhythmus gefunden. Ich schnaufte gleichmäßig wie eine Lokomotive. Das Gesicht verzerrt, die Arme angewinkelt, die Hände zu Fäusten geballt. Wie Zatopek. Der hatte es auch geschafft und war Weltmeister geworden.
Ich kam wieder in die stille Wohngegend. Rannte durch kleine, befestigte Straßen, überquerte die »Braschstraße«, der Name sagte mir nichts. Dann kam eine »Kyllmannstraße«, die spornte mich an, meine Flucht zu verschnellern. In meinen Lungen brannte es wie tausend Nadelstiche. Ich konnte dieses Tempo unmöglich durchhalten. Dann geriet ich in die »Endestraße«. Vielleicht war es sinnlos, mich so zu quälen, und ich sollte aufgeben.
Die Seiten taten mir weh. Bei der nächsten Straße würde ich mich entscheiden. Und die hieß »Zum Löwen«. »Zum Löwen«, das machte mir wieder Mut. Von weitem hörte ich Straßenlärm. Zwischen Menschen konnte ich leichter untertauchen. In diesen leeren Straßen konnte jeder erkennen: Ich war auf der Flucht. Offensichtlich.
Ich kam auf eine breite, doppelspurige Allee. »Königstraße«, las ich auf einem verwitterten Emailleschild. Das war ein gutes Omen. Ich schaute zurück. Sie mussten meine Flucht längst entdeckt haben. Ich weiß nicht, wie lange ich schon unterwegs war. Wahrscheinlich hatte ich meine Verfolger in die Irre geführt. Sicherheitshalber überquerte ich die breite Allee und rannte weiter nach links. Mir kam eine Gruppe Menschen entgegen mit rotgeweinten Augen. Einige kniffen die Augen zusammen vor dem hellen Tageslicht. Andere schneuzten sich

und unterhielten sich dann angeregt. Niemand schien mich zu beachten. Ich blickte noch mal zurück. Keine Verfolger.
Als ich wieder losrennen wollte, sah ich über den Köpfen der Passanten den hohen Helm eines Schupos. Fast wäre ich ihm in die Arme gerannt. Ich drehte mich schnell nach rechts und drängelte mich durch die Besucher, die das Lichtspielhaus verließen. Vor dem Schaukasten blieb ich stehen und beobachtete in der Spiegelung der Scheibe den Polizisten hinter mir. Er blieb stehen, und ich spürte seinen Blick in meinem Rücken. Dann konnte ich erkennen, wie er nach oben schaute und langsam weiterging. Ich hatte ganz weiche Knie und stützte meinen Kopf gegen die kühle Scheibe des Schaukastens. Er war weg.
Erst jetzt konnte ich das gemalte Plakat erkennen: Rudolf Prack und Sonja Ziemann in »Grün ist die Heide«. Aber ich musste in die Stadt. Jetzt sammelte ich Kräfte für den Endspurt. Auch ein Zatopek musste mal verschnaufen.
Der Polizist war weitergeschlendert, und ich rannte wieder los. Schweißgebadet. Die Allee nahm kein Ende. Links-ne-Pappel-rechts-ne-Pappel, keuchte ich im Rhythmus. Plötzlich sah ich rechts von mir Wasser durch die Bäume schimmern. Das musste der Spreewald sein.
Nach einer Biegung, die die Allee machte, kam ich auf eine Brücke. Das kleine Gewässer rechts von mir mündete unter der Brücke links in einen großen See. Ich war überrascht. Soweit ich mich erinnerte, war der Spreewald mehr von Flüsschen durchzogen. Und hier waren keine Kähne auf dem Wasser, sondern Segelboote und Dampfer. Von der Brücke aus, die Allee weiter hinunter, sah ich eine Eisenbahnbrücke, auf der ein großes S stand. Die S-Bahn. Dann musste ich doch schon in Berlin sein. Im Spreewald gab es bestimmt keine S-Bahn. Ich lief neugierig weiter, überquerte die Allee und war im »Kronprinzessinnenweg«. Jetzt legte ich einen letzten Endspurt ein. Und stand vor dem Ziel. Ein roter Klinkerbau. Fassungslos starrte ich hoch. Über dem Eingang das Schild »Bahnhof Wannsee«.

Fahrgäste strömten mir entgegen, bepackt mit Handtüchern, Kindern, Badesachen. Ich drehte mich um und sah den blauen Niveaball. Ich war nicht im Spreewald, sondern am großen Wannsee. Ich erinnerte mich an den Ausflug mit der Oma. Das war vor einer Ewigkeit. Vor drei Tagen. Da bin ich noch mit der Oma nach Hause gefahren. Das war von hier mit S-Bahn und Bus eine halbe Tagesreise bis in die Gegend, wo ich mich auskannte. Vielleicht war Rudi noch da, oder ich könnte noch mal versuchen, bei der Oma zu klopfen. Aber nur, um zu fragen, was sie mir noch sagen wollte im Traum. Egal, ich musste erst einmal dahin zurück, wo die anderen mich weggeholt hatten. Erst dann war ich in Sicherheit.
Ich schaute mich ängstlich um zwischen den vielen Menschen. Keiner beachtete mich. Alle waren mit sich beschäftigt und versuchten möglichst schnell ans Wasser zu kommen. Am sichersten war ich versteckt in der Menge.
Ich ließ mich erst einmal mittreiben von den drängelnden und schubsenden Horden, die zum Dampfersteg wollten.
Ein Lärmen und ein Juchzen! Drehorgelspieler, bunte Luftballons, Eisverkäufer, wie auf einem Jahrmarkt. Alle fühlten sich befreit, froh, der großen, grauen Stadt entkommen zu sein. Aber meine Freiheit lag in der Stadt. Ich grübelte, wie ich dahin kommen sollte. Jeder Schritt war jetzt wichtig. Ich blieb mitten in dem Trubel stehen. Wenn mich ein Schaffner beim Schwarzfahren erwischen würde, wäre die ganze Flucht umsonst gewesen. Jemanden um Geld fragen? Ich schaute mich um. Die Gesichter der Erwachsenen blickten abweisend über mich hinweg. Zu gefährlich.
Schlau wie ein Fuchs, und nicht erwischen lassen.
Dass auch alles Geld kostete! Luftballons, Eis, Fahrkarten. Erst jetzt wurde ich richtig wütend auf den Dieb, der mir mein Geld heute nacht geklaut hatte. Ich fühlte noch mal in den Hosentaschen. Außer drei Blatt Klopapier waren sie leer. Wer gibt einem eine Fahrkarte in die Freiheit für drei Blatt Klopapier! Gerade wollte ich es ärgerlich zerknüllen und wegwerfen, da sah ich meine Chance.
Ein kleiner Junge, ungefähr drei Jahre alt, im Matrosenanzug und weißen, rutschenden Kniestrümpfen stand vor einem

Eiswagen. Er stand auf den Zehenspitzen und reckte sein Ärmchen hoch. Sein Mund war mit Schokolade verschmiert. Verwöhntes Balg, dachte ich. Der Eiswagen war für ihn zu hoch, sosehr er sich auch streckte. Und der Verkäufer war damit beschäftigt, kichernden Mädchen hinterherzusehen.
Ich stellte mich neben den Jungen. Er zupfte mich an der Hose. Ich schaute zu ihm runter. Lächelte und ging in die Hocke.
»Wat willste denn, Kleener?«
»Eis!« krähte er und zeigte mit seiner winzigen Faust nach oben zum Rand des Wagens.
Ich schielte an ihm vorbei und versuchte die Eltern ausfindig zu machen.
»Eis!« sagte er wieder und stampfte mit seinem Fuß auf, der in kleinen Lackschuhen steckte. Seine Eltern mussten feinere Leute sein. Falls sie mich beobachteten, musste ich kinderlieb wirken.
»Du bist ja ganz babaa«, sagte ich freundlich und wischte ihm fürsorglich mit meinem Klopapier den Mund ab.
Er zog eine Schnute und ließ es geschehen. Wahrscheinlich wurde ihm auch noch der Hintern abgewischt.
»Bestimmt willst du ein schönes, kaltes Schokoladeneis«, sagte ich und lächelte hilfsbereit.
Er nickte heftig, und seine Zunge leckte den Mundwinkel vor Vorfreude.
»Na, dann gib mal her, ich kauf' dir ein Eis.«
Er öffnete sein Fäustchen und patschte mir ein paar Münzen in meine Hand. Alles oder nichts. Ich zwang mich zur Ruhe. Wenn ich jetzt wegrenne, fällt es auf. Der Kleine trat ungeduldig von einem Bein aufs andere. Er bekam einen roten Kopf und schrie: »Eis!«
Es wurde gefährlich.
»Ja, ja, du kriegst ja dein Eis«, sagte ich freundlich zwischen den Zähnen.
»Was will denn der Kleine?« fragte der Eisverkäufer und beugte sich über den Wagen.
»Ein Schokoladeneis, bitte«, sagte ich.
Der Junge zerrte an meiner Hose. Der Verkäufer ließ sich Zeit. Dann überreichte er mir endlich eine spitze Waffel, die aussah

wie eine kleine Schultüte mit der braunen Eiskugel. Ich streckte dem Mann meine Hand mit dem Geld entgegen, er nahm sich ein paar Münzen. Ich ging wieder in die Hocke.
»Hier hast du dein Eis, mein Schatz«, sagte ich kinderlieb zu dem verzogenen Penz.
Er ergriff es gierig mit beiden Händen.
»Willst du auch einen Luftballon?« Ich zeigte auf den Ballonverkäufer. Er verschluckte sich fast und hatte wieder sein Mäulchen verschmiert.
»Rot oder blau?« fragte ich sanft, während ich ihm noch einmal mit dem Klopapier über den Mund wischte. »Such dir einen aus, ich komm' gleich«, sagte ich und strich ihm freundlich über den Kopf. Er stapfte eilig los.
Ich erhob mich wieder, sagte »Danke!« und ging betont langsam Richtung Bahnhof. Meine Faust mit dem Geld steckte ich in die Tasche. Plötzlich hörte ich hinter mir den Jungen schrill plärren. Ich drehte mich ertappt um. Er lag in seinem schönen Anzug auf allen vieren vor dem Ballonverkäufer im Staub. Er blieb einfach liegen und schrie aus Leibeskräften. Ein dralles Mädchen Anfang Zwanzig war zu ihm geeilt und hob ihn hoch. Der Kleine hatte einen Tobsuchtsanfall, schrie und zeigte auf die braune Soße im Dreck. Das Mädchen versuchte ihn zu beruhigen. Hastig kaufte sie ihm einen blauen Luftballon. Er strampelte unwillig und bekam dann auch noch einen roten Ballon. Na, bitte!
Jetzt hatte ich auch kein schlechtes Gewissen mehr. Ich machte mich aus dem Staub. Eilig wühlte ich mich gegen den Strom der Menschenmenge zum Bahnhof. Ich fühlte mich wie Hans im Glück. Ich hatte drei Blatt Papier gegen eine silberne Münze getauscht. Diese Münze konnte ich gegen eine Fahrkarte tauschen, und die Fahrkarte gegen ...

Ich traute meinen Augen nicht ... Da stand Freddi! Er lehnte lässig in der leeren Bahnhofshalle an der Sperre. Einen Moment dachte ich, der ist auch abgehauen. Dann sah ich sein Grinsen. Ich drehte mich um. Da stand die schwere, breite Silhouette von Karl im Eingang. Er bewegte sich nicht. Breitbeinig und drohend, die Arme leicht abgewinkelt. Ich war in

eine Falle gelaufen. Gegen den hatte ich keine Chance. Und gegen Freddi?
»Da bist du ja endlich«, sagte er mit breitem Grinsen.
Er war kleiner als ich, bestimmt nicht so stark, aber wendig.
»Ha' ick immer jesacht: Ihr seid einfach zu blöde.«
Er kam langsam auf mich zu. Ich musste ihn in Sicherheit wiegen. Ich stand immer noch in der Mitte der Halle. Ganz ruhig. Innerlich alle Muskeln angespannt.
»Tja, mein Lieber, Endstation!«
Schritt für Schritt kam er näher. Seine Hände hingen locker an den Seiten herunter. Aber ich ließ mich davon nicht täuschen. Ich hatte meine Hände leicht angehoben.
Wie in einem Cowboyfilm, schoss es mir durch den Kopf. Nur ohne Colts, um zu schießen. Wir starrten uns in die Augen, während er langsam näher kam.
»Wie habt ihr mich gefunden?« fragte ich enttäuscht, um ihn abzulenken.
Er hatte wieder dieses überhebliche Grinsen.
»Weil alle, die abhauen, so blöd sind und zur S-Bahn rennen.«
Wenn er nahe genug heran war, würde er versuchen, mich zu packen.
»Und hier schnapp' ick se mir. Ick muss bloß warten!«
Er war nur noch zwei Sprünge entfernt. Ich versuchte mich nicht zu bewegen und locker zu bleiben. Die Sperre konnte ich leicht überspringen. Ich musste ihn nur dicht genug an mich herankommen lassen. Dann konnte er mir nicht den Weg abschneiden. Ich schaute schnell über die Schulter zurück. Karl stand immer noch da hinten und versperrte den Eingang, oder jetzt war es der Ausgang. Weit genug weg.
»Jib's uff, der macht Hackepeter aus dir. Also mach keene Fisematenten!«
Freddi war nur noch eine Armeslänge entfernt. Jetzt kam es drauf an. Sowie ich mich rührte, würde er versuchen, mich in den Schwitzkasten zu nehmen. Ich war vorbereitet. Jetzt muss ich aufpassen, dass er mir nicht gegen das Knie tritt. Er stand dicht vor mir.
»Also, kommste freiwillig mit?«

Ich hatte die Hände langsam in Schulterhöhe angehoben und schaute auf ihn runter. Er hatte keine Chance gegen mich. In seinen Augen sah ich den Moment des Angriffs. Ich reagierte sofort und blockte seine Hand, die versuchte, meinen Nacken zu greifen, mit dem linken Arm ab, die rechte erhoben, um dem Schwitzkasten zu entgehen. Statt dessen packte er überraschend mein Hemd und zog mich kräftig zu sich heran. Seine Stirn mit dem blonden Haaransatz, auf der ich noch eine kleine Narbe erkennen konnte, schoss auf mich zu und traf mich mitten ins Gesicht. Es krachte in meinem Schädel, als wäre er zertrümmert. Einen Moment war es dunkel. Der Schmerz war eher dumpf. Ich taumelte und spürte, wie mein Arm nach hinten gedreht wurde. Als es wieder heller wurde, sah ich die roten Klinkersteine vor mir, an denen Blut herunterlief. Sie hatten mich gegen die Wand gepresst, den Arm hinter meinem Rücken schmerzhaft hochgezogen. Dann noch ein Ruck.

»Hör auf!« stöhnte ich. »Du kugelst mir den Arm aus!«

Die Stimme in meinem Kopf klang wie aus einem verzerrten Lautsprecher. Die Nase lief mir. Mein Arm wurde losgelassen. Der Schmerz in der Schulter war hell und stechend, schriller als das dumpfe Dröhnen im Kopf.

»Kommste jetzt mit?« hörte ich einen von beiden fragen.

Ich nickte, und das Blut schoss mir aus der Nase. Ich hatte das Gefühl, mein Gesicht sei Matsch. Ich stand an die Wand gelehnt, leicht vornüber gebeugt, um mich nicht mit dem Blut zu bekleckern. Es tropfte zwischen meine Füße und machte große, gezackte Kleckse auf den Boden.

»Der muss sein' Kopp nach hinten legen«, hörte ich einen sagen.

»Ich brauch' ein Taschentuch«, hörte ich mich sagen.

Den rechten Arm konnte ich kaum bewegen. Mit der linken Hand versuchte ich, in der rechten Hosentasche nach dem alten, mit Schokolade verschmierten Klopapier zu angeln. Ich zog es heraus und ging in die Hocke. Den Kopf nach hinten an die Wand gelehnt, das Papier unter die Nase gepresst, sah ich mein Fünfzigpfennigstück über den Boden rollen. Hans im Glück fiel mir ein. Ein Fuß stellte sich auf das rollende Geld-

stück und stoppte es. Freddis Blondschopf kam in mein Gesichtsfeld. Ich schloss wieder die Augen.
»Wie ville hat der denn noch?« hörte ich Freddi sagen.
»Det iss mir!« Karls Stimme kippte brüchig.
»Wat iss denn hier los?« mischte sich eine kräftige Männerstimme ein.
Ich öffnete wieder die Augen. Ein uniformierter Bahnbeamter tauchte auf. Karl ließ Freddi sofort aus dem Schwitzkasten.
»So watt jibts hier nich! Watt iss denn det für 'ne Sauerei!« Dabei beugte er sich über mich.
Bevor ich etwas sagen konnte, sagte Karl: »Der Kleene is jestolpert und jejen de Wand jelofen, weil er den Fuffziger jeklaut hat.«
Zum Beweis hielt er das Fünfzigpfennigstück hoch.
»Aha«, sagte der Beamte und schaute von einem zum anderen. »So 'n Schlingel!« Dabei sah er zu mir runter. »Jetzt macht aber mal dalli, dalli die Biege, sonst sach ick det eurn Eltern.«
»Wir ham jar keene Eltern«, wurde Freddi frech.
»Dann seid ihr die Bengel aus'm Heim? Abjehauen, wa?« Der Beamte richtete sich hoch auf und rückte seine Mütze zurecht. »Ha ick mir jleich jedacht. Und wer zahlt'n jetzt die Sauerei hier?«
Er zeigte auf die Blutflecken und schaute Karl an. Karl starrte erschrocken auf das Geldstück in seiner Hand. Das Nasenbluten hatte nachgelassen. Den Kopf immer noch in den Nacken gebeugt, rutschte ich langsam die Wand hoch. Den nassen, jetzt braunroten Klumpen Papier ließ ich heimlich fallen.
»Det wird jetzt konfiziert!« Damit nahm der Bahnbeamte das silberne Geldstück aus Karls Hand und steckte es in seine Brusttasche.
»Und ihr bleibt jetzt hier, bis ick Meldung jemacht habe. In meinem Revier herrscht Ordnung! Det iss ja hier 'n Fall für unsere Schutzpolizei. Ihr rührt euch nicht von der Stelle, verstanden?«
Damit drehte er sich nach einem letzten drohenden Blick zackig um und schritt aus unserem Blickfeld. Wir sahen ihm panisch hinterher. Jetzt mussten wir fliehen.

»Det wirste noch büßen«, sagte Freddi.
Dann nahmen sie mich in die Mitte, und wir rannten los. Heim!

Der Kartoffelkeller war düster und modrig. In einer Ecke aufgehäuft bis zur niedrigen Decke drohte der Kartoffelberg. Jetzt gehörte ich auch zu den Bösen. Durch das vergitterte Fenster konnte man gegenüber eine Mauer sehen.
Wir hockten im Kreis auf niedrigen Fußschemeln, jeder einen großen Drahtkorb mit erdverschmutzten Kartoffeln vor sich. In der Mitte eine große Zinkwanne mit Wasser. Der Fußboden war bedeckt mit glitschigen Kartoffelschalen. Rolf hatte eine Zigarettenkippe auf eine Nähnadel gespießt und saugte von dem letzten Rest der Glut den Rauch ein und ließ ihn dann aus seiner ungewöhnlich langen Nase entweichen. Zwei Rauchsäulen schossen nach unten und hingen dann träge über der Wanne, in der die hellen, geschälten Kartoffeln den Boden bedeckten. Wir hatten noch nicht viel geschafft. Rolf hustete und sah mich an. Er stieß dem fetten Jungen, der neben ihm saß und an einer Kartoffel pulte, in die Seite.
»Sach dem Chinesen, er soll det Fenster uffmachen!«
Er hatte einen starken S-Fehler und spuckte auf den Boden, nachdem der Hustenanfall vorbei war.
»Mach's doch selber uff, wenn de so ville qualmst«, sagte der Junge mir gegenüber mit seiner eintönigen, heiseren Stimme. Dabei drückte er sich einen großen Eiterpickel am Kinn aus. Sein Gesicht war übersät mit Pusteln und kleinen Narben. Sie nannten ihn Franz.
»Franz Blum«, hatte er zu mir gesagt, vielleicht um zu zeigen, dass er etwas Besonderes war. Der dicke Kurt fischte seine halbgeschälte Kartoffel wieder aus der Wanne, die ihm durch den Stoß reingefallen war, und maulte mit hoher Stimme: »Immer icke!«
Dann versuchte er, seinen unförmigen Leib zu erheben.
»Lass man, ich mach' das schon«, sagte ich und öffnete das Fenster. Es war nicht abgeschlossen. Die mit blitzendem Sta-

cheldraht umwickelten Gitter waren sicher genug. An Flucht war nicht mehr zu denken.
In der Spiegelung der Scheibe erblickte ich flüchtig mein zugeschwollenes Gesicht. Ich sah wirklich aus wie ein Chinese.
»Lass det zu!« sagte Franz ruhig und wischte seine Finger am Rand der Wanne ab. Ich sah unsicher zu Rolf. Rolf befühlte seine Lippe, auf der sich eine kleine Brandblase bildete.
»Lass det uff, wie et jetzt iss«, lispelte er. »Der Maurer riecht det sonst und sucht nach die Zijaretten! Und ick sitz' noch Arrest!«
»Mach det zu, sonst krichste von mir 'n paar in die Fresse!« sagte Franz zu mir und sah dabei ausdruckslos auf Rolf.
Ich hielt inne und wartete ab. Kurt saß zwischen den beiden und schabte hektisch an einer riesigen Kartoffel.
»Scheiß Schäler!« piepste er nervös. »Die alten waren viel besser.« Er schaute mit seinen großen Glubschaugen von einem zum anderen. »Oder?« Sein fragendes Grinsen erstarrte auf seinem Gesicht.
Rolf war aufgestanden und stocherte mit der Nähnadel nachdenklich zwischen den Lücken seiner Zähne.
»Wieviel Zijaretten willste denn haben?« sagte er und zutzelte an der Nadel.
»Fünf«, sagte Franz und wusch sich die Finger im Kartoffelwasser. Dann zog er Kurt ein Stück Hemd aus der Hose und trocknete mit dem Zipfel seinen Finger. Kurt saß ganz starr und stierte in den Bottich. Ich hatte das Fenster während der Verhandlung unmerklich wieder angelehnt.
»Det iss 'n Fuffziger«, sagte Rolf mit einem letzten Schmatzer und steckte die Nadel quer in seinen Hosenbund.
»Nee, nur vier Groschen«, sagte Franz. »Sind billijer jeworden, acht Pfennich det Stück. Oder willste mir bescheißen!«
Damit hatte er sich langsam erhoben. Sie waren beide ungefähr gleich groß. Franz wirkte kräftiger. Ich rührte mich nicht und blieb am Fenster, die Hand noch am Rahmen. Kurt versuchte, sich klein zu machen, und wurde immer breiter.
»Na jut, denn mach det Fenster uff«, sagte Rolf und fühlte mit der Zunge nach der Brandblase.

»Erst die Zijaretten, oder Arrest«, sagte Franz entschlossen und lehnte sich mit dem Rücken gegen die Scheibe.
Ich konnte im letzten Moment meine Hand wegziehen. Rolf überlegte.
»Die Zijaretten sind draußen«, sagte er dann triumphierend. »Also mach jetzt det Fenster uff, Mongole.«
Ich schaute fragend auf Franz.
»Na mach schon«, sagte der.
Ich öffnete das Fenster. Rolf hatte sich durchgesetzt. Er stieg über Kurts dicke Beine, während er sich auf dessen Kopf abstützte. Ich machte ihm Platz und setzte mich schnell wieder auf meinen Hocker. Rolf zählte die Gitterstäbe. Zwischen dem dritten und dem vierten steckte er seinen Arm nach draußen und tastete außen unter dem Fensterbrett das Mauerwerk ab. Franz hatte die Hände in die Hüften gestemmt und sah ihm misstrauisch zu.
»Hokuspokus Fidibus«, lispelte Rolf und kam mit einer Pakkung Overstolz zum Vorschein.
»Leider keene Sanussi«, sagte er. »Nur Overstolz.«
Er schien sich solche Sätze auszusuchen, die sein S besonders zischen ließen.
»Jetzt sachste nischt. Siehste, allet selber jebastelt. Sicherster Zijarettenbunker.«
Er fingerte in der Packung.
»Sind nur noch vier«, sagte Rolf und reichte Franz vier Zigaretten.
Franz schaute ihn ausdruckslos an, die Hand weiter ausgestreckt. Rolf grinste gequält und legte noch eine dazu.
»Willste Feuer?« Er kramte in seiner Hosentasche.
»Nee«, sagte Franz. »So 'n Scheiß mach' ick nich, iss unjesund, ick hab' jenuch mit die Scheiß Akne. Hier!« damit nahm er eine Zigarette und steckte sie Kurt, der vor ihm saß, hinters Ohr. »Dafür schälste jetzt meinen Korb Kartoffeln.«
»Aber ick rooch doch jarnich«, wehrte Kurt ab und fing die Zigarette auf, die ihm vom Ohr rutschte.
»Steck se dir sonstwohin«, sagte Franz und setzte sich wieder. »Ick bezahl' dir doch nich umsonst. Und jetzt Schnauze. Ick muss denken.«

»Und wat denkste?« piepste Kurt und schaute auf den Korb ungeschälter Kartoffeln.

»Wie ick hier wieder rauskomme, Fettsack.«

Er schaute nachdenklich auf das vergitterte Fenster. Der Franz gehörte zu den wirklich Bösen. Vor dem konnte man schon Angst bekommen, auch wenn er nichts machte.

Ich hockte mich auf mein Höckerchen vor meinem Drahtkorb mit dem riesigen Berg Kartoffeln und versuchte, mit dem Instrument, das ein Kartoffelschäler sein sollte, klarzukommen. So was hatte ich noch nie gesehen. Ein länglicher Metallgriff, in der Mitte offen. An seinem Ende war eine bewegliche Klinge mit einem schmalen Spalt. Das war das Problem. Die Klinge rutschte über die verdreckte Kartoffel. Also versuchte ich die Klinge fester auf die Kartoffel zu drücken. Das Ergebnis war mager, wenn es klappte. Ein hauchdünner Streifen Kartoffelschale. Wahrscheinlich war dieser Schäler dazu gedacht, die Strafarbeit zu verschärfen.

»Was sind denn das für Scheißdinger!« fluchte ich und sah neidisch auf Rolf, der noch mit einem richtigen Kartoffelmesser arbeitete. Er hatte schon fast die Hälfte aus seinem Korb weggeputzt. Mit drei, vier schnellen Schnitten hatte er die Schale großzügig entfernt und jede Kartoffel auf die Hälfte verkleinert.

»Die testen die Scheißdinger an uns«, schimpfte Kurt. »Der Maurer kriegt Kohle von die Firma.«

Er mühte sich verzweifelt mit einem Kartoffelbuckel, den er versuchte, abzurasieren.

»Und die Firma verkooft det Scheißding als massenjetestete Erfindung.«

Bei jedem Platschen von Rolfs kleingeschnittenen Kartoffeln, die er ins Wasser warf, steigerte sich Kurts Unmut.

»Denn erzählen se noch, macht wenijer Abfall.« Er schaute deprimiert auf die dünnen Kartoffelschalen und wischte sich die Wasserspritzer aus dem Gesicht. »Uff die Verpackung steht: Kartoffelschälen modern und kinderleicht.« Dabei rutschte ihm die Klinge über den Daumen. Wütend warf er den Schäler ins Wasser und hatte Tränen in den Augen.

»Quatsch keene Opern, mach hin«, drohte Franz. »Sonst meint der Maurer, ick hätt' jarnischt jemacht!«

Kurt lutschte an seinem Daumen.
»Haste ja ooch nich«, wagte er zu widersprechen.
Ich blickte erschrocken auf Franz.
Franz nahm vom Boden eine Handvoll Kartoffelschalen und drückte sie Kurt ins Gesicht, stopfte ihm noch ein paar in den Mund, Kurt würgte. Dann packte Franz ihn an den Haaren und drückte seinen Kopf in das trübe Kartoffelwasser. Meine Nase fing plötzlich an zu bluten.
Kurt hatte das Gewicht vornüber verloren und kam mühsam, Kartoffelschalen hustend und spuckend, wieder hoch. Rolf kicherte.
»Wat haste jesacht?« fragte Franz und tauchte ihn noch mal unter Wasser.
Ich hielt mich still. Das Wasser blubberte.
»Achtung, der Maurer!« Rolf war unter dem Fenster weggetaucht.
Franz zog Kurt an den Haaren rasch aus dem Bottich. Kurt hustete heftig.
»Schnauze, ha ick jesacht!« Franz starrte auf das vergitterte Fenster.
Kurt versuchte ängstlich, sein Husten zu unterdrücken.
»Iss nur der Ejon«, sagte Rolf und richtete sich wieder auf.
Franz ging zum Fenster. Zwei nackte Jungsbeine in kurzen Hosen tauchten hinter dem Gitter auf. Dann erkannte ich das Gesicht von meinem Freund Egon, als er in die Hocke ging. Er schaute hastig nach rechts und links und versuchte, zwischen den Gitterstäben etwas in unserem dunklen Loch zu erkennen.
»Wie viele seid ihr'n da drin?« flüsterte Egon.
»Bis jetzt vier«, sagte Franz. »Haste wat mitjebracht? Ick hab' Kohldampf.«
»Nee, konnt ick jestern nich. Nach der Dusche hat der Kalle mir plattjemacht. Da laach ick 'n Tach lang flach.«
Egon schaute mit zusammengekniffenen Augen zu uns rein.
»Iss der Neue bei euch?«
»Der Chinese?«
»Nee, der jestern abjehauen ist. Gotthold, oder so.« Er schaute mich an. Ich stand auf. Egon erkannte mich wohl nicht.

»Du hältst die Schnauze!« Franz drehte sich drohend zu mir um.
»Wat willste denn von dem?«
Egon stand auf, dann bückte er sich und tat so, als ob er sich die Schuhe zubinden würde. Dabei sagte er leise, wie nebenbei: »Vorhin am Zaun wollte den jemand sprechen, so 'ne schnieke Trulla. Pagenkopf, Stöckel und knallrote Schnauze.«
Das musste Rudi sein.
»Die hat wat für den abjejeben.«
Also wusste sie, wo ich war. Endlich!
»Jib her!« sagte Franz.
»Warte«, sagte Egon. Er richtete sich wieder auf. Und wir konnten sehen, wie er vorne aus seinem Hosenbund ein schmales buntes Buch herauszog.
»Iss 'n Jeschenk, hat se jesacht, für ihren Liebsten, oder so.«
Damit reichte er Franz das Buch durchs Gitter.
»Also ick zisch' ab.«
»Nächstes Mal bringste wieder wat zu fressen mit«, flüsterte Franz und starrte auf den Einband.
»Mach ick«, sagte Egon und war verschwunden.
»Das ist für mich«, sagte ich und streckte die Hand aus.
»Finger weg«, sagte Franz und drehte sich ab. »Wat is denn det für 'ne Scheiße? 'n Märchenbuch! Ick lach' mir schief!« Er schaute mich erstaunt an. Dann blätterte er das Büchlein durch.
»Komm, gib her, das ist ein Geschenk für mich«, sagte ich.
»Da steht ja ooch wat drin«, sagte Franz grinsend.
»Klar«, sagte Rolf. »Det is ja ooch 'n Buch.«
»Nee, 'ne Widmung vorne«, griente Franz. »Und uff 'm letzten Deckel iss 'n Brief jekliert mit'm roten Kussmund.« Er hielt den Deckel hoch.
Ich konnte Rudis Lippenabdruck erkennen, den sie mit ihrem Lippenstift auf den Deckel gedrückt hatte.
Die anderen grölten und starrten auf den Mundabdruck.
»Gib her«, sagte ich. »Das ist privat.«
»Schnauze, hier jibts nich privat.«
Er begann den Brief mühsam zu entziffern und bewegte dabei die Lippen.

»Hört mal her. Iss ja 'ne komische Wichsvorlage!«
Damit schaute er mich an. Aber ich ließ mich nicht provozieren.
Franz stellte sich auf das Höckerchen und legte seine Hand ans Herz.
»Mein Herzallerliebster!« Rolf stand neben ihm und versuchte mitzulesen. »Heute können wir nicht zusammensein.«
Er griff sich zwischen die Beine. Dann schmatzte er einen Kuss auf den Lippenabdruck von Rudi.
»Oho!« grölte Rolf.
Kurt hatte sich auf seinem Höckerchen umgedreht und hörte glucksend zu. Franz rief: »Sie lassen mich nicht rein!«
Er stopfte sich den Daumen in den Mund und stieß damit von innen gegen die Wange. Er überschlug sich fast vor Lachen und wäre beinahe vom Hocker gefallen, wenn Rolf ihn nicht gestützt hätte.
»Lass mich mal!« sagte der und griff nach dem Buch.
»Finger weg, du Sau!« lachte Franz und hielt das Buch hoch über seinen Kopf.
Ich hatte mich auf den Boden in die Kartoffelschalen gesetzt und meinen Kopf nach hinten an die Wand gelehnt, um das Nasenbluten zu stoppen.
»Hier, hört mal: Bald kann ich dich wieder umarmen!«
»Ah, ah«, stöhnte Rolf und umarmte Franz.
»Oh, oh«, antwortete Franz brünftig und sprang ihn an. Beide stöhnten. Sie hüpften umarmt im Kreis um Kurt herum. Immer wilder, bis sie auf den Schalen ausrutschten und in den Kartoffelberg fielen. Die Kartoffeln kamen ins Rutschen und kullerten durch den Raum. Kurt sah kichernd kurz zu mir herüber, während er sich die nassen Haare nach hinten strich. Er wippte vor Vergnügen wie ein Gummiball. Franz blieb zwischen den Kartoffeln liegen, den Arm ausgestreckt, und versuchte prustend, weiterzulesen.
»Mein armer Kleiner!« Er kam kaum weiter vor Lachen. »Ich küsse dich!« Johlend schmiss er das Büchlein in weitem Bogen nach hinten, setzte sich keuchend auf und musste sich die Tränen aus dem Gesicht wischen. »Die küsst seinen armen Kleinen! Ist die geil!« schrie er.

Rolf krabbelte den Kartoffelberg hoch und versuchte das Buch zu greifen. Franz zog ihn am Fuß, und er rutschte wieder herunter. Das schmale, kleine Buch verschwand unter den nachkullernden Kartoffeln.

Ich versuchte mir die Stelle zu merken und schloss die Augen. Ich wollte nicht weinen. Nicht vor denen.

»Wie heißt'n die scharfe Tante?« hörte ich Franz hämisch.

Ich biss die Zähne zusammen und wischte mir das Blut von der Nase.

»Der hat seine Blutung«, hörte ich Kurt vergnügt piepsen.

»Wat denn, wat denn, die Tante aus Rothenburg zu Besuch?« hörte ich Franz.

Ich ließ die Augen geschlossen und reagierte nicht.

»Der braucht 'ne Cameliabinde«, hörte ich Rolf.

»Ick hab' die Idee!« sagte Franz. »Zieh dein Hemd aus, Fettsack.«

Jetzt war ich fällig. Vom Regen in die Traufe. Von den Guten zu den Bösen. Ich öffnete die Augen.

»Hilf mal«, sagte Franz zu Rolf.

Sie zerrten Kurt das Hemd über den runden Kopf. Er streckte seine dicken Arme hoch wie ein Kind, das gleich in die Wanne gebracht wird. Schnell verschränkte er seine Arme vor den fetten Brustansätzen und schaute ängstlich zu den beiden hoch. Franz nahm das eine Ende des Hemdes und reichte Rolf das andere Ende.

»Halt fest!«

Dann drehte er das eine Ende so lange, bis daraus ein dicker Strick wurde. Er schien mich nicht zu beachten, aber er war unberechenbar. Wenn sie mich damit fesseln wollten, konnte ich nichts dagegen machen. Höchstens schreien.

»Schieb mal Schmiere an die Tür«, sagte Franz zu Kurt. »Wenn der Maurer kommt, laut Bescheid sagen, klar? Nich quieken!«

»Iss jut«, quiekte Kurt erleichtert und sah mich mitleidig an.

Jetzt war ich das Opfer. Es war sinnlos, mich zu wehren. Wie ein Tier mich totstellen, nicht rühren, dachte ich und erwartete gefasst mein Schicksal.

Franz ignorierte mich. Als sei ich schon gar nicht mehr vorhanden, ging er an mir vorbei zum vergitterten Fenster. Dort schlang er das zusammengedrehte Hemd um zwei Gitterstäbe und zog die Enden nach innen.

»Wat willst'n machen?« fragte Rolf.

»Knebeln«, sagte Franz.

Rolf sah zu mir rüber.

»Jib mal 'n Kartoffelschäler.«

Rolf zückte sein Kartoffelmesser.

»Wat hast'n damit vor?«

Die würden mich bestimmt leben lassen, höchstens foltern.

»Nee, den vom Mongolen, du Schwachkopp, den neuen!« schnauzte Franz ihn an.

Kurt stand zitternd an der Tür und lauschte. Ihm war kalt.

Rolf kam langsam auf mich zu und nahm meinen Kartoffelschäler, den ich auf dem Hocker liegengelassen hatte. Er reichte ihn Franz.

»Damit schneidste doch keiner Maus den Schwanz ab«, sagte Rolf und schaute zu mir runter.

»Wat willst'n damit?«

»Abhauen!« sagte Franz und knotete den Stiel des Kartoffelschälers in die Enden des zum Strick gedrehten Hemdes.

»Und wie?« fragte Rolf irritiert.

»Kiek zu«, sagte Franz. »Da lernste wat für't Leben.«

Damit begann er den Stiel des Kartoffelschälers zu drehen.

»Hebelwirkung, vastehste?«

Das zum Strick gedrehte Hemd straffte sich und spannte sich immer enger um die beiden Gitterstäbe. Franz drehte mit beiden Händen den Stiel immer weiter. Er stöhnte vor Kraftanstrengung. Er hielt den Stiel mit beiden Fäusten umklammert, die Arme nach unten ausgestreckt, und stemmte zusätzlich mit seinem gespannten Oberkörper die Drehung weiter. Millimeter für Millimeter bogen sich die Gitterstäbe und näherten sich einander.

»Jetzt du«, sagte er zu Rolf. »Jetzt weeßte, wie det jeht.«

Dabei rieb er sich seine rotgeschwollenen Handflächen. Jetzt knebelte Rolf die Gitterstäbe und schnaufte angestrengt. Die Gitterstäbe kamen immer näher zueinander und ließen eine Öffnung an der Seite.

»Det reicht«, sagte Franz.
»Da kommt doch noch keener durch«, sagte Rolf schwer atmend.
»Lass mal sehen«, sagte Franz und nahm das zusammengedrehte Hemd. Er wickelte es sich um die Hand und drückte die spitzen Stacheln des Drahtes an dem Gitter nach außen. Dann steckte er vorsichtig seinen Kopf durch die Stäbe.
»Siehste, det jeht«, sagte er und zog seinen Kopf wieder zurück.
»Ja, mit'm Kopp«, sagte Rolf skeptisch.
Franz grinste. »Noch 'ne Lehre für't Leben: Wo de mit'm Kopf durchkommst, kommste och mit'm Rest durch!«
»Und wo willste hin?« fragte Rolf.
»Weeß ick nich«, sagte Franz und überlegte. »Zu deiner Alten?«
»Jeht nich«, sagte Rolf. »Meine Olle hat sich uffjehängt, und der Suffkopp hat mir hier abjeliefert.«
»Dann zu Kurti seine Schwester?« Franz sah Kurt an. Der verzog das Gesicht.
»Könn' wa machen, aber bei die hat die Polente schon uff mir jewartet.«
»Scheiße.« Franz starrte auf das aufgebogene Gitter. »Jetzt könn' wa die Biege machen, und keener weeß, wohin. Wat iss'n mit dir?« Dabei schaute er mich an.
Das war meine Chance. Ich gehörte wieder dazu. Aber wo sollte Rudi uns alle vier verstecken? In der Koje von einem Laster war zuwenig Platz.
»Ich hab' kein Zuhause«, musste ich zugeben.
»Den brauchste nich fragen«, sagte Rolf. »Der ist zu dämlich. Den ham se doch schon bei die S-Bahn jegriffen. Mit dem haste nur 'n Klotz am Been.«
Franz schaute mich verächtlich an.
»So 'n Blödmann!« beeilte sich Kurt zu piepsen.
Er war froh, zu den anderen zu gehören. Ich hatte meine Chance vertan.
»Wat iss'n, wenn wa 'n Boot klauen?« versuchte Kurt die Führung zu übernehmen.
»Willste übern Wannsee schippern?«

»Na klar, die Havel immer nach, dann biste in Brandenburg. Rinn in die Elbe, und hinter Hamburg ist die Nordsee oder die Ostsee, ejal, da komm wa direkt nach England.«
»Jeht nich«, sagte Franz bestimmt.
»Warum denn nich?« fragte Rolf begeistert.
»Ick kann nich schwimmen«, murmelte Franz und sah keinen dabei an. »Aber ick hau' trotzdem ab«, sagte er. »Wer kommt mit?« Er hatte wieder die Führung übernommen.
»Ick bin dabei«, sagte Kurt schnell.
»Und du?« fragte Franz. Er meinte Rolf.
»Sowieso«, sagte der. Sein S zutzelte, und er spuckte bestätigend auf den Boden.
»Wat iss mit dir?« Franz schaute auf mich runter.
Ich zögerte. Er gab mir noch mal eine Chance. Ich sah mir die drei an. Weit würden wir nicht kommen. Wir hatten keine Chance. Aber ich muste sie nutzen.
»Ist doch klar«, sagte ich und stand auf. Ich war heilfroh, wieder dazuzugehören.
»Dann los«, sagte Franz. »Ick jeh zuerst. Dann Rolf. Danach Kurt, und Schlitzauje als letzter.«
Franz war ein echter Anführer. Der wusste genau, was er wollte.
»Hier, Fettsack, zieh dir wat an. So kannste ja nich rumloofen da draußen.«
Damit warf er das zerknüllte Hemd Kurt zu. Dann stellte er sich quer auf den Hocker, seine rechte Schulter dem aufgebogenen Gitter zugewandt. Er drehte den Kopf nach rechts und hob den rechten Arm hoch.
»Det muss eene Linie sein, kapiert?« Dann zwängte er sich, den Arm voraus, seitlich durch die Gitterstäbe. Zentimeter für Zentimeter schob er sich weiter. Sein halber Oberkörper war schon im Freien. Er machte sich ganz flach. Wir hatten seine Beine angehoben und schoben nach. Endlich war er draußen. In der Freiheit. Er blieb einen Moment liegen und schaute sich um. Dann rollte er sich zurück zum Gitter.
»Die Luft ist rein. Jetzt du, Rolf. Schnell!«
Rolf nahm die gleiche Haltung ein. Er zwängte sich durch die Stäbe. Aber sein Brustkorb blieb stecken. Franz zog an seinem Arm.

»Ick wusste, det iss zu eng«, ächzte Rolf.
»Wenn de mit'm Koppp durchkommst, jeht allet«, schnaufte Franz. »Du musst ausatmen, det iss der Trick.«
Rolf atmete aus und hielt die Luft an. Franz zog ihn ins Freie.
»Na, wat ha ick dir jesacht? Uff mir kannste dir verlassen. Jetzt du, Kuttel.
»Det iss zu eng«, sagte der dicke Kurt.
»Mach erst 'n Test«, sagte Franz. »Wenn de dein Wasserkopp durch die Stange krichst und die Ohren anleechst, jeht det.
Kurt zwängte seinen Kopf zwischen die Gitter. Es klappte.
»Na siehste«, sagte Franz. »Uff mir kannste dir verlassen!«
Kurt hob seinen Arm, drehte den Kopf nach rechts und quetschte sich durchs Gitter. Franz und Rolf zogen an seinem Arm, und ich schob an seinen Füßen. Sein Arm, der Kopf und der Oberkörper waren schon draußen, aber sein Bauch klemmte.
»Det jeht nich«, jammerte Kurt.
»Mensch, zieh die Wampe ein, Fettsack!«
Seinen zweiten Arm hatte er jetzt auch im Freien. Franz und Rolf zerrten an ihm mit vereinten Kräften.
»Ausatmen!« schnauzte ihn Franz an.
»Hab' ick schon«, hauchte Kurt.
»Fett jibt immer nach!« sagte Franz. »Hauruck!«
Er bewegte sich ein paar Zentimeter. Sein Hemd war hängengeblieben und eingerissen.
»Ick kann nich mehr«, heulte Kurt, und sein Bauch drückte sich in die Gitterstäbe.
»Dann zieh'n wieder rein«, sagte Franz zu mir.
Ich zog, so heftig ich konnte, an seinen Beinen, meinen Fuß gegen die Wand gestemmt.
»Lass et! Zurück jeht nich!« jaulte Kurt auf.
Die nach außen gebogenen Spitzen des Stacheldrahts stachen sich in sein Fleisch. Er blutete. Wie die Märtyrer bei den Katholen, dachte ich. Die Stacheln im Fleisch, fest eingeklemmt zwischen den Gitterstäben. Den Kopf schon im Himmel, aber den unteren Teil noch im Loch.
»Komisch«, sagte der Franz. »Sonst klappt det immer.«
»Aber nich bei die Missjeburt«, sagte Rolf und schaute hilflos

auf Kurt. »Haun wa ab, bevor eener kommt!« Rolf wurde nervös.
»Und wat passiert mit mir?« flehte Kurt kläglich.
»Notschlachten. Jeht nich anders«, sagte Franz und überlegte.
»Los, komm!« drängte Rolf. »Bevor die uns wieder schnappen.«
Franz richtete sich auf und atmete tief ein. Dann grinste er breit.
»Weeßste, wat wa jetz machen?« Er war eine echte Führernatur.
»Nee, wat machen wa jetzt?« Rolf blickte sich ängstlich um.
»Scheiß dir nich ins Hemd! Bevor die uns wieder schnappen, jehn wa vorne ans Tor.«
»Na klar«, sagte Rolf. »Und machen die Flatter.«
»Quatsch«, sagte Franz souverän. »Wir machen Tatütata.«
»Jute Idee«, sagte Rolf. »Aber denn schnappen se uns!«
»Eben nich! Könn' se ja nich, det Tatütata machen wa selber so laut, det se uns alle hören. Und denn stürm' wa mit lautem Jeheule vorne durchs Portal wieder rinn ins Heim!«
»Jute Idee«, sagte Rolf. »Denn wissen wa wenigstens, wohin. Wär ick nich druff jekommen.«
»Eben«, sagte Franz. »Da weeß der Maurer, det der den Franz Blum nie einsperren kann. Und muß mir als unverbesserlich entlassen. Na?«
»Det iss die Idee«, sagte Rolf enttäuscht und lief Franz hinterher.
»Aber die Missjeburt muss denn allet alleene schälen, weil der allet versaut hat«, hörten wir ihn noch lispeln. Kurt stöhnte leise.
Ich war ganz froh, dass meine Flucht durch Kurt verhindert wurde. Bevor der Maurer kommen würde, wühlte ich in dem Kartoffelberg nach dem kleinen Buch. Endlich hatte ich es gefunden. Ich wischte den bunten, glänzenden Einband an meinem Hemd sauber und war enttäuscht. Rudis Geschenk war wirklich ein Märchenbuch für Kleinkinder. Es hieß auch noch »Der Kleine Prinz«. Unter dem Titel war eine alberne Kinderzeichnung. Ein lila Busen, der Luft abließ und mit Unkraut

bewachsen war. Auf dem Busen stand ein kleines Männchen mit einer goldgelben Krone. Drum herum drei gelbe Monde und vier gelbe Sterne.
Ich schlug es auf. Auf dem Deckel innen stand mit Rudis schöner, runder Schrift geschrieben: »Meinem allerliebsten Bübchen. Meinem kleinen Prinzen zu seinem zehnten Geburtstag.«
Den hatte ich ganz vergessen. Aber Rudi hatte dran gedacht. Ich war ja heute zehn Jahre alt geworden.

Siebenundzwanzig Jahre später fand ich das kleine Büchlein in Rudis Nachlass wieder. Der Nachlass bestand aus vielen Plastiktüten. Das war meine Erbschaft. Ich saß auf dem Fußboden in dem Raum, wo man sie leblos aufgefunden hatte. Ich schaute mich um. Das hier war also die erste feste Bleibe in ihrem Leben. Und es war ihre letzte. Morgen früh würde sie nun endgültig bleiben müssen. Parzelle siebenhundertdreizehn, Waldfriedhof. Dabei wollte sie nie sesshaft werden. Wie lange hatte sie es hier ausgehalten? Drei oder vier Monate?
Ich kramte in den Plastiktüten, als könnte ich ihr Geheimnis entdecken. Eigentlich war sie mir fremd. Als erstes fiel mir das bunte Büchlein in die Hände: »Der Kleine Prinz«. All die Jahre hatte sie es mitgeschleppt. Es musste eine Bedeutung für sie gehabt haben. Ich schlug es auf und las noch einmal die Zeilen, die sie mir damals auf die letzte Seite des Büchleins in ihrer schönen, runden Schrift geschrieben hatte:
»Mein Herzallerliebster! Heute können wir nicht zusammensein. Sie lassen mich nicht rein. Bald kann ich dich wieder umarmen. Mein armer Kleiner, ich küsse dich. Janek und ich haben gestern schnell geheiratet, damit das Jugendamt mir das Sorgerecht gibt. Beim Standesamt brauchten wir zwei Zeugen, die haben wir uns von der Straße geholt. Lustig, nicht? Obwohl wir jetzt ein echtes ›bürgerliches‹ Ehepaar sind, wollte mir niemand sagen, wohin sie dich verschleppt haben. Wie du siehst, habe ich es trotzdem herausbekommen. Kennst mir ja! Deshalb konnte ich dir auf die schnelle kein richtiges Geburtstagsgeschenk machen. Mir hat ›Der Kleine Prinz‹ gut gefallen (ich habe dir ein paar Stellen angestrichen). Ich musste da-

bei immer an dich denken, als du noch goldblonde Locken hattest. Zum nächsten Besuchssonntag bring' ich dir ein richtiges Geburtstagsgeschenk. Sie haben mir gesagt, wenn du dich bis dahin gut führst, darf ich dich sehen. Bis zu diesem Sonntag sind es nur noch fünfundzwanzig Tage. Kopf hoch! Weeßte, Kleener, manchmal muss man auch mit den Wölfen heulen. Bald kommst du raus! Ich kämpfe weiter um dich! Ich hab' dich soo lieb, soo lang wie die Autobahn. Deine Mamschi.«

»Willst du diese Tüten hier auch mitnehmen?« schreckte mich Brigitte aus meinen Gedanken. Sie kam aus dem Nebenzimmer. »Was liest du denn da?« Sie schaute mich sorgenvoll an.

»Ach, nichts«, sagte ich schnell. »Ich hab' nur was wiedergefunden.«

Sie schaute sich um, nahm ein paar Tüten und ging aus dem Raum.

Ich blickte hoch. An der Wand hingen mit Reißzwecken befestigte Zettel, auf die sie in Goldfarbe Sprüche geschrieben hatte. Sollte ich das auch aufheben? »Man muss nicht nur wollen, man muss auch tun.«

Was hatte sie damit gemeint? Ihre Biographie fertig schreiben? Irgendwo musste sie sein. Ich hatte sie ermutigt, endlich ihr Leben aufzuschreiben. Damit hätte sie sich ihren zweiten Traum erfüllt, Schriftstellerin zu sein.

Erst jetzt fiel mir auf, dass ihre Schreibmaschine nicht da war. Auch der kleine Fernseher war weg, den ich ihr geschenkt hatte. Außer der Matratze, die auf dem Boden in der Ecke neben dem Fenster lag, gab es nur noch ein kleines Nachtkästchen, auf dem das Telefon stand. Das war das ganze Mobiliar. Ihre Plastiktüten waren ordentlich in dem schmalen Raum an der Wand aufgereiht.

Ich sollte sie erst in ihrem neuen Zuhause besuchen, wenn sie sich eingerichtet habe. Aber sie fühle sich jetzt schon sehr wohl. Endlich nicht mehr bei fremden Leuten. Nur mit sich allein und ihrer schriftstellerischen Begabung.

Ich stand auf und las einen anderen Spruch, der an die Wand gepinnt war: »Noch können wir handeln, nichts tun tötet!«

Das klang nach der Geschichte vom Frosch, die sie mir oft

erzählt hatte. Wenn ich mal wieder wie gelähmt vor mich hin starrte: Ein Frosch ist in die Milch gefallen. Wenn er nichts tut, ertrinkt er. Aber wenn er strampelt, wird aus der Milch Butter, und er ist gerettet. So hatte sie uns oft Mut gemacht.
Es fiele ihr schwer, sich mit unserer Vergangenheit zu beschäftigen, aber sie schreibe fleißig. Auch für mich, damit ich endlich die Wahrheit wisse. Was damals wirklich geschehen sei, in meiner Kindheit.
Ich legte mich auf die Matratze, auf der man sie vor ein paar Tagen tot aufgefunden hatte, und starrte auf die nackte Glühbirne an der Decke. Hier hatte auch sie gelegen und sich an unsere Vergangenheit erinnert. Welche Wahrheit wollte sie mir mitteilen in ihrer Biographie? Ich betrachtete noch einmal ihr Geburtstagsgeschenk zu meinem zehnten Geburtstag. Der rote Lippenabdruck war schon verblasst. Wie meine Erinnerung an dieses andere Leben, damals. Die Wahrheit war doch ganz einfach: Der Frosch war in die Milch gefallen.

Die nächsten Jahre verbrachte ich in diesem Heim für Schwererziehbare. Ich heulte mit den Wölfen und suchte meinen Platz in der ständig wechselnden Rangordnung. Der Nasenbeinbruch war einige Zeit nach meiner versuchten Flucht verheilt und das Gesicht, wieder abgeschwollen. Was zurückblieb, war ein Gesicht, das immer etwas verhauen aussah. Ich gewöhnte mich auch daran.
Egon, der mich schon am ersten Tag meiner Einlieferung verteidigt hatte, wurde mein bester Freund. Egon kannte sich aus. Er war kein Leitwolf, aber bissig genug, um mich zu verteidigen. Von seinen Eltern sprach er nie. Sie hatten ihn wohl aufgegeben und waren froh, ihn los zu sein. Und Egon war froh, hier in diesem Heim ein Zuhause zu haben. Eine kleine, überschaubare Welt. Die Außenwelt interessierte ihn nicht, und er fühlte sich auch nicht eingesperrt. Warum auch, er war ja hier zu Hause. Das war wohl der Grund, weshalb er später die Möglichkeit nutzte, in den Staatsdienst einzutreten. Er wurde Gefängniswärter.
Egon weihte mich in die Spielregeln unserer geschlossenen

Gesellschaft ein. Hier gab es nicht die Guten oder die Bösen. Hier waren alle gleich. Und jeder entwickelte sich nach seinen Fähigkeiten. Einige hatten kräftige Muskeln. Andere konnten sich bei den Stärkeren anschleimen. Wieder andere hatten den Vorteil, sich pfiffig zu verstellen und das Opfer zu spielen. Dann gab es noch die willigen Petzer und Verräter. So fand jeder seinen Platz in der Hackordnung. Wie Herr Maurer gesagt hatte, wir organisierten uns selbst. Nur ich konnte mich nicht einfügen. Ich fühlte mich hier nur zu Besuch. Denn da draußen kämpfte Rudi gegen die ganze Welt, um mich aus diesem Gefängnis zu befreien. Nur dauerte das so lange.

In der Zwischenzeit besuchte mich Rudi alle drei Wochen an dem Besuchssonntag. Dieser Sonntag war für die anderen ein quälendes Hoffen und Warten bis zur großen Enttäuschung. Niemand bekam Besuch. Außer mir! Die anderen Jungs verachteten mich neidisch. Ich war der glückliche Außenseiter in dieser traurigen Gemeinschaft. Ich wurde von meiner Mutter geliebt. Das machte Hass. Nur Egon hielt weiter zu mir. In dieser feindlichen Umgebung zeigte er mir, wie man strampelt. Wie ich als angreifbarer Außenseiter meine Stellung verbesserte. Er begann damit, die Schokolade, die Rudi mir mitgebracht hatte, gegen das halbe Brötchen zu tauschen, das dem letzten beim Bettenmachen vorenthalten wurde. Und ich war immer der Letzte. Jedes noch so kleine Geschenk, das Rudi mir mitbrachte, hatte in unserer Gemeinschaft einen anderen Stellenwert. Kaugummis gegen ein paar Blatt Klopapier. Die kleinen Vorteile, die mir das Leben einfacher machten. Egon organisierte den Tauschhandel. Er versteckte die Kostbarkeiten draußen im Garten, bis wir einen geeigneten Partner gefunden hatten, mit dem man einen Tausch machen konnte. Nach einiger Zeit gaben unsere Mitinsassen Bestellungen bei uns auf. So wünschte ich mir von Rudi ein kleines Schachspiel nur, um es gegen ein Einzelbett in dem kleinen Schlafsaal zu tauschen, in dem zehn Betten standen. Den Wecker aber, den ich mir auch wünschte, behielt ich für mich. Er spielte eine einfache Melodie, die mich eine Viertelstunde vor dem nervtötenden Schrillen der Trillerpfeife sanft aufwachen ließ.

Mit Rudis Hilfe und dank Egons Handelsbeziehungen wurde meine Gefangenschaft erträglicher. Jetzt war der hübsche Christian mein Bettnachbar, und Egon war auch in demselben Schlafsaal. Wir wurden die besten Freunde. Ich legte meinen Arm um seine Schultern. Aber das wurde gepetzt. Es wurde uns bei Strafe verboten, dem andern den Arm umzulegen. So etwas könne man in einem Jungenheim nicht dulden. Trotzdem passierte es uns manchmal.

In unserer Gemeinschaftsschule langweilte ich mich so intensiv, dass unser Lehrer die Heimleitung entnervt bat, mich aus dem Unterricht zu entfernen. Es sei besser, mich in einer normalen, einer richtigen Schule zu unterrichten. Außerdem sprach ich keinen Dialekt, sondern Hochdeutsch, was er wohl für ein Zeichen von Intelligenz hielt.

Der Frosch war lernfähig und strampelte weiter. Da ich auch nie wieder einen Fluchtversuch unternommen hatte, durfte ich als Einziger dem Gefängnis entfliehen. Schon nach einem halben Jahr trabte ich auf der anderen Seite des Gitterzauns zu einer richtigen Schule. Dort wurde meine Lernfähigkeit wieder auf die Probe gestellt. Ich konnte ja nicht zugeben, dass ich noch nie Englischunterricht hatte, und tat so, als beherrschte ich die Grundregeln. Antwortete mit Yes und No und fiel nicht weiter auf. Ich durfte bleiben. Exotisch bestaunt von den Schulkindern. Ein Heimkind.

Pünktlich zum mittäglichen Essenfassen war ich wieder daheim. Bestaunt von den Heimkindern. Ein Außenschüler. Geliebt von seiner Mutter. Ein Glückskind. Ein Froschkönig. »One fine day I will escape«, versuchte ich den anderen zu imponieren, aber sie verstanden mich nicht. Nur Egon war stolz darauf, mit mir befreundet zu sein. Er war der Einzige. Dafür schenkte ich ihm am traurigsten Tag des Jahres, zu Weihnachten, mein Weihnachtsgeschenk. Wir konnten zwischen zwei Geschenken auswählen. Es gab einen Laubsägekasten oder ein Kartenspiel. Egon hatte das Kartenspiel gewählt, und ich gab ihm meinen Laubsägekasten dazu. Dafür brachte er mir Pokern bei.

Zu Weihnachten war kein Besuchstag. Rudi war irgendwo da draußen und sehnte sich nach mir, dachte ich. Aber warum holte sie mich hier nicht raus? Das war jetzt schon das zweite Weihnachten. Den großen Kalle hatten sie auch schon entlassen. Er war jetzt sechzehn und lernte Kfz-Mechaniker, hörte man. Noch zweieinhalb Jahre, dachte ich damals. Dann komm' ich hier auch raus. Solange musste der Frosch noch strampeln.

Gab es noch eine andere Wahrheit über die Zeit, von der ich nichts wusste? Ich konnte sie nicht mehr fragen. Vielleicht war ihr Manuskript in dem Nachtkästchen. Ich richtete mich auf und öffnete die Schublade. Aber ich fand nur ein paar Zettel. Leihamtsscheine. Noch nicht verfallen. Ausgestellt auf: eine Schreibmaschine, ein Fernseher, ein Feldstecher und ein silbernes Lorgnon.
Das Lorgnon war ein Geburtstagsgeschenk von mir zu ihrem Fünfzigsten. Sie könne nicht mehr so gut lesen, wolle aber auch keine Brille tragen. Auch in diesem Alter sei man noch eitel.
Ich kramte weiter in der Schublade. Ein mit Gummiband zusammengerollter Zwanzigmarkschein. Eine vertrocknete Rose, die ich ihr bei unserem letzten Zusammensein im Restaurant geschenkt hatte. Sie brauche kein Geld von mir, sie sei glücklich, von ihrer Kunst leben zu können, und wenn jetzt noch das Buch bald fertig sei, hätte sich ihre Berufung erfüllt. Nur noch Künstlerin zu sein, Schauspielerin und Schriftstellerin. Aber die Rose nehme sie gerne an.
Die Glühbirne warf plötzlich ein hartes, grelles Licht auf das vertrocknete Rot der Rose.
»Es ist so dunkel hier«, sagte Brigitte außer Atem, die die Treppe wieder hochgekommen war.
Ihre Wangen waren leicht gerötet.
»Was ist jetzt mit den Briefen hier?« fragte sie. »Willst du sie aufheben?«
»Was sind das für Briefe?« fragte ich neugierig.
»Ich glaube, es sind Liebesbriefe«, sagte Brigitte nachdenklich. »Sonst hätte sie diese Briefe nicht mit einem roten Band verschnürt.«
»Von wem sind die denn?« fragte ich.

Sie drehte das Päckchen um und schob das rote Band etwas zur Seite.
»Von einem François.«
»François? Und weiter?« fragte ich.
»Nichts weiter. Nur François«, sagte Brigitte und schaute mich an.
Wer war François?
»Zeig her«, sagte ich.
Wer waren die Menschen, von denen sie Liebesbriefe aufhob und von denen ich nichts wusste.
»Glaubst du, ihr wäre das recht?« fragte Brigitte ernst.
»Ich will die Wahrheit wissen«, sagte ich.
»Sie hat sie extra mit einem roten Band verschnürt und sie kann sich nicht mehr wehren. Lass ihr doch ihr Geheimnis. Du bist ja nicht ihr eifersüchtiger Liebhaber.«
Plötzlich wusste ich, wer François war. Jetzt erinnerte ich mich wieder an ihn.
Bei guter Führung wurde mir einmal im Monat, zusätzlich zum Besuchstag, ein Sonntag zu meiner freien Verfügung gestattet. Pünktlich um neunzehn Uhr musste ich mich wieder im Heim von meinem Freigang zurückmelden.
An so einem Sonntag war ich schon früh vom Bahnhof Wannsee aus in die Stadt gefahren. Ich schlenderte den Kudamm entlang, vorbei am Café Kranzler. Die anderen Menschen genossen ihre Freizeit in der Sonne bei Kaffee und Kuchen oder flanierten auf dem Kudamm, »Schaufenster kieken«.
Ich sehnte mich statt dessen nach der wohligen Dunkelheit eines Kinosaals. Wenn drei Gongtöne den Beginn ankündigten, das Licht langsam verlosch, der rauschende Vorhang sich öffnete und den Blick freigab auf andere Welten, in die ich eintauchte. Da erlebte ich das eigentliche Leben, das mich die grelle Wirklichkeit da draußen vergessen ließ. Nur wenn sich der Film dem Happy-End näherte und Rudi mit Tränen in den Augen meine Hand drückte, zog sich mir bereits der Magen zusammen, und ich dachte an die baldige Fütterung im Heim und an das gemeinsame Zähneputzen mit den anderen. Aber daran wollte ich noch nicht denken. Heute reichte die Zeit, um sogar zwei Filme zu sehen. Bis dahin ertrug ich die fröh-

lichen Gesichter der Menschen, die vor den Schaufenstern flanierten.

Vor einem Schaufenster stand eine große, aufgeregte Menge, die gebannt etwas betrachtete. Einige reckten die Hälse und versuchten sich weiter nach vorne zu schieben. Ich drängelte mich dazwischen, um zu erfahren, was in dem Schaufenster Besonderes zu sehen war. Aber ich kam nicht weiter und blieb zwischen den Erwachsenen stecken.

»Ahh«, riefen plötzlich alle.

»Det war knapp«, sagte einer.

Der Bauch neben mir sagte zu dem geblümten Kleid vor mir: »So wat koof ick mir ooch.«

»Wovon denn!« sagte das Kleid. »Von die paar Piepen? So wat kostet dreitausendfünfhundert Märker, det vadienste nich mal im Jahr!«

Ich versuchte, meinen Kopf zwischen dem Kleid und dem Bauch hindurchzuschieben. In diesem Moment schrien alle auf. Der Bauch hüpfte hoch. Alle brüllten: »Tor! Toor! Tooor!«

Eingeklemmt in dem Freudentaumel sah ich, wie sich alle plötzlich umarmten, sich auf die Schultern klopften, Tränen in den Augen. Auch mir wurde auf die Schulter geklopft. Der Bauch bemerkte mich und sagte strahlend: »Na, Kleener, willste ooch mal kieken?«

Er stemmte mich hoch.

»Wat sachste nu! Jetzt sind wa wieda wer! Endlich! Heute jehört uns Deutschland und morjen die janze Welt. Jetzt sind wa Weltmeester!«

Über den jubelnden Köpfen sah ich im Schaufenster einen Kasten, in dem in schwarzweißen Bildern jubelnde Menschen mit Freudentränen gezeigt wurden, die sich umarmten. Das musste ein Fernsehapparat sein. Ich rutschte an dem Bauch wieder runter und versuchte dem freudigen Gedränge zu entkommen.

»Uff den Sepp könn' wa stolz sein, als Deutsche«, hörte ich noch. »Jetzt hat er es jeschafft!«

»Wurde ja ooch Zeit!« sagte ein anderer.

»Der war ja schon sechsunddreißig Reichstrainer.«

Der Bauch schob sich an mir vorbei.

»Also, det verjess ick nie, so wat koof ick mir. Den jibts ooch schon für die Hälfte!«
Die Geblümte schubste mich zur Seite.
»Det sind immer noch fünf Monatslöhne, und wovon willste die Musiktruhe abzahlen? Wir brauchen keene Fernsehkiste«, sagte sie entschlossen und zog ihren Mann von dem Schaufenster weg. Ich interessierte mich auch mehr fürs Kino.
Ich hatte mich etwas verbummelt und lief jetzt Richtung Gedächtniskirche. Vielleicht schaffte es ja Rudi wieder, mich in einen Film zu schmuggeln, den ich in meinem Alter noch nicht sehen durfte. Die waren spannender. So wie »Zwölf Uhr mittags«, mit Gary Cooper. Der war auch so lang und dünn wie ich. Heute wollten wir versuchen, den Film »Verbotene Spiele« zu sehen.
Vor dem Café Kranzler stand ein Soldat, der mit einer Blondine knutschte. Meistens hatten Neger solche blonden Amiflittchen. Die beiden küssten sich hemmungslos, ohne die Kaffeehausgäste zu beachten, die die Köpfe zusammensteckten und tuschelten. Sie standen mitten auf dem Bürgersteig, eng umarmt. Die umarmen sich bestimmt nicht, weil wir Fußballweltmeister geworden sind, dachte ich. Die Passanten machten einen großen Bogen um das Pärchen. Einige drehten sich empört um. Die Blondine hatte sich an seinen Hals gehängt, ein Bein nach hinten leicht angehoben. Ihr Haar leuchtete grellgelb in der Sonne. Das ältere Ehepaar, das mir entgegenkam, wandte sich empört ab und schimpfte: »Erst verlieren sie den Krieg, und dann vergreifen die sich an unseren Frauen!«
»Sollen sie doch in ihrem Sektor so Schweinereien machen!« sagte die Frau und drehte sich noch einmal um. »Wir sind ja hier nicht in Paris.«
»Na ja«, sagte der Mann, während er sich auch noch einmal umdrehte und an seiner Brille rückte. »Jeder Stoß, ein Franzos'.«
»Hans Heinrich!« sagte die Frau vorwurfsvoll und zog ihren Mann schnell weiter.
Ich war neugierig, wie so eine wohl von vorne aussieht. Wahrscheinlich knallrote Lippen. Ich verlangsamte meinen Schritt und versuchte im Vorbeigehen, das Gesicht der Franzosen-

braut zu sehen. Sie löste sich aus dem Kuss und schaute mich mit großen, dunklen Augen direkt an. Ich sah schnell weg und wollte weitergehen, aber irgendwie kam mir die Blondine bekannt vor.
»Wo kommst du denn her?« fragte sie und strich sich eine gelbe Haarsträhne aus dem Gesicht.
Ich starrte sie an und wurde rot. Sie nahm den Soldaten am Arm und schaute zärtlich zu ihm hoch, wischte etwas Lippenstift aus seinem blonden Oberlippenbärtchen und lächelte mich mit ihrem knallroten Mund an. Ich starrte gebannt auf die blonden Haare und wagte nicht, in die Gesichter der Zuschauer zu blicken, die uns bei Kaffee und Kuchen mit Schlagsahne begafften.
Der junge Franzose hatte kurzgeschorene Haare und freundliche, helle Augen. Er lächelte verlegen und schaute unsicher zu mir herunter.
»Das ist François!« sagte Rudi und schaute ihn lächelnd an. Er lächelte zurück.
»Wie siehst du denn aus!« sagte ich empört. »Ist das eine Perücke?«
»Nee, alles echt«, lachte sie und schüttelte ihre blonden Haare. »Nur gefärbt, das ist jetzt ganz modern. Oder hättest du lieber so 'ne spießige olle Mutti mit Dutt?«
Dann sagte sie schnell etwas in dieser nasalen Sprache zu dem jungen Soldaten, der unsicher von einem zum anderen schaute. Ich verstand nur ein Wort, das so ähnlich klang wie fies. Er aber lächelte erfreut und streckte mir seine Hand entgegen. Ich nahm sie flüchtig und zog meine Hand schnell wieder zurück.
»Kann der kein Deutsch?« frage ich und betrachtete meine frisch blondierte Mutter.
»François ist Franzose«, sagte sie. »Aus Paris!«
»Kann er wenigstens Englisch?« fragte ich und betrachtete ihn skeptisch. Eigentlich sah er nett aus.
»Es sind ja nicht alle so gebildet wie du«, sagte Rudi und strich mir über den Kopf. »Hast du etwas dagegen, wenn er mit ins Kino kommt? Der Film ist nämlich auf französisch mit deutschen Untertiteln.«
Ich zog meinen Kopf weg und wandte mich ab.

»Nee! Ich will jetzt lieber nach Hause!« sagte ich und starrte wütend auf die Gaffer im Café.
Ich hörte, wie Rudi hinter meinem Rücken dem François auf Französisch etwas erklärte. Dann hörte ich ihn ein paarmal »bon, bon« sagen, aber von dem würde ich keine Süßigkeiten annehmen. Er gab mir noch einmal lächelnd die Hand. An seinem blonden Oberlippenbärtchen hing immer noch etwas Lippenstift. Dann ging er eilig weg.
»So, du oller Miesepeter, jetzt hast du ja erreicht, was du wolltest. Der ist nämlich sehr lieb, der François, weißt du?«
»Ist mir doch egal«, sagte ich trotzig. »Mit dem kann man ja nicht mal reden.«
Damit nahm ich Rudi bei der Hand und zog sie eilig aus dem Blickfeld der Zuschauer des Café Kranzlers. Niemand von denen sollte über meine Mutti lästern. Ich schaute sie verstohlen an. Sie war mir noch etwas fremd mit ihrer neuen Frisur. Eigentlich stand ihr die Farbe gut. Jetzt war ich doch stolz auf meine hübsche Mutti. Wir gingen wie ein Liebespaar Hand in Hand über den Kurfürstendamm. Es störte uns nicht, dass andere sich neidisch nach uns umdrehten.
In einem kleinen Kino saßen wir eng beieinander und sahen den Film »Verbotene Spiele«. Er handelte von einem Bauernjungen in meinem Alter und einem ein paar Jahre jüngeren Mädchen, das keine Eltern hatte. Der Junge erfindet sich ein neues Spiel. Sie legen einen Tierfriedhof an. Aber die Handlung interessierte mich nicht. Ich starrte nur auf dieses zarte, blonde Mädchen. Es gab mir einen Stich ins Herz, und ich hatte das Gefühl, ich würde sie schon immer kennen. Dabei kannte ich gar keine Mädchen.
Als ich mit Rudi in der S-Bahn zurück ins Heim fuhr, musste ich immer noch an sie denken.
»Bist du traurig?« fragte Rudi, die mir gegenübersaß.
Ich schüttelte den Kopf und schaute aus dem Fenster.
»Du musst nicht traurig sein«, sagte sie aufmunternd. »Schau mal, in einem Monat können wir wieder ins Kino gehen, und in zwei Wochen komm' ich dich schon besuchen.«
Ich hörte auf das Rattern der Räder und starrte auf die Gleise. Nie würde ich sie treffen können. Nie! Sie war irgend-

wo in Frankreich auf einem Bauernhof, und ich war in Berlin in einem Heim. Wieder spürte ich diesen Stich im Herzen.
»Mein armer Kleiner, was ist denn los? Du musst doch nicht weinen!« Rudi zog ein Taschentuch hervor und wischte mir die Tränen weg.
»Ich heul' ja gar nicht«, sagte ich und schniefte. »Nur ...«
Rudi verstand nichts, aber auch gar nichts, dachte ich.
»Jetzt komm mal her, mein Kleiner.«
Sie setzte sich zu mir rüber und nahm mich ungeschickt in den Arm.
»Du kannst mir alles sagen, mein Bübchen, alles ... Das weißt du doch!«
Ich knüllte das Taschentuch in meinen Händen und sah noch etwas Puder von Rudis Schminke an einem Zipfel.
»Oder möchtest du es lieber für dich behalten? Als dein Geheimnis?«
Sie strich mir mit dem Handrücken über die Wange. Ich nickte und merkte schon wieder diese blöden Tränen. Mit dem Taschentuch wischte ich mir über die Augen.
»Das ist einfach zu blöde«, sagte ich gefasst. »Ich muss wieder ins Heim und weiß nie, wann ich wieder da rauskomme, und die ...«
Wem hätte ich das sonst sagen sollen als meiner Mutti. Nicht mal meinem besten Freund Egon.
»Ich glaube, ich ...«, stotterte ich. »Ich glaube, ich ... ich hab' mich verliebt.«
Jetzt war es raus. Mir schossen die Tränen in die Augen, und ich musste lachen. »Das ist mir noch nie passiert ...«
Rudi drückte meinen Kopf an sich und wiegte mich hin und her.
»Das ist doch was Schönes!« hörte ich sie. »Das ist das Schönste, was es gibt, da musst du nicht weinen. Freu dich doch!«
»Ich freu' mich ja«, sagte ich und befreite mich aus ihrer Umarmung.
Gott sei Dank war das Abteil leer und niemand hatte mich weinen gesehen.
»Wie heißt sie denn?« fragte Rudi fröhlich. »Oder nein, behal-

te es für dich. Das soll dein Geheimnis bleiben. Ganz für dich allein.«
Sie setzte sich mir wieder gegenüber. Verständnisvoll schaute sie mich an. Rudi konnte ich alles sagen, alles! Jetzt war sie mir wieder vertraut, trotz der blonden Haare.
»Soll ich dir auch ein Geheimnis verraten?«
Sie beugte sich vor und nahm meine beiden Hände mit dem Taschentuch. Sie drückte sie ganz fest und flüsterte: »Ich hab' mich nämlich auch verliebt. Ist das nicht schön? Wir beide sind zur selben Zeit verliebt. Ist das nicht herrlich?«
Sie ließ meine Hände los und betrachtete sich im Zugfenster.
»In den Franzosen?« fragte ich. »Den François?«
Sie warf mir einen kurzen, freudigen Blick zu.
»Vor dir kann man aber auch keine Geheimnisse haben«, sagte sie belustigt und schraubte den Lippenstift auf.
»Wie lange kennst du den schon?«
»Drei oder vier Monate«, sagte sie, während sie ihre Lippen nachzog. »Ich bin im siebten Himmel!«
»Was findest du denn an dem?«
Sie betrachtete ihr Werk in der Spiegelung.
»Ich weiß auch nicht«, sagte sie und presste die Lippen kurz aufeinander, um das Rot gleichmäßig zu verteilen. »Ich bin einfach verliebt in die Liebe!«
Sie schaute mich glücklich an und sah wirklich schön aus. Dann fragte sie leise: »Hättest du was dagegen, ein Geschwisterchen zu bekommen? Ich seh' dich immer vor mir, als du klein warst, mit deinen goldigen Locken. Ich muss dann immer an den kleinen Prinzen denken. Das hat auch ein Franzose geschrieben ... Antoine de Saint-Exupéry.«
An den hatte ich eine schlechte Erinnerung. Ich fuhr mir nachdenklich mit dem Finger über meinen schiefen Nasenrücken. Wenn, dann wollte ich lieber eine Schwester haben, so eine wie die aus dem Film. Bloß keinen Bruder. Jungs gab's genug im Heim.
»Aber ich will keinen Bruder«, sagte ich. »Du hast doch mich schon!«
Rudi sah mich zärtlich an.

»Du bist und bleibst der Wichtigste in meinem Leben, auf immer und ewig. Versprochen!«
Damit nahm sie sanft meinen Kopf und küsste mich auf den Mund. Mir wurde ganz warm ums Herz. Jetzt wusste ich, dass sie mich noch liebhatte. Ich wischte mir diesmal den Mund nicht ab wie sonst. Bis wir uns wiedersähen, würde ich mir nicht einmal das Gesicht waschen, um ihren Kuss nicht zu entweihen. Sie nahm mir das Taschentuch aus der Hand und machte es mit ihrer Spucke nass.
»Du bist ja ganz verschmiert!«
Damit wischte sie mir mit dem Taschentuch über den Mund.
»Darf ich das behalten?« fragte ich und steckte das Taschentuch ein, auf dem jetzt ihr Lippenstift war. Als hätte ich geahnt, daß ich Rudi für längere Zeit nicht mehr sehen sollte.
Wir verabschiedeten uns am Zaun vor dem Heim. Rudi hatte wie immer Tränen in den Augen.
»Bis bald, mein Kleiner.«
Ich drehte mich im Portal noch einmal um. Sie stand hinter dem Gitter und warf mir eine Kusshand zu. Ich winkte mit dem Taschentuch und sah noch ihr goldgelbes Haar in der beginnenden Dämmerung leuchten. Hinter mir hörte ich schon das Klappern der Essensausgabe. Vorsichtig faltete ich das Taschentuch zusammen. Das war jetzt mein Geheimnis, diese Erinnerung an diesen Tag.
Später erfuhr ich, dass sie mich nicht besuchen konnte, weil sie im Krankenhaus lag und fast gestorben wäre wegen einer Fehlgeburt. Janek hatte das Problem eines Geschwisterchens mit einem Schlag gelöst. Durch einen Tritt in ihren Unterleib. Besoffen. Aber das wusste ich an diesem Tag noch nicht.

An diesem Abend konnte ich kaum etwas essen. Die ganze Zeit dachte ich an meine große Liebe. Mit so einem Mädchen als Schwester würde ich mich gut verstehen.
»Wat iss'n mit dir los? Biste krank?«
Egon sah auf meinen Teller, in dem ich herumstocherte.
»Willst du das haben?« Ich schob ihm meinen Teller rüber.

»Bist 'n echter Kumpel!« sagte Egon und verschlang meine Portion. Kauend sagte er: »Kannst ooch mitmachen. Wir brauchen sowieso 'nen Langen. Christian ist zu kurz für so watt.« Den letzten Bissen noch im Mund, stand er schnell auf.

»Bis die alle fertig sind mit Zähneputzen, sind wa wieder zurück.«

»Wohin denn?« fragte ich und lief hinter ihm her.

Der hübsche Christian war auch aufgestanden.

»Tscht, nich so laut!« sagte er dicht neben mir. »Sonst wolln se alle mit.«

»Wo wollen wir denn hin?« fragte ich leise.

»Na, in'n Keller«, sagte Christian und rannte vor.

Ich hastete hinterher. Egon war schon verschwunden. Wir liefen durch die dunklen Gänge. Vorbei am Kartoffelkeller zu dem Gemeinschaftsduschraum.

»Heute ist doch kein Badetag«, sagte ich, Christian hinterhereilend.

»Na klar«, sagte er. »Und watt für eener!«

Egon stand schon vor der großen, jetzt dunklen Scheibe des Duschraums. Die Klappen waren geöffnet. Oben im Lichtstrahl sahen wir Dampf herausquellen. Wir hörten das Duschwasser prasseln.

»Die hat 'ne Decke vorjehängt, wie letzte Mal«, sagte Egon und versuchte, etwas durch die Scheibe zu erkennen. Dann schaute er nach oben.

»Aber diesmal isse dran!«

»Wer ist denn da drin?« fragte ich und schaute nach oben.

»Na, die Trulla«, sagte Christian. »Den Tipp ha ick von die Köchin, als ick ihr beim Putzen jeholfen hab'. Sacht die, ihre Tochter wird achtzehn, und ihr Beschäler besucht se morjen früh. Und icke? Kombiniere, kombiniere, det iss eene, die wäscht sich vorher, und? Ha ick recht?«

Er zeigte triumphierend auf die verdunkelte Scheibe.

Durch das Wasserrauschen hörten wir sie leise vor sich hin summen und singen: »Kann denn Liebe Sünde sein?«

»Det is von Zarah Leander«, flüsterte Christian. »Weeß ick von meine Mutter, die iss ooch Sängerin.«

»Jetzt quatsch keene Opern, sonst merkt se wat!« unterbrach

ihn Egon. »Stell dir mal mit'm Rücken an die Scheibe«, sagte er zu mir. »Ick bin Erster!«
»Aber wieso denn?« fragte Christian.
»Weil ick Erster bin! Hilf mir mal ruff!«
Ich stellte mich mit dem Rücken an die Scheibe und verschränkte meine Hände.
»Wart mal, ick zieh' mir die Schuhe aus, sonst kannste mir nich so lange halten.«
»Wie lange denn?« fragte ich.
»Bis ick fertig bin«, sagte er und kletterte an mir hoch. Dann fühlte ich seine Füße auf meinen Schulterknochen. So konnte ich es eine Zeitlang aushalten. Er war nicht zu schwer.
»Kannste wat sehen?« fragte Christian hektisch und schaute zu ihm hoch.
»O Mann!« keuchte Egon.
»Wat siehste?« fragte Christian ungeduldig.
»Nischt jenauet«, sagte Egon über mir. »Iss so dampfig.«
»O Mann«, sagte er dann. »Hat die 'n hohen Wasserfall!«
»Wat machtse?«
»Sie wäscht sich!«
»Wo denn?« Christian hatte seine rechte Hand in die Tasche gesteckt und rüttelte darin herum. »Jetzt sach schon, wo wäscht se sich?«
»Uff'n Kopp!«
Christian hatte seinen Kopf an die dunkle Scheibe gelehnt und grub noch heftiger in seiner Hosentasche.
»Und wat siehste noch?«
»Nur die Backen.«
»Und?«
»O Mann!«
»Wat iss?«
»Ick denk', die iss schon achtzehn!«
»Jetzt sach schon!« Christian atmete heftig.
»Wie 'n Kind, ohne allet!«
»Die Muschi?« stöhnte Christian.
»Die Titten!«
Die Füße auf meiner Schulter begannen zu wackeln. Ich schwankte.

»Geil!« stöhnte Christian.
»Ich kann dich nicht halten!« stöhnte ich.
»Warte!« keuchte Egon.
»Ich halt's nicht aus!« ächzte Christian und presste seinen Unterkörper gegen die Scheibe. »Saach wat!«
»Die Schrippe!«
Egons Füße begannen unkontrolliert zu zittern.
»Ja?«
»Mit Haare wie Sauerkraut.«
»Herr Jemineh!« entfuhr es Christian laut, während er sich in letzten Zuckungen an der Scheibe rieb.
Plötzlich hörte das Wasserrauschen auf. Gespannte Stille. Nur Christians Atem hechelte heftig.
»Ist da jemand?« Ihre Stimme klang ängstlich.
Egons Fuß verlor den Halt. Er rutschte an mir herunter.
»Scheiße«, zischte er. »Ick bin nich fertig!«
Etwas Hartes drückte gegen meinen Bauch.
»Wer ist denn da?« hörten wir ihre Stimme etwas fester.
»Saupenze!« schrie sie plötzlich laut. »Wenn ick euch erwische, bleibt ihr in die Kartoffeln, bis ihr schimmelt!«
Wir hasteten durch die dunklen Gänge, am Kartoffelkeller vorbei, die Treppen hoch zu unserem kleinen Schlafsaal. Aber zu spät.

Fräulein Hase erwartete uns schon. Sie hatte das Buch aufgeschlagen in der Hand, aus dem sie uns im Schlafsaal jeden abend zehn Minuten vorlas. Vasco da Gama: Die Entdeckung des Seeweges nach Indien. Fräulein Hase hatte diese Neuerung gegen Herrn Maurer durchgesetzt. Als Versuch einer moderneren Erziehungsmethode, Zuneigung statt Strafe. Wie bei bissigen Hunden, die nicht mehr auf Schläge reagieren, aber vielleicht auf Wurstzipfel. Häppchenweise bekamen wir aus der Abenteuergeschichte vorgelesen. Ihre Methode funktionierte bei uns. Wir lagen rechtzeitig in unseren Betten und warteten sehnsüchtig auf die Fortsetzung. Und immer, wenn es am spannendsten war, löschte sie das Licht, und wir träumten voller Fernweh von den Abenteuern in fernen Ländern. Aber manch-

mal gab es auch Sehnsüchte und Träume von anderen Abenteuern. Für uns genauso unerreichbar wie Indien. Aber Vasco da Gama hatte ja auch sein Ziel erreicht! Fräulein Hase dachte bestimmt nicht im Traum an so was.
»Ich bin enttäuscht!« sagte sie enttäuscht zu uns. »Wirklich enttäuscht! Ich hatte mich schon den ganzen Tag darauf gefreut, euch eine Freude zu machen, und gedacht, ihr freut euch auch!« Sie blätterte traurig in dem Buch.
»Ich muss euch auch nicht vorlesen, ich kann euer Zuspätkommen auch Herrn Maurer melden.«
Sie sah uns vorwurfsvoll an und hatte fast Tränen in den Augen.
Wir wichen ihrem Blick aus und schauten bedrückt zu Boden. Egons Zehen wippten auf dem nackten Linoleum. Er hatte seine Schuhe unten vergessen. Erschrocken sah ich wieder auf. Aber Fräulein Hase hatte nichts bemerkt. Sie betrachtete mit dunkelbraunen Augen die gesenkten Köpfe und strich sich müde die schwarzen Haare aus dem Gesicht. Eigentlich war sie hübsch. Das Gesicht etwas länglich. Unter der langen Nase, die leicht gebogen war, ein nicht zu schmaler Mund. Fräulein Hase bemerkte meinen Blick.
»Wolltest du etwas sagen?«
Ich senkte langsam wieder meinen Blick. Bei Fräulein Hase war auch kein Busen zu erkennen, obwohl sie bestimmt schon Ende Zwanzig war.
»Schade!« sagte sie. »Ich dachte immer, du bist intelligenter als die anderen.«
Ich schaute schuldbewusst vor mich hin. Genau auf ihren Faltenrock unterhalb des Gürtels. Fräulein Hase hatte da bestimmt kein blasses Sauerkraut, wahrscheinlich mehr so schwarzes Kraushaar wie die Neger auf dem Kopf, wenn ihre Haarfarbe echt war.
»Schade«, sagte sie noch einmal. »Wenn ich bloß wüsste, was in euren Köpfen vorgeht. Wahrscheinlich gar nichts!« Sie klappte das Buch heftig zu. »Dann werdet ihr eben heute nicht erfahren, ob da Gama sich aus der Gewalt der Seeräuber befreien kann.«
Wir erhoben traurig unsere Köpfe.

»Strafe muss sein!« sagte sie sanft. »Ihr wisst ja, ich tu' das nicht gerne. Also, Kinder, jetzt Marsch ins Bett. Und wenn ihr morgen wieder lieb seid, lese ich euch was vor. Einverstanden?«

Wir nickten freudig und legten uns eilig ins Bett.

»Gute Nacht!« sagte sie noch. »Und bitte keine Unterhaltungen, tut mir den Gefallen!«

Dann löschte sie das Licht.

»Gute Nacht!« antworteten wir brav. In die Dunkelheit flüsterte Egon: »Meine Botten sind noch unten. Scheiße!«

»Det jibt Kartoffelkeller«, flüsterte Christian. »Aber ick erzähl' dir dann, wie et weiterjeht mit da Gama.«

»Immer ha ick Pech«, seufzte Egon. »Ick könnt' euch ja ooch verpfeifen«, sagte er nachdenklich. »Mach' ick aber nich. Ehrenwort! Haste mal 'n Taschentuch?«

»Warum?« flüsterte Christian. »Musste heulen?«

»Nee, wejen die Flecken.«

»Nimm doch die Socken, det sieht keener.«

»Allet wejen die blöde Trulla«, schnaufte Egon.

»Nich so laut«, zischte Christian. »Ick bin müde.«

»Schon jut«, sagte Egon. »Ick zieh' die Decke über'm Kopp.«

»Träum schön«, sagte Christian.

Dann war es still. Ich legte heimlich mein Taschentuch neben mich aufs Laken. Das würde mich trösten. Ich begann zu träumen.

»Was träumst du denn?« fragte Brigitte und riss mich aus meiner Vergangenheit. »Die meisten Tüten habe ich schon im Auto verstaut.«

»Entschuldige«, sagte ich. »Ich habe an François gedacht und an den ›Kleinen Prinzen‹, den sie mir mal geschenkt hatte.«

Ich saß immer noch auf der Matratze, das Büchlein in der Hand.

»Weißt du«, sagte ich, »mein halbes Leben habe ich mit ihr verbracht, und eigentlich weiß ich überhaupt nichts von ihr.«

»Soll ich das Buch auch einpacken?«

»Ja«, sagte ich und gab es ihr. »Ich werde es später lesen. Sie hat irgendwo etwas für mich angestrichen.«
Brigitte blätterte in dem Buch.
»Hier ist es! Willst du es sehen?«
»Nein. Bitte! Lies vor!«
Brigitte begann zögernd vorzulesen: »Adieu, sagte der kleine Prinz.« Sie stockte.
»Entschuldige, hast du mal ein Taschentuch?«
Ich war aufgestanden und wischte ihr die Tränen von den Wangen.
»Das tut mir leid«, sagte Brigitte. »Ich werd' mich jetzt zusammenreißen.«
Ich hatte mich abgewandt und starrte auf die restlichen Plastiktüten. Die Leihamtsscheine und die vertrocknete Rose. Ich hörte Brigittes zaghafte Stimme, die durch den leeren Raum hallte:
»Adieu, sagte der kleine Prinz.
Adieu, sagte der Fuchs. Ich werde dir ein Geheimnis schenken. Es ist ganz einfach: Man sieht nur mit dem Herzen gut. Das Wesentliche ist für das Auge unsichtbar.
Das Wesentliche ist für das Auge unsichtbar, wiederholte der kleine Prinz, um es sich zu merken.«
»Warum weinst du denn jetzt?« Ich nahm ihr vorsichtig das Buch aus der Hand. Sie lehnte ihren Kopf gegen meine Brust.
»Ich weiß auch nicht«, schluchzte sie. »Vielleicht wegen dir und Ruth... Ich bin da so hilflos!«
Ich streichelte ihre blonden Haare, die sie zu zwei Zöpfen zusammengebunden hatte.
»Vielleicht ist es besser, du lässt mich ein paar Minuten allein?«
Sie sah mich erschrocken an.
»Ich will noch einmal Abschied nehmen. Nur ein paar Minuten. Bitte!« sagte ich. »Kannst du die Tüten noch mitnehmen? Ich schau' mich nur noch einmal um und komme dann nach.«
Ich lauschte noch ihren Schritten, die im Treppenhaus hallten. Dann war es totenstill. Nur das Summen einer Fliege war aus dem Nebenraum zu hören. Ich zündete mir eine Zigarette an,

um diesem modrigen Geruch zu entgehen. Ich hatte etwas Scheu, das Fenster zu öffnen. Als sei ihre Seele noch im Raum. Vorsichtig betrat ich das kleine Zimmerchen nebenan. Es war auch vollkommen leer. Im Halbdunkel sah ich auf dem Fensterbrett ein angebissenes zusammengeklapptes Butterbrot. Vertrocknet und halb aufgebogen. Sie hatte es nicht mehr aufgegessen. Jetzt erst bemerkte ich einen Zettel, der mit Tesafilm auf dem Fensterbrett befestigt war. Mit Bleistift in ihrer schönen, runden Schrift hatte sie sich einen Tagesplan aufgeschrieben. Die Uhrzeiten waren rot umrandet: »Acht Uhr, aufstehen. ›Wach auf mein Herz und singe‹. Acht Uhr dreißig, Frühstück. Zehn bis Zwölf Uhr, Buch!« Buch war rot unterstrichen. Da war es wieder, ihr Buch. Also hatte sie jeden Tag zwei Stunden daran geschrieben. »Zwölf Uhr, Mittagessen, Stullen schmieren. Vierzehn Uhr, los in die Stadt!« Los war rot unterstrichen. »Vierundzwanzig Uhr, lösch aus dein Licht!«
Jetzt war ihr Licht endgültig ausgelöscht, dachte ich. Plötzlich musste ich gegen meine Tränen kämpfen. Etwas Asche war von meiner Zigarette auf das vertrocknete Brot gefallen und hatte eine Fliege aufgescheucht, die nun versuchte, brummend durch das geschlossene Fenster ins Freie zu gelangen. Wie gelähmt starrte ich auf dieses letzte Lebenszeichen von ihr. Ein Stück angebissenes, vertrocknetes Brot, auf das jetzt Asche gefallen war.
Der brennende Schmerz in meinen Fingerspitzen ließ mich zusammenzucken. Die Zigarette war heruntergebrannt, und ich trat sie schnell auf dem Fußboden aus. Jetzt erst bemerkte ich das schwarze, längliche Negativ, das neben meinem Fuß lag. Ich bückte mich und hob es verwundert auf. Rudi hatte nie fotografiert. Ich versuchte das Negativ gegen das Licht zu halten, aber es war undurchsichtig schwarz. Es war gar kein richtiges Negativ, sondern nur das Deckblatt eines Polaroids. Ich ging näher ans Fenster und ließ das spärliche Tageslicht schräg auf das schwarze Rechteck fallen. Bei einem bestimmten Einfallswinkel wurde blass, schwarzweiß schimmernd, ein Bild sichtbar. Eine auf dem Rücken liegende nackte Frau. Die Beine ausgestreckt und leicht geöffnet. Die Scham zur Hälfte mit einem Tuch bedeckt. Ein stark gewölbter Bauch. Auf dem

Brustkorb links unterhalb der vollen runden Brust ein Anker tätowiert. Die Arme etwas angehoben, die Hand neben dem Kopf. Wie ein schlafendes Kind. Die Augen geschlossen. Den Kopf nach hinten geneigt. Aus Mund und Nase etwas Dunkles, das die Wange heruntergelaufen war. Der Gesichtsausdruck ruhig. Wie jemand, der sich seinem Schicksal ergeben hatte.

Es war mir nicht möglich, Genaueres zu sehen. Dieses kaum sichtbare Bild, das in meiner zitternden Hand immer wieder in der Schwärze verschwand, erinnerte mich an ein Gemälde der alten Meister. Wenn nicht dieser schwarze geronnene Fleck auf dem erlösten Gesichtsausdruck gewesen wäre. Das laute Brummen der Fliege dröhnte in meinem Kopf. Ich öffnete das Fenster und ließ sie endlich frei. Der Straßenlärm beruhigte mich. Das Leben da draußen ging weiter. Ich hatte Brigitte nicht gehört, die ins Zimmer gekommen war.

»Dieser blöde Polizeifotograf!« sagte sie in meinem Rücken. »Du hast es also doch gefunden!«

Brigitte nahm mich sanft in den Arm und küsste mich zart.

»Das Wesentliche ist für das Auge unsichtbar! Man sieht nur mit dem Herzen gut«, sagte sie. Ich schloss die Augen.

Der Tag, an dem Rudi mir stolz den frisch tätowierten Anker gezeigt hatte, sollte mein weiteres Leben verändern.

An jenem Sonntag wurde das Ausgehverbot für alle Insassen des Heims wieder aufgehoben. Das war mein Glück.

Herr Maurer hatte jegliche Vergünstigungen gestrichen, da ihm seine Armbanduhr gestohlen worden war, die er einen Moment auf der Fensterbank beiseite gelegt hatte, um sich die Hände zu waschen.

Erst wenn dieses wertvolle Stück, eine Kienzle-Uhr verchromt mit Ankerwerk, das ihm zum Jubiläum geschenkt worden sei, wieder aufgefunden werde, könne er sich dazu bereit erklären, seine Erziehungsmaßnahmen gegen die Insassen wieder aufzuheben.

Einer von uns müsse es ja gewesen sein.

Er wolle von einer Strafverfolgung absehen, wenn die Uhr wieder zurückgegeben werde, und er verspreche dem ehrlichen Finder sogar eine Belohnung. Nur der Dieb und dessen Mitwisser fänden bei ihm keine Gnade.

Das war mein Pech.

Ich hatte am Tag zuvor Putzdienst für den kleinen Schlafsaal und kroch stöhnend über den Fußboden. In einer Hand einen schmierigen Putzlumpen, mit dem ich versuchte, zwischen den engen Heizrippen auch noch den nicht sichtbaren Dreck zu entfernen.

Vor mir war wohl noch niemand bis zu diesen Stellen vorgedrungen, dachte ich und zwängte meine Hand in den engen Spalt der Rippen.

Ich hatte mich geirrt.

Eine Armbanduhr war im hintersten Winkel zwischen der letzten und vorletzten Rippe der Heizung eingeklemmt. Ich zog sie mit zwei Fingern hervor. Sie war ohne Armband. Das schwarze runde Zifferblatt hatte Leuchtziffern. Unter der Zwölf stand in schräger Schrift: Kienzle.

Der Sekundenzeiger in dem unteren kleinen Kreis rührte sich nicht. Der kleine der großen Zeiger zeigte auf die Eins.

Entweder war die Uhr nachts stehengeblieben oder um dreizehn Uhr am Tag. Als ich sie wieder aufzog, hörte ich ein Geräusch hinter mir.

Ertappt drehte ich mich um.

Freddi war sonst nie in unserem kleinen Schlafsaal.

Was macht der denn hier, dachte ich misstrauisch.

»Was machst'n du hier?« fragte er und hatte einen knallroten Kopf.

»Putzen«, sagte ich und hielt die Uhr in meiner Hand versteckt.

Sogar seine Sommersprossen schienen zu erröten. Er schloss schnell die Tür hinter sich.

»Leg det da wieder zurück«, sagte er. »Sonst verpfeif' ick dir!«

Jetzt bekam ich einen roten Kopf.

»Die hab' ich gerade gefunden, die Uhr, das ist die vom Maurer.« Ich öffnete meine Faust und zeigte sie ihm.

»Na und?« sagte Freddi und hatte wieder sein freches Grinsen.

»Det jeht dir janischt an. Weg ist weg.«
Da hatte er recht, was ging mich die Uhr vom Maurer an. Da hielt ich mich besser raus.
»Klemm die wieder dahin und Schnauze! Sonst biej' ick dir dein Zinken wieder grade, verstanden?«
Ich hatte verstanden und legte die Uhr mit zwei Fingern zwischen die Heizrippen.
»Und verjiss nich«, sagte Freddi warnend.
»Weg ist weg und wieder holen is jestohlen. Kapiert?« Das war nicht schwer zu kapieren.
Spät nachts, als alle schon schliefen, schlich ich noch mal zu der Heizung und fühlte zwischen den Rippen. Jetzt war die Uhr wirklich weg. Der gute Freddi, Maurers Liebling, wer hätte das gedacht, dachte ich und schlief grübelnd ein.
Am nächsten Morgen war mir mulmig, als alle Heiminsassen zum Appell in die Halle gerufen wurden. Herr Maurer stand auf der großen weißen Treppe und schien jedem seiner Gefangenen prüfend in die Augen zu blicken.
Diesmal suchte er nicht nach Anzeichen, ob einer wieder einmal Sauereien mit sich gemacht hatte, da hatte ich für heute nacht ein gutes Gewissen. Diesmal suchte er in den Augen nach dem Dieb und dessen Mitwisser. Da hatte ich ein schlechtes Gewissen. Ich blickte starr geradeaus. Als endlich alle versammelt waren, begann Herr Maurer seine Rede.
»Damit euch das endlich klar ist! Erstens kommt es anders und zweitens, als man denkt. Ich weiß, wer unter euch der gemeine Dieb ist!«
Ich auch, dachte ich und versuchte, nicht zu Freddi zu schauen, der schräg vor mir stand.
»Ich gebe diesem Mistkerl noch eine letzte Chance!« rief Herr Maurer und schaute über die Köpfe der mutmaßlichen Täter.
»Wenn derjenige, der meine Uhr geklaut hat, jetzt vortritt und sagt: Ja! Ich bin es gewesen!, bekommt er von mir ein paar kräftige Maulschellen und die Sache ist erledigt. Also?« Niemand rührte sich.
Alle hatten die Köpfe gesenkt und beobachteten einander aus

den Augenwinkeln. Nur Freddi hatte den Kopf erhoben und grinste.
Der war wirklich frech.
Herr Maurer unterbrach das gemeinsame Schweigen.
»Also gut! Dieses feige Schwein unter euch hat sich das selber zuzuschreiben. Ich werde Strafanzeige stellen und den Dieb überführen. Am Montag kommt die Kripo und wird von jedem von euch Fingerabdrücke abnehmen. Denn!«
Herr Maurer hob triumphierend seine Stimme.
»Hier ist der Beweis!« Er streckte seine Hand aus und hielt mit zwei Fingern einen durchsichtigen Beutel, in dem die Uhr lag.
Ich konnte erkennen, dass der kleine Sekundenzeiger sich bewegte.
Woher hatte der die Uhr plötzlich wieder?
Ich sah Freddi verblüfft an, der sich grinsend zu mir umdrehte.
Mir wurde ganz heiß.
»Gott sei Dank gibt es außer diesem Kameradenschwein unter euch auch noch ein paar ehrliche Kerle!« hörte ich Herrn Maurer. »Und darauf bin ich stolz! Freddi, komm mal her.«
Mir wurde schwindelig. Freddi stieg zwei Stufen auf einmal nehmend zu Herrn Maurer hoch. Herr Maurer legt seine Pranke auf Freddis Schulter.
»An unserem Freddi hier könnt ihr euch ein Beispiel nehmen. Nur solche Jungs werden sich in die Gesellschaft da draußen wieder eingliedern können und Erfolg haben. Merkt euch das!« Freddi strahlte über das ganze Gesicht. Seine Sommersprossen tanzten vor Freude.
»Unser Fred war so anständig, meine Uhr, die der Dieb im kleinen Schlafsaal versteckt hatte, wahrscheinlich, um sie zu holen, wenn Gras über die Sache gewachsen ist. Fred war so gut, mir diesen Fund sofort auszuhändigen!« Damit hieb er Freddi freundschaftlich auf die Schulter.
»Außerdem muss ich es ihm hoch anrechnen, dass er kein Verräter sein will. Er hat zwar einen Verdacht, wer das Schwein ist, aber er wollte dem Dieb die Chance lassen, sich freiwillig zu

stellen. Das nenne ich hoch anständig!« Freddi schaute mich während der letzten Sätze spöttisch grinsend an.
Gerührt sagt Herr Maurer: »An seinem Beispiel gebe ich die Hoffnung nicht auf, dass meine Erziehungsmethoden doch Früchte tragen und ihr werdet mit mir einer Meinung sein, dass unser Fred eine dicke Belohnung verdient hat!«
Die Jungs in der Halle klatschten. Ich auch.
»Außerdem sind alle Einschränkungen hiermit aufgehoben!«
Die Meute johlte. Ich heulte mit.
»Und der feige Dieb wird spätestens Montag morgen gefasst. Der war auch noch so dumm, mit seinen schmierigen Drecksfingern einen Abdruck auf der Uhr zu hinterlassen!« Das war ich. Der Dumme. Die Horde um mich lachte hämisch. Es klang wie das heisere Bellen junger Wölfe.
»Und bedankt euch für den freien Sonntag heute bei eurem Kameraden hier!« Freddi schaute mich an und bleckte die Zähne. Die Meute umringte ihn.
Die würden mich zerfleischen.
Ich schlich mich weg zum Fenster und schaute sehnsüchtig auf das vergitterte Tor. Rudi kam erst kurz vor Zwölf.
»Um Punkt neunzehn Uhr ist er wieder zurück!« rief uns Herr Maurer hinterher. »Sie kennen ja unsere Regeln, Frau Wroblewska!«
Rudi und ich schlenderten in Richtung Bahnhof Wannsee zu den Dampferstegen.
»Ich warte schon seit über drei Stunden auf dich!« sagte ich maulend. »Wenn du noch später kommst, brauchst du auch gar nicht mehr zu kommen.«
»Entschuldige«, sagte Rudi getroffen. »Das kommt nicht wieder vor. Aber es ging nicht früher.«
»Der ganze freie Tag ist versaut«, sagte ich noch, um ihr ein richtig schlechtes Gewissen zu machen.
»Ich weiß«, sagte Rudi. »Aber das war die letzte Gelegenheit, um François mein Geschenk zu zeigen.«
»Und deshalb lässt du mich warten? Was für ein Geschenk?« fragte ich eifersüchtig.
»Willst du es sehen?« fragte sie versöhnlich.
»Wo hast du es denn?« fragte ich neugierig.

»Direkt unterm Herzen«, sagte sie stolz.

Sie blieb stehen und nestelte ihre Bluse aus dem Rock und hob sie etwas an. Ich schaute mich schnell um, aber niemand beobachtete uns.

»Was ist das denn?« fragte ich erschrocken und betrachtete die blaue Tinte auf ihrer Haut.

»Das ist ein Anker«, sagte sie stolz. »Frisch tätowiert. Gefällt er dir?«

»Nee!« sagte ich wütend. »Du spinnst ja!«

»Also mir gefällt's«, sagte sie trotzig und steckte die Bluse wieder in den Rock. »Und François findet den auch schön. Seine Militärzeit ist zu Ende, und er fährt dann zur See. Den Anker hab' ich ihm zum Abschied geschenkt.«

»Ist er weg?« fragte ich erleichtert.

»Sein Zug geht heute nachmittag, aber ich konnte dich ja nicht so lange warten lassen.«

Sie hatte den Kopf verträumt gesenkt, und ich merkte, sie war in Gedanken bei ihm. Wir liefen schweigend nebeneinander her. Neben dem roten Backsteingebäude des S-Bahnhofs Wannsee war das Café. Von hier aus konnte man die Dampferstege sehen. Wir hatten uns an den Tisch Nummer dreizehn gesetzt. Es war derselbe Tisch, an dem ich in meinem früheren Leben mit der Oma gesessen hatte. Hier hatte alles angefangen, dachte ich wütend und schaute auf den Eingang des S-Bahnhofs Wannsee. Rudi sagte aufmunternd: »Soll ich mal schauen, wann das Schiff ablegt? Ich freue mich schon auf unsere kleine Seefahrt. Den Wind und die Wellen. Ich liebe die See, das Jubilieren der Möwen und die Gischt der Wogen.«

Sie schaute schwärmerisch auf das Wasser.

»Die unendliche Weite der See und das Salz auf der Haut.«

»Hör doch auf!« unterbrach ich sie genervt. »Hier ist nur der Wannsee, und der hat Süßwasser! Du kannst mich ja gleich wieder im Knast abliefern und dem hinterherfahren!«

»So hab' ich das doch nicht gemeint!« sagte sie erschrocken. »Das war nur so eine romantische Anwandlung. Zum Abschied. Ich liebe Abschiede!«

»Ich nicht«, sagte ich, und mein Magen zog sich zusammen, als ich ans Heim dachte.

»Du bist ja auch nicht romantisch«, antwortete sie. »Abschiede und die Sehnsucht sind viel schöner als das dauernde Zusammensein. Dann ist alles neu und beginnt wieder von vorn.«
»Finde ich nicht«, sagte ich und rührte in meinem Kakao.
»Du oller Spielverderber! Dann eben nicht«, sagte sie und trank den letzten Schluck Kaffee. »Trotzdem muss ich schauen, wann der Dampfer wieder anlegt. Um sieben musst du zurück sein?«
»Magst du den François lieber als mich?« fragte ich plötzlich ernst.
Rudi hatte Tränen in den Augen.
»Das weißt du doch. Du bist der Einzige. Kein Mann wird je zwischen uns sein. Wir werden immer zusammenbleiben. Du und ich.«
Ich sagte nichts und schaute auf die Tischnummer. Die Dreizehn. Genauso alt war ich jetzt schon. Oma hatte recht gehabt damals. Die Dreizehn ist eine Unglückszahl.
»Ich will nicht mehr ins Heim«, sagte ich plötzlich.
Rudi sah mich traurig an.
»Ich weiß ja, mein Kleiner. Aber was soll ich machen? Sie werden dich sofort wieder verhaften und einsperren. Hier in Berlin mit dieser Nazivergangenheit. Der Staat hat kein Mitleid, reißt der Mutter ihr Kind vom Herzen. Ich hab' alles versucht. Jeden Tag kämpfe ich um dich!«
Sie schaute mich bittend an.
»Ja, ja, und wenn ich hier endlich rauskomme, bin ich ein alter Mann!«
Ich hatte mich vorgebeugt, meinen Kopf in die Hände gestützt und stierte vor mich hin.
»Deinetwegen hab' ich sogar geheiratet und es hat nichts genützt. Ich war beim Verein für Bürgerrechte, die haben sich wirklich bemüht, aber kommen auch nicht gegen die Behördenclique an. Keine Krähe hackt der anderen ein Auge aus. Der Opa, als ehemaliger Justizinspektor, hat alle in der Hand. Da wäscht eine Hand die andere. Auch die Liga für Menschenrechte konnte mir nicht helfen. Eine Anzeige wegen Amtsmissbrauchs ist abgelehnt worden. Die kämpfen alle gegen uns. Das

Jugendamt, die Staatsanwälte und die Polizei. Ich kämpfe immer noch darum, die Vormundschaft zurückzubekommen. Ich war damals einfach zu jung und zu dumm und habe das Spiel nicht durchschaut. Aber ich gebe nicht auf. Ich kämpfe weiter um dich.

»Warum?« fragte ich und schaute auf die Dreizehn.

»Weil ...« Jetzt hatte sie schon wieder Tränen in den Augen. »Ich weiß doch auch nicht, was ich machen soll. Entscheide du!«

Der Zeiger der Bahnhofsuhr zeigte schon dreizehn Minuten nach zwei. Noch fünf Stunden und siebenundvierzig Minuten.

»Ich will nicht mehr zurück ins Heim«, sagte ich und schaute Rudi an.

Rudi sagte nichts und sah mich hilflos an.

»Noch einen Kaffee und einen Kakao für den jungen Mann?« fragte der Kellner, während er abräumte und mit einer Handbewegung über den Tisch wischte. Ich schüttelte den Kopf.

»Wie Sie wollen«, sagte der Ober und stellte die Tischnummer wieder genau in die Mitte.

Ich starrte auf die Dreizehn.

»Ich geh' nicht mehr zurück!« sagte ich entschlossen.

Rudi schaute auf das Wasser, das von weitem herüberschimmerte.

»Wie du willst«, sagte sie nachdenklich.

»Wir hauen ab?«

»Warum nicht? Hier ist doch gleich die Autobahn.«

Sie hatte wieder ihren kämpferischen Ausdruck in den Augen.

»Wir gegen die ganze Welt! Wa, Kleener?«

Ich schaute auf die Bahnhofsuhr.

»Aber um sieben fangen die schon an, mich zu suchen«, sagte ich.

Wie gelähmt starrte ich mit offenem Mund auf den leeren Tisch mit der Nummer dreizehn.

»Los! Jetzt komm schon! Träum nicht!« hörte ich Rudi.

Also war die Dreizehn meine Glückszahl.

Der Wecker schreckte mich aus dem Schlaf. Ich angelte nach meinen Sachen, die neben dem Bett lagen, und zog mich unter der Bettdecke an. Die rote Heizsonne glühte schon, aber es war immer noch kalt. Die Scheiben waren mit Eisblumen bedeckt. Draußen war es noch dunkel. »Du musst dich beeilen«, sagte Rudi. Sie zog das karierte Handtuch von dem Vogelbauer, den sie mir geschenkt hatte, und sagte: »Guten Morgen, kleiner Spatz! Wach auf mein Herz und singe.«
Der blaue Wellensittich schüttelte sich und kniepte verschlafen mit den Augen. Dann hackte er auf einen kleinen Taschenspiegel ein, der im Käfig hing.
»Der arme Kleine hat auch niemanden zum Spielen. Vielleicht kannst du ihm ja das Sprechen beibringen. Dann ist er nicht so allein.«
Rudi hängte das Handtuch neben das Waschbecken und kämmte sich vor dem fast blinden Spiegel, der darüber hing. Bis auf eine blonde Strähne an der Seite hatte sie wieder ihre natürliche braune Haarfarbe.
»Meinst du, die Wirtin hat was dagegen, wenn ich ihn im Zimmer wieder fliegen lasse?«
Ich schaute auf den Vogel im Käfig. Der Boden war übersät mit Körnern.
»Das brauchen wir dem Drachen ja nicht zu sagen.«
Rudi betrachtete sich mit einem kleinen Spiegel im Profil.
»Ich finde, ich habe Ähnlichkeit mit Ingrid Bergman, findest du nicht?« fragte sie und begann sich die Lippen anzumalen.
Ich öffnete das Türchen des Vogelbauers.
»Der scheißt aber auch überallhin!«
Ich schaute auf das Fensterbrett, das übersät war mit kleinen weißen Kügelchen. Der Wellensittich flatterte aufgeregt im Käfig herum und begann zu krächzen.
»Das braucht die ja nicht zu wissen. Ich hab' ein Steckschloss besorgt. Jetzt kann die nicht mehr mit ihrem Nachschlüssel ins Zimmer und hinter uns herschnüffeln.«
Rudi benetzte mit etwas Spucke ihre Finger und bog die Augenwimpern nach oben.
»So, jetzt müssen wir aber los«, sagte sie zu ihrem Spiegelbild und lächelte sich an.

»Ich hab' dir einen schönen, starken Nescafé gemacht.«
Sie zog die Schnur des Tauchsieders aus der Steckdose und goss das kochende Wasser auf das braune Pulver in der Tasse.
»Die erste Zeit auf dem Gymnasium solltest du nicht zu spät kommen. Ich bin ganz stolz auf dich, dass du die Aufnahmeprüfung geschafft hast. Stell dir vor, auf einem richtigen Gymnasium!«
»Ist ja nur probeweise«, sagte ich und setzte mich auf den Bettrand.
»Das klappt schon«, sagte sie und schlürfte den heißen Kaffee.
»Die Berliner haben ja ein ganz anderes Schulsystem als die Westdeutschen hier in Mannheim, und du bist ja schlau. Du schaffst das schon. Und wenn du in Französisch Schwierigkeiten hast, helfe ich dir.«
Schon wieder war ich im Schulstress und hatte Magenschmerzen. Ich streckte meine Hände zu der Heizsonne aus, um meine klammen Finger zu wärmen.
»Kannst du mir nicht eine Entschuldigung schreiben? Ich hab' so schlecht geschlafen.«
Rudi setzte sich zu mir aufs Bett.
»Wie du willst. Aber ich glaube, das geht jetzt noch nicht, nimm die doch einfach nicht so wichtig. Du lernst da nicht fürs Leben, du lernst für die Schule. Und da müssen wir durch. Schau mal, ich muss ja auch diesen blöden Job bei den Amis in der Kaserne machen. Das fällt mir auch nicht leicht, vom Deutschen ins Amerikanische zu übersetzen. Englisch können die ja nicht. Mein Chef ist einfach ein ungebildeter Ami. Mister Goldblum kennt nicht einmal Goethe, und Schiller hält er für ein Fischbrötchen. Siehst du, jetzt lachst du wieder. Ich muss auch unter solchen Idioten leiden. Aber dafür können wir das Zimmerchen bezahlen und schönen, starken Nescafé trinken. Willst du noch einen Schluck? Du bist ja noch ganz verpennt.«
Ich nickte und fand mich damit ab, doch ins Gymnasium zu müssen. Ich hasste es immer wieder, der Neue zu sein, der Fremde, der sich nicht auskennt. Jetzt litt ich unter Französisch, wovon ich keine Ahnung hatte. Antwortete mit Oui und Non und versuchte, nicht weiter aufzufallen, damit ich bleiben konnte.

Ich umklammerte die heiße Tasse. Langsam wurde mir wärmer. Ich starrte in die roten Glühfäden der Heizsonne und spürte die brennende Hitze auf dem Gesicht. Nur die Füße waren noch kalt. Ich streckte sie aus und versuchte, mit den dicken Socken so dicht wie möglich an die Heizsonne zu kommen, bis ich sie versengte. Schnell zog ich die Füße wieder zurück. Jetzt spürte ich mich wieder, zumindest meine Zehen.
»Ich hatte einen ganz blöden Traum«, versuchte ich mich zu erinnern. »Ich bin gerannt, war auf der Flucht, und je schneller ich rennen wollte, um so schwerer fiel es mir. Ich stolperte über meine Knöchel. Dann lag ich wie ein Käfer auf dem Rücken. Ich bin einfach liegengeblieben und habe mich totgestellt. Im Traum hab' ich gedacht, das ist bestimmt nur ein Traum. Als der Wecker klingelte, dachte ich im ersten Moment, das war doch kein Traum, die haben mich geschnappt, und ich bin wieder im Heim. Aber das stimmt ja gar nicht. Das habe ich ja bloß geträumt.«
»Das ist wirklich nur ein Traum«, sagte Rudi und legte einen Arm um mich. »Aber du musst keine Angst haben, die erwischen uns hier nicht. Du musst nie wieder ins Heim. Du bist jetzt frei. Das verspreche ich dir.«
»Noch acht Jahre, bis ich volljährig bin. Das klappt doch nie!«
»Du oller Pessimist. Ist die Tasse jetzt halbleer oder halbvoll?«
Ich schaute in die halbleere Tasse und trank sie aus.
»Na siehst du! Und bevor die uns finden, sind wir schon wieder weg.«
»Wo sollen wir denn hin?«
»Wohin du willst. Wir sind frei wie die Vögel!«
Vogelfrei, dachte ich und malte mir aus, wie Herr Maurer der Polizei eine genaue Personenbeschreibung von mir gegeben hatte. Und ich war ja nicht schwer zu beschreiben. Jetzt wurde überall nach mir gefahndet.
»Frei wie Zugvögel. Die ziehen im Winter ja auch in den Süden«, sagte Rudi und schaute in den grauen Tag. »Was hältst du davon?«
Sie malte mit ihrem Finger aus zwei Strichen lauter fliegende Vögel auf die beschlagene Scheibe.
»Und wohin da?« fragte ich genervt.

»Vielleicht nach München? Das ist eine richtige Künstlerstadt, die neue Filmmetropole. In Geiselgasteig sind die Studios, und Schwabing ist voller Maler und Bildhauer. Lauter interessante Menschen. Bohemiens. Das entspricht uns mehr als dieses Provinzkaff Mannheim. Hier will man ja nicht mal tot überm Zaun hängen«, sagte sie entschlossen.
»Und wann hauen wir hier ab?« Ich dachte mehr an das Gymnasium.
»Sobald wie möglich. Wenn mein Chef mir einen Vorschuss genehmigt, sind wir damit weg. Und ich hol' dich heute von der Schule ab.«
Der Wellensittich flatterte aus dem Käfig und landete oben auf der Gardinenstange. Er äugte mit schrägem Kopf zu mir herunter und ließ ein weißes Kügelchen fallen, das auf dem Fensterbrett landete. Plötzlich klopfte es dreimal heftig an der Zimmertür. Der Wellensittich fiel vor Schreck fast von der Stange und flatterte laut krächzend durch das Zimmer.
»Psst«, machte Rudi zu mir und hielt den Zeigefinger vor den Mund.
»Scheiß Vogel«, flüsterte ich und schaute nach oben.
Er saß wieder auf der Gardinenstange und war still. Wir lauschten alle drei.
»Frau Kollakowski?« hörten wir die helle, schneidende Stimme der Zimmerwirtin.
Der Vogel gab einen kurzen, kratzigen Ton zur Antwort. Dann hörten wir, wie versucht wurde, einen Schlüssel ins Schloss zu stecken. Wir schauten alle gebannt auf die Tür.
»Das ist ja unerhört!« hörten wir die Wirtin. »Die haben was ins Schlüsselloch gesteckt!«
Die Türklinke wurde mehrfach heftig heruntergedrückt.
»Frau Kollakowski! Ich weiß genau, dass Sie da sind. Machen Sie sofort die Tür auf!«
Die Stimme der Wirtin steigerte sich zu einem schrillen Keifen. Ich schaute panisch auf den Vogel und dann zu Rudi. Rudi sah mich lächelnd an und schüttelte leicht den Kopf. Der Vogel saß eingeschüchtert auf der Stange und sagte nichts. Jetzt wurde an der Klinke heftig gerüttelt.
»Die haben sich verrammelt«, hörten wir die Wirtin. »Die letz-

ten zwei Monate nicht die Miete bezahlt und eine Stromrechnung, kann ich Ihnen sagen, das glauben Sie gar nicht! Aber das hat jetzt ein Ende!«
Rudi hatte sich vorsichtig zu mir aufs Bett gesetzt.
»Ich denk', du hast bezahlt?« flüsterte ich wütend.
»Wozu denn? Wir bleiben doch nicht so lange«, flüsterte Rudi zurück.
Ihr Atem wurde sichtbar als Hauch vor dem Mund. Erst jetzt bemerkte ich, dass die Heizsonne nicht mehr brannte.
»Die hat uns den Strom abgestellt«, zischte ich.
»Dann kriegt sie erst recht nichts«, hauchte Rudi. »Lass sie ruhig bollern!«
Der Wellensittich knabberte an der Gardinenstange. Plötzlich hörten wir eine tiefe Männerstimme.
»Und wozu haben Sie mich jetzt hierhergerufen?«
»Na, dass Sie die Tür öffnen«, sagte die Wirtin. »Notfalls mit Gewalt, Herr Wachtmeister!«
Ich schaute Rudi ängstlich an. Sie lauschte mit offenem Mund.
»Das fällt nicht in meinen Aufgabenbereich«, sagte der Mann brummend.
»Das ist ja unerhört!« Die Stimme der Wirtin wurde wieder schrill. »Ich denke, Sie sorgen hier für Recht und Ordnung und schützen ehrliche Bürger vor solchen Betrügern!«
Ein dumpfer Schlag dröhnte gegen die Tür. Der Wellensittich flatterte aufgescheucht durch den Raum und kreischte.
»Haustierhaltung ist auch nicht erlaubt«, kreischte die Wirtin hinter der Tür zurück.
Der Vogel drehte eine Runde im Zimmer und ließ dabei vor Schreck einen feuchten Klecks auf das Bett fallen.
»So hat das ja keinen Zweck«, hörten wir den Mann mit tiefer, kräftiger Stimme. »Lassen Sie mich das mal machen.«
Ich hatte mich auf das Bett gehockt und meine Arme um die Beine geschlungen. Es wurde immer kälter. Rudi hatte sich mit den Armen nach hinten auf das Bett gestützt, die Beine übereinandergeschlagen, und schaute abwartend auf die Tür wie ein trotziges Kind. Das Bummern war so heftig, dass die Tür wackelte.
»Aufmachen! Polizei!« hörten wir den Mann laut rufen.

Rudi und ich sahen uns erschrocken an.
»Öffnen Sie sofort die Tür, hier ist die Polizei! Oberwachtmeister Krause!«
Er klopfte noch dreimal heftig gegen die Tür. Dann war es still. Auch der Vogel war verstummt und hockte verängstigt in der Ecke des Zimmers auf dem Fußboden. Ich flüsterte Rudi ins Ohr: »Scheiße, das ist ein Polizist! Jetzt müssen wir aufmachen!«
»Wieso denn?« flüsterte Rudi zurück. »Da kann ja jeder kommen.«
»Aber das ist ein Polizist. Die haben uns geschnappt!«
Ich fing an zu zittern. Mir war verdammt kalt.
»Bitte mach jetzt auf, bevor er die Tür einschlägt.«
Meine Beine wackelten, obwohl ich die Knie festhielt.
»Hab doch nicht so Angst vor dem bisschen Polizei«, flüsterte Rudi und verschränkte die Arme, »die dürfen hier nur rein mit einem Durchsuchungsbefehl. Auch einem Polizisten muss man nicht aufmachen.«
Wieder klopfte es dreimal heftig an der Tür. Der Polizist rief: »Frau Kollakowski? Zum letzten Mal! Hier ist die Polizei! Öffnen Sie sofort die Tür!«
Rudi schaute auf ihre rotlackierten Nägel. Ich starrte ergeben vor mich hin. Lieber ließ ich mich wieder einsperren als so ein Leben im Untergrund zu leben. Ich schaute Rudi böse an. Von wegen Abenteuer. Nur Schiss die nächsten acht Jahre.
»Mach jetzt endlich auf!« fauchte ich Rudi an.
Ich war bereit.
»Tja, da kann man nichts machen, Frau Silbernagel!« hörten wir den Polizisten hinter der Tür.
»Na siehste! Du oller Angsthase!« Rudi strahlte mich an.
»Was heißt, da können Sie nichts machen? Was soll ich denn jetzt machen mit diesem Pack!« schrillte Frau Silbernagel.
»Jetzt beruhigen Sie sich, gute Frau! Auf dem Polizeipräsidium erstatten Sie erst mal eine ordnungsgemäße Anzeige, und dann lassen Sie die Tür von einem Schlosser aufbohren.«
Rudi war aufgestanden und lauschte an der Tür. Frau Silbernagels Stimme wurde zaghafter.
»Nicht, dass ich noch eine Anzeige wegen Kuppelei bekom-

me. Diese Frau beherbergt auch noch einen jungen Mann in dem Zimmer. Dabei gibt es nur ein Bett. Herrenbesuch nur bis zehn, hab' ich ihr gesagt, aber sie behauptet, das sei ihr Sohn.«
Die Stimmen entfernten sich.
»Das ist natürlich ein schwerwiegender Strafbestand«, hörten wir den Polizisten noch. »Das müssen Sie anzeigen. Bei Unzucht und Kuppelei kennt der Staat keinen Spaß.«
«Schnell, pack deine Sachen zusammen, wir hauen ab!« sagte Rudi und ging zum Fenster und kratzte mit ihrem Kamm die Scheibe frei, um auf die Straße zu sehen.
»Und der Wellensittich?« fragte ich hektisch und versuchte den Vogel einzufangen. Er hüpfte ängstlich weg. Flatterte über das Bett auf die andere Seite. Ich hechtete hinterher, aber er entwischte mir. Eilig lief er unters Bett. Ich schob das Bett zur Seite. Sofort flog er auf und landete wieder auf der Gardinenstange.
»Da unten sind sie, die Wirtin und ihre Staatsgewalt«, sagte Rudi lächelnd. »Komm jetzt schnell, ich kauf' dir einen neuen Vogel. Am besten, wir trennen uns. Du gehst schon mal vor zum Hauptbahnhof, und ich versuche noch von meinem geizigen Chef den Vorschuss rauszuleiern. In einer Stunde treffen wir uns da und nehmen den nächsten Zug.«
Der Vogel wetzte seinen Schnabel an der Gardinenstange.
»Was ist, wenn die uns da abfangen?«
Ich schaute enttäuscht nach oben auf den Vogel. Er schaute misstrauisch zurück. Er hatte Angst.
»Du bist mir aber auch eine Memme mit deinem Wenn und Aber! Jetzt komm schon, wir müssen weg!«
»Und die Miete?« fragte ich, um Zeit zu gewinnen, und schaute auf den Vogel, in der Hoffnung, ich könnte ihn doch noch mitnehmen.
Tatsächlich krächzte er einmal und flog aufs Bett, aber er traute mir nicht.
Er hinterließ nur einen weichen, grauen Klecks auf der Bettdecke und flatterte wieder auf die rettende Gardinenstange.
»Für so ein beschissenes Zimmer auch noch Miete?« sagte Rudi und ging entschlossen zur Tür.

»Warte«, sagte ich und öffnete das Fenster. »Dann darf er auch in die Freiheit.«
Eisige Luft strömte herein. Der Vogel blieb sitzen, schüttelte sein blaues Gefieder vor Kälte. Selber schuld, dachte ich und rannte Rudi hinterher, die Treppe runter ins Freie.
Da war es kalt und nebelig. Ich nahm den Umweg durch die amerikanische Siedlung. Hier wohnten die reichen Amis aus den Kasernen mit ihren verwöhnten Kindern. Ihre riesigen meterlangen bunten Autos waren am Straßenrand geparkt.
Sie hatten ihre eigenen Verkehrszeichen, gelbe und rote. »Stop« stand auf einem knallroten sechseckigen Schild. Bei uns in Deutschland war es ein dreieckiges Schild, auf dem »Halt« stand. Ihre Spielplätze waren hoch eingezäunt, wahrscheinlich, damit nur Besatzungskinder da spielen konnten.
Ich stellte den großen Seesack ab, in den wir unsere Sachen gestopft hatten, und schaute neidisch den Amijungs bei ihren merkwürdigen Spielen zu. An einer Hand trugen sie einen riesigen Handschuh, mit dem sie kleine Bälle auffingen. Andere warfen sich einen großen Ball zu, der wie ein riesiges Ei aussah. Fußball konnten die gar nicht.
Mir war kalt. Ich nahm den Seesack wieder auf die Schulter und lief weiter. Mit dem spitzen Sicherheitsschlüssel von unserem Zimmer kratzte ich im Vorbeigehen den schicken Amischlitten ein bisschen am Lack. Ein Cadillac fiel mir besonders auf. Hellblau. Wie mein Wellensittich. Ich ritzte auf den langen Kofferraum ein Viereck mit einem Strich in der Mitte.
»Hey, what are you doing, you Kraut!« hörte ich eine helle Stimme. Der Stiftenkopp war nicht viel jünger als ich. Er saß frech in einem knallroten Tretauto. Seine Stupsnase war bedeckt mit lauter Sommersprossen. Kaugummi kauend rief er: »Stop it, you motherfucker!«, während er versuchte, aus seinem schicken Spielauto zu kommen.
Diese Amilaus!
Mich packte plötzlich eine vorher noch nie erlebte blinde Wut.
Seine Augen quollen hervor, und Tränen liefen ihm über den Fliegenschiss auf seinem Gesicht, aber ich ließ ihn nicht aus dem Schwitzkasten, sondern drückte noch fester zu, bis er

kaum noch Luft bekam und seine Schmerzenslaute mit einem Krächzen erstickten.

»Nimm das zurück!« hörte ich meine gepresste Stimme.

Dabei nahm ich mit der anderen Hand seine freche stupsige Rotznase zwischen Daumen und Zeigefinger und drehte sie langsam gegen den Uhrzeigersinn.

»Nimmst du das jetzt zurück?«

Er wimmerte, und der Kaugummi quoll ihm mit Speichel vermischt aus dem Mund. Er wehrte sich nicht. Diese Memme! Das machte mich noch wütender. Ich griff in sein kurzgeschorenes Amihaar und riss ihm den Kopf zurück. Seine Augen wurden glasig, die Pupillen weit aufgerissen, als könnte ich tief in ihn hineinsehen. Aber da war nur Leere. Schwarze Angst. Eklig. Sein Mund war geöffnet, als wollte er schreien, aber nur das Zäpfchen zitterte in der Tiefe des Gaumens. Ich spuckte ihm wütend meine gesammelte Verachtung ins Gesicht.

»So, Freddi!« schnaufte ich.

Es war wirklich eklig. Mit einem heftigen Stoß warf ich ihn in sein rotes Spielzeugauto zurück. Wie ein Käfer auf dem Rücken blieb er quer im Sitz liegen und stellte sich tot.

»Mit mir legst du dich nicht mehr an! Kapiert?«

Ich war noch halb über ihn gebeugt, die Fäuste geballt, falls er weiterkämpfen wollte. Er verstand mich nicht. Trotzdem nickte er heftig. Sein Atem kam stoßweise, und der Mund war immer noch halb geöffnet.

»Merk dir das, du Motherfucker!« sagte ich und trat noch einmal kräftig gegen sein rotes Spielmobil. Der Lack splitterte. Die Delle in seiner Karre beruhigte mich endlich, aber mein Fuß tat mir weh. Scheiß Ami!

Ich schulterte den Seesack und humpelte weiter durch den feuchten Nebel. Auf jeden Fall war mir jetzt nicht mehr kalt.

Der Münchner Hauptbahnhof war voller Menschen. Aus dem grau nebligen kalten Norden waren wir endlich in den Süden geflüchtet. Gerädert vom ewigen Rattern stiegen wir aus dem Zug. Die eisige Luft verschlug mir fast den Atem. Viele Reisende trugen schmale Bretter auf den Schultern. Damit brettern die die Berge runter, hatte Rudi mir erklärt. Hier sind die Alpen. Wir liefen durch den großen Mittelteil des Bahnhofs zum Ausgang. Ich hatte unseren Seesack geschultert und fühlte mich fremd zwischen den Bretterträgern und Pudelmützen.

Vor dem Bahnhof war der Schnee meterhoch am Straßenrand aufgehäuft. Statt der Berge sah ich auf der gegenüberliegenden Straßenseite eine Hauptpost. Wir blieben unentschlossen stehen. Den Süden hatte ich mir anders vorgestellt.

»Ist das nicht herrlich!« sagte Rudi. »Diese weiße Pracht! Hast du schon mal so viel Schnee gesehen?«

»Nee«, sagte ich bibbernd und spürte, wie meine Füße nass wurden.

»Vielleicht bleibst du besser im Bahnhof und wartest auf mich, bis ich etwas Geld aufgetrieben habe.« Sie zählte das Kleingeld im Portemonnaie. Willst du solange ins Aki gehen? Ich hab' eins in der Halle gesehen. Jetzt sind wir wieder in einer richtigen Großstadt. Und wenn dir zu langweilig wird, wartest du gegenüber in der Milchbar. Ich find' dich schon. Hier«, sie drückte mir die Geldmünzen in die Hand. »Das müsste reichen. Viel ist ja nicht übrig vom Vorschuss. Aber wenn man so luxuriös reist wie wir... Und pass auf unser Gepäck auf. Warte mal...«

Sie öffnete den Seesack und kramte in unseren Sachen. Dann zog sie eine rote Sommerbluse hervor. »Zwanzig Mark ist die mindestens wert. Die brauch' ich sowieso nicht bei dem Wetter. Bis gleich, mein Kleiner. Ich versuch' mich zu beeilen. Schau mal da drüben, die Straße heißt Schillerstraße, die Stadt hat Kultur. Nicht nur Buchstaben und Zahlen wie in Mannheim. Das ist ein gutes Omen.«

Damit stapfte sie, die rote Bluse über dem Arm, frohgemut durch den tiefen Schnee. Ich schulterte wieder unser Gepäck und ging zurück in die Bahnhofshalle. Im Aktualitätenkino war es schön warm. Mit der Eintrittskarte konnte man sich stundenlang aufhalten und alle Wochenschauen, die aneinandergereiht waren, immer wieder von vorne sehen. Das war eine praktische Einrichtung.

Ich setzte mich mit meinem Seesack in die letzte Reihe, lehnte mich wohlig zurück und ließ die zackige Stimme des »Voxtönenden Wochenschau«-Sprechers über mich ergehen. Das Kino war nicht voll. Aber es war ein ständiges Kommen und Gehen. Jedes Mal, wenn die Tür aufging, hoffte ich, dass Rudi mich hier endlich wieder rausholte.
Jetzt schaute ich mir schon zum dritten Mal das vergangene Jahr an. »Sowjetische Regierung bietet gesamtdeutsche Wahlen an. Hoffen auf die deutsche Wiedervereinigung.«
Ich langweilte mich.
Dann hätten wir nicht, um aus Berlin abzuhauen, schwarz über die Grenze gemusst. Im Dunkeln. In einem geschlossenen Lastwagen voll mit Heu, in dem wir versteckt hockten, kaum Luft zum Atmen. Der Wagen hält. Ich musste ganz still sein. Die Klappe wird geöffnet. Ich kann kaum noch den Atem anhalten. Jemand stochert im Heu. Ich muss niesen. Rudis feuchte Hand hält mir den Mund zu. Die Klappe wird geschlossen. Der Wagen fährt weiter. Das war die Grenze. Ich döse vor mich hin. Der Wagen hält. Ein schwarzes Gesicht mit weißen Zähnen öffnet die Tür. Dann lagen wir im Morgengrauen an einer Böschung. Das war Westdeutschland. Der Lastwagen mit einem großen weißen Stern entfernt sich.
»Mit der Wiederbewaffnung und dem Beitritt zur Nato wird jede Chance auf eine Wiedervereinigung verspielt.«
Ich wartete auf den Bericht vom Besuch des Schahs mit seiner schönen Kaiserin Soraja in Deutschland, die einen Schäferhund bekommen hatte mit dem Namen Harras. So einen Hund hätte ich mir auch gewünscht, aber den hätte ich Lassy getauft.
Dann erzählte der Sprecher von einer Emnid-Umfrage. Die am meisten bewunderten Persönlichkeiten der fünfzehn- bis vierundzwanzigjährigen Deutschen sind: Friedrich der Große, Otto von Bismarck und Adolf Hitler.
Ich hätte James Dean genannt, wenn sie mich gefragt hätten. Aber der war ja kein Deutscher und jetzt auch schon tot mit seinem Porsche Speedster. Aber mich fragte ja niemand. Wahrscheinlich, weil ich erst dreizehn war. Dabei war Jimmy wie ich. Ausgestoßen und allein, immer wieder neu eingeschult und

von den anderen gehänselt. Zum Geburtstag würde ich mir auch ein Klappmesser wünschen, um mich damit zu wehren. »Denn sie wissen nicht, was sie tun« war ein ganz anderer Film als »Sissy« mit Romy Schneider und Karl-Heinz Böhm. Jimmy Dean war echt. Ich zog die Schultern hoch wie er und kräuselte meine Augenbrauen, während ich mich einsam in den Kinosessel drückte und mit zusammengekniffenen Augen das Unglück von Le Mans betrachtete. Fünfundachtzig Tote. Mercedes zieht seine siegreichen Silberpfeile aus dem Rennsport zurück. Schade!

Rudi war immer noch nicht aufgetaucht. Ich überlegte, ob ich mir zum vierten Mal den Verzicht von Prinzessin Margaret auf die Ehe antun sollte. Und der Rest war auch langweilig. Albert Einstein ist tot. Franz Josef Strauß ist Atomminister. Die letzten deutschen Kriegsgefangenen kehren heim, und Caterina Valente trällert: Ganz Paris träumt von der Liebe.

Bevor der Ohrwurm wiederkommt, gehe ich lieber in die Milchbar, entschied ich mich. Die Bahnhofshalle war jetzt nicht mehr so überfüllt mit Reisenden wie bei unserer Ankunft. Bei den Zügen sah ich zwei Bahnpolizisten warten, die die Ankömmlinge streng musterten. Schnell verschwand ich in dem Café, das sich Milchbar nannte, und setzte mich in die äußerste Ecke. Von hier aus konnte ich den ganzen Raum überblicken und die Passanten davor in der Halle beobachten.

Das Café war sehr modern eingerichtet. Schwarze Bänke an den Wänden, die aussahen wie mit Leder bezogen. Der Kunststoff schimmerte glänzend. Eine chromblitzende Theke, hinter der Milchshakes geschüttelt wurden. Kleine runde Tische mit nach außen gestreckten Beinen und zarten Stühlen.

Ich hatte mir einen Milchbecher mit Himbeersaft bestellt und nuckelte an dem Strohhalm. Die beiden Bahnhofspolizisten schlenderten auf die Milchbar zu. Ich beugte mich tief über das leere Glas und pustete in den Strohhalm. Der letzte Rest der Milch blubberte und schäumte hoch. Jetzt war das Glas wieder halbvoll. Nach einem kurzen Blick zu mir wanderten die Beamten weiter.

Langsam wurde ich nervös, weil Rudi immer noch nicht aufgetaucht war. Ich beobachtete aus den Augenwinkeln die Kellnerin, die mich beobachtete. Als sie das laut schlürfende Geräusch des Strohhalms hörte, mit dem ich den Rest des Schaums einsog, kam sie auf mich zu.

»Noch einen Milchshake, der junge Mann? Wir schließen bald«, sagte sie höflich.

»Nein, danke«, sagte ich. »Ich bin noch nicht fertig.«

Wir schauten beide auf den zusammengesunkenen Restschaum. Ich wurde rot.

»Ich habe meinen Zug nach Mannheim verpasst und muss jetzt warten, bis der nächste wieder geht«, sagte ich und rührte mit dem Strohhalm in dem leeren Glas. Ich ärgerte mich über meine erklärende Antwort, weil sie mich gar nicht danach gefragt hatte.

»Ist schon recht«, sagte sie. Aber es war ihr überhaupt nicht recht. Missmutig ging sie wieder zur Theke zurück, lehnte sich an und beobachtete mich von da aus weiter.

Wenn Rudi jetzt nicht bald kommen würde, müsste ich mich in der Bahnhofshalle herumdrücken.

Die beiden Bahnpolizisten kontrollierten gerade einen angetrunkenen älteren Mann mit weißen Bartstoppeln, dem alle Zähne fehlten. Der sah auch nicht wie ein Reisender aus, der auf seinen Zug wartet. Gerade, als ich mich entschieden hatte zu gehen, um mich an den Beamten vorbeizudrücken, die noch beschäftigt waren, sah ich den Mann, der das Café betrat. Er trug einen beigen Trenchcoat wie die Kriminellen in den Filmen. Sein schwarzer Schnauzbart bedeckte seine Oberlippe. Er hatte seinen Hut abgenommen, als er das Café betrat und sich suchend umsah. Sein Blick blieb an mir hängen. Er steuerte direkt auf meinen Tisch zu. Ich schaute ihn wie hypnotisiert an. Vor Schreck gelähmt blieb ich sitzen. Abhauen war nicht mehr möglich. Ich hatte den Milchshake noch nicht bezahlt, und mit der Kellnerin war nicht zu spaßen.

Draußen in der Bahnhofshalle ließen sich die beiden Polizisten den Ausweis des Betrunkenen zeigen, der wild gestikulierte. Ich versuchte ganz ruhig zu bleiben und ärgerte mich über den zitternden Strohhalm in meiner Hand.

Der Mann blieb direkt vor mir stehen. Er sah mich prüfend an

und fragte dann in einem harten Akzent, den ich nicht einordnen konnte: »Du bist der Gottfried?«
Es war sinnlos zu leugnen. Er wusste es.
»Ja«, sagte ich und wollte schon aufstehen. Aber meine Beine versagten, und ich blieb sitzen. Ich merkte, dass ich den Strohhalm geknickt hatte.
»Und wie heißt deine Mutter?«
Der Mann sah mich lauernd an.
»Ruth«, sagte ich und merkte, wie die Kellnerin uns neugierig beobachtete.
»Und weiter?« fragte er.
Es war besser, die Wahrheit zu sagen, da konnte ich am wenigsten falsch machen.
»Wroblewska«, sagte ich wahrheitsgemäß.
Der Mann schien zufrieden zu sein. Er brachte die Krempe seines Hutes in Form und nickte wissend.
»Dann komm mal mit!« sagte er und zeigte mit dem Hut zum Eingang.
Die beiden Bahnhofspolizisten studierten immer noch die Papiere des Penners, der sich nervös über seine Bartstoppeln strich.
»Ich hab' noch nicht bezahlt«, sagte ich und überlegte, wie ich doch noch entkommen könnte.
»Lass mal! Das mach' ich schon«, sagte der Mann.
»Außerdem warte ich hier auf meine Mutter!« Mir fiel keine Ausrede mehr ein.
»Ich weiß«, sagte der Mann und lächelte freundlich. Er hatte gelbe, etwas auseinanderstehende Zähne. »Ich muss mich noch vorstellen.« Er wechselte seinen Hut in die linke Hand und reichte mir seine rechte, dabei machte er eine leichte Verbeugung. »Mein Name ist Zoltan Kovac, und ich habe mir erlaubt, deine Frau Mutter zum Abendessen einzuladen. Du hast doch bestimmt auch Hunger nach so einer langen Fahrt. Besonders nach dem Missgeschick, das euch passiert ist. Man kann nicht misstrauisch genug sein bei Fremden. Aber so eine Anzeige bei der Polizei hat wenig Erfolg, wenn einem die ganze Barschaft gestohlen wurde.«
Das klang nach Rudi. Sie hätte mich wenigstens vorwarnen

können. Ich schaute dem Mann zu, wie er bei der Kellnerin bezahlte. Sie lächelte jetzt besonders freundlich.
Als ich den Seesack schulterte, sagte der Mann: »Das nehmen wir aber nicht mit ins Restaurant. Hier ist gleich die Gepäckaufbewahrung.« Er ließ mir den Vortritt an der Tür und setzte seinen Hut auf. Die beiden Bahnpolizisten beachtete ich gar nicht.

Wir waren die einzigen Gäste in dem kleinen Lokal. Ihre rote Sommerbluse hatte Rudi neben sich über den Stuhl gehängt. Herr Kovac schaute über den Rand seiner Lesebrille zu ihr.
»Möchten Sie einen Roten aus Kadarka aus Kiskunhalas probieren? Der ist aus meiner Gegend.«
»Nein, danke vielmals, ich trinke keinen Alkohol. Ein Wasser wäre recht.«
Rudi blätterte in der Speisekarte. Herr Kovac sah sie enttäuscht an.
»Schade! Dann empfehle ich Ihnen einen Tokajer. Fast alkoholfrei, schmeckt wie ein butterweicher Scotch. Den kann sogar der Herr Sohn trinken.«
»Gibt es auch eine Coca-Cola?« fragte ich.
Herr Kovac seufzte.
»Wir werden unsere europäische Kultur verlieren im Kampf gegen den Kommunismus. Von uns kennt man nur noch die Czardasfürstin und das Gulasch aus meiner Heimatstadt. Das müssen Sie probieren. Das Szegediner Gulasch. Wenigstens das bleibt noch von unserem Land!«
»Ich denke oft an Piroschka.« Rudi versuchte auf sein Thema einzugehen. »Das ist doch ein Film, der in Ungarn spielt?«
»Da sehen Sie, was von einer Kultur übrigbleibt. Wie bei Ihren großen Dichtern, die zu Straßennamen verkommen sind. In einer etwas anzüglichen Gegend. Goethestraße, Schillerstraße. Sie müssen entschuldigen, Frau Wroblewska, dass ich Sie im ersten Augenblick für eine professionelle Dame hielt. In dieser Gegend.«
Rudi lächelte ihm verzeihend zu.
»Ich habe mich auch nur dorthin verirrt, um etwas Zerstreu-

ung zu suchen. Beileibe nicht, was Sie denken. Aber in diesem Viertel hier um den Bahnhof haben sich auch viele Emigranten versammelt. Flüchtlinge, die den roten Horden entkommen sind wie Ihr verstorbener Mann.«
Ich schaute Rudi fragend an.
Ohne mich anzusehen, trat sie mir unter dem Tisch auf den Fuß.
»Aber nicht alle sind bereit, wie Ihr Mann gegen die Kommunisten zu kämpfen. Viele müssen sich manchmal mit illegalen Geschäften über Wasser halten. Das ist das Los von uns Emigranten.«
Rudi nickte ihm verständnisvoll zu. Mir knurrte der Magen.
Er hörte sich gerne reden, und Rudi tat ihm den Gefallen, seinen Worten zu lauschen.
»Deshalb verstehen Sie bitte mein Misstrauen. Ich musste darauf bestehen, ihren Herrn Sohn allein zu befragen, um den Wahrheitsgehalt Ihrer unglaublichen und tragischen Geschichte zu überprüfen. Ich hoffe, du verzeihst mir, mein Sohn?«
Ich hatte kaum zugehört und nickte erschrocken.
»Könnte ich dann ein Wiener Schnitzel haben?« fragte ich rasch, um aufs Thema zu kommen. Herr Kovac lächelte freundlich.
»Er hat ja recht. Damit zollen wir doch wenigstens dem Habsburger Einfluss Respekt. Das meine ich natürlich nur geschmacklich. Nicht politisch. Interessieren Sie sich für Politik?«
Rudi klapperte schüchtern mit den Augen.
»Wissen Sie ... als Hausfrau und Mutter macht man sich Sorgen um das tägliche Brot. Unglücklicherweise konnte ich meinen Mann nicht von der Politik zurückhalten.«
Fasziniert sah ich, wie Rudi feuchte Augen bekam. Herr Kovac sah uns mitfühlend an.
»Ihr armer Herr Sohn. So jung, und schon ohne Vater.«
Bevor ich etwas sagen konnte, spürte ich, wie Rudi mir zweimal kräftig auf den Fuß trat.
»Schade! Wir hätten Ihren Mann gut gebrauchen können bei unseren Sendungen. Dank unserer Arbeit beginnt es drüben überall zu rumoren. Radio Free Europe wird in allen Ostblockstaaten gehört. Schade, dass Sie kein Polnisch sprechen!«

»Leider blieb ihm keine Zeit mehr, es mir beizubringen. Außer: Ich liebe dich ...« Gedankenverloren flüsterte sie zärtlich: »Ja cię kocham ...« Sie unterbrach sich. Eine Träne rollte ihr unendlich langsam die Wange herunter. Ich hoffte, sie würde sich nicht zu sehr hineinsteigern, und reichte ihr meine Serviette.

»Danke, mein Kochanie. Du bist sehr tapfer!«

Damit trat sie mir noch einmal auf den Fuß und tupfte sich vorsichtig die Träne ab, um die Schminke nicht zu verschmieren.

»Entschuldigung!« sagte sie noch zu Herrn Kovac.

»Sie brauchen sich doch nicht zu entschuldigen, Frau Wroblewska! Ihr Herr Gemahl hat an diesem historischen Tag am achtzehnten Juni dreiundfünfzig mit bloßen Händen gegen die sowjetischen Panzer gekämpft. Sie müssen stolz auf ihn sein! Er hat sich für eine gerechte Sache geopfert. Für unsere Freiheit. Und ich werde sehen, was ich für Sie tun kann.«

Jetzt wusste ich wenigstens, wann Janek verstorben sein sollte. Ich warf ihr einen wütenden Seitenblick zu. Rudi blickte versonnen vor sich hin und nickte tapfer.

»Aber lassen wir jetzt die Politik!« Herr Kovac klappte die Speisekarte zu und rief Richtung Küche: »Zwei Szegediner Gulasch und für den Sohnemann ein Wiener Schnitzel! Wir Emigranten müssen doch zusammenhalten. Nicht wahr?«

Ich nickte freudig. Na endlich!

»Und für ein Bett heute nacht ist auch gesorgt.« Herr Kovac versuchte unsere Trauer zu zerstreuen.

»Sie sind ein Engel, Herr Kovac! Ich weiß gar nicht, wie ich Ihnen das wieder gutmachen soll!« Rudi hatte sich wieder erholt und sah Herrn Kovac dankbar an.

Herr Kovac hatte seine Brille abgenommen und blickte Rudi tief in die Augen.

»Nennen Sie mich doch Zoltan. Und um die Zukunft machen Sie sich mal keine Sorgen! Die Deutschen sagen, was dem einen sein Uhl, ist dem anderen sein Nachtigall. Mich hat erst kürzlich meine Freundin verlassen, das Bett ist frei.«

Auch das noch! Herr Kovac schaute Rudi erwartungsfroh an.

»Andernfalls hätte ich Ihnen gerne diese zarte, wunderschöne Bluse abgekauft. Soweit ich sehe, haben Sie die gleiche Größe.«

Rudi senkte verschämt den Kopf.
»Obwohl ich sicher bin, dieses Rot kleidet sie besonders gut. Es erinnert an eine blühende Rose.«
Dieses Kompliment gab Herrn Kovac die Möglichkeit, ungeniert Rudis Oberkörper zu betrachten. Für einen Ausländer konnte er sich bestens ausdrücken.
Ich trat Rudi unter dem Tisch auf den Fuß. Rudi reagierte nicht. Sie faltete verlegen ihre Serviette.
»Ich kann Ihnen das gut nachfühlen, wie es ist, verlassen zu werden und einsam zu sein.«
Herr Kovac strich sich über den Schnäuzer und zeigte charmant seine gelben Zähne.
»Deshalb bin ich so froh, dass mir mein Sohn übrigbleibt. Mein einziger Trost, das ist jetzt mein großer Beschützer!«
Damit strich sie mir liebevoll über meinen dünnen Oberarm.
Herr Kovac sah mich irritiert an.
»Sie haben keine Kinder?« fragte sie ihn unschuldig.
Herr Kovac hatte seinen Schnäuzer wieder über die Zähne gesenkt.
»Nein, leider. Noch nicht!« sagte Herr Kovac und sah mich dabei nachdenklich an.
Endlich kam das Gulasch mit dem Wiener Schnitzel.

»Der Janek ist doch nicht gestorben, oder?« Ich lag auf dem Rücken und starrte im Halbdunkel an die Decke, an der ein großer Spiegel befestigt war.
Herr Kovac hatte uns sein großes Doppelbett überlassen und sich schon ins Nebenzimmer zurückgezogen. Undeutlich sah ich oben im Spiegel, wie Rudi sich neben mir aufrichtete.
»Ach Quatsch!« flüsterte Rudi. »Mir fiel bloß nichts anderes ein. Janek war wirklich an dem Tag in Ostberlin, als der Arbeiteraufstand war. Alle hatten sich auf die Erde geschmissen, als die sowjetischen Panzer in die Menge schossen.«
»Und da ist Janek dann erschossen worden«, zischte ich wütend.
»Jetzt sei doch nicht so zimperlich! Janek ist sofort abgehauen. Du kennst ihn doch! Aber was sollte ich sonst so einem überzeugten Antikommunisten erzählen? Es war saukalt. Ich stand

zwischen den ganzen Nutten und wollte meine Bluse verkaufen. Die waren schon sauer. Als er mich angesprochen hat, da musste ich ihm doch was erzählen. Und du hast ja schon so lange gewartet.«
»Du hättest mir wenigstens Bescheid sagen sollen bei so einer wilden Geschichte.«
»Wie denn? Der war so misstrauisch und wollte erst überprüfen, ob du wirklich mein Sohn bist und in der Milchbar wartest. Ich war ganz nervös, ob du dich verplapperst.«
Ich drehte mich auf die Seite mit dem Rücken zu ihr.
»Ich kann mich gar nicht verplappern, weil ich die Wahrheit sage.«
Nach einem Moment sagte Rudi zögernd: »Aber ich hab' doch auch die Wahrheit gesagt. Dass mein Sohn in der Milchbar auf mich wartet, das ist doch wahr.«
Jetzt richtete ich mich heftig auf.
»Aber nicht, dass Janek tot ist!«
»Psst, nicht so laut! Vielleicht lauscht der an der Tür.«
»Hast du ihm erzählt, dass Janek jetzt tot ist oder nicht!«
Ich musste mich zusammennehmen, um nicht zu laut zu werden.
»Ja, das habe ich gesagt.«
Rudis Stimme hatte einen trotzigen Unterton.
»Also hast du ihn doch belogen! Der Janek lebt, und du hast ihm gesagt, er ist gestorben.«
Rudi hatte die Decke bis unters Kinn hochgezogen.
»Das ist auch die Wahrheit!« sagte sie eingeschnappt.
»Was denn, dass der Janek tot ist?«
»Ja! Für mich ist er gestorben! Ich will ihn auch nicht mehr wiedersehen. Ich weiß auch gar nicht, wo er ist.«
Es war sinnlos, gegen sie zu argumentieren. Ermüdend.
Wütend legte ich mich wieder auf die Seite und drehte ihr den Rücken zu. Wir schwiegen. Nach einer Weile flüsterte Rudi: »Schläfst du?«
»Nee, kann ich nicht!«
Vorsichtig sagte sie: »Jetzt sei doch nicht so engstirnig! Schau mal, Goddi, es gibt nicht nur eine Wahrheit. Jeder Mensch hat seine eigene. Und manchmal sehnen sich Menschen danach,

das bestätigt zu bekommen, was ihre Wahrheit ist. Und wenn sie gerne das Böse im Kommunismus sehen, kann man ihnen ja mit ein bisschen Phantasie helfen. Der Kovac freut sich jetzt, dass er ein guter Mensch ist und die Gelegenheit hat, uns aus der Patsche zu helfen. Und wir haben ein Dach über dem Kopf und einen vollen Bauch. Was ist daran falsch? Das ist doch besser für ihn, als im Puff zu versacken. Und hier tut er noch ein gutes Werk.«

»Na klar, und morgen macht er dir vor lauter Güte einen Heiratsantrag, damit die kleine polnische Emigrantenwaise einen Papa bekommt.«

Rudi lachte leise.

»Na, und wenn! Lass ihm doch seine Illusionen. Jetzt hat ihn seine Freundin verlassen, und vielleicht träumt er von einer Familie. Zerstör doch den Menschen nicht ihre Träume mit so 'ner popligen Wahrheit!«

»Mach' ich ja nicht! Aber ich will keinen Papa. Schon gar nicht so 'n Walross!«

Rudi fing an zu kichern.

»Und ich koch' euch dann fettes Szegediner Gulasch und Palatschinken mit saurer Sahne.«

»Genau! Und ich bring' dem Papi seine Pantoffeln.«

Ich hatte mich zu ihr umgedreht und sah verschwommen ihr strahlendes Gesicht, das in der Dunkelheit glänzte.

»Jetzt schlaf mal«, sagte sie leise. »Das war ja nur für heute nacht. Morgen sehen wir dann weiter.«

Ich gähnte.

»Morgen können wir ja gleich ganz in Schwarz auftreten, und ich besorg' so 'ne schwarze Armbinde.«

»Ja, und 'nen Blindenstock«, prustete Rudi.

Ich kuschelte mich in die warme Decke.

»Ich freu' mich schon auf morgen«, sagte Rudi und legte sich zurück.

»Warum?«

Da ist wieder ein neuer Tag.«

»Mhm«, brummte ich noch.

Der neue Tag begann schon um sechs Uhr dreißig. Frischer Schnee lag auf den Dächern. Herr Kovac hatte noch schnell seinen Schnäuzer mit einer Bürste gekämmt, seine Aktentasche unter den Arm geklemmt und sich verabschiedet, er müsse in die Redaktion, wir sollten uns wie zu Hause fühlen, er freue sich schon auf den gemütlichen Abend, da könnten wir ein Essen bereiten, die Restaurants seien zu schlecht und zu teuer. Das Geld und der Einkaufszettel lägen auf dem Tisch, er werde nachmittags noch einmal anrufen, wann er nach Hause käme, sein Junggesellenzustand sei ja unfreiwillig, aber nun mache es Sinn, den Kühlschrank wieder aufzufüllen. Der Sohnemann könne ja in der Zwischenzeit den Staubsauger schwingen oder sich sonstwie nützlich machen, bis er wieder zurück sei. Er habe auch nichts dagegen, wenn Rudi ihre hübsche rote Bluse trage oder sich sonst etwas Festliches anziehe. Einige Kleidungsstücke seiner Verflossenen, die habe sie im Schrank hängenlassen, so plötzlich sei sie mit ihrem Friseur verschwunden. Da er diese edlen Sachen seiner Freundin gekauft habe, könne Rudi sich ruhig davon bedienen.
Der Einkaufszettel lag im Wohnzimmer auf dem nierenförmigen Couchtisch. Herr Kovac war hypermodern eingerichtet. Aus einer Schrankwand war ein Bettkasten aufgeklappt, in dem Herr Kovac genächtigt hatte.
Eine große Musiktruhe mit Plattenspieler, Tonband und einem Radio, das ein magisches grünes Auge hatte, an dem man erkennen konnte, ob der Sender scharf eingestellt war, stand wuchtig in der Ecke. Auf einem extra kleinen Tischchen befand sich das schwarze Telefon. Herr Kovac schien mit seinen Werbesendungen für den freien Westen nicht schlecht zu verdienen.
Neben dem Einkaufszettel lagen abgezählt ein Fünfmarkschein, drei einzelne Mark, ein Fünfzigpfennigstück, vier Groschen und zwei Pfennige.
»Muss ich für den jetzt die Putzfrau machen?« rief ich Rudi zu, die noch im Badezimmer war.
»Die hat wirklich feine Cremes benutzt!« Rudi kam frisch geschminkt aus dem Bad. »Da hätte ich mich gestern gar nicht mit der guten Sanella abschminken müssen. Aber im Kleider-

schrank hat sie nur halb durchsichtige Nachthemden zurückgelassen und sogar ein Babydoll. Das Höschen dazu hat Rüschen an den Beinen. Der spinnt doch! So was rühr' ich nicht an. Schade! Ich hätte ein hübsches Kleid gut gebrauchen können.«

»Vielleicht kauft Zoltan dir ja eins, wenn wir hier länger bleiben.«

Ich betrachtete mir eine Fotografie an der Wand. Er stand stolz grinsend, besitzergreifend neben einer Frau. Seine Freundin sah übertrieben elegant aus. Wie einem Modeheft entsprungen.

»Die sieht aber schnieke aus«, sagte ich und zeigte auf das Bild.

»Findest du die schön?« fragte Rudi. »So 'ne affige Ziege? Von dem lassen wir uns nichts schenken.«

»Und das Abendessen?« fragte ich und schaute auf den Einkaufszettel. »Das müssen wir noch einkaufen.«

»Wieviel ist es denn?« fragte Rudi und kämmte sich, während sie noch das Foto betrachtete.

»Drei Eier á vierundzwanzig. Ein Kilo Kartoffeln, fünfundzwanzig Pfennig. Ein Liter Vollmilch für zweiundvierzig ...«

»Nein, ich meine, wieviel hat er dagelassen?«

Ich zählte das Geld.

»Genau acht Mark zweiundneunzig.«

»Damit kommen wir nicht weit«, sagte Rudi.

»Du meinst, wir bleiben nicht hier?«

»Ach, Quatsch, oder willst du hier bleiben und dich mit so einem Geizhals langweilen?«

»Und wo schlafen wir heute nacht?«

Eigentlich war es eine schöne Wohnung, wenn der Schnauzbart nicht gewesen wäre.

»Ich finde schon was«, sagte Rudi und zog sich ihren leichten Mantel über.

»Und das Geld?« Ich reichte es ihr unschlüssig.

»Weißt du was? Damit soll er sich doch einen schönen Abend machen. Von dem nehmen wir nichts!«

Damit legte sie das Geld wieder zu dem Einkaufszettel. Sie drehte den Zettel um.

»Ich schreib' ihm zwei Zeilen. Lieber Zoltan! Herzlichen Dank für Ihre Einladung. Leider sind wir heute abend verhindert und haben schon anderweitig zugesagt. So! Da haben wir auch unseren Stolz!«
Sie legte ihre rote Bluse über den Arm.
Jetzt komm bloß weg hier!«

Auf Rudis Stolz hätte ich auch gut verzichten können. Seit über zwei Stunden drückte ich mich schon in der Hauptpost herum und schaute auf den Bahnhof gegenüber. Hier war ich sicherer. Weit waren wir ja nicht gekommen seit gestern.
Durch unseren Stolz konnten wir nicht einmal unseren Seesack bei der Gepäckaufbewahrung auslösen. Bei diesem Wetter wäre es einfacher gewesen, einen Pullover zu verkaufen. Aber vielleicht konnte Rudi die Bluse doch noch loswerden. Dann hätte ich mich wenigstens in ein Café setzen können, um dort auf sie zu warten. Hier gab es keine Sitzgelegenheit. Ich stand mir die Beine in den Bauch. Um dem forschen Blick des Postbeamten zu entgehen, der mich aus seinem Schalter beäugte, hatte ich mich schon hinter eine Säule gestellt und mich angelehnt. Aber nach einiger Zeit ging ich doch wieder zu den Schreibpulten, sofern eins frei war. Da konnte ich die Beine entlasten und mich aufstützen. Den angeketteten Kugelschreiber in der rechten Hand, die Stirn grübelnd in die Linke gestützt. Mit den Fingern schirmte ich die Augen ab. Das Glotzen des Beamten machte mich nervös. Ich stand genau in seiner Blickrichtung. Aber er sagte nichts. Ich kritzelte auf einen Einzahlungsschein zehnstellige Nullen. Neben mir stöhnte schwer atmend ein Einheimischer. Wahrscheinlich hatte er Mühe, das Formular auszufüllen. Seine Bierfahne hüllte mich ein. Obwohl es noch früher Vormittag war.
Das war jetzt schon in zwei Stunden der Dritte, der mich mit diesem säuerlichen Alkoholdunst anstank. Hier im Süden schien ein Volk von Alkoholikern zu leben. Da wäre der Janek gar nicht aufgefallen.
Mein Nachbar trug einen grünen spitzen Hut, auf dem ein großer feinhaariger Pinsel wackelte. Seine riesige großporige Nase tropfte. Er zog ein rotweiß gepunktetes Taschentuch aus seiner

Lederkniebundhose und wischte den Tropfen in seinen gelbgrauen Vollbart, der ihm weit über den Mund hing.
Fasziniert entdeckte ich seitlich am Oberschenkel der speckigen Hose einen Messergriff aus Horn. Also waren die Menschen hier nicht nur besoffen, sondern auch bewaffnet. Mit denen sollte man besser keinen Streit haben.
Mein Nachbar lehnte seinen Bauch, der sich schon in Höhe der Brust ausbreitete und hinter einer doppelt geknöpften großen Klappe in der Lederhose verschwand, gegen das Stehpult. Mit seinen großen roten rissigen Händen holte er jetzt ein kleines graues Fläschchen hervor und winkelte den rechten Arm ab. Er schob mich mit dem Ellenbogen fast vom Pult.
»Entschuldigung«, murmelte ich und machte mich noch schmaler.
Ich überlegte schnell, wie ich meinen Stehplatz verteidigen könnte, aber vielleicht war es ja auch keine Absicht. Er öffnete das graue Fläschchen. Hier ist doch keine Trinkhalle, dachte ich und warf einen Blick auf den Postbeamten. Die kippen sich hier im Postamt am frühen Morgen den Schnaps hinter die Binde. Aber statt dessen schüttete der Einheimische aus dem Fläschchen ein braunes Pulver in die Kuhle zwischen Zeigefinger und Daumen. Dann hob er das Häufchen an das eine Nasenloch. Mit einem laut schlürfenden Geräusch sog er mit der Nase das Pulver ein. Schüttete noch einmal die gleiche Menge auf die Kuhle und schniefte auch mit dem anderen Nasenloch das Pulver weg. Dann zog er noch einmal die Nase heftig hoch, öffnete den Mund, die Augen bekamen rote Ränder und glänzten leicht.
Er wartete einen Moment, und es sah so aus, als ob er gleich kräftig niesen müsste. Ich starrte ängstlich auf die geblähten Nüstern über dem Bart, in dem noch braunes Pulver hing. Aus seinem halb geöffneten Mund kam statt dessen ein kräftiger grellender Ton.
»Hah! Ahh! Mariaunjosefisdesguaad! Ha?«
Mit dem Ha meinte er wohl mich.
»Mogst a wos?« bellte er mich an, während er mit dem Handrücken das braune Pulver in seinem grauen Bart verrieb. Ich sah ihn ängstlich an.

»Wie bitte?« sagte ich höflich, um jeden Streit zu vermeiden.
»Kosdkoadeitsch?« blaffte er mich an.
Ich lächelte zaghaft und zuckte mit den Schultern. Die Sprache dieser Ureinwohner hatte etwas Heftiges. Aber er schien es freundlich zu meinen, denn er holte noch einmal tief Luft und versuchte sich mir verständlich zu machen. Umständlich und langsam wie zu einem debilen Kind, ganz ruhig und jedes Wort betonend sagte er: »Redst du nur nach der Schrift? Ha? Kruzifix?« Die Laute hatte ich endlich verstanden, aber ich begriff nicht, was er mit der Bibel meinte. Hilflos sah ich mich nach einem Übersetzer um, aber niemand beachtete uns.
»Bisdasaubreißadamischa!« sagte er und klopfte mir heftig auf die Schulter.
Ich nickte freundlich.
»Dadeppholdsei Fotzn«, sagte er noch und nahm sein Formular.
Das letzte Wort hatte ich genau verstanden. Aber im Ausland sollte ich jeden Streit vermeiden.
»Vergellt's Gott«, sagte ich ihm noch hinterher. Das war der einzige Satz, den ich bisher aufgeschnappt hatte. Englisch war leichter.
Erlöst beugte ich mich wieder über meinen Einzahlungsschein. Wenn ich wenigstens ein größeres Blatt Papier gehabt hätte! An einem Brief konnte man sich länger aufhalten, ohne aufzufallen. Rudi ließ endlos auf sich warten.
Plötzlich starrte ich wie elektrisiert auf den Boden. Auf den Steinen vor dem Schalter lugte in einem zusammengefalteten Zettel die Spitze eines Zwanzigmarkscheins hervor. Das war kein Fünfer: Ich konnte genau die Zwanzig erkennen. Mein Herz klopfte heftig. Mit dem Geld könnten wir essen gehen und den Seesack auslösen. Das reichte zwar noch nicht für eine Pension, aber Rudi würde stolz auf mich sein. Ich schaute mich unauffällig um. Bis jetzt schien noch niemand das Geld zu vermissen. Es lag einsam und verloren neben den Füßen der Wartenden vor dem Schalter. Ich nahm meinen Einzahlungsschein und stellte mich an das Ende der Schlange. Es waren nur noch drei vor mir. Dann nur noch zwei.

Die ältere Dame am Schalter stand jetzt mit ihrem linken Fuß auf dem Geld.
Ich konnte nur noch die Spitze des Zettels sehen. Der Schnee auf ihren Schuhen taute. Eine schmutzige Wasserlache hatte sich auf dem Boden vor dem Schalter gebildet. Endlich war die Dame fertig und bewegte ihre dicken Beine. Erschrocken sah ich, wie der Zettel mit dem Geld unter ihrer Sohle kleben blieb. Aber nach dem ersten Schritt schwamm er wieder im aufgetauten Matsch und blieb neben mir liegen.
Jetzt war ich dran. Schnell stellte ich meinen Fuß auf das Geld. Der Postbeamte streckte seine Hand aus.
»Eine Einzahlung?«
Ich schaute auf den Einzahlungsschein in meiner Hand. Da standen nur die Nullen drauf. Ich überlegte fieberhaft. Hinter mir drängelten die Wartenden. Meinen linken Fuß bewegte ich nicht von der Stelle.
»Nein, doch nicht«, stotterte ich nervös. »Ich ... ich wollte einen Brief abholen. Postlagernd!«
Ich konnte mich jetzt schlecht bücken und das Geld aufheben. Das wäre aufgefallen.
»Und der Name?«
Ich hatte plötzlich eine völlige Leere im Kopf Der Name? Was sollte ich für einen Namen angeben. Meine Augen irrten panisch umher. »Uhren Huber« las ich auf einem Reklameschild.
»Huber!« sagte ich erleichtert.
Der Beamte sah mich skeptisch an. »Und dafür brauchst du zwei Stunden?«
Missmutig ging er zu den Fächern für postlagernde Sendungen. Aus dem Fach mit dem Buchstaben H zog er tatsächlich einen Brief hervor. Er schaute auf die Adresse. »Alois?« fragte er und sah mich streng an.
Vor Schreck nickte ich und bekam einen roten Kopf.
»Den Ausweis, bitt' schön!« sagte er und streckte seine Hand aus.
Daran hatte ich nicht gedacht.
»Ich hab' überhaupt keinen«, verplapperte ich mich und schwitzte.

Jetzt bekam auch der Beamte einen roten Kopf.
»Jetzt aber marsch raus hier! Herumlungern und nicht in der Schule um die Zeit! Ich hab' der Polizei schon Bescheid gesagt. Streuner mögen wir hier nicht. Der Nächste, bitte!«
Alle starrten mich an. Ich drehte mich auf dem Absatz um. Die Polizei war noch nicht da. Den linken Fuß fest auf das Geld gepresst, schlurfte ich, das eine Bein nachziehend, so schnell es ging, an der Warteschlange vorbei zum Ausgang.
Immer noch keine Polizei. Am Eingang blieb ich kurz stehen. Ich musste es riskieren. So viel Zeit musste sein. Ich ließ den Einzahlungsschein zwischen meine Füße fallen und bückte mich danach. Mühsam fischte ich ihn von dem nassen Boden und zog dabei den Zettel mit dem Zwanzigmarkschein hervor, der unter meinem linken Schuh klebte. Schnell steckte ich beides in die Hosentasche und war draußen.
Der Postbeamte hatte bestimmt nur geblufft. Es kam gar keine Polizei. Trotzdem, die Angst hatte sich gelohnt. Immerhin besaß ich jetzt zwanzig Mark, die ich mühsam ergattert hatte. Neben einem Briefkasten in einer Ecke angelte ich das Geld aus der Hosentasche. Nass und verdreckt pappte der Zettel mit dem Geldschein zusammen. Auf dem gefalteten Zettel stand merkwürdigerweise mit Kugelschreiber: »Achtung, Denkzettel!«
Ich pulte den nassen Zettel auseinander. Auf dem grüngedruckten las ich in fetten Lettern: »Das Geld liegt auf der Straße! Sie sparen zwanzig Mark beim Erwerb eines unserer Orientteppiche. Teppichhaus Hallhuber. Neueröffnung!«
Die Kälte trieb mir die Tränen in die Augen. Ich zerriss den klebrigen Reklamezettel und warf ihn wütend in den Schnee.

»Was machst du denn hier draußen!« hörte ich Rudi hinter mir. »Ich denke, du wärmst dich da drinnen schön auf?«
Ich schämte mich und sagte Rudi nichts von diesem Reinfall.
»Die wollten schon die Polizei holen, weil ich nicht in der Schule bin und herumlungere«, sagte ich vorwurfsvoll.
»Das ging leider nicht schneller, aber ich hab' jetzt schon mal etwas Geld«, sagte Rudi stolz und winkte mit einem Zwanzigmarkschein.

Ich nahm ihn misstrauisch in die Hand. Aber der war echt.
»Ist ja doll!« sagte ich erleichtert. »Dann können wir was essen.«
Rudi nahm mir den Schein wieder aus der Hand und steckte ihn ein.
»Leider noch nicht, das ist bis jetzt nur geliehen. Ich bin mit einem Geschäftsmann am Stachus verabredet. Der will mich an seinem Geschäft beteiligen. Wenn das klappt, können wir das Dreifache verdienen. Willst du mitkommen? Das sieht dann besser aus.«
Ich konnte mir nicht vorstellen, warum das besser aussehen sollte, aber ich lief mit ihr die große Straße hinunter bis zu einem runden Platz, an dem sich Straßenbahnen aus allen Richtungen kreuzten. Vor einem Kaufhaus blieben wir stehen. Davor war ein Verkaufsstand aufgebaut. Drum herum stand eine neugierige Menschenmenge. Ein Mann rief laut mit heiserer Stimme: »Meine Damen, ich verspreche Ihnen nicht zuviel! Das ist eine sensationelle Neuigkeit! Spottbillig! Nein, was sage ich, Sie bekommen das umsonst! Nicht drängeln, meine Herrschaften!«
Rudi drängelte sich in die Gruppe.
»Was machst du?« versuchte ich Rudi zurückzuhalten.
»Nein, das ist aber interessant!« sagte Rudi über die Schulter etwas zu laut zu mir.
»Treten Sie ruhig näher, meine Dame!« Der heisere Mann sah Rudi erfreut an »Lassen Sie sich dieses Schnäppchen nicht entgehen. Unsere weltweite Neuheit! Erstmalig vorgestellt. Das Glück jeder Hausfrau. Kaum Abfall. Unmöglich, sich damit zu verletzen, und kinderleicht zu bedienen! Ihr neuer Kartoffelschäler!«
Er hob ihn hoch über seinen Kopf.
»Ja, staunen Sie ruhig, meine Damen! Bitte schön, ich demonstriere Ihnen die einfache Handhabung.«
»Ist ja phantastisch.« rief Rudi mir zu.
Jetzt erkannte ich das Ding.
»Das ist Scheiße!« zischte ich ihr leise zu, damit der Mann mich nicht hörte. »Ich kenn' die Dinger aus dem Heim. Die sind Mist!«

»Sie haben völlig recht, junge Frau!« dröhnte der Mann. »Das ist wirklich phantastisch, und das auch noch zu einem phantastischen Preis!«
Rudi drängelte sich eifrig noch weiter nach vorn.
»Was kostet denn so ein praktischer Kartoffelschäler!« rief sie.
Ich versuchte sie zurückzuziehen.
»Hör doch auf!«
Aber Rudi riss sich los und quetschte sich durch die Menge. Schob eine ältere Frau mit Kopftuch zur Seite und blieb freudig vor dem Stand stehen. Der Mann lächelte Rudi an und rief heiser: »Hier haben wir eine Hausfrau, die die Unbezahlbarkeit dieser Erfindung erkennt! Na, was glauben Sie, gute Frau, was dieses arbeitserleichternde Gerät kostet?«
Wie ein seltenes Schmuckstück hob er den Kartoffelschäler hoch und zeigte ihn den Zuschauern.
»Zehn Mark?« fragte Rudi laut, als sei sie bei einer Versteigerung.
»Sie haben recht, gute Frau. Das ist er mindestens wert. Aber ich gebe Ihnen die weltweite Sensation nicht für zehn Mark! Auch nicht für acht oder sechs Mark! Nein, für fünf ganze Mark! Solange der Vorrat reicht. Und dieses praktische Staubtuch bekommen Sie noch dazu. Umsonst!«
»Auch noch ein Staubtuch, und das umsonst!« rief Rudi laut zu ihrer Nachbarin.
»Jawohl, meine Damen, greifen Sie zu. Wie Sie sehen, ist der Vorrat begrenzt. Vielleicht können Sie auch noch eins für Ihre Tochter gebrauchen. Zu zweit geht das Kartoffelschälen doppelt so schnell!«
»Sie haben völlig recht!« rief Rudi freudig erregt. »Ich nehme gleich zwei!«
»Nur nicht drängeln!« rief der Mann heiser. »Zwei Kartoffelschäler und zwei Staubtücher für nur zehn Mark. Bitte schön, die Dame!«
»Oder nein!« Rudi war nicht mehr zu halten. »Geben Sie mir gleich vier!« Sie drehte sich zu der Frau mit dem Kopftuch neben ihr. »Meine Mutter war ganz begeistert von dieser Erfindung, und meine Schwester würde es mir nie verzeihen, wenn ich ihr nicht auch so ein Schnäppchen mitbringe.«

Der Mann hatte vier Päckchen eingewickelt und reichte sie Rudi.
»Sie werden es nicht bereuen! Vier Kartoffelschäler für nur zwanzig Mark. Bitte schön!«
Rudi nahm die Päckchen und reichte ihm die zwanzig Mark.
»Da bin ich aber froh, dass ich noch welche erwischt habe«, sagte Rudi glücklich zu den Umstehenden.
Ich schaute fassungslos zu, wie der Mann unseren Zwanzigmarkschein in die Tasche steckte. Rudi zog mich eilig am Arm durch die Menge.
»Haben wir ein Glück!« sagte sie freudig zu mir.
»Ich nehme auch einen!« hörte ich noch die Frau mit dem Kopftuch.
»Greifen Sie zu, solange der Vorrat reicht!« hörte ich den Mann krächzen.
Rudi und ich verschwanden in einem Café um die Ecke. Nach einer Stunde kam der Straßenverkäufer nach. Er war völlig durchgefroren und bestellte sich einen Dujardin mit schwarzem Kaffee. Den Weinbrand schüttete er in den Kaffee. Gegen die Kälte, sagte er. Zum Mittagessen habe er keine Zeit. Das bisschen, was er esse, könne er auch trinken. Er lachte rauh.
»Na, das hat ja einigermaßen hingehauen. Hab' ich doch glatt fünfzehn von den Dingern verscherbelt.«
Aus seiner Jackentasche holte er ein Bündel Geldscheine, das mit einem Gummiband umwickelt war. Dann zog er einen Zwanzigmarkschein hervor und reichte ihn Rudi.
»Sie sagten doch, das bringt mindestens das Dreifache?«
Sie gab ihm die vier Päckchen mit den Kartoffelschälern zurück.
»Aber ich bitte Sie!« sagte er und trank mit einem Zug seinen Kaffee aus. »Das Geld liegt doch nicht auf der Straße!« Damit hatte er völlig recht. Er bestellte sich noch einmal das gleiche. Einmal Huckepack, nannte er das und hob zwei Finger. Wegen meiner Stimme, sagte er, das sei sein Kapital wie bei einem Sänger. Nur brächte das nicht dieselben Gagen. Wieder lachte er laut. Langsam kam Farbe in sein Gesicht.
»Für so ein paar Kröten trete ich doch nicht auf«, sagte Rudi

und steckte schnell den Zwanzigmarkschein ein. »Bei diesem Publikum ist das ja Perlen vor die Säue geworfen!«
»Ich will Ihnen ja nicht zu nahe treten, junge Frau, aber von den Säuen leben wir. Wenn die das nicht fressen, mach' ich keinen Umsatz, und ohne Umsatz kein Geld für Sie. So einfach ist das! Ich bin Geschäftsmann.«
Er hatte sich umgedreht und hob jetzt nur noch zwei Finger.
»Ich mach' Ihnen einen Vorschlag. Sie kommen heute nachmittag noch zweimal, sagen wir um drei Uhr und dann noch einmal um fünf. Ihr junger Partner könnte auch mitmachen. Es wäre natürlich besser, er wäre ein Mädchen. Kartoffelschälen ist ja keine Männerarbeit. Lassen Sie mich überlegen. Vielleicht könnten wir ihn als Küchenhilfe ausstaffieren. Mit einer dreckigen Schürze und...« Er betrachtete mich nachdenklich.
Ich bekam einen Schreck und schaute Rudi an. Der Kartoffelschäler verfolgte mich: Erst Strafarbeit mit dem Ding im Heim, und jetzt sollte ich das noch unter die Leute bringen! Ich rieb mir die Nase.
»Nee, also wirklich, so was mach' ich nicht! Rudi! Ich mach' mich doch nicht lächerlich mit so 'nem Firlefanz!«
»Das brauchst du auch nicht, wenn du nicht willst«, sagte sie beruhigend.
»Tja, dann ist er leider zu nichts nütze bei unserem Geschäft«, sagte der Mann und kippte sich den Kaffee hinter die Binde.
»Für die Nachmittagsvorstellung«, begann Rudi die Verhandlung, »da würde ich noch etwas Geld brauchen.«
»Ich hab' Ihnen doch gerade einen Zwanziger gegeben.« Der Mann räusperte sich. »Das reicht doch für vier Schäler.«
»Ach, das?« sagte Rudi. »Das muss ich leider meinem Neffen wieder zurückgeben. Geht jetzt dein Zug, Tommi? Kurz vor eins, glaube ich, die Eltern warten nämlich schon auf ihn. Eigentlich hätte er schon um elf fahren sollen. Tut mir leid, Tommi, dass das so lange gedauert hat. Aber du siehst ja! Ich bring' dich jetzt gleich zum Bahnhof. Ich glaub', wir müssen jetzt los, oder?«
Ich nickte eilig und überlegte, was genau ein Neffe ist. Der Mann schaute auf seine Armbanduhr.

»Na, da haben Sie noch etwas Zeit. In fünf Minuten sind Sie am Bahnhof. Wie verbleiben wir denn jetzt?«
»Wie Sie wollen«, sagte Rudi. »Wenn Sie mir die zwanzig Mark geben, kann ich noch mal um drei bei Ihnen vorbeischauen.«
Der Mann überlegte.
»Einverstanden«, sagte er. »Aber ich würde Sie dann bitten, dass Sie vielleicht besser ohne Rouge und Schminke erscheinen, ich meine, mehr wie eine ordinäre Hausfrau, vielleicht sogar mit einem Kopftuch. Verstehen Sie mich nicht falsch, das ist dann glaubwürdiger.«
Rudi sah ihn empört an.
»Ja, war ich denn unglaubwürdig? Das Gefühl hatte ich aber gar nicht. Sogar die Schateke neben mir hatte den Eindruck, wir reden von Du zu Du.«
Ich sah unseren zweiten Zwanziger schon entschwinden.
»Lawassdawasdawoch!« sagte ich schnell in unserer Geheimsprache.
»Wie bitte?« fragte der Mann.
»Wir gehen ja schon, Tommi«, sagte Rudi. »Also gut, ich werde Ihnen eine Hausfrau hinlegen mit Dutt und Kopftuch, das könnte eine Maria Schell nicht besser!«
»Nur Kopftuch, das reicht!« sagte der Mann nervös. »Ganz normal, verstehen Sie?«
»Ich mach' das schon!« sagte Rudi. »Sie werden begeistert sein.«
»Also, dann gebe ich Ihnen jetzt zehn Mark. Das genügt, wenn Sie nur zwei Schäler kaufen. Es geht nur um den Aufreißer, verstehen Sie? Der Lemmingeffekt. Vielleicht kaufen Sie zunächst nur einen und warten, bis neue Kunden wieder da sind. Das kommt ganz darauf an. Aber ich verlasse mich da auf ihr psychologisches Gespür.«
»Verstehe, es geht wirklich nur um den Aufreißer. Das ist mein Fach!« sagte Rudi selbstbewusst und nahm den Zehnmarkschein. »Jetzt komm, Tommi, deine Eltern machen sich bestimmt schon Sorgen.«
Sie war aufgestanden und reichte dem Mann die Hand.
Er erhob sich auch.
»Dann auf ein gutes Geschäft!« sagte er.

»Auf den Erfolg!« sagte Rudi optimistisch.
Damit schob sie mich schnell aus dem Café, ohne sich noch einmal umzudrehen.
Auf der Straße sagte sie: »Komm schnell!«
»Aber wieso denn?« fragte ich. »Wir müssen doch gar nicht zum Zug, sondern nur zur Gepäckaufbewahrung!«
»Hier, steck das mal ein, bevor er uns hinterherkommt!«
Sie lief eilig weiter. Ich steckte die dreißig Mark ein und drehte mich kurz um. Aber er war nicht zu sehen.
»Gehst du denn nicht mehr zu dem?«
»So ein Banause!« Rudi war selten wütend, aber jetzt war sie es. »Der hat doch keine Ahnung! Der will aus mir eine Knallcharge machen. Ich bin überzeugender als überzeugend. Die wirkliche Kunst ist doch, wenn einer nicht merkt, wie gut man spielt, oder?«
Sie schaute mich fragend an, während wir eilig dem Stachus zustrebten. Ich fand sie ja auch immer etwas übertrieben und sagte lieber nichts.
»Der Erfolg gibt mir doch recht. Haben wir die dreißig Mark in der Tasche? Das ist die Kunst! Von seiner künstlerischen Begabung überleben, und nicht sich anpassen und ducken und dann auch noch wegschleichen! Aber das versteht so eine Krämerseele nicht! Die denken nur daran, wie sie andere ausbeuten können, und rennen dem schnöden Mammon hinterher! Einen wirklichen Künstler begreifen die nicht. Soll er sich andere Statisten für seine miesen Geschäfte suchen!«
Wir waren am Stachus angelangt.
»Entschuldige, Goddi, ich ärgere mich nur so, dass ich mich ärgere über so einen unsensiblen Geschäftemacher, der mit meiner Kunst Geld machen will. Das ist mir richtig auf die Blase geschlagen. Wartest du einen Moment?«
Wir standen vor dem Toilettenhäuschen auf dem Stachus. Rudi stürmte hinein. Ich wartete.

Hier musste das Zentrum sein. Der Platz war überfüllt. Straßenbahnen kamen aus allen Richtungen und spuckten Menschenmassen aus, die dann wieder von anderen Straßenbahnen verschluckt wurden. Lautes Gebimmel. Hupen. Ein Schieben und Schubsen. Stimmengewirr. Alle hatten es eilig und schienen ein festes Ziel zu haben. Ich stand etwas verloren in dem Gewimmel. Aber die beiden Geldscheine, die ich in der Tasche fühlte, gaben mir ein gutes Gefühl. Für heute war uns eine warme Mahlzeit und ein Bett in irgendeiner billigen Pension erst mal sicher. Schon so früh am Tag.

Der Himmel war plötzlich strahlend blau, und die Sonne schien auf mich. Mitten im Winter. Der Schnee glitzerte bläulich auf den Dächern. Es war hell, und die Farben leuchteten von innen heraus. Weißblaue Fahnen hingen träge aus den Fenstern der ockerfarbenen und gelben Fassaden rundum. Etwas entfernt ein schön bemalter Torbogen, durch den sich die Autos und Straßenbahnen drängten. Dahinter reckten sich zwei runde Kuppeln gen Himmel. Ich blinzelte in die Sonne und spürte die Wärme auf meinem Gesicht. Heute war ein glücklicher Tag! Nicht einmal der junge Polizist, der dicht an mir vorbeieilte, konnte meine wohlige Stimmung verscheuchen. Er drängte sich durch die Menge. Neben ihm eine ältere Frau, die heftig auf ihn einredete.

Neugierig schlenderte ich in einigem Abstand hinterher. Hier war ja richtig was los. Da musste etwas passiert sein. Da hinten. Bei dem Toilettenhäuschen. Der Polizist war zwischen den Zuschauern, die im Halbkreis davorstanden, verschwunden. Jetzt war mir doch mulmig. Zögernd stellte ich mich zu den anderen, um zu sehen, was da los war.

Rudi war los.

Sie stand kämpferisch vor der Tür mit der Aufschrift »Frauen«. Vor ihr, mit dem Rücken zu uns, eine beleibte Frau, die ihre kräftigen Arme auf die breiten Hüften gestemmt hatte. Dazwischen der Polizist, auf den die ältere Frau noch immer heftig einredete. Ich konnte nicht verstehen, worum es ging, bis Rudi sich Gehör verschaffte. Endlich hatte sie einen richtigen Auftritt. Laut rief sie: »Das ist Freiheitsberaubung! Diese Menschen hier sind meine Zeugen!«

Damit zeigte sie auf die Umstehenden. Der Polizist redete beschwichtigend auf sie ein. Rudi stand jetzt in der Mitte, flankiert von den beiden Frauen. Diese beiden hätte der Straßenverkäufer gut gebrauchen können für seinen Kartoffelschäler,

dachte ich und hielt mich im Hintergrund. Aber nicht die Rudi. Sie war zu sehr der Mittelpunkt. Den nutzte sie mit einer großen Geste gen Himmel.
»Wollen Sie mir etwa verbieten zu atmen? Auch die Luft gehört zu den elementaren menschlichen Bedürfnissen. Diese Freiheit lasse ich mir von niemandem rauben!«
Die Zuschauer waren beeindruckt. Jetzt begannen die Drei auf Rudi intensiv einzureden.
»Mich kann niemand dazu zwingen!« hörte ich Rudi.
Der Polizist fasste sie besänftigend am Arm.
»Fassen Sie mich nicht an!« rief Rudi heftig. »Sie leisten hier einer Erpressung Vorschub! Ich verlange sofort Ihren Vorgesetzten zu sprechen, der sich in den Gesetzen auskennt!«
Der Polizist hatte sie erschrocken losgelassen und schaute hilflos auf die drei Frauen. Rudi löste sich von den beiden anderen und nahm sich jetzt den jungen Mann direkt vor.
»Ihre Aufgabe ist es, einen harmlosen Bürger vor rabiaten Handgreiflichkeiten zu schützen! Oder wollen Sie behaupten, es gäbe ein Gesetz, das eine Frau zwingen kann, hier vor aller Augen...« Damit zeigte sie auf das Rund der Zuschauer. »... auf einem belebten Platz in aller Öffentlichkeit ihre Notdurft zu verrichten? Ist das etwa Ihre Aufgabe als Polizist?«
Einige Zuschauer fingen an zu lachen, vereinzelt hörte man Klatschen. Hier war richtig was los! Rudi war in ihrem Element.
Der junge Polizist errötete und versuchte seine Autorität zu wahren. Er straffte sich und sagte streng etwas zu Rudi. Aber da kannte er meine Mutter nicht. Souverän lächelnd konterte sie: »Nicht ich bin hier das öffentliche Ärgernis! Das öffentliche Ärgernis wollen Sie doch erst erzwingen, weil ich kein Geld dabeihabe. Und wenn einer mal muss, dann muss er. Sogar Sie müssten so etwas kennen! Als Frau können Sie mich ja schlecht an die Wand oder an einen Baum stellen! Das müssen Sie doch verstehen.«
Sie lachte. Das Publikum johlte, und ich schämte mich.
Rudi breitete die Arme weit aus. »Bitte untersuchen Sie mich, ob ich auch nur einen Pfennig dabeihabe.« Dann streckte sie ihm ihre Handgelenke entgegen. »Oder legen Sie mir Hand-

schellen an und verhaften mich. Aber Sie können mir nicht verbieten, dass ich mal Pipi muss! Hier stehe ich, ich kann nicht anders!«

Applaus. Lachen und Bravorufe.

Rudi stand hoch erhobenen Hauptes wie eine Märtyrerin vor der Klotür. Der Polizist sagte wütend etwas zu ihr.

»Das haben Sie missverstanden«, sagte Rudi lächelnd. »Das war keine Beamtenbeleidigung, das war ein Zitat von Martin Luther.«

Der junge Mann schwitzte und zog ein Notizbuch aus seiner Uniform. Siegesbewusst fragte sie: »Wollen Sie jetzt meinen Ausweis sehen, oder wollen Sie mich gleich ausweisen?«

Immer musste sie übertreiben und fand kein Ende.

»Wieso muss ein freier Mensch einen festen Wohnsitz haben?«

Jetzt wurde es gefährlich. Die Zuschauer hatten ihr Interesse verloren und eilten zu ihren Straßenbahnen, um nach Hause zu fahren. Die Klofrau war wieder in ihrem Klo verschwunden. Ich blieb als Einziger zurück und schaute panisch auf Rudi. Der Polizist notierte die Personalien aus ihrem Ausweis.

»Wenn Sie keinen festen Wohnsitz haben, muss ich Sie mit zur Wache nehmen«, sagte er triumphierend.

Jetzt musste ich mich auch stellen. Ich machte einen Schritt auf sie zu. Aber Rudi sagte schnell: »Nawicht! Wawartawe!«

Also blieb ich stehen und wartete.

»Was haben Sie da gesagt? Wicht? Das möchte ich nicht gehört haben!«

Der Polizist schaute sie fassungslos an.

»Das haben Sie auch nicht gehört«, sagte Rudi eilig. »Ich habe gesagt: Nawicht. Das ist meine Adresse in Wartaweil. Ich bin Tourist und auf der Durchreise.«

»Soso«, sagte der Polizist misstrauisch. »Auf der Durchreise ohne ein Zehnerl in der Tasche?«

Der Polizist sah sie spöttisch an.

»Und wie ist jetzt Ihr Rufname?« Er schaute auf seinen Notizblock. »Ruth, Carola oder Thekla?«

Rudi wurde langsam nervös und verlor ihre Selbstsicherheit.

»Das ist doch lächerlich, Herr Wachtmeister, dass Sie mich wegen eines Klogroschens zur Wache schleppen.«

Der Polizist klappte sein Notizbuch zusammen.
»Sie haben völlig recht, junge Frau. Laut Gesetz darf niemandem im Notfall die Benutzung einer öffentlichen Toilette verweigert werden. Wir wollen unsere Stadt ja sauberhalten. Und deshalb müssen alle vagabundierenden Personen ohne Wohnsitz überprüft werden, ob gegebenenfalls noch andere Straftaten vorliegen. Und laut Ihrer Aussage haben Sie keinen festen Wohnsitz!«
Rudi war in der Enge.
»Das habe ich nicht gesagt, Herr Wachtmeister!«
»Sie hat recht«, sagte ein Mann hinter mir, den ich bisher nicht bemerkt hatte. Er schob mich beiseite und stellte sich zu den beiden. »Die junge Dame hat nur gesagt, wieso ein freier Mensch einen festen Wohnsitz haben muss. Stimmt's?«
Rudi nickte dankbar.
Ich konnte nur seinen Rücken sehen. Er trug einen knöchellangen braunen Ledermantel. Einen breitkrempigen Hut. Und in der linken behandschuhten Hand balancierte er einen schwarzen schlanken Spazierstock mit einem Silberknauf.
Der junge Polizist sah ihn entnervt an.
»Und wer sind jetzt Sie, bitte schön?«
Der Mann war größer als er. Er tippte dem Polizisten mit dem Silberknauf leicht auf die Brusttasche, in der das Notizbuch verschwunden war.
»Sie müssen mich kennen. Notieren Sie meinen Namen! Ich bin Nikolai Sergejewitsch Dobromil. Sie können hinzufügen: Graf von Turganovicy. Die Dame ist mein Gast in dieser Stadt. Möchten Sie alle meine Vornamen buchstabiert haben, oder genügen Ihnen die ersten vier? Ich begleite meine Bekannte gerne zur Wache, um dieses alberne Missverständnis dieser etwas delikaten Situation hier aufzuklären.«
Damit deutete er mit seinem Stock auf das Toilettenhäuschen.
Verwirrt sagte der Polizist: »Sie kennen diese Frau?«
»Aber selbstverständlich kenne ich Carola! Ich war schon beunruhigt und habe meinen Chauffeur gebeten, endlich einen Parkplatz zu finden. Wenn Sie wollen, nehmen wir Sie gerne im Wagen mit zu Ihrer Polizeistation. Das ist wohl die Ettstraße, richtig?«

Der junge Polizist nickte nervös und biss sich auf die Lippen.
»Das wird nicht nötig sein«, sagte er und versuchte zu lächeln.
»Sie müssen verstehen, ich muss jeder Anzeige nachgehen.«
»Ach?« sagte der Mann und schlug sich mit dem Silberknauf ungehalten auf seine behandschuhte Innenfläche der Hand.
»Es gibt eine Anzeige?«
»Nicht direkt«, sagte der Polizist. »Ich bin zu Hilfe gerufen worden.«
»Wir werden Ihren Eifer loben«, sagte der Mann, und ich konnte sein Lächeln im Profil sehen. Er war jünger, als ich gedacht hatte. An der kühnen, leicht gebogenen Nase erkannte man den Aristokraten. Auch er trug einen edlen Schnauzbart. Das schien in dieser Gegend Mode zu sein. Seine dunkelblauen Augen funkelten, als er Rudi seinen Arm reichte.
»Carola! Ich denke, wir sehen uns zu einer Gegenanzeige genötigt! Was meinst du? Oder sollen wir die Angelegenheit auf sich beruhen und es bei einer Entschuldigung bewenden lassen? Wie war noch mal der Name Ihres Vorgesetzten?«
Rudi hatte sich wie selbstverständlich bei dem Grafen eingehängt. Beide betrachteten den Uniformierten wie ein lästiges Insekt. Jetzt wurde der Polizist doch nervös.
»Das tut hier nichts zur Sache. Es steht Ihnen frei, Anzeige zu erstatten. Aber vielleicht sollte man aus so einer Lappalie keine Staatsaffäre machen.«
»Da haben sie völlig recht«, sagte der Graf und reichte ihm eine Visitenkarte.
»Falls Sie noch Fragen haben, können Sie sich telefonisch anmelden. Und jetzt entschuldigen Sie uns bitte.«
Er lüftete seinen Hut und schritt mit Rudi von dannen, den Spazierstock unter den Arm geklemmt. Der Polizist tippte mit der Hand an seine Mütze. Dann las er die Visitenkarte und schaute den beiden hinterher. Plötzlich bemerkte er mich, wie ich ihn frech anstarrte. Verlegen wich er meinem Blick aus und drehte sich ab. Ganz Autorität entfernte er sich mit großen Schritten über die Straßenbahngleise.
Erleichtert rannte ich meiner Mutter und dem Grafen, der sie gerettet hatte, hinterher. Ich hielt Ausschau nach seinem Chauffeur und dem Wagen.

Die Trambahn hielt mitten in Schwabing.
Graf Nikolai war Kunstmaler und hieß Volker Hartung. Graf Nicolai war sein Künstlername, den er sich auf die Visitenkarte hatte drucken lassen. Früher sei er mit einer Gräfin verheiratet und vermögend gewesen. Aber dann habe er sich für die Kunst entschieden und lebe nur noch von seiner Malerei, deshalb sei er im Moment leider so klamm, dass er nicht einmal die Straßenbahn bezahlen könne.
Rudi und er waren sich sofort sympathisch. Künstler unter sich.
Er lud uns für abends zu einem Fest ein. Rudi hatte an einem Kiosk einige Flaschen Wein, Schnaps und Buletten gekauft, die hier Fleischpflanzerl genannt wurden. Mit den Zigaretten für Volker, die er in einer langen silbernen Spitze rauchte, und der Tafel Schokolade für mich waren unsere dreißig Mark wieder weg. Der Kioskbesitzer freute sich über den unverhofften Umsatz und schenkte mir noch einen Bubblegum.
Das große Atelier war völlig verräuchert. Durch die Dunstschwaden in dem schummerigen Licht konnte man kaum erkennen, wie viele Menschen auf dem Boden saßen oder übereinanderlagen. Überall standen leere Flaschen herum, in denen Kerzen brannten. Amerikanische Musik tönte kratzend aus einem Kofferplattenspieler. Wir wurden mit lautem Hallo und fröhlichen Pfiffen begrüßt. Wie ein Zepter erhob Volker seinen Spazierstock. Junge, hübsche Mädchen umarmten ihn und knutschten ihn ab. Er schien hier der Platzhirsch zu sein. Umringt von wild aussehenden Männern, verteilte er wie ein König großzügig unseren Einkauf an seine Gefolgsleute.
»Eine echte Anarchistin!« rief Volker und nahm Rudi in den Arm. »Carola hat die Staatsgewalt herausgefordert – das hättest du erleben sollen, Bussi! Bussi ist nämlich auch Schauspieler.«
Rudi sah ihn erfreut an. Bussi wirkte mehr wie ein hagerer Raubvogel. Aber er hatte nette, etwas eng stehende Augen. Aus seinem streng nach hinten gekämmten pomadisierten Haar war ihm eine Haarsträhne herausgerutscht, die jetzt quer über seinem Gesicht hing. Er bleckte erfreut seine langen Zähne.

»Darauf müssen wir trinken«, sagte er und nahm einen Schluck aus unserer Flasche, die er dann an Rudi weiterreichte.
»Ich heiße Johann. Johann Buslowski.«
»Und ich heiße Ruth. Ruth John«, sagte Rudi und saugte an der Weinflasche.
»Das sind Namen, die werdet ihr euch noch alle merken müssen!« rief Johann und griff wieder nach der Weinflasche.
Volker ließ sich von einem jungen Mädchen wegziehen, das bestimmt nicht viel älter war als ich.
»Was für ein Sternzeichen bist du?« fragte Bussi.
»Ich bin ein Fisch«, sagte Rudi.
»Ah, wunderbar!« schwärmte Bussi. »Und was bist du?«
Die Frage war mir peinlich.
»Ich bin eine Jungfrau«, sagte ich und versuchte, mit dem Kaugummi eine besonders große Blase vor meinem Mund zu formen. Die Blase platzte und klebte unter der Nase und am Kinn. Ich pulte den Kaugummi von meinem Gesicht und schob mir die kühlen Fetzen wieder in den Mund.
Bussi legte die Hand auf die Schulter seines Nachbarn, der neben ihm im Schneidersitz saß und die ganze Zeit nichts gesagt hatte.
»Hermann ist Bildhauer.«
Hermann hob langsam seinen riesigen Kopf und lächelte verlegen. Er saß unbeweglich da, als hätte er sich selbst gemeißelt.
»Hermann ist Waage«, sagte Bussi und betrachtete ihn wie eine fremde Skulptur. »Immer ruhig und ausgeglichen. Aber da drinnen ...« Er klopfte ihm auf die mächtige Brust, »... da drinnen brodelt es. Das ist der Aszendent!«
Hermann sagte nichts.
»Das ist der Widder in ihm, der ihm keine Ruhe lässt, stimmt's?« Er reichte mir die Flasche, die ich Rudi weiterreichen wollte.
»Ich bin gleich wieder da«, sagte sie und verschwand zwischen den anderen.
Ich nahm einen Schluck und gab die Flasche Hermann. Mir wurde leicht schwindelig.
»Hier, du Schwätzer!« sagte Hermann sanft und stellte die Flasche vor Bussi auf den Boden.

»Ich bin keine Waage, ich bin Stier!«
»Stier sind wir doch alle!« lachte Bussi meckernd und genehmigte sich noch ein paar Schluck Wein.
Ich schaute mich suchend um. Rudi war nirgends zu sehen. In der äußersten Ecke des Ateliers entdeckte ich Volker. Aber der hatte in jedem Arm ein junges Mädchen. Zu dritt drehten sie sich langsam wiegend nach der Musik. Immer mehr neue Kerzen wurden angezündet. Also waren die meisten Flaschen schon geleert.
»Das ist Pierre«, sagte Rudi hinter mir und zog einen jungen Mann zu uns auf die Erde. Er setzte sich schüchtern mir gegenüber. Er hatte schöne grüne Augen und schwarze kurze lockige Haare.
»Der ist aber süß«, sagte Bussi anzüglich und strich sich die Haarsträhne aus dem Gesicht, die sofort wieder abrutschte und ihm dann vor den Augen hing. »Ich hab' dich schon mal gesehen. Du bist doch das Aktmodell für den Volker?«
»Pierre wird Schriftsteller«, sagte Rudi. »Er studiert Germanistik.«
»Tja, dann geh' ich mal wieder«, sagte Pierre und stand verschreckt auf. »Vielleicht sieht man sich irgendwann.«
Rudi sah ihm enttäuscht hinterher. Bussi betrachtete die leere Weinflasche.
»Dem brauchst du nicht nachzutrauern, Ruth!« Er hatte schon eine schwere Zunge. »Der ist vom anderen Ufer.«
»Ich hab' keine Vorurteile«, sagte sie und drückte das weiche Wachs näher an den Docht.
»Ich doch auch nicht!« Bussi warf seinen Kopf zurück. »Bei Shakespeare wurden die Frauen auch nur von Männern gespielt. Vielleicht war Shakespeare ja auch 'ne Tunte.«
Hermann erhob sich schwerfällig.
»Bussi! Du erzählst nur gequirlte Scheiße! Gute Nacht!«
Ich musste gähnen.
»Wisst ihr denn schon, wo ihr heute pennt?« fragte Bussi.
»Ach, darüber hab' ich mir noch keine Gedanken gemacht«, sagte Rudi und sah sich um.
Bussi setzte noch einmal die Flasche an, aber sie war wirklich schon wieder leer. Er stand mühsam auf.

»Ich frag' mal den Volker. Hier ist ja genügend Platz. Und dahinten ist eine Couch, wenn die nicht schon voll ist.«
Wankend ging er in Richtung Plattenspieler, an dem Volker neue Musik auflegte.
»Dein Lippenstift ist verschmiert«, sagte ich zu Rudi.
»Wo?« fragte sie und rieb sich an den Mundwinkeln.
»Nee, weiter oben«, sagte ich. »Lass mich mal. Ich mach' das.« Ich wischte ihr mit dem Daumen die Lippenkontur wieder sauber. »Muss ja nicht jeder sehen.«
»Danke!« sagte sie verlegen.
»Alles klar!« Bussi stand schwankend vor uns. »Und morgen, da starten wir unsere Karriere. Die Sterne stehen gut. Mit deiner schönen Mama und meinen Beziehungen mischen wir Geiselgasteig auf. Da bin ich sicher.«
Die funkelnden Sterne über den großen Atelierfenstern verblassten.

Spät am Vormittag holte Bussi uns ab. Er habe kaum geschlafen aus Angst, den Wecker nicht zu hören. Aber für die Karriere müsse man Opfer bringen. Wir eilten hinter ihm her. Sein zu kurzer Mantel flatterte und ließ ihn noch magerer erscheinen. Die Konkurrenz kenne kein Erbarmen. Aber er habe noch schnell ein Horoskop erstellt. Am heutigen Tag müsse man die Chance ergreifen. Ein großer Kinofilm für die Bavaria werde besetzt. In der Statistenbörse.
Das war der Ort, an dem Karrieren entschieden würden. Da konnte man entdeckt werden.
»Noch sind wir unbekannt. Aber wenn wir als Kleindarsteller vielleicht auch nur einen Satz sprechen dürfen, dann ist unsere Begabung nicht mehr zu übersehen. Ruth, du bist der kommende Star.«
»Denn die im Dunklen sieht man nicht«, rief Rudi euphorisch.
Tatsächlich schien Rudi von innen her zu leuchten, obwohl wir auch nicht viel geschlafen hatten. Bussi ermöglichte ihr den Weg zum Film, und ich lief mit. Was blieb mir auch anderes übrig.
»Und denk daran, Ruth, immer lächeln«, rief Bussi.

Jetzt rannten wir schon, um die Karriere nicht zu verpassen. Die Passanten auf der Straße machten uns erschrocken Platz.
»Und der Haifisch, der hat Zähne!« schrie Bussi und ruderte mit den Armen, als wolle er Krähen verscheuchen.
»Alles, was du aus tiefstem Herzen willst, erreichst du auch«, hatte Rudi immer wieder gesagt. Bei ihr stimmte das auch.
Ich wusste aus tiefstem Herzen immer nur, was ich nicht wollte. Immer bei fremden Leuten pennen, zum Beispiel. Oder Kohldampf schieben und nie wissen, was morgen ist. Im Heim wusste ich wenigstens, wann es was zu mampfen gab. Rudi war da ganz anders. Sie kannte keinen Hunger, sondern nur ihre Berufung. Schauspielerin sein. Aus tiefstem Herzen.

Endlich waren wir am Ziel ihrer Träume. Wir saßen in einem kleinen überfüllten Raum mit ungefähr zwanzig anderen Träumern. Da waren Persönlichkeiten in allen Altersgruppen vertreten. Ich war die jüngste Person. Keiner glich dem anderen. Jeder strahlte eine künstliche Besonderheit aus. Aber am strahlendsten war Rudi.
Ich fühlte mich unwohl auf meinem Stuhl. Wir saßen in mehreren Reihen hintereinander und starrten auf eine kahle, schon etwas vergilbte weiße Wand und warteten. Wie in der Schule im Heim, dachte ich. Nur ohne Film.
Rudi hatte sich mit Bussi in die erste Reihe gesetzt. Ich saß hinter ihr in der zweiten Reihe und duckte mich. Rechts von mir war ein älterer weißhaariger Herr in einem dunklen Anzug. Unter seinen buschigen Augenbrauen blitzten blaue Augen. Eine kräftige Adlernase bog sich über den schmalen Mund. Statt einer Krawatte trug er eine große gepunktete Fliege. Obwohl der Raum überheizt war, warf er sich einen langen gelben Schal lässig über die rechte Schulter. Ich betrachtete ihn verstohlen von der Seite. Seine Gesichtsfarbe hatte eine unnatürliche Bräune. Er rückte seine Fliege gerade, die verrutscht war. An seinem weiß gestärkten Hemdkragen hatte das Gesicht etwas abgefärbt.
Die füllige Dame links neben mir trug ein grünes, engsitzendes Kleid. Ihre dunkelrote durchbrochene Stola drapierte sie so,

dass der tiefe Ausschnitt besser zur Geltung kam. Sie griff sich in den Ausschnitt und presste die Pfunde nach oben, bis die Wölbung wie ein weißer praller Kinderpopo hervorprangte. Dann ordnete sie vorsichtig mit spitzen Fingern ihre roten steifen Haare. Zwang sich noch eine Locke in die Stirn und schob die Lippen etwas nach vorne, damit der Mund voller wirkte. Wie ich es schon von Rudi kannte. Typisch Schauspielerin.
Jeder war mit sich beschäftigt.
Rudi hatte sich schon zum dritten Mal gekämmt. Nur Bussi schien nicht auf sein Äußeres zu achten. Wahrscheinlich hatte er es aufgegeben. Die Haarsträhne fiel ihm wieder ins Gesicht, als er sich umdrehte.
»Ah, der Herr Staatsschauspieler«, sagte er zu dem aristokratischen Herrn neben mir.
»Einen schönen guten Morgen, Herr, äh, Herr...«, dröhnte der Herr zurück und räusperte sich. »Meine Stimme ist heute noch nicht so klar. Wo hatten wir noch einmal miteinander zu tun, Herr äh? War das nicht in Castrop-Rauxel, als ich im ›Hamlet‹ als Totengräber brillierte?«
»Nee, nee«, sagte Bussi eingeschüchtert. »Das war in, wie hieß der Film gleich noch mal, wo Sie als Lakai den einen Satz bekamen, und ich als Graf Ihnen zugenickt habe, und Sie sich dann vor mir verneigen mussten. Wie hieß der Film gleich noch mal?«
»Hatten Sie da Text?« Der Staatsmime hob missmutig sein Haupt.
»Leider nein. Meine schauspielerische Ausdruckskraft. Dieses gräflich stumme Nicken von innen heraus genügte.«
Bussis eng stehende Augen leuchteten vor Begeisterung. Der Herr hatte seine Mundwinkel herabgezogen.
»Tut mir leid, ich erinnere mich nicht an Sie!« Der Herr drehte sich lächelnd ab und ließ seinen Blick über mich hinwegschweifen.
»Ah! Frau Kollegin! Ich hätte Sie kaum wiedererkannt mit Ihrer neuen Haarfarbe. Welche Wandlungsfähigkeit, Frau Weckerle!«
Rudi drehte ihren Kopf nach hinten und schaute die Dame neben mir mit schrägem Blick skeptisch an. Die Dame gluckste

erfreut auf und sprach über meinen Kopf hinweg zu dem Herrn.
»Nein! Der Herr Schulzmeier! Ihr Organ ist unverwechselbar. Da fühlt man sich ja gleich nicht mehr so allein zwischen diesen Dilettanten.«
Rudi drehte sich wieder nach vorne und flüsterte Bussi laut genug ins Ohr.
»Kennst du die Perücke?«
Bussi schüttelte grinsend den Kopf. Der Herr beugte sich leicht vor und blickte auf den Ausschnitt der Dame. Seine tiefe Stimme vibrierte.
»Und Ihr Figürchen! Noch immer so zart und ausdrucksvoll wie damals als Maria im Krippenspiel. Erinnern Sie sich?«
Ich schaute erstaunt auf die bebenden Vulkane, die das Kleid fast zu sprengen drohten.
»Wie könnte ich je meinen Josef vergessen!« zwitscherte die Dame und lächelte breit.
Dabei verschmierte ihr Lippenstift ihre beiden Schneidezähne. Ich verstand kein Wort und machte mich ganz klein. Rudi kämmte sich hektisch. Die Dame lehnte sich vorne leicht gegen mich und kicherte: »Heute wird die Rolle einer Bardame besetzt, da muss man ja schon mal die Möpse zeigen.«
Sie lachte grell. Plötzlich wirkte sie gar nicht mehr damenhaft.
»Die Rolle ist Ihnen ganz sicher«, röhrte der Mann charmant.
Sie lehnte sich leicht gegen mich. Ich blickte starr geradeaus.
»Den Jungen fehlt einfach die Erfahrung«, sagte sie nachdrücklich.
Meine linke Schulter glühte.
Wir wurden durch einen hereinstürmenden Herrn unterbrochen. Erschrocken wollte ich aufstehen. Aber hier waren wir nicht in der Schule, sondern im Tempel der Kunst, wo Karrieren entschieden wurden. Der Allmächtige baute sich vor uns auf. Der ganze Raum roch plötzlich nach erwartungsvollem Schweiß.
»Ich will es kurz machen!« sagte er und drehte nervös seinen Kopf, als sei ihm der Hemdkragen zu eng. »Die Dreharbeiten beginnen in einer Stunde.« Der ganze Raum schien den Atem

anzuhalten. »Die Szene spielt in einer Bar. Wie ich sehe, sind einige bereits in passendem Abendkostüm erschienen.«
Rechts und links von mir erleichtertes Ausatmen. Nur Rudi reckte sich und schüttelte ihre frisch gekämmten Haare. Sie hatte sich heute morgen leider für unsere rote Bluse entschieden. Unpassend leuchtete sie grell zwischen den anderen. Der Mann schaute irritiert kurz zu ihr herunter und drehte seinen Hals, der schon ganz wund war.
»Ich brauche für unsere Filmszene einige Komparsen als Hintergrund. Und bitte keine Anfänger, da sind wir uns einig! Also insgesamt fünf Herren und vier Damen.«
Außer mir schienen alle in ihren Stühlen ein wenig zu wachsen. Erwartungsvolle Stille. Der Mann streckte seinen Arm aus und schwebte mit seinem Glücksfinger suchend über die erwartungsfrohen Gesichter.
»Sie da hinten! Ja, Sie mit der Glatze. Bitte stehen Sie auf. Dann der Dicke dort. Ja Sie! Die rote Krawatte. Und der Weißhaarige hier!«
Der Staatsschauspieler neben mir erhob sich stolz.
»Nein, nicht Sie! Das Mondgesicht da hinter Ihnen. Sie sind mir zu auffällig. Ich brauche Durchschnittsgesichter. Gesichter, die man nicht gleich wiedererkennt. Wenn wir nur die Krawatte wechseln, dann hat man den Eindruck mehrerer verschiedener Gäste. Keine Diskussion, bitte! Und jetzt die Damen.«
Der Staatsschauspieler setzte sich schnaubend.
»Die Hagere da hinten. Ja Sie! Die Lilane. Ein sehr schönes Kostüm! Dann die Blonde mit den sinnlichen Lippen.« Er lächelte. Dann ließ er seinen Blick weit nach hinten schweifen und wanderte mit den Augen langsam die Reihen entlang nach vorne. Die Stühle knarrten erwartungsvoll. Neben mir wogte der Busen.
»Und Sie natürlich. Ihr Dekolletee lacht mich so freudig an.«
Meine Nachbarin sprang so heftig auf, dass die Naht ihres Kleides ein kleines Stück an der Hüfte aufriss. Sie trug schwarze Unterwäsche.
»Gratuliere!« brummte ihr Kollege.
»So, meine Herrschaften, ich notiere draußen die Namen der Auserwählten. Und ich bitte um Ruhe. Keine Diskussion!«

Das enttäuschte Geraune verstummte. In die Stille sagte Rudi: »Das sind nur sieben.«
Der Mann sah sie ungehalten an.
»Wie bitte?«
»Sie sagten, Sie brauchen neun Schauspieler.«
Im Halbprofil sah ich ihr charmantes Lächeln. Der Mann steckte seine Finger zwischen Hals und Hemdkragen und drehte den Kopf nervös.
»Ja natürlich. Ich brauche sieben Statisten und zwei Kleindarsteller. Einen besoffenen Gast und eine . . .«
»O Verzeihung«, hauchte Rudi gurrend. Sie stand träge auf. »Ich hoffte, Sie suchen eine attraktive Schauspielerin, die eine Bardame spielen kann.« Sie strich Bussi zärtlich durch die öligen Haarsträhnen. »Komm, Schatz!«
Bussi stand irritiert auf.
»Also, Herr Harwig, als Alkoholiker bin ich perfekt. Ich muss nur an einem Glas riechen, dann bin ich schon besoffen. Sie kennen mich doch, Herr Harwig.«
»Ja, eben, Herr Buslowski«, sagte der Mann und starrte auf Rudi. »Am Drehort ist strengstes Alkoholverbot. Ihre Partnerin ist neu in der Stadt?«
»Ganz frisch!« beeilte sich Bussi zu versichern. »Direkt aus Hamburg. Sie ist wirklich professionell.«
»Tatsächlich?« sagte Herr Harwig und zuckte nervös mit dem Hals.
Die Grüngekleidete schob sich neben Rudis rote Bluse. Der Busen hatte sich etwas gesenkt und knitterte in der Mitte. Harwig schaute unentschlossen von einer zur anderen.
»Geben Sie Ihrem Herzen einen Stoß!« sagte Rudi mit einer rauchigen Stimme und legte Herrn Harwig vertraulich ihre Hand auf die Schulter. »Sie werden es nicht bereuen!«
»Na gut«, sagte Herr Harwig und kratzte sich den juckenden Hals. »Dann wollen wir es mal miteinander versuchen. Und Herr Buslowski, den Alkoholiker, bitte schön völlig nüchtern!«
»Ist doch klar, nur Leitungswasser!« lallte Bussi.
»Danke, meine Herrschaften! Außer den Kleindarstellern kann sich die Statisterie schon einmal draußen aufstellen.«

Die grüne Desdemona zwängte sich zwischen Rudi und Herrn Harwig. Mit einer Kleinmädchenstimme piepste sie zart: »Aber, Harwiglein, du hattest mir doch das letzte Mal ...«
Harwigs Hals wurde noch röter.
»Nicht jetzt, Frau Weckerle! Bitte! Keine Diskussion!«
Damit schob er sie zur Tür hinaus.
»Wie die Kinder«, sagte er lächelnd zu Rudi. »Apropos, ich brauche noch einen Pagen.«
Er blickte sich suchend um.
»Ach ja. Der blasse Junge da in der zweiten Reihe, der kann das machen. Wie heißt du?«
»Gottfried«, sagte ich erschrocken. »Gottfried John. Aber ich bin gar kein ...«
»Macht nichts!« sagte der Mann und stürmte aus dem Raum.
Rudi sah ihm strahlend nach.
»War das der Regisseur?«
»Nee, der Aufnahmeleiter«, sagte Bussi und gab ihr einen Schmatz auf die Stirn. »Das wird der Beginn deiner Karriere«, lachte er.
»Da werd' ich mir einen Künstlernamen suchen müssen, wenn mein Kleiner auch zum Film geht«, sagte Rudi stolz und zog mich vom Stuhl hoch. »Du spielst einen Pagen! Ist das nicht schön!«

Hässlicher konnte ich gar nicht aussehen in meiner zu kurzen, weit schlotternden Pagenuniform, in die ich gesteckt wurde. Der Fundus war ein großer, muffiger Raum, der bis unter die Decke mit alten Kleidern vollgestopft war, die an langen Stangen hingen. Ein älterer Herr und zwei Damen zerrten an der Uniform.
»Der ist in der Länge verwachsen«, sagte die eine Dame und versuchte mit Sicherheitsnadeln die zu große Jacke zu raffen.
»Links- oder Rechtsträger«, murmelte der Herr und griff mir in den Schritt. Zwischen den zusammengepressten Lippen steckten lauter bunte Stecknadeln. »Die Hosenlänge kriegen wir in der Zeit nicht mehr hin. Den darf man nur bis zum Knie zeigen.«
Er schaute böse auf meine dünnen Waden, die hervorlugten.

»Der sieht ja sonst aus wie ein Storch!«
Dann wurde ich eilig in den Schminkraum gebracht und in einen Lederstuhl gesetzt, vor mir ein großer Spiegel, der von grellen Glühlampen umrahmt war. Ich sah zu, wie mir die Haare immer kürzer geschoren wurden.
»Wie lange braucht ihr noch?« rief eine Stimme. »In fünf Minuten ist Drehbeginn!«
Schnell wurde mir mit einem Schwamm kräftig helle Schminke ins Gesicht gerieben. Auf meine hektischen roten Wangenflekken wurde mit einem Pinsel grüne Farbe geschmiert.
»Das deckt das Rot ab«, sagte die Frau, die sich Maskenbildnerin nannte, und beugte sich mit ihrer Brille dicht über mein Gesicht. »Und die Nase ist ja ganz schief. Da brauch' ich noch drei Minuten«, rief sie über die Schulter zurück.
Hektisch wühlte sie in ihren Farbtöpfen. Mit einem Finger voll grauer Farbe rieb sie mir die Nasenseite dunkel.
»Hätte man mir ja gleich sagen können, dass da einer kommt, der in der Drehtür steckengeblieben ist! So!«
Sie äugte durch ihre Brillengläser in den Spiegel und betrachtete mich skeptisch.
»Jetzt sieht er einigermaßen normal aus. Anders kann man den ja nicht vor die Kamera lassen. Sonst fällt das auf mich zurück. Wir sind fertig!«
Damit patschte sie mir mit einer Puderquaste über das ganze Gesicht. Ich hatte die Augen geschlossen und versuchte, nicht zu niesen. Mit einem großen Pinsel fegte sie den Puderstaub wieder von dem Gesicht.
Als ich meine Augen öffnete und in den Spiegel sah, war ich fertig. Was mich da anblickte, war nicht normal, sondern lächerlich. Die grünen Flecken im Gesicht ließen eine noch unbekannte Krankheit erahnen. Ich erkannte mich nicht wieder und fühlte mich wie ein Aussätziger.
»Im Film sieht das ganz normal aus«, beruhigte mich die Frau, während sie mir mit einer Paste die Haare nach hinten klebte.
Der ältere Herr aus dem Fundus kam außer Atem herein und schwenkte einen runden lila Hut ohne Krempe, den er mir auf den Kopf stülpte. Der umgedrehte Kochtopf rutschte mir über die Augen.

»Bei dem passt aber auch gar nichts!« schnaufte er nervös. Hastig knüllte er die Abendzeitung zusammen, die auf dem Schminktisch lag, und stopfte sie in den Peng.

»Passt!« sagte er und zurrte das Band, das an der Seite herunterhing, unter meinem Kinn fest.

»Ist der Page endlich fertig?« Ein junger, pickliger Mann zog mich von meinem Spiegelbild weg. Eine Sicherheitsnadel piekte mir in den Rücken.

Ich stolperte hinter ihm her durch schwachbeleuchtete enge Gänge. Vor einer großen Tür, über der eine rote Lampe blinkte, blieben wir stehen. Er legte seinen Finger auf den Mund und zeigte auf das Rotlicht.

»Aufnahme!« flüsterte er.

Ich tastete vorsichtig nach der Sicherheitsnadel an meinem Rücken. Eine laute Hupe, die dreimal schrill quäkte, ließ mich zusammenfahren.

»Wir können rein«, sagte der Picklige und zeigte auf die rote Lampe, die jetzt nicht mehr blinkte.

Er öffnete die große Tür. Wir kamen in eine riesige Halle. Ganz hoch oben an der Decke hingen bedrohlich große Scheinwerfer.

»Wo bleibt denn der Page? Verdammt noch mal!« hörte ich jemanden hinten aus der weiten Halle brüllen.

»Das ist der Regisseur«, flüsterte der picklige junge Mann ängstlich und schob mich weiter.

Wie in einem Irrgarten stolperten wir an hohen Wänden vorbei, die durch Holzlatten gestützt am Fußboden befestigt waren. Kreuz und quer lagen armdicke schwarze Kabel.

»Hier lang, das geht schneller«, sagte der junge Mann und ging auf eine Wand zu.

Er zog an einem schmalen Holzbohrer. Die Wand öffnete sich. Die Vorderseite war eine edle Tür mit goldener Klinke. Hinter den Pappwänden verbarg sich ein Salon. An den tapezierten Wänden hingen wertvolle Gemälde, die bei näherem Hinsehen nur aufgemalt waren. Auf blauen Teppichen standen rote Samtchaiselongues. Auch die Bücherrücken und die Regale waren aufgemalt. Der Raum war nach oben hin offen. Nur der Kronleuchter, der an einem langen Kabel von der Decke der Halle hing, war echt.

Wir liefen weiter. Hinter der nächsten Pappwand stand ein riesiger Scheinwerfer, der eine Bartheke grell beleuchtete. Drum herum lag alles im Dunkeln. Auf einem hohen Barhocker saß ein Herr im Frack. Als er seinen Kopf drehte, fiel ihm eine Haarsträhne ins Gesicht, und er betastete sein Oberlippenbärtchen. Das war Bussi. Er blinzelte blöde grinsend ins Scheinwerferlicht. Hinter der Theke stand eine rothaarige Bardame in einem grünen tief ausgeschnittenen Kleid. Das musste Rudi sein. Auch die sah nicht echt aus.

Als ich auf sie zugehen wollte, hielt mich Herr Harwig, der Aufnahmeleiter, schmerzhaft an der Schulter fest.

»Da ist er ja endlich!« zischte er und drückte mir ein kleines Tablett in die Hand, auf dem ein Umschlag lag.

»Können wir?« brüllte der Regisseur aus der Dunkelheit.

»Alles klar!« brüllte Herr Harwig zurück. »Und absolute Ruhe bitte! Wir wollen drehen!«

In das dreimalige Quäken der Hupe flüsterte Herr Harwig: »Und bei ›Bitte!‹ gehst du zu dem Herrn im Frack und sagst: ›Ein Telegramm für Sie, Herr von Thern‹.«

Ich hatte ihn durch das Hupen kaum verstanden und fragte: »Wie bitte?«

»Ja, bei ›Bitte!‹«, zischte er und rief laut: »Absolute Ruhe, wir drehen!«

Es war absolut ruhig, und ich traute mich nicht weiter zu fragen. Aus der Dunkelheit auf der anderen Seite brüllte der Regisseur: »Ton!«

Hinter mir hörte ich jemanden »Läuft!« rufen. Er saß vor einem Pult und hatte Kopfhörer auf.

Dann sah ich einen jungen Mann mit einer kleinen schwarzen Tafel, die wie eine Schiefertafel von Erstklässlern aussah, schnell zu Bussi laufen. Er schrieb mit Kreide etwas darauf und hielt die Tafel dann vor Bussis Gesicht. Etwas weiter entfernt stand ein Mann mit einer langen Stange, deren Ende er über den Kopf von Bussi hielt.

»Kamera?« hörte ich jetzt.

»Läuft!« sagte ein anderer.

Der junge Mann mit der Tafel rief. »Liebe, wie die Frau sie wünscht, die Erste!«

Dann klappte er ein weißes Holzstück, das an der unteren Seite der Tafel befestigt war, heftig nach oben. Es machte einen lauten Knall. Dann rannte er ganz schnell weg.
Ich versuchte, nicht zu lachen, denn jetzt war es ganz still. Nur der Kreidestaub tänzelte im Scheinwerferlicht. Bussi und Rudi waren erstarrt.
»Bitte!« brüllte der Regisseur.
Rudis Gesicht verzog sich zu einem breiten Grinsen. Sie beugte sich weit über die Theke. Ich schaute ihr fasziniert in den Ausschnitt. So hatte ich sie noch nie gesehen. Bussi erhob sich vom Hocker und zog ihren Kopf zu sich heran. Die rote Perücke verschob sich etwas. Bussi presste seinen leicht geöffneten Mund auf Rudis Lippen. Widerlich!
Rudi hatte den Kopf etwas zur Seite geneigt und über seiner Schulter sah ich, wie sie heftig mit den Augen klapperte.
»Los!« zischte Herr Harwig und schubste mich vor den Scheinwerfer ins grelle Licht. Mir fiel das Tablett mit dem Brief fast aus der Hand. Wie hypnotisiert stakste ich auf die beiden zu und dachte an die zu kurzen Hosen.
Plötzlich hatte ich das Gefühl, meine Beine seien gelähmt. Das Scheinwerferlicht blendete mich. Aus der Dunkelheit um mich herum spürte ich tausend Augen, die mich anstarrten. Ich stolperte über ein Kabel und fing mich wieder. Mit geballten Fäusten hielt ich das Tablett mit dem Brief eisern umklammert.
Rudi und Bussi knutschten immer noch. Der Weg zu ihnen schien mir endlos weit zu sein. Mindestens noch vier Schritte.
Rudi hatte ihre Hand in Bussis Pomadenhaar gekrallt und seinen Kopf nach hinten gezogen. Er lag halb auf der Theke. Ihr grünes Kleid war verrutscht. Ihre linke Brust drohte aus dem Ausschnitt zu fallen.
Noch zwei Schritte. Ich schluckte. Meine Kehle war trocken. Die Stange mit dem Mikrofon schwebte mir entgegen. Ich blieb vor den beiden stehen. Erst jetzt spürte ich die Sicherheitsnadeln wieder, die sich mir in den Rücken bohrten. Ich holte tief Luft. Das Mikrofon senkte sich dicht über meinem Kopf. Aber in dem war absolute Leere. Nur das geknüllte Zeitungspapier unter meinem Pagenkäppi schien laut zu rascheln, als ich mei-

nen Kopf senkte und panisch auf das zitternde Tablett mit dem Brief starrte.
Mein Herz raste. Der Hals war mir wie zugeschnürt. Gepresst sagte ich schnell: »Ein Brief für dich von Herrn Thern.«
Ich war froh, dass ein Satz rauskam. Wie eine Kröte, die mir im Hals steckengeblieben war. Bussi entriss sein Gesicht Rudis Mund und sah mich erschrocken an. Unsicher suchte er auf dem Hocker wieder Halt. Seine Mundwinkel zuckten. Das war große Schauspielerei!
Nur sein Oberlippenbärtchen stand zur Hälfte etwas ab und flatterte, als er sagte: »Aha! Ein Telegramm für mich!«
Dann wandte er sich zu Rudi, die mich freudestrahlend anklapperte, wie sie es sonst nur fremden Männern gegenüber machte.
»Ein Telegramm von meinem Zwillingsbruder Herrn von Thern.«
Er nahm ein Sektglas von der Theke und trank es mit einem Zug aus.
»Hicks«, sagte er und hob das Glas und schaute grinsend in die Runde.
»Aus!!« schrie der Regisseur aus der Dunkelheit. »Aus! Verdammt noch mal! Harwig! Haben Sie sich diese Scheiße einfallen lassen? So kann ich nicht arbeiten! Zehn Minuten Pause! Harwig, klären Sie das, oder die Szene wird gestrichen!«
Die Stimme des Regisseurs klang wirklich richtig wütend.
Hinter dem Scheinwerfer, der uns blendete, konnten wir in der Dunkelheit nur noch die Kamera erkennen. Jetzt eilte Harwig, den Hals sich nervös verrenkend, ins Licht.
»Was ist das denn für eine Scheiße, die Sie da machen!« brüllte er uns an und schaute dem davoneilenden Regisseur hinterher.
Die Hupe quäkte laut und heftig. Diesmal öfter als dreimal hintereinander. Das war wohl kein gutes Zeichen. Die Scheinwerfer wurden ausgeschaltet. Wir drei sahen uns erschrocken an.
In dieser Notbeleuchtung wirkten Rudi und Bussi wie Figuren aus Pappmaché. Alle anderen entfernten sich. Nur Harwig blieb wutschnaubend mit uns am Drehort zurück. Er riss sich den Hemdkragen auf und rieb sich den roten wunden Hals.

»Scheiße!« schrie er. »Das kostet mich den Kopf! Ja sind Sie denn besoffen?«
»Aber wovon denn?« verteidigte sich Bussi. »Von dem bisschen Limonade?« Er schüttelte sich. »Ich bitte Sie, Herr Harwig. Diese Liebesszene war doch trotzdem von uns täuschend echt gespielt! Die hatte doch Starqualität!«
Sein Lippenbärtchen hing ihm jetzt lose quer über dem Mund. Rudi lächelte Herrn Harwig breit an. Der Lippenstift war bis zum Kinn verschmiert. Harwig starrte fassungslos auf die beiden. Seine Stimme krächzte vor Wut.
»Sie Schießbudenfigur!« Er riss Bussi das Bärtchen ab und warf es auf den Boden.
Bussi zuckte zusammen, als sei er degradiert worden.
»Sie sind hier keine Stars! Sie sind Statisten!« Damit trampelte Harwig auf das Bärtchen, als müsste er eine gefährliche Glut austreten. »Sie sollten hier einen angetrunkenen Gast mimen, der ein Telegramm bekommt! Und ihre Partnerin sollte Ihnen nur ein Glas Sekt hinstellen. Mehr nicht! Und was machen Sie? Sie stecken der Dame Ihre Zunge in den Schlund, lassen sich auf der Theke vergewaltigen und sagen dann Hicks! Hicks! Dass ich nicht lache! Haa! Haha!« Das Haha hallte laut und böse durch die leere Halle. »Halten Sie das für die große Schauspielkunst eines Kleindarstellers?«
Bussi hatte seine Hand erschrocken vor den Mund gelegt, als fühle er sich nackt und wollte seine Blöße bedecken.
»Da tun Sie uns aber unrecht, Herr Harwig«, sagte er zaghaft hinter vorgehaltener Hand. Seine Augen suchten das Bärtchen, das auf dem Boden klebte. »Wir können die Szene auch anders gestalten.« Damit kniete er sich vor Harwig nieder und versuchte, das Bärtchen vom Boden zu lösen. »Dezenter, nicht wahr, Ruth?«
Rudi hatte sich auf den Barhocker gesetzt und, als ginge sie die ganze Aufregung um sie herum nichts an, begonnen, ihr Makeup zu erneuern. Sie warf Harwig einen aufregend intensiven Blick über die Schulter zu.
»Ich lege Ihnen eine unterkühlte Bardame hin. Dezent und unnahbar. Schließlich bin ich Schauspielerin. Kein Problem. Mehr Garbo hinter der Theke oder Ingrid Bergman als so eine

aufdringliche Monroe oder Anita Ekberg. Das liegt mir auch mehr! Dieses intelligente Understatement.«
Bussi hob die eine Hälfte des Bärtchens zwischen den Fingerspitzen hoch und schaute zu Harwig auf.
»Vielleicht wäre es auch besser, wenn ich meine Figur ohne so einen Bart spiele. Mehr in Richtung Bogart. Dann klappt das auch besser mit dem Alkoholiker. Was ich natürlich noch als Hintergrund für meine Rolle wissen müsste ...« Er erhob sich und sah Harwig fragend an. »Was steht eigentlich in dem Telegramm?«
Ich hatte mich von den Sicherheitsnadeln befreit und in einen der Klappstühle neben der Kamera gesetzt und das Zeitungspapier aus meinem Hut geklaubt. Harwig lehnte erschöpft an der wackelnden Wand und rieb sich mit zwei Fingern genervt die Augen. Bei dem Wort »Telegramm« durchzuckte es ihn. Die Wand vibrierte.
»Wo ist der Bengel?«
Er schaute sich suchend um. Ich erhob mich ängstlich und setzte mir rasch den Pagenpeng auf Er rutschte mir wieder über die Augen.
»Dieser Vollidiot!« hörte ich Herrn Harwig schreien. »Diese Vogelscheuche!« Jetzt hatte er mich wohl entdeckt. Ich zitterte.
»Dieser Schlotterschlaffsack, zu dämlich, um drei Worte zu sagen!«
Er riss mir den Hut vom Kopf und warf ihn in den Klappstuhl. Ich sah dem Hut hinterher, wie er langsam zwischen Sitzfläche und Rückenlehne auf den Boden kullerte. Auf der Rückenlehne stand das Wort »Regie«.
»Weißt du überhaupt, was Film ist?« brüllte mich Herr Harwig an. »Weißt du, was das kostet?«
Ich schüttelte ängstlich den Kopf. Film war ja noch schlimmer als Heim. Wie konnte man bloß freiwillig Schauspieler werden wollen. Harwig stand wie ein Feldwebel vor mir und schnaufte.
»Wie kommt so ein Schwachkopf wie du überhaupt hier ins Studio? Was?«
Ich nahm Haltung an.
»Wer hat dich überhaupt als Pagen ausgewählt?«

Wahrscheinlich erkannte er mich nicht wegen meiner Maske. Zaghaft sagte ich: »Das waren Sie!«

»Was?« schrie er. »Hältst du mich für einen Trottel?«

Ich sagte nichts. Rudi kam ruhig auf mich zu, nahm mich in den Arm und zog mich weg.

»Komm, Goddi! Wir gehen! Lass doch diesen unsensiblen Wüterich. Der hat doch keine Ahnung von Künstlern.«

»In so einem miesen Streifen spielen wir nicht. ›Liebe, wie die Frau sie wünscht!‹ Dass ich nicht lache! Ha, ha! Und wenn er uns auf Knien bittet und bettelt«, sagte Rudi entschieden zu mir. »Oder willst du hier den Affen machen für diesen Hampelmann?«

»Nee!« sagte ich erleichtert.

»Harwig!« Die Stimme des Regisseurs donnerte drohend. »Sie Schwachkopf! Was soll der Klamauk? Die Szene wird gestrichen. Licht aus!«

Die Scheinwerfer erloschen. Damit war Rudis steile Filmkarriere zerstört. Und ich war schuld.

»Du bist ja auch kein Künstler!« tröstete mich Rudi.

Wir bekamen trotzdem unsere Gage.

»Wir waren einfach zu gut für so einen niveaulosen Film«, hatte Rudi enttäuscht gesagt.

»So was Peinliches mach' ich nie wieder«, hatte ich gesagt.

Film war mir zuwider. Da wurde man nur angeschnauzt und musste in unpassenden Klamotten bunt angemalt sinnlose Worte aufsagen.

»Um in Deutschland Karriere zu machen, muss man sich nackt ausziehen wie die Knef«, meinte Rudi. »Kannst du dir Ingrid Bergman als Bardame vorstellen? Nackt?«

Ich konnte mir auch nicht James Dean als Pagen vorstellen. Da waren wir uns einig. Die meisten deutschen Filme waren niveaulos. Außer vielleicht »Die Halbstarken« mit Horst Buchholz und Karin Baal. Oder »Liane, das Mädchen aus dem Urwald«. Den hatte ich mir schon dreimal angeschaut. Aber auch nur, weil da Marion Michael mitspielte. Nackt. Aber das sagte ich Rudi nicht.

Auf jeden Fall verfolgten wir die Karrieren von Rudis Konkurrentinnen nur noch in den Illustrierten. Eigentlich schade, dass ich Rudis Karriere verpatzt hatte. Beim Film verdiente man ganz gut Geld. Mehr als mit Kartoffelschälern. Von unserer Gage wollte Rudi eine große Party schmeißen für all die Künstler und Schnorrer, die sie kennengelernt hatte. Und mit dem restlichen Geld könnten wir noch mindestens drei, vier Tage gut überleben, meinte sie. Wenn nicht länger. Ich beharrte darauf, dass wir uns ein Zimmer mieten sollten. Auf keinen Fall wollte ich wieder in irgendwelchen Ateliers nächtigen. Jede Nacht woanders. Wir hatten endlich mal einen Batzen Geld auf einen Schlag. Damit konnte man schon mal eine Monatsmiete anzahlen.
Rudi meinte, ich würde immer mehr meinem Vater ähneln. Auf Sicherheit bedacht, ein Spießer, der das freie Künstlerleben nicht zu würdigen wisse. Mein Wunsch sei es wohl, in meiner ängstlichen Krämerseele, Postbeamter zu werden, mit Beamtengehalt und lebenslanger Pension. Sie dagegen liebe die Freiheit. Nicht zu wissen, was morgen sei. Das romantische Abenteuer.

Ihre romantischen Abenteuer gingen mir auf die Nerven. Ich wollte endlich mal in einem eigenen Bett schlafen. Allein. Meine beginnende Pubertät bedrängte mich. Rudi schien davon nichts zu bemerken, obwohl mein Gesicht immer mehr Pickel bekam. Es war mir unangenehm, wenn sie so dicht neben mir lag. Fast ekelte ich mich vor dieser mütterlichen Nähe.
Rudi ließ meinen Wutausbruch mit Tränen in den Augen über sich ergehen und gab nach. Wir fanden eine dunkle winzige Zweizimmerwohnung mitten in Schwabing. Fendstraße. Hinterhof. Klo auf der Treppe. Möbliert. Im ersten Raum stand eine graue verschlissene Couch. Eine braune Anrichte. Ein Kohlenherd. Durch eine Tür kam man in das andere kleine Zimmer. Dort war ein Waschbecken mit kaltem Wasser und ein weißgestrichenes eisernes Bett. Ich nahm die Couch. Das Fenster zum Hof erhellte kaum die tristen Räume, die mit bräunlich eingerissenen Tapeten tapeziert waren.

Ich war glücklich. Endlich hatte ich ein richtiges Zuhause. Aber dieses Zuhause verwandelte sich für mich nach einiger Zeit zu einem Gefängnis.
Durch den Vorschuss auf die Monatsmiete war unser Batzen Geld wieder weg. Wir waren, wie immer, täglich pleite. Na bitte! Jetzt konnte Rudi gleich wieder ihren romantischen Abenteuern nachgehen. Sie nutzte ihr schauspielerisches Talent und überzeugte die Kioskbesitzer in unserer Umgebung, ihr auf Pump Esswaren zu verkaufen. Schokolade. Würstchen. Limonade.
Zu Anfang ließ sie die rote Bluse oder meinen Pullover oder irgendwelche Sachen, die wir noch in dem Seesack hatten, als Pfand da. Sie würde alles so schnell wie möglich wieder auslösen. Bald blieben uns nur noch die Sachen, die wir am Leib trugen. Aber dafür hatten wir einen vollen Bauch.
Rudi steigerte unsere Kreditwürdigkeit bei den Kiosken, indem sie immer wieder mal ein paar Mark zurückzahlte und dafür noch mehr Schulden machte. Aber nach einiger Zeit brach dieses System zusammen. Die Kredithaie rückten nichts mehr heraus. Im Gegenteil. Sobald sie uns erblickten, forderten sie heftig und lautstark ihr Geld zurück und riefen nach der Polizei.
Jetzt waren wir eingekreist. Ich traute mich nicht mehr auf die Straße. Nur Rudi wagte sich noch an unseren Häschern vorbei, um irgendwo anders Essen aufzutreiben. Jetzt hatte ich zwar ein Zuhause mit einer Couch, aber dafür dauernd Kohldampf. Jeden Tag starrte ich stundenlang über den dunklen Hof auf die Eingangstür zur Straße. Ängstlich hoffend, dass Rudi nicht von Polizisten eskortiert, sondern alleine zurückkäme. Ich konnte schon an dem Klang ihrer Schritte, die über den Hof hallten, hören, ob sie etwas zu essen aufgetrieben hatte, da draußen in der Freiheit.
Die Zeit war mir unendlich lang. Meistens legte ich mich mit dem Rücken auf die Couch und stierte lauschend an die rissige vergilbte Zimmerdecke. Wie lebendig begraben, dachte ich dösend und versuchte, nicht an Essen zu denken. Gegen die Langeweile des Wartens hatte Rudi mir einen Schreibblock dagelassen. Ich könne ja ein Tagebuch führen oder Briefe schreiben. Langeweile sei nur mangelnde Phantasie. Sie würde

sich nie langweilen. Kein Wunder, sie hatte ja ihr Abenteuerleben da draußen! Und ich war hier verdammt in meinem unsichtbaren Käfig, mich zu langweilen. Im Heim konnte ich wenigstens mit jemandem sprechen oder mich mit jemandem kloppen. Aber hier?
Aus dem Schreibblock faltete ich Papierflieger, warf sie mit Wucht gegen die Zimmerdecke und sah zu, wie sie torkelnd abstürzten und gegen die Scheibe knallten. Wem hätte ich denn Briefe schreiben sollen? Ich kannte ja niemanden. Und über was hätte ich in ein Tagebuch schreiben können? Über das Wetter? Von hier aus konnte ich ja nicht mal den Himmel sehen. Was soll man in ein Tagebuch schreiben, wenn nichts passiert. Außer, dass mir immer wieder diese Liane durch den Kopf schwirrte. Aber das konnte ich ja nicht schreiben. Wie denn! Ich konnte doch nicht schreiben, dass ich immer wieder aufgeregt versucht hatte, etwas hinter dem Vorhang ihrer langen blonden Haare zu entdecken, die zufällig ihren Oberkörper bedeckten. Wenn das jemand gelesen hätte! Das wäre mir zu peinlich gewesen. Was dann jemand von mir denken würde! Obwohl es die Wahrheit war.
Nachdenklich kaute ich an dem Bleistift. Wenn ich ihr einen Brief schreiben würde? Unbekannterweise. Ich versuchte mich an ihr Gesicht zu erinnern. Gedankenverloren kritzelte ich ihren sinnlichen Mund auf das leere Blatt Papier. Ihre Katzenaugen. Ihre langen blonden Haare fielen ihr bei mir nur bis auf die schmalen Schultern und verschwanden hinter ihrem Rükken. So verdeckten sie nicht die beiden Halbkreise mit dem Punkt in der Mitte. Die schmale Taille mit den langen, schlanken Beinen gelang mir am besten. Die Füße ließ ich weg, die waren zu kompliziert von vorne gesehen. Aber meine Liane nahm Formen an. Mir war überhaupt nicht mehr langweilig. Im Gegenteil! Mein Körper glühte vor Anspannung.
Dieser erregende Punkt in der Mitte. Ihr Bauchnabel. Meine Hand zitterte, als ich meiner wildesten Phantasie freien Lauf ließ und darunter ein V zeichnete. Der senkrechte Strich, den ich in der Mitte bis zur Spitze führte, nahm mir den Atem. Dieses zarte Vogel-V übermannte mich. Heftig füllte ich es aus und schraffierte es kräftig zu einem dunklen Dreieck. Mir wurde

schwindlig. Urplötzlich entlud sich eine gewaltige schöpferische Kraft. Die Spitze des Bleistifts brach ab. Die Zeichnung war vollendet.
Schwer atmend und erlöst ließ ich von ihr ab. Ich wusste nicht mehr, wieviel Zeit vergangen war. Leer und erschöpft schaute ich auf meine Liane. Mir war schlecht. Ein Hungergefühl zog mir den Magen zusammen. Mit weichen zittrigen Knien schleppte ich mich zur Anrichte. Aber der Mieter vor uns hatte nur eine angebrochene Mehltüte zurückgelassen. Daneben lag eine angerostete Rasierklinge. Was konnte man damit schon anfangen! Höchstens sich umbringen. Ich erschrak bei dem Gedanken.
Phantasie macht nicht satt. Im Gegenteil. Die ist ganz schön gefährlich. Also nahm ich die Rasierklinge und versuchte damit die Bleispitze des Stifts wieder hervorzuholen. Fremd und verwundert betrachtete ich noch einmal meine Zeichnung. Was hatte mich daran bloß so aufregen können? Nackte dünne Striche auf weißem Papier? So war diese Liane ohne Geheimnis.
Enttäuscht und gelangweilt strichelte ich über ihren Körper. Verdeckte die Halbkreise und das Dreieck. Und je mehr ich ihre Blößen bedeckte, um so geheimnisvoller wurde sie wieder für mich. Die langweilige Leere war verschwunden. Wie besessen verhüllte ich mit schnellen Strichen meine Liane aus dem Urwald und verwandelte sie in eine elegante Dame aus der Stadt.
Sie trug ein durchgeknöpftes elegantes schwarzes Kleid. Die ersten drei Knöpfe des Ausschnitts ließ ich offen. Ein breiter Gürtel ließ sie noch schlanker wirken. Das Problem der Füße löste ich mit spitzen hochhackigen Schuhen. Mit dem Mittelfinger verrieb ich die gröberen Bleistiftstriche ihrer Bekleidung, um sie plastischer zu machen. Ihre Formen unter dem Kleid konnte ich nur noch erahnen.
Fasziniert betrachtete ich meine Kreation. Ich änderte noch einige Details, selbstvergessen in meine Schöpfung vertieft. Ich hatte Rudi nicht kommen gehört.
»Mein armer Kleiner«, sagte sie außer Atem. Jetzt hast du den ganzen Tag warten müssen! Was hast du denn bloß die ganze Zeit gemacht?«

Ich bekam einen roten Kopf. Rudi schaute verblüfft auf meine Zeichnung.

»Du bist ja richtig begabt«, sagte sie und strich mir über den Kopf »Das ist dir aber wunderbar gelungen.« Sie wollte das Blatt Papier aufnehmen, um es sich näher zu betrachten.

»Rühr sie bitte nicht an«, sagte ich streng und bedeckte schnell die Zeichnung mit meiner Hand aus Angst, die nackte Liane wäre doch noch zu erkennen. »Ich ... ich muss vielleicht noch was ändern ...«, fing ich an zu stottern. »Sie ... sie ist noch nicht ... perfekt!«

Rudi sah mich bewundernd an. »Du bist ja ein richtiger Künstler!«

»Ich hab' Hunger«, sagte ich und klappte den Schreibblock schnell zu.

»Hast du was zu essen mitgebracht?« wechselte ich das Thema. »Mir ist schlecht!«

Jetzt hatte Rudi das schlechte Gewissen.

»Heut hat überhaupt nichts geklappt. Das war wie verhext. Vielleicht haben unsere Vormieter noch was Essbares übrig gelassen.«

»Nee, da ist nur 'ne Mehltüte.«

»Na bitte«, sagte Rudi und ging zur Anrichte. »Aus Mehl wird doch auch Brot gemacht und wer weiß was sonst noch alles. Mit ein bisschen Phantasie bringen wir schon eine Mahlzeit hin. Und morgen früh, sowie die Cafés aufmachen, gehen wir erst mal richtig frühstücken.«

An diesem Abend bestand unsere phantasievolle Mahlzeit darin, Wasser zu kochen und aus der angebrochenen Tüte Mehl eine Mehlklütersuppe zu zaubern. Sie war kaum genießbar, aber wärmte den Magen. Der nagende Hunger ließ nach.

»Stell dir einfach vor, das sei Spargelsuppe. Mich macht der Gedanke daran schon satt«, sagte Rudi.

Wir schauten in den dampfenden Topf, in dem ein paar weißgraue Brocken herumschwammen.

»Ich habe es satt, mir eine echte Suppe vorstellen zu müssen!« Oder auch eine Liane, dachte ich, während ich mir das klebrige geschmacklose Mehl aus dem Mund pulte.

»Alle Künstler müssen mal Hunger erleben«, sagte Rudi

lachend. »Das fördert die Kreativität. Hättest du sonst so ein Kunstwerk schaffen können? Vielleicht wirst du ja mal ein großer Maler. Wie van Gogh.«
Oder wie der Volker, dachte ich. Graf Nikolai. Dann hätte ich in jedem Arm ein echtes Mädchen und müsste keine mehr zeichnen. Und die standen ihm auch noch Modell. Nackt.
Vielleicht war Künstler werden gar nicht so übel. Wenn man nicht vorher vor Erschöpfung zusammenbricht und verhungert, dachte ich und schüttete die gedachte Spargelsuppe ins Klo.

Es war schon gegen Mittag. Das Café füllte sich wieder. Die Gäste bestellten sich jetzt Würstchen mit Kartoffelsalat. Fast alle Tische waren besetzt. Mittagspause.
Rudi war schon seit einigen Stunden unterwegs. Wir hatten uns mit flauem Magen ganz früh morgens aus dem Haus geschlichen, vorbei an dem Kiosk, der noch geschlossen war, und vor dem Café gewartet, bis es endlich öffnete. Nachdem wir ausgiebig gefrühstückt hatten, frische warme Brötchen mit Wurst und Konfitüre, drei Eier im Glas, auf die ich besonders hungrig war nach dem gestrigen Tag, und kräftigen Kaffee getrunken hatten, verschwand Rudi einige Zeit auf der Toilette und kam frisch geschminkt und gekämmt zu unserem Tisch zurück.
»Na, wie sehe ich aus?«
»Wunderschön«, sagte ich kauend und lehnte mich wohlig zurück.
»Du kannst ja in den Illustrierten schmökern. Es dauert bestimmt nicht lange, bis ich zurück bin und dich hier auslöse. Bis gleich, mein Kleiner.«
Damit stöckelte sie aus dem Café.
Ich sah sie einen Moment unentschlossen auf der Straße stehen. Sie schaute noch einmal durch die Scheibe zu mir zurück, lächelte, warf mir eine Kusshand zu und ging dann entschlossen nach rechts aus meinem Blickfeld.
Die Bäume vor dem Café zeigten die ersten zarten Knospen. Es wurde Frühling. Die Kellnerin kam an den Tisch und räumte unsere leergegessenen Teller auf ein großes Tablett. Sie trug

eine weiße gerüschte Schürze über einem hochgeschlossenen schwarzen, streng sitzendem Kleid, das vorne geknöpft war.
Ich sah ihr nach, wie sie das schwere Tablett zur Ausgabe schleppte. Die große weiße Schleife wippte bei jedem ihrer Schritte über dem kräftigen Po. Die linke Naht ihrer schwarzen Strümpfe war leicht verrutscht. Ich hatte jetzt den Künstlerblick. Der sah die Dinge unter der Oberfläche. Sie wäre nicht leicht zu zeichnen gewesen. Ich malte mir im Kopf ihren Körper aus. Etwas wellig die Formen. Der Hintern birnenförmig, in breite Schenkel übergehend, die beim Laufen aneinanderrieben.
Sie hatte sich gebückt, um das Tablett abzustellen. Noch halb gebeugt, drehte sie sich plötzlich zu mir um und sah mich empört an. Ich wurde rot und trank hastig den letzten Schluck Kaffee. Verschluckte mich, hustete hysterisch und hielt mir die Serviette vors Gesicht. Sie kam zu mir an den Tisch.
»Hier! Eiskaltes Wasser. Das hilft dagegen.«
Sie sah mich spöttisch an.
»Danke«, krächzte ich und kühlte mir erst meine heißen Wangen mit dem kalten Glas, dann trank ich es in einem Zug aus. Ich wagte nicht, sie anzuschauen. Aus den Augenwinkeln sah ich, wie sie jetzt mit einem leicht wiegenden Gang zum Nebentisch ging, an den sich ein Gast gesetzt hatte. Ich schaute ihr nicht hinterher.
Ich musste mich dringend ablenken. Ich stand auf und lief zu dem Ständer mit den Zeitschriften. Ich blätterte in dem Lesezirkel. Kristall. Quick. Stern. Brigitte Bardot räkelte sich auf dem Titelblatt. Sie drehte den Film »Das Gänseblümchen wird entblättert«. Auf dem Titel der »Revue« blickte mich Romy Schneider schelmisch an und schleckte mit ausgestreckter Zunge an einer Doppelkugel Eis. Daneben die Überschrift: »Werde Filmstar durch Revue«. Nur Grace Kelly sah in ihrem hochgeschlossenen weißen Hochzeitskleid so unnahbar aus, dass ich mir gar nicht vorstellen konnte, wie diese edle neue Fürstin mit diesem pummeligen Fürsten ...
Die schnippische Stimme der Kellnerin riss mich aus meinen Phantasien.
»Dürfte ich jetzt bitte abkassieren? Kellnerwechsel!«

Ich bekam schon wieder einen roten Kopf Diesmal vor Schreck. Rudi war immer noch nicht zurück.
»Aber ich hätte gerne noch zwei Eier im Glas«, sagte ich frech, um Zeit zu gewinnen.
»Das müssen Sie bei meinem Kollegen bestellen. Ich habe jetzt Feierabend.« Sie stemmte ihre Hände in die Hüften und sah mich fordernd an. »Also bitte zahlen Sie jetzt, damit ich abrechnen kann!«
Sie begann die Schleife ihrer Schürze zu öffnen. Aber ich hatte jetzt keinen Blick mehr dafür.
»Ich warte hier auf meine Mutter. Die muss gleich zurück sein«, sagte ich leise.
»Ach ja?« sagte sie laut. »Wollen Sie damit sagen, Sie haben kein Geld dabei? Und Sie können Ihre Zeche nicht zahlen?«
Die Gäste im Café wurden aufmerksam und schauten zu uns herüber. Ich zuckte mit den Schultern und versuchte zu lächeln.
»Das hab' ich mir ja gleich gedacht! Ganz schön frech! Da muss ich mit dem Geschäftsführer sprechen. So kommst du mir nicht davon!« Damit drehte sie sich abrupt um und riss sich die Schürze vom Leib.
Ich schaute ihr hilflos hinterher. Alle Gäste starrten mich an und begannen dann miteinander zu tuscheln. Ich versenkte mich in die Illustrierte und blätterte hektisch. Wo die Rudi bloß blieb!
Ich spürte, wie mir der Schweiß kalt die Achseln hinunterlief. Mit einem schnellen Seitenblick sah ich, wie die Kellnerin auf einen Herrn einredete und mit dem Zeigefinger auf mich zeigte. Der Geschäftsführer telefonierte. Ich schaute schnell wieder in die Illustrierte und versuchte ruhig zu bleiben.
»Sternchen ist das Kind vom Stern. Kinder haben Sternchen gern«, las ich immer wieder. Rudi musste mich jetzt dringend hier rausholen. Wieso ließ sie mich so lange schmoren? Ich schaute nach draußen. Statt Rudi sah ich die Kellnerin vorbeistapfen. Sie warf mir noch einen bösen Blick zu. Ich lächelte freundlich zurück. Erleichtert, dass sie mich nicht in eine noch peinlichere Situation gebracht hatte.
Jetzt wurde ich wieder ruhiger und lehnte mich zurück. Der

neue Kellner lief an mir vorbei, aber er hatte wohl meine Bestellung nicht gehört. Die Gäste, die näher am Eingang saßen, reckten plötzlich ihre Hälse. Durch die Scheibe des Cafés glotzten sie neugierig die Straße hinunter. Irgend etwas war da los, was ihre Aufmerksamkeit erregte. Hoffentlich hatte Rudi nicht schon wieder einen ihrer Auftritte. Ich hatte ein mulmiges Gefühl. »Sternchen ist das Kind vom Stern. Kinder haben Sternchen gern«, ging mir nicht mehr aus dem Kopf.
Der Geschäftsführer stand plötzlich neben mir. Er beugte sich sehr förmlich zu mir hinunter und sagte leise, aber bestimmt: »Würden Sie mir bitte unauffällig folgen?«
Ich schaute ihn unsicher lächelnd an. So etwas hatte noch nie jemand zu mir gesagt. Würden Sie mir bitte unauffällig folgen, das hätte ja ein Text aus dem Film »Liebe, wie die Frau sie wünscht« sein können.
Ich unterdrückte ein Grinsen und erhob mich schlaksig. Der Geschäftsführer, den Blick starr geradeaus, schritt voran. Alle Gäste des Lokals starrten uns jetzt an. Wie tausend Stecknadeln spürte ich die Blicke, als wir uns zwischen den Tischen auf eine Tür zubewegten, auf der stand: »Kein Ausgang«.
Der Geschäftsführer öffnete die Tür und ließ mir höflich den Vortritt. Ich stand in einem schummrigen, engen Flur. Die Tür fiel hinter mir zu. Mein rechter Arm wurde nach hinten gerissen, gleichzeitig griff mir eine Hand in die Haare und presste meine Stirn gegen die Wand.
»So, mein Bürschchen!« hörte ich eine Männerstimme. »Bleib ganz ruhig!« Der Griff lockerte sich. »Ich lass' dich jetzt los. Du legst beide Hände hoch an die Wand. Beine auseinander!«
Ich hob beide Hände nach oben, legte sie an die Wand. Ich wurde am Hosenboden kräftig zurückgezogen und gleichzeitig wurden meine Füße mit einem schnellen Tritt auseinandergegrätscht. Mit den Händen an der Wand drehte ich leicht meinen Kopf zur Seite.
»Mach keinen Quatsch!« sagte der Polizist nervös. »Kopf an die Wand!«
Ich legte meine Stirn wieder an die Wand. Mit schnellen Hän-

den wurde ich abgetastet. Ein letzter schmerzhafter Griff zwischen meine Beine, dann hörte ich ihn sagen: »Der ist sauber, der Schlingel.«

»Du kannst dich umdrehen«, sagte der zweite Polizist. »Aber schön langsam!«

Ich stieß mich von der Wand ab, die Hände immer noch erhoben, und drehte mich vorsichtig um. Die beiden Polizisten standen rechts und links in einigem Abstand vor mir und musterten mich misstrauisch.

»Der ist ja noch keine sechzehn«, sagte der eine Polizist erstaunt.

»Nee, ich werde erst vierzehn«, sagte ich hoffnungsvoll.

»Und schon kriminell!« sagte der andere. »Du kannst die Hände wieder runternehmen.«

Meine Knie wurden weich. Ich musste mich anlehnen und steckte die Hände in die Taschen. Das war wohl das Ende der Freiheit.

»Schon der dritte Zechpreller diese Woche«, sagte der eine Polizist zum anderen.

Das kalte Licht der Deckenlampen warf harte Schatten auf ihre Gesichter.

»Na, dann schauen wir mal, was wir hier für ein Früchtchen gefasst haben.«

Meine Kehle war wie zugeschnürt.

»Du kommst jetzt mit aufs Revier!«

Die Staatsgewalt führte mich ab. Der ältere Polizist lief festen Schrittes vor mir her. Ich schlurfte ihm nach. Der jüngere sicherte den Rücken ab. Keine Fluchtmöglichkeit.

Der lange, dunkle Flur schien kein Ende zu nehmen. Ich fühlte mich wie auf dem Weg zum Schafott. Am Ende des Flurs war eine Tür mit der Aufschrift »Ausgang«. Aber das galt nicht mehr für mich.

Eingesperrt in diesem kleinen Raum, hatte ich jedes Gefühl für Zeit verloren. Der Kripobeamte mir gegenüber hatte stahlblaue Augen. Die pure selbstsichere Gerechtigkeit im Blick, glaubte er mir kein Wort. Er starrte auf die Tasten einer alten schwarzen Adler-Schreibmaschine. Hinter ihm hing ein Fahndungsplakat.

Ich schielte ängstlich hinüber, aber konnte mein Bild darauf nicht entdecken. Der Beamte sah mich wieder durchdringend an.

»Also noch einmal von vorne«, sagte er genervt. »Bevor du das Protokoll hier unterschreibst. Wenn du lügst, macht das einen schlechten Eindruck auf den Staatsanwalt. Das erhöht dann die Strafe!«

Ich hatte meinen Kopf gesenkt und wischte mir meine tropfnassen Hände an der Hose ab. Ich wusste nicht mehr, zum wievielten Mal er mich immer wieder dasselbe gefragt hatte.

»Also, ich warne dich! Wenn du lügst, und ich muss das Ganze hier noch mal schreiben, dann ...«

Drohend riss er mit einem Ruck das Papier aus der Maschine. Er hatte sich wirklich abgemüht und mit zwei Fingern meine Antworten stockend in die Maschine gehackt. Dreiadlerfingersystem, dachte ich. Zweimal kreisen, einmal tippen. Das hatte mir beim Verhör Zeit gelassen, meine Antworten zu überlegen.

»Wenn du bei der Wahrheit bleibst, passiert dir nichts. Wir bekommen sowieso alles raus! Ist das jetzt die Wahrheit?«

»Ja«, log ich.

Bisher hatten sie noch nicht rausbekommen, dass ich ihr Staatsmündel bin und in Berlin aus dem Heim geflohen war. Und wenn man nicht unter Eid aussagt, hatte Rudi mir mal kichernd erzählt, dann darf man auch die Polizei belügen, bis sich die Balken biegen. Aber ich versuchte, lieber so dicht wie möglich an der Wahrheit zu bleiben, dann konnte man sich nicht so schnell verheddern.

»Also fangen wir noch einmal an! Dein Name ist Gottfried John?«

»Ja.« Das war einfach.

»Alter?«

»Dreizehn!«

Der Kripobeamte studierte sein Protokoll.

»Nach Adam Riese scheint das ja zu stimmen. Du bist also am neunundzwanzigsten Achten in Mannheim geboren.«

Ich nickte. Nicken war ja nicht direkt gelogen. Auf Berlin sollte ich ihn besser nicht aufmerksam machen.
»Deine Mutter heißt Ruth John?«
»Ja.«
»Und dein Vater?«
»Der heißt so wie ich.«
Das stimmte ja auch. Der hieß auch Gottfried wie ich.
»Dein Vater ist im Krieg verschollen?«
Ich nickte vage. Für mich war er verschollen. Schon seit meiner Geburt.
»Laut deiner Aussage seid ihr erst kürzlich von Mannheim nach München gezogen. Richtig?«
»Jawoll!« sagte ich erleichtert.
»Und euer Wohnsitz?«
»München-Schwabing, Fendstraße 2, Hinterhaus!« antwortete ich wie aus der Pistole geschossen.
Der Kripobeamte sah mich misstrauisch an.
»Das lässt sich leicht überprüfen beim Melderegister«, sagte er und schaute wieder in das Protokoll.
Jetzt hatte ich einen Fehler gemacht, fiel mir panisch ein. Wir konnten uns ja gar nicht anmelden. Damit hätte die Berliner Polizei erfahren, dass wir in München sind, und würde mich wieder einfangen und ins Heim sperren. Meine Antworten sollte ich mir noch genauer überlegen, dachte ich.
»Wo gehst du zur Schule?« fragte er wie nebenbei.
Darauf war ich nicht vorbereitet. Diese Frage hatte er mir bis jetzt noch nicht gestellt. Ich hatte eine völlige Blutleere im Kopf.
»Na, du wirst doch wohl wissen, wo du zur Schule gehst. Du bist doch sonst mit deinen Antworten so schnell. Also?«
»Also ... ich ... ich ...« Das verdammte Stottern ging wieder los. »Ich ... also ... die Schule ist in D7, das ist ein Realgymnasium, wo ich ... und ...«
Die blauen Augen des Kripobeamten wurden ganz starr. Wütend unterbrach er mich. »Lüg mich nicht an! Weißt du, was ich denke? Du hast die Schule geschwänzt. Dann hast du deine Freundin großkotzig eingeladen. Ihr habt wie die Könige gezecht ohne einen Pfennig Geld in der Tasche. Dann hat sich

dein Mädchen schon mal verdünnisiert. Und du hast nur auf die Gelegenheit gewartet abzuhauen und die Zeche zu prellen. Stimmt's?«

»Nein! Das ist gelogen!« wurde ich jetzt laut und hatte fast Tränen in den Augen.

Ich war froh, dass er in die falsche Richtung zielte. Jetzt hatte ich die Wahrheit auf meiner Seite. Wütend erregte ich mich.

»Meine Mutter ist nicht meine Freundin, sondern meine Mutter. Und meine Mutter ist Ruth John, und ich bin der Gottfried John, und ich bin der Sohn von meiner Mutter!«

Der Kripobeamte hatte mich wie ein Krokodil reglos angestarrt und lehnte sich zufrieden zurück.

»Jetzt reg dich nicht künstlich auf! Mit so einem frühreifen Früchtchen werden wir auch noch fertig. Zum Tathergang!«

Er zog ein anderes Blatt hervor und studierte es.

»Nebenbei gesagt ... sollte das wirklich deine Mutter sein, dann macht sie sich mit strafbar. Vernachlässigung der Sorgfaltspflicht, wenn sie dich nicht in die Schule schickt. Und wenn sie sich nicht darum kümmert, wird ihr das Sorgerecht entzogen, die Polizei holt dich ab, und du kommst in ein Heim. Ist dir das klar?«

Ich nickte schuldbewusst.

Heiß! Erinnerte ich mich an das Kinderspiel. Ganz heiß! Er war dicht dran.

»Jetzt zum Tathergang. Laut Zeugenaussage ist das Mädchen oder die Frau, mit der du zusammen gezecht hast, sehr bald verschwunden. Du hast noch frech weitergezecht und dich dann geweigert zu bezahlen. Ist es so richtig?«

Lau, dachte ich, ganz lau!

»Nein, das ist so nicht richtig. Meine Mutter ist nur mal kurz weggegangen und wollte gleich wiederkommen, deshalb hat sie nicht daran gedacht, mir Geld dazulassen.«

Jetzt schnellte der Kripobeamte plötzlich vor und funkelte mich blitzend an.

»Du behauptest, deine Mutter ist nur mal kurz weggegangen und wollte gleich wieder kommen, und dann lässt sie dich fünf Stunden von morgens bis mittags da alleine im Café sitzen? Das soll ich dir glauben?«

Der ließ nicht locker. Was sollte ich darauf sagen? Es war ja die Wahrheit. Ich wurde jetzt plötzlich unendlich müde und musste ein Gähnen unterdrücken, das mir die Tränen in die Augen trieb.

»Ich weiß ja auch nicht, was mit ihr passiert ist«, sagte ich kläglich und wischte mir über die Augen.

»Wenn du jetzt hier auf Mitleid machst, das zieht bei mir nicht. Wir behalten dich so lange in Verwahrung, bis wir die Wahrheit wissen. Also noch einmal von vorn. Name?«

Nicht schon wieder!

»Gottfried John«, murmelte ich erschöpft.

»Geboren?«

»Neunundzwanzigster Achter zweiundvierzig Berlin.«

Jetzt war es doch raus. Ich konnte mich nicht mehr konzentrieren. Er schien nichts zu merken. Oder war das ein Trick?

»Name des Vaters?«

»Gottfried ...« Ich stockte.

Langsam war mir alles egal. Ich war jetzt bereit, ihm alles zu erzählen. Im Heim konnte es auch nicht schlimmer sein. Lieber wollte ich gestehen, als hier noch stundenlang verhört zu werden. Müde sagte ich: »Meinen Vater kenne ich gar nicht. Ich bin unehelich und hab' die ersten Jahre nur mit meiner Mutter gelebt, und als sie sich dann mit ihren Eltern zerstritten hat, da war ich noch in der dritten oder schon vierten Klasse, da kam ein Herr auf mich zu ...«

Der Kripobeamte hörte mir aufmerksam zu.

»Dein verschollener Vater?«

Ich nickte und schüttelte dann den Kopf. Ich war völlig durcheinander.

»Nein, er kam mit einer Dame, die waren ...«

»Verheiratet?« Der Kripobeamte blieb immer noch freundlich. »Die Dame war seine Freundin?«

»Nein, das war seine Kollegin, die kamen von der, äh ...«

Jetzt fiel mir das Wort nicht ein. Weil der mich immer unterbrach und mir über den Mund fuhr. Ach ja, so hieß das: Vormund. Aber bevor ich Luft holen konnte, unterbrach er mich schon wieder.

»Ja, und dann weiter?« sagte der Kripobeamte leicht genervt. »Was hat das jetzt mit der Zechprellerei zu tun?«
Ich schaute ihn müde an.
»Nichts«, sagte ich und schwieg.
Der Kripobeamte schaute müde zurück und sagte auch nichts.
Ich fühlte mich plötzlich ganz einsam und spürte, wie sich langsam die Kehle zudrückte und mir Tränen in die Augen presste. Ich tat mir unendlich leid und versuchte weiter zu sprechen, aber es ging noch nicht.
Hinter meinem Rücken klopfte es an der Tür. Ich schluckte ein paarmal kräftig und schaute auf meine gefalteten Hände.
»Ja, bitte!« rief der Beamte.
Ich hörte, wie sich die Tür öffnete.
»Herr Meier!«
Also Meier hieß mein Beichtvater. Ich schaute ihn an. Jetzt, wo ich bereit war, mich zu ergeben, war er mir gar nicht mehr so unsympathisch mit seinen blauen Augen. Komisch, dachte ich, alle die mich einsperren wollten, waren mir irgendwann nicht mehr unsympathisch. Vielleicht durfte man sich nur nicht gegen sie wehren. Wenn man sich mit einer Situation abfindet, ist die Angst weg. So einfach war das.
»Herr Meier, da ist eine junge Frau, die behauptet, ein gewisser Gottfried John sei hier eingeliefert worden. Den will sie wieder abholen.«
Ich war zu erschöpft, um mich zu freuen.
»Aha!« sagte der Kripobeamte und schaute böse auf das Protokoll. »Dann war das hier wohl alles umsonst!«
Er schaute mich noch einmal streng an. »Aber wenn das jetzt nicht deine Mutter ist, dann kriegen wir dich doch noch dran.«
Kalt, dachte ich ohne Triumph. Ganz kalt. Ich fröstelte. Wie durch einen Schleier sah ich, dass er das Protokoll zerriss und wütend in den Papierkorb warf. »Diesmal hast du ja noch einmal Glück gehabt!«
Er klang enttäuscht. Seine blauen Augen funkelten verschwommen wie Sterne.
Tja, Pech gehabt, dachte ich ohne Mitleid und zog die Nase hoch. Ich war wieder frei.

Rudi war aschfahl und ließ meinen Wutanfall über sich ergehen. Wir waren in Hermanns Bildhaueratelier geflüchtet. Ich traute mich an diesem Tag nicht in unsere Wohnung zurück. Wenn die Polizisten im Melderegister herausfinden würden, dass wir in der Fendstraße gar nicht gemeldet sind, dann würden sie weiter nachforschen und herausfinden, dass ich in Berlin gesucht werde, und mich doch noch schnappen und einsperren.
Hermann hatte uns schweigend zugehört.
»Der Junge hat recht«, sagte er ruhig. »Besser, ihr lasst euch da nicht mehr blicken.«
»Ich habe keine Angst vor der Polizei!« sagte Rudi forsch.
»Du nicht!« sagte ich böse. »Du kommst ja auch nicht ins Heim und musst nicht Angst haben, dass sie dich verhaften, wenn ein Kellnerwechsel ist. Ich hab' die Schnauze voll mit dir!«
Ich war erregt aufgestanden und lief zwischen den halbfertigen Skulpturen herum, die mit nassen Tüchern verhängt waren. Rudi schaute betroffen vor sich hin.
»Ich hasse dich!« sagte ich noch und trat gegen die breite Couch, die unter dem schrägen riesigen Atelierfenster stand.
»Jetzt bleib mal ruhig!« sagte Hermann und begann sich eine alte zerkaute Pfeife zu stopfen. »Ihr streitet ja wie ein altes Ehepaar! Fürs Erste könnt ihr hier für ein paar Tage unterkriechen, bis Gras über die Sache gewachsen ist.«
»Und deine Jolanda?«
»Der bringe ich das schonend bei. Die hat ja sowieso Nachtdienst. Ihr stört hier wirklich nicht.«
Rudi sah Hermann dankbar an.
Ich blickte mich um. Schon wieder ein neues Zuhause. Eine schmale Couch auf der gegenüberliegenden Seite, ein großes schmutziges Waschbecken in der Ecke. Daneben stand ein Tisch mit einer Kochplatte. Mit Abscheu dachte ich daran, mich mit Rudi wieder auf eine Couch quetschen zu müssen. Ich konnte sie jetzt wirklich nicht ausstehen. Immer schaffte sie es, aus den schwierigsten Situationen rauszukommen. Und ich musste immer schwitzen und Angst haben, dann kam sie als rettender Engel und durfte mich retten.
»Du bist ein Engel!« sagte Rudi zu Hermann und schaute ihn mit klappernden Augendeckeln an.

Ich konnte das Geklapper und Gesülze nicht mehr verknusen.
»Ohne mich!« sagte ich und drehte den beiden den Rücken zu.
»Ich hau' ab!«
Vom Wind zerfetzte Wolken rasten über das Atelierfenster.
»Wohin willst du denn?« hörte ich Rudis hilflose Stimme.
Ich zuckte mit den Schultern.
»Keine Ahnung. Vielleicht zur See«, sagte ich trotzig. »Auf jeden Fall weit weg von dir!«
Hermanns ruhige Stimme hallte durch den Raum. »Jetzt seid doch mal vernünftig, alle beide!«
Der ging mir auch auf die Nerven mit seiner Ruhe. Wo blieb denn da der Stier? Ich drehte mich abrupt um: »Außerdem macht sich eine Mutter strafbar, wenn sie ihr Kind nicht zur Schule schickt!«
»Da hat der Junge recht«, sagte Hermann und zündete sich die Pfeife an. Paffend sagte er: »Schulpflicht ist in Deutschland Gesetz.«
Rudi sah mich erstaunt an.
»Ja willst du denn unbedingt in so eine blöde Schule?«
»Nee«, sagte ich erschrocken. »Aber ich will auch nicht wieder ins Heim.«
Jetzt hatte ich mich selber in eine Zwickmühle gebracht. Hermann wiegte bedächtig seinen mächtigen Kopf.
»Ruth ... der Junge hat recht. Es ist besser, du findest ihm eine Schule, und du solltest dir eine richtige Arbeit suchen, dann passiert euch so was nicht wie heute.«
»Genau!« sagte ich und war froh, dass mir endlich auch mal jemand zuhörte.
Rudi wirkte wie ein in die Enge getriebenes Tier.
»Und das sagst du mir als Künstler? Du lebst doch auch deine Berufung!«
»Eben«, sagte Hermann. »Deshalb hab' ich auch keine Kinder. Und ohne Jolanda könnte ich das hier nicht machen. Das hier sind meine Kinder.« Er zeigte auf die toten Figuren, die überall herumstanden. Jolanda arbeitet beim Paketdienst. Ohne sie wäre ich beim Straßenbau.«
»Du bist ja ein richtiger Spießer!«
Rudi sah Hermann plötzlich mit anderen Augen.

»Mag sein.« Hermanns Pfeife war ausgegangen, und er entzündete erneut ein langes Streichholz. »Mir ist das lieber, du siehst mich als Spießbürger, der sich aushalten lässt, damit er seine Kunst machen kann, denn als Hungerkünstler, der immer mit einem Bein im Knast steht. Ich bin kein Romantiker, ich bin ein praktischer Arbeiter. Das ist Handwerk. Und dafür brauche ich diese Sicherheit. Das Atelier. Verstehst du das?« Er lächelte Rudi an.

Hermann wurde mir immer sympathischer. Rudi sah von einem zum anderen.

»Wollt ihr damit sagen, ich soll zur Post gehen und auf meine künstlerische Berufung verzichten? Und auf die Rente warten?«

Hermann sog heftig an seiner Pfeife. »Ruth, sei kein Traumtänzer. Was nützt dir deine ganze Kunst, wenn dein Sohn wieder eingesperrt wird? Ist das der Preis?«

Rudi sah ihn verzweifelt an.

»Das ist doch noch mal gutgegangen.«

»Der Krug geht so lange zum Brunnen, bis er bricht«, sagte Hermann und drückte die Glut der Pfeife tiefer. Der Raum war jetzt voller süßer Rauchschwaden. Rudi hatte tränende Augen.

»Na gut«, sagte sie. »Ich beuge mich dem allgemeinen Spießertum.« Sie versuchte zu lachen. »Ich schicke meinen Kleinen in eine Schule, damit er auch ein kleiner, dummer Spießer wird, der diesen ganzen Schwachsinn nachplappert. Und ich suche mir eine Arbeit als Tippse in irgendeinem langweiligen Büro. Sehr geehrte Herren... Bezug nehmend auf Ihr Schreiben vom...« Sie unterbrach sich. »Aber so viel Geld wie heute kann ich auch nicht als Chefdolmetscherin verdienen.«

Damit zog sie wie eine Trumpfkarte einen zerknüllten Hundertmarkschein aus der Manteltasche und glättete ihn sorgfältig auf dem Fußboden. Hermann und ich schauten fasziniert auf den Geldschein.

»Wo hast du denn den her?« fragte ich verblüfft und kam ein paar Schritte näher.

Auch Hermann war beeindruckt. Ich hatte einen Geldschein,

der so viel wert war, noch nie gesehen. Rudi warf den Schein achtlos auf den Tisch.
»Das hab' ich mit meiner künstlerischen Begabung verdient!« sagte sie nebenbei und genoss unsere Neugierde.
»Du hast dieses viele Geld mit Schauspielerei verdient?« Hermann sah sie bewundernd an.
Jetzt hatte sie doch wieder alle Aufmerksamkeit auf ihrer Seite.
»Nicht direkt«, lachte Rudi. Eigentlich sei es mehr eine Idee, aus der Not geboren. Sie habe ja den Kleinen wieder aus dem Café rausholen müssen. Erst sei sie zum Pfandhaus gegangen, um dort ihren Mantel zu versetzen. Aber die hätten ihr nur ein paar Pfennige dafür geben wollen. Dabei sei das doch ein schöner Mantel. »Findet ihr nicht?«
Wir nickten beide.
Also sei sie weiter herumgelaufen, immer in Panik, dass ihr Kleiner schon so lange auf sie warten müsse. Dann habe sie gedacht, dass sie mal versuchen könne draußen in Grünwald bei einem dieser reichen Filmstars zu fragen, ob die ihr in ihrer momentanen Notlage helfen könnten. Sie habe sich einfach an die Straße gestellt und Autostopp gemacht. Tatsächlich habe sie ein netter älterer Herr in seinem Porsche mitgenommen und bis daraus gefahren. Wahrscheinlich habe er gedacht, sie wohne auch in dieser feinen Gegend. Doch wie aus heiterem Himmel sei der plötzlich zudringlich geworden. Sie habe sich gerade noch vor ihm retten können und sei dann auf der Straße gestanden zwischen den riesigen Villen, mutterseelenallein. Weit und breit sei kein Mensch zu sehen gewesen. Bei einer der Villen habe sie geklingelt, aber da hätten nur die Hunde angeschlagen. Sie sei immer nervöser geworden, »weil ich ja wusste, dass du wie auf heißen Kohlen auf mich wartest, Goddi!«
Das sollte mir jetzt wohl wieder ein schlechtes Gewissen machen. Hermanns Pfeife war ausgegangen, und er hörte Rudi amüsiert zu. Ich sagte: »Jetzt mach es doch nicht so spannend. Wo hast du bloß das viele Geld her?«
»Jetzt lass mich doch mal ausreden«, sagte sie. »Das war schlimm genug. Um es kurz zu machen«: Sie sei bei Maria Schell über den Zaun geklettert, und bevor sie überhaupt rich-

tig mit ihr habe sprechen können, habe der Star sie durch einen Bediensteten, oder wer auch immer das gewesen sei, achtkantig wieder auf die Straße gesetzt.

»Das ist doch nicht wahr«, sagte Hermann und klopfte seine Pfeife aus.

»Wenn ich es dir sage! Die ist ganz schön rabiat. Überhaupt nicht so nett und freundlich wie im Kino.«

»Jetzt komm endlich zum Punkt«, sagte ich genervt.

Ob wir jetzt wissen wollten, von wem sie das Geld habe.

»Ja«, sagten Hermann und ich gleichzeitig.

»Also«: Sie sei ganz schön deprimiert gewesen, wie wir uns ja denken könnten. Immer die Angst im Nacken, dass Goddi – also ich – auf sie warten würde. Ein netter junger Mann habe sie auf seiner Vespa in die Stadt mitgenommen. Aber der habe selber kein Geld gehabt, weil er noch Theologie studierte und...

»Und von wem hast du jetzt das Geld?« unterbrach ich sie schroff.

»Na, von der katholischen Kirche!« sagte Rudi lachend. »Da staunste, wa?« Der junge Mann habe sie erst auf die Idee gebracht, dass die Kirche einen Fonds für Bedürftige in Ausnahmesituationen habe. Sie sei so verzweifelt gewesen, weil nichts klappen wollte, da sei ihr alles egal gewesen. Sie sei gleich zum Bischof vorgedrungen, gegen alle Widerstände. »Ja, ja, ich weiß, du willst es ja sachlich haben. Also«: Sie habe sich von diesen ganzen jungen Pfäfflein nicht aufhalten lassen und sich bis zum Bischof persönlich durchgeschlagen. Ohne lange Vorrede habe sie ihm gesagt: Sie sei katholisch getauft, tief gläubig gewesen und habe eine strenge katholische Erziehung genossen. Leider sei sie vom Glauben abgefallen. In ihrer Not sei sie völlig verzweifelt, und nur Er, Gott und die Kirche seien ihre letzte Hoffnung. Wie Maria Magdalena käme sie hoffend zu ihm, und wer ohne Schuld sei, der werfe den ersten Stein... Ihr hülfen jetzt keine guten Worte, sondern nur Geld!

»Ich war so überzeugend, dass der Bischof mir, ohne zu zögern, hundertzwanzig Mark in die Hand gedrückt hat. Was sagt ihr nun?«

Ich hatte ihr fassungslos zugehört.

Hermann klopfte lachend seine Pfeife aus. »Ruth, du bist toll! Du bist ja ein Genie!«
Rudi sah mich strahlend an.
»Jetzt lach doch auch mal, Kleener! Hab' ich das nicht toll gemacht? Und wenn du unbedingt in die Schule willst, dann schaffen wir das auch noch! Das versprech' ich dir! Mit mir und Gott ist nichts unmöglich.«
Ihre lächelnde Lockerheit machte mich wütend. Das hatte sie wieder toll hingekriegt.
»Du bist gemein!« rief ich erschrocken. Darum ginge es doch gar nicht. Ich wolle nur nicht wieder eingesperrt werden. Sie würde nichts verstehen, aber auch gar nichts. »Du bist einfach keine richtige Mutter!« schrie ich verzweifelt.
»Das hab' ich auch nicht behauptet!« sagte sie betroffen.
»Na also, dann hau doch ab und lass mich in Ruhe!«
Damit hatte ich mich trotzig auf die Couch geworfen und meine Hände über dem Kopf verschränkt.
»Aber was hab' ich denn getan?« hörte ich Rudi unsicher. »Was hat er denn plötzlich?«
»Ruth, lass den Jungen. So hat das doch keinen Zweck mit euch. Lass ihn heute hier, und morgen früh sieht alles wieder anders aus.«
»Was hab' ich denn bloß falsch gemacht? Kannst du mir da helfen?«
Rudi hatte wieder ihre Kleinmädchenstimme, die alle Männer beeindruckte. Nur mich konnte sie damit nicht ködern.
»Jetzt komm, Ruth, der Junge muss auch mal allein sein. Er ist in einem schwierigen Alter. Jolanda hat Nachtdienst. Er stört uns wirklich nicht.«
Ich schielte unter meinen Achseln zu ihnen rüber. Vielleicht würde Rudi doch noch zu mir kommen und mich mal in den Arm nehmen nach dem ganzen Stress. Sie war aufgestanden und starrte unschlüssig zu mir rüber.
»Vielleicht hast du recht«, sagte sie zu Hermann.
Hermann rieb den Pfeifenkopf an seiner großen Nase und betrachtete nachdenklich das vom Talg glänzende Holz.
»Ich bring' dich jetzt nach Hause, und vielleicht kann ich dir ja ein paar Ratschläge geben, wenn du willst.«

»Ich würde alles für den Kleinen tun!«
Hermann schob sie aus der Tür.
»Dann lass' ich dich jetzt allein. Dann träum schön, du oller Trotzkopp!« rief sie noch hilflos lachend. Und dann leiser: »Ich liebe dich.«
Ihre Stimme zitterte, als würde sie gleich weinen.
Ich rührte mich nicht.
»Ja, ja! Das weiß er ja!« brummte Hermann, und die Tür fiel ins Schloss.
Hau bloß ab, dachte ich. Ich bin nicht dein kleiner Trotzkopf.
Ich hatte wieder ein schlechtes Gewissen. So einen Krach hatten wir noch nie gehabt. Ich wusste ja selber nicht, warum ich so wütend war. Jetzt war ich allein und verlassen und tat mir ein bisschen leid. Die soll ruhig auch mal weinen. Vielleicht hau' ich wirklich ab. Dann weiß sie auch mal, was Angst ist. Mir fiel bloß nicht ein, wo ich hinsollte. Ohne Rudi war ich völlig aufgeschmissen. Ich rollte mich zusammen und zog die Decke über den Kopf. Warum hatte ich bloß keine richtige Mutter so wie andere. Oder vielleicht war die Rudi gar nicht meine richtige Mutter. Sie war eher wie meine große Schwester. Die Mütter, die ich gesehen hatte, waren alle anders. Und sie hatte ja selber gesagt, sie ist gar keine richtige Mutter.
Und die Geschichte, dass ich ein Kind der Liebe bin mit dem Ingenieur, und die nicht geheiratet haben, weil er ein Nazi war und sie katholisch, das klang mehr nach einer romantischen Geschichte von ihr.
War ich vielleicht ein Waisenkind? Aber wer war dann meine Mutter, und wer war der Vater? Würde ich sonst ein Kind vom Vater Staat sein, der mich immer wieder einsperren konnte? Andererseits musste ich ja irgendwie entstanden sein. Meine Gedanken drehten sich im Kreis. Ich fand keinen Ausweg. Irgendwann musste ich erschöpft eingeschlafen sein.

Ich hatte die Decke noch über den Kopf gezogen, als ich das Wimmern hörte. Ich rührte mich nicht. Leidend und kläglich

wie ein verlassenes Kind seufzte das helle Stimmchen, unterbrochen von unterdrücktem Schnauben.
Vorsichtig hob ich die Decke vor meinem Gesicht einen Spaltbreit hoch. Es musste früher Morgen sein. Die verhüllten Figuren standen schwarz und bedrohlich auf dem Boden und warfen noch keine Schatten. Das rhythmische Schnaufen kam von der gegenüberliegenden Wand unter dem Atelierfenster. Das graue Licht beleuchtete das helle Knäuel auf der Matratze. Immer höher antworteten spitze Laute dem wütenden Brummen. Schemenhaft erkannte ich Hermann. Er rammte seinen Unterkörper mit kräftigen Stößen zwischen die zarten Beine, die seinen mächtigen Rücken umklammert hielten. Er hatte sein Opfer völlig unter sich begraben. Wie ein wilder Stier, noch ganz geballte Kraft kurz vor dem tödlichen Angriff, schnaubte er heftig. Unter ihm zitternd aufjaulend vor Schmerz das hellere Fleisch. Immer schneller wurde der galoppierende Stier. Auf seinem glänzenden schwitzenden Rücken krallten sich Hände. Aber es gab kein Entkommen. Dampfende Gewalt. Das Wesen unter Hermann japste schrill: »Nicht! Bitte noch nicht!«
Doch Hermann hob mit weit aufgerissenem Maul sein Haupt und brüllte stöhnend auf. Die bleichen Glieder unter ihm, jetzt weit ausgestreckt, flatterten wie ein verendendes Tier, das verblutet. In einem letzten Aufbäumen hieb er seinen wuchtigen Körper auf das unter ihm wehrlos zuckende Fleisch und blieb schwer atmend über seinem röchelnden Opfer liegen.
Wie Morgennebel dampfte sein Rücken im heller werdenden Gegenlicht. Beide rührten sich nicht. Ich hörte keinen Mucks mehr. Erschrocken lauschte ich. Plötzlich unterbrach die beängstigende Stille ein unterdrücktes Kichern. Ein zartes Mädchen wühlte sich unter dem zusammengebrochenen Stier hervor und schüttelte ihre strähnigen Haare wie eine nasse Katze. Ich hatte das Gefühl, als schaute sie mich direkt an. Ihr Gesicht war nur ein heller Fleck im Morgengrauen.
»Glaubst du, wir waren zu laut beim Liebemachen?« flüsterte sie glucksend.
Hermann brummte nur unartikuliert und rührte sich nicht. Jetzt war es mir peinlich, Zeuge gewesen zu sein in meinem Ver-

steck. Ich ließ die Decke über meine Augen fallen. So wurde also Liebe gemacht. Ich hatte Liebe immer für ein Gefühl gehalten und wusste nicht, dass sie gemacht werden muss. Mit Gewalt. Hatte Rudi das auch über sich ergehen lassen müssen? Sonst wäre ich ja kein Kind der Liebe.

Jetzt verstand ich auch, warum sie oft sagte, Männer sind primitiv und unsensibel wie Tiere. Nie wollte ich auch so ein Tier werden.

Ich war erstaunt, wie schnell sich das Mädchen von Hermanns Attacken erholt hatte. Mein Herz klopfte laut, als ich ihre tappenden Füße hörte, die sich meinem Bett näherten. Wie ein Schlafender versuchte ich, regelmäßig zu atmen. Sie blieb bei mir stehen.

»Der ratzt wie ein Murmeltier.« Ihre Stimme entfernte sich. »Wer schläft, sündigt nicht«, hörte ich sie kichern.

Der Wasserhahn wurde aufgedreht.

»Huch, ist das kalt!« japste sie. »Hoffentlich hast du aufgepasst! Ich will nicht schwanger werden ohne Trauschein.«

»Auf die Pariser ist Verlass!« hörte ich Hermann, der durch den Raum lief.

Ich rührte mich nicht unter der Decke und dachte an den einzigen Pariser, den ich kannte. François. Auf den war wohl kein Verlass gewesen. Und mein Vater hatte wohl auch nicht aufgepasst. Sonst würde ich ja nicht hier unter der Decke im Dunkeln liegen.

»Würdest du mich heiraten?«

Ich bewegte mich.

»Psst«, sagte Hermann. »Der Junge wacht auf!«

»Würdest du?«

Hermann wusch sich jetzt auch. Prustend sagte er: »Vielleicht im Sommer, wenn bis dahin die Madonna verkauft ist.«

Jetzt war der Sommer schon fast vorbei. Hermann und Jolanda lebten immer noch in wilder Ehe.

Hermann hatte Rudi in ihr künstlerisches Gewissen geredet, und daraufhin hatte sie versucht, Ordnung in unser Leben zu bringen.

Ich ging unregelmäßig zur Schule, und Rudi tippte fleißig für einen Rechtsanwalt sporadisch irgendwelche nicht enden wollenden Protokolle über Zivilstreitigkeiten.
Ich war den weiten Weg von meiner Schule draußen in Pasing nach Schwabing zurückgeradelt. Zu meinem vierzehnten Geburtstag hatte mir Rudi ein himmelblaues Rennrad geschenkt. Die Zeit der Zeugnisse näherte sich drohend. Obwohl mich mein Freund, der neben mir saß, immer abschreiben ließ, hatte ich wieder eine Fünf in Mathe. Der Weg war richtig, aber das Ergebnis wie immer falsch. Logisch. Ich hatte in meiner längeren Freizeit ohne Schule irgendeinen wichtigen mathematischen Lehrsatz verpasst und konnte mir daher ausrechnen, dass meine Versetzung gefährdet war.
Da musste Rudi mit ihrer Überzeugungskraft ran, damit ich wenigstens probeweise in die nächste Klasse aufrückte. Schließlich hatte sie mir so oft Entschuldigungsschreiben geschrieben, dass die Lehrer ein Einsehen haben müssten, einem so siechend kränkelnden Jungen, der immer wieder bei den entscheidenden Prüfungen nicht anwesend war, noch einmal eine Chance zu geben.
Rudi konnte zu Hause arbeiten und wurde pro Schreibmaschinenseite bezahlt. Mich beruhigte das schnelle Rattern der Schreibmaschine, das manchmal nächtelang aus dem Nebenzimmer klang. Für jedes Klacken der Schreibmaschine zahlte der Anwalt. Bei jeder Zeile, die zu Ende war, klingelte die Maschine. Für mich klang es wie eine Registrierkasse, in die Geld kam.
Die Schulden am Kiosk hatten wir bezahlt. Unsere Anrichte war mit echten Knorr-Suppen, Lindes-Kaffee und Maggi gefüllt. Und ich war neu eingekleidet. Echte Bluejeans, Turnschuhe und ein blaues Kordhemd, dessen Kragen ich hochschlug. Rudi hatte sich mit einem Lederarmband das Handgelenk bandagiert gegen die Sehnenscheidenentzündung.
Dieser Blutsauger von Rechtsanwalt würde sie völlig unterbezahlen und ihre Notlage ausnutzen, aber sie sei bereit, weiter weit unter ihren Fähigkeiten zu arbeiten und auf ihre Berufung zu verzichten, damit ich ein normales Leben führen könne wie meine Klassenkameraden. Wie mein Freund, der auch eine

alleinerziehende Mutter hatte. Nur die musste nicht arbeiten, weil der Vater schon im Krieg gefallen war und sie eine Witwenrente bekam.
Bis auf den täglichen Schultrott fühlte ich mich relativ wohl. Aber Rudi verfiel zusehends. Sie bekam immer öfter Magenkrämpfe und blieb manchmal tagsüber im Bett. Dadurch kam sie immer mehr in Verzug. Die nicht abgetippten Schriftsätze stapelten sich. Statt der Polizei klopfte nun wütend der Rechtsanwalt an unsere Tür. Wir verhielten uns ganz still und öffneten nicht. Dann raffte Rudi sich auf und hämmerte nachts in die Tasten, um das verlorene Pensum aufzuholen. Tief deprimiert darüber, dass sie als Tippse ausgenutzt wurde, wo sie doch fließend Englisch und Französisch spräche, in beiden Sprachen stenografieren könne und wenn schon, dann den Posten einer Chefsekretärin innehaben könne wie damals, als sie vor vierzehn Jahren für meinen Vater gearbeitet habe. Der könne ja auch etwas Geld beisteuern und seinen Teil für die Ausbildung seines Sohnes beitragen. Außerdem sei das ja kein armer Mann, sondern – wie sie erfahren habe – baue er gerade ein Haus, bekleide einen hohen Posten im Ruhrpott, und die Alimente, die uns zustünden, seien entweder von den Großeltern unterschlagen worden oder beim Jugendamt versickert. Sie habe seit meiner Geburt keinen Pfennig von ihm erhalten. Deshalb müsse sie uns jetzt mit dümmlichen und spießigen Arbeiten über Wasser halten.
Ihr Gejammere wurde mir zuviel.
»Dann schreib ihm doch und erkläre ihm deine Situation!«
»Das habe ich schon gemacht und ihn gebeten, dem Jugendamt nicht zu verraten, wo wir sind. Aber vielleicht hat seine Frau die Briefe abgefangen. Er hat ein ganz junges Ding geheiratet und noch mal zwei Kinder in die Welt gesetzt. Aber um seinen Erstgeborenen kümmert er sich nicht.«
»Das heißt, ich habe noch Geschwister?«
»Ja, du hast eine Halbschwester und einen jüngeren Halbbruder.«
»Ach nee, wie alt sind die denn?«
»Keine Ahnung, auf jeden Fall jünger als du. Möchtest du die mal kennenlernen?«

»Nö, warum denn?«
»Weil der Rietell nach München kommt.«
»Mein Vater?«
»Ja! Er wollte dich mal treffen.«
»Mit meinen Geschwistern?«
»Nein, dazu ist der viel zu feige ... So ein Spießbürger fürchtet den Skandal. Bei solchen Leuten muss alles seine Ordnung haben.«
»Und was will er jetzt auf einmal?«
»Ich wollte dir das überlassen. Du bist ja jetzt ein junger Mann und kannst über dein Leben selbst entscheiden.«
»Und was soll ich jetzt entscheiden?«
»Ich will dich da nicht beeinflussen. Du hast die freie Wahl. Vielleicht sehnst du dich ja nach so einer Bürgeridylle mit Haus und Garten und den Geschwisterchen und einer neuen Mutti.«
»Aber wieso denn? Du bist doch meine Mutter!«
»Aber nicht vor dem Gesetz! Wenn er dich adoptiert, dann musst du auch mit denen leben.«
»Aber wieso denn? Ich kenne die doch gar nicht.«
»Willst du ihn denn überhaupt nicht treffen?«
»Nee! Ich weiß nicht. Was ist das denn für einer?«
»Damals war er ein sehr attraktiver Mann. Ich war dienstverpflichtet beim Zentralbüro für Mineralöl. Das war kriegswichtig. Ich wurde als persönliche Sekretärin diesem Chef zugeteilt. Ein normannischer Schrank. Eins sechsundachtzig groß. Vital mit blitzenden kornblumenblauen Augen. Wissenschaftler. Leitender Ingenieur. Erfinder. Dreiunddreißig Jahre alt. Ich war noch ein junges Mädchen Anfang Zwanzig. Für mich war das schon ein älterer Mann. Einschüchternd. Ich mochte ihn nicht. Von Anfang an. Er trug einen Clark-Gable-Bart auf der Oberlippe, den ich widerlich fand. Aber als er ihn abrasierte, erblickte ich zum ersten Mal sein wahres, sensibles Gesicht. Und plötzlich liebte ich ihn. In den Feierabendstunden begann er mir seine Bücher zu diktieren. Wissenschaftlich-technisch. Eine mir entgegengesetzte, mich nie interessierende Welt. Aber nun war ich so von Liebe erfüllt. Ich wuchs in meiner Arbeit für ihn über mich hinaus. Und nie werde ich beim Festessen auf

einer Weihnachtsfeier diesen Moment vergessen, wie dieser lange Kerl mit seinen schmalen Hüften und seinen geschmeidigen Bewegungen sich lässig über den Tisch lehnt. Es werden kleine weihnachtlich anonyme Geschenke verteilt. Bei ihm blickt alles gespannt auf. Sämtliche weiblichen Angestellten haben es auf diesen interessanten wohlhabenden Junggesellen abgesehen. Er wickelt aus der Umhüllung eine kleine hölzerne Bauernwiege aus. Grün mit Feldblumen bemalt. Dann in rosa Kissen ein süßes Porzellanbaby. Er schaut es versunken an. Lange. Dann steht er auf, geht an der Festtafel entlang zu mir und überreicht mir die Wiege.
›Hier, als Symbol!‹
Als ich erstaunt bin, erklärt er mir leise: ›Es hat noch keine Frau den Mut aufgebracht, mir ein Kind zu schenken. Meine größte Sehnsucht im Leben ist ein Sohn.‹ Aber ich war ja streng gläubige Katholikin.«
»Ja, ja, ich weiß! Und dann hat er nicht aufgepasst.«
»Nein! Wir wollten dich doch. Er wollte, ich wollte. Nur die anderen wollten nicht. Die katholische Kirche. Und er war ja überzeugter Nazi. Aber ich habe gegen alle Widerstände meinem großen Gottfried einen Sohn geschenkt. Den kleinen Gottfried, wie er sich es wünschte. Das Kind unserer Liebe.«
»Und das hat er bestellt und nicht abgeholt.«
»Also, weißt du, Goddi, du wirst ihm immer ähnlicher. Ohne Gefühl. Sachlich und unromantisch. Ihr seid das völlige Gegenteil von mir!«
»Und wann kommt er? Mein Erzeuger?«
»Übermorgen abend.«

Ich schlief diese Nacht nicht gut. Am nächsten Tag in der Schule war ich unkonzentriert. Zum ersten Mal würde ich meinen Vater sehen, der mir so ähnlich sein sollte. So lang wie ich, blond, schmale Hüften, lässig mit geschmeidigen Bewegungen. Na ja. Ich bewegte mich mehr schlaksig und hatte auch keine kornblumenblauen Augen. Meine braunen Augen waren eher Schlitze, die unter den schwarzen Augenbrauen und über

den Tränensäcken verschwanden, die ich von der Rudi geerbt hatte.
Jetzt war ich doch aufgeregt und neugierig auf den großen geheimnisvollen Gottfried, der ein technischer Erfinder war. Aber das hatte ich wohl nicht von ihm geerbt. Technisch war ich eine Niete. Auf jeden Fall in Mathe. Auch heute wieder im Unterricht. Die ganze Klasse starrte mich mitleidig an. Es schien eine einfache Aufgabe zu sein. Und obwohl mir mein Freund die Lösung zuzischelte, stand ich da und brachte kein Wort heraus. Was sollte ich mit einer Lösung, wenn ich noch nicht einmal die Fragestellung begriffen hatte. Mich erreichten diese sinnlosen Zahlen nicht. Bis auf eine.
»Sechs, setzen!«
Ich setzte mich wieder. Auf meine vier Buchstaben. Wenigstens das war mir klar, warum das vier waren. Und so fühlte ich mich auch. Den würde ich nicht einmal mehr mit Rudis Hilfe hochkriegen, um versetzt zu werden. Mir war ganz heiß. Vielleicht hatte ich Fieber. Heute wäre es besser gewesen, mich von Rudi entschuldigen zu lassen. Jetzt war es zu spät. Das Kind war in den Brunnen gefallen. Vielleicht konnte sein Vater es wieder herausholen. So ein Ingenieur und Erfinder hatte ja mehr Gewicht bei der Schulleitung. Und es heißt ja, der Apfel fällt nicht weit vom Stamm. Ich war gar nicht so schlecht im Erfinden von Lösungen. Rein sachlich gesehen. Vielleicht hatte Rudi recht, und ich war ihm doch ähnlicher, als ich dachte. Vielleicht hatte ich ja von beiden etwas geerbt. Von meiner Mutter die romantische künstlerische Ader und von meinem Vater den sachlichen und praktischen Erfindergeist. Daraus könnte dann ein sachlich romantischer Praktiker mit künstlerischem Erfindergeist werden. Aber so was gab es ja gar nicht. Egal.
Auf jeden Fall setzte ich meine ganze Hoffnung auf meinen neuen Papa. Oder sollte ich lieber Vati sagen? Vielleicht sollte ich den gar nicht duzen. Der musste ja jetzt auch schon siebenundvierzig oder achtundvierzig Jahre alt sein. Das wäre zu komisch, wenn ich zu so einem alten Mann sage: Du, Gottfried, und der sagt dann auch: Du, Gottfried!
Ich kannte keine Männer in so hohem Alter. Rudi hatte mir gesagt, wenn man nicht unerzogen sein will, dann wartet man,

bis der Ältere einem das »Du« anbietet. Ich wollte auf keinen Fall auf den unerzogen wirken. Rudi nahm die ganzen Benimmregeln nicht so ernst. Aber ich wollte nicht immer wieder ins Fettnäpfchen treten, wenn ich bei meinem Freund zu Besuch war, und bestand darauf, dass Rudi mir die gesellschaftlichen Höflichkeitsformen erklärte. Besonders, wenn ich mal mit einem Mädchen ausgehen müsste. Irgendwann. Dann wollte ich vorbereitet sein. Rudi lachte.

»Höflichkeit ist eine Zier, doch weiter kommt man ohne ihr, sagen die Berliner. Aber wenn du diesen ganzen Blödsinn wissen willst, das ist ganz einfach. Die Regeln ändern sich zwar immer wieder wie die Moden. Also heutzutage muss der Herr zum Beispiel, wenn er mit einer Dame auf der Straße flaniert, immer auf der Gefahrenseite sein. Das heißt, er muss dauernd hinter der Dame herumspringen, um die Seite zu wechseln, falls mal ein Auto auf den Bürgersteig fährt und die beiden rammt. Dann ist der Beschützer höflichkeitshalber als Erster tot. Und wenn du mit ihr ein Lokal betrittst, gehst du als Erster vor, um zu sehen, ob vielleicht eine Schlägerei im Gange ist. Wenn die Luft rein ist, lässt du die Dame vorgehen. Dann ziehst du ihr den Mantel aus, und sie geht voraus und wählt den Tisch. Kurz bevor sie sich setzt, ziehst du ihr schnell den Stuhl weg und schiebst ihn ihr gleich wieder in die Kniekehle, um sie darauf aufmerksam zu machen, dass sie jetzt ihren Allerwertesten sicher auf den Stuhl plazieren kann. Die Dame studiert als Erste die Speisekarte, auf der wahrscheinlich in einem vornehmen Restaurant für die Dame keine Preise stehen. Egal, was es kostet, lässt du sie ohne mit der Wimper zu zucken als Erste bestellen. Wenn die Rechnung kommt, nimmst du sie lächelnd entgegen, studierst sie, ohne dass die Dame einen Blick darauf werfen kann, und legst das Geld so dezent unter den Zettel, dass sie nicht mitkriegt, was für ein Vermögen dich dieser Abend gekostet hat. Wenn sie gehen will, springst du auf und ziehst ihr den Stuhl wieder unter dem Hintern weg. Dann lässt du sie vorgehen und sicherst ihren Rücken ab. Wenn jetzt eine Schlägerei losgehen sollte, kriegst du den Stuhl ins Kreuz, und sie ist beschützt. Wenn ihr bis zum Ausgang gelangt seid, hilfst du ihr wieder in den

Mantel. Nach dem Knigge sind Damen sehr hilflos und können das nicht allein. Deshalb öffnest du ihr auch die Tür. Falls ihr eine Treppe hinuntersteigen müsst, gehst du vor, damit sie weich fällt, wenn sie so ungeschickt ist und stolpert. Wenn ihr aber eine Treppe hochsteigt, dann gehst du natürlich hinter ihr, um sie aufzufangen, falls sie auch noch so ungeschickt ist und wieder runterfällt. Du darfst aber nur zwei bis drei Stufen hinter ihr bleiben, damit du ihr nicht unter den Rock schauen kannst oder heimlich auf ihren Popo starrst.«

Ich fand das ganz schön kompliziert und unfair, worauf ich als Mann mit einer Frau alles achten musste. Die Damen mussten ja gar nichts machen.

»Na ja, wenn die Herren so blöd sind«, lachte Rudi.

Über den Umgang mit Männern hatte sie mir wenig erklärt. Außer, dass man älteren den Vortritt lässt. Den Hut ziehen und grüßen stammt noch von früher, als man den Helm abnahm zum Zeichen, dass der andere einem den Kopf einschlagen darf, wenn er mag. Deshalb nimmt man auch die Hände aus den Taschen, damit der Gegner sieht, dass man kein Messer versteckt hat, mit dem man ihn abstechen könnte. Das waren noch Höflichkeitsregeln, die ich einsah. Mit einem Mädchen ausgehen war mir nun doch zu kompliziert und blöde. Aber heute traf ich ja nur meinen Vater.

»Er lädt uns in ein feines stinkteures Restaurant ein.«

Rudi hatte sich schick gemacht.

»Bist du nervös?« fragte ich und überlegte, ob ich überhaupt mitgehen sollte. »Du hast ihn doch auch seit vierzehn Jahren nicht mehr gesehen. Schließlich war er ja mal deine große Liebe und hat dich entjungfert.«

Rudi kämmte ihre Haare und hielt kurz inne. Sie betrachtete sich in dem fast blinden Spiegel neben der Anrichte.

»Ach, weißt du ... es war ihm nicht gegeben, die Größe des Augenblicks zu erfassen, der aus mir eine Frau machte ... er wirkte auf mich junges Mädchen so welterfahren. Er begriff nicht einmal, dass er der Allererste war.« Sie lachte kurz auf. »Mit dreiunddreißig Jahren wusste er immer noch nicht die Zeichen einer Entjungferung zu erkennen.« Sie sah versonnen auf ihr kaum erkennbares Spiegelbild. »Das rote Taschentuch verwahrte ich einige Zeit zur Erinnerung.«

Sie drehte sich um und sah mich an.

»Aber kein Mann war mir fremder.«

»Hast du ihn nicht geliebt?«

»Doch, abgöttisch!«

Sie kam auf mich zu und nahm mich ungeschickt in den Arm. Ich ließ die Arme hängen und fühlte mich unwohl.

»Meine einzige große Liebe bist du«, flüsterte sie mir ins Ohr und drückte mich fest. »Und wenn er jetzt kommt und dich mitnimmt in seine feine geordnete Welt...« Sie stockte. »Er wird dich nie aus meinem Herzen reißen können! Nie!«

Sie presste mich heftig an sich. Vorsichtig versuchte ich mich aus der Umklammerung zu lösen.

»Ich hab' dich ja auch lieb.«

Ich konnte ihr Gesicht im Halbdunkel des Zimmers kaum erkennen. Wahrscheinlich hatte sie Tränen in den Augen.

»Vielleicht finde ich den auch ganz doof.«

Ich ging zu dem Schalter neben der Tür und knipste das grelle Licht der nackten Glühbirne an, die an zwei Drähten von der Decke hing. Sie hatte nicht geweint.

»Außerdem wollte ich dir schon die ganze Zeit sagen... ich krieg' 'ne Sechs in Mathe.«

»Na, und?« Rudi öffnete die Tür. »Lass dir doch davon nicht die Laune verderben. Freu dich lieber auf das schöne Abendessen.«

Das Lokal befand sich in Schwabing einige Straßenecken von uns entfernt. Durch die Butzenscheiben konnten wir nicht ins Innere sehen. Quer über der Eingangstür klebte ein Schild: »Neueröffnung«. Wir standen auf dem roten Läufer davor. Über uns ein halbrunder Baldachin aus blauem Plastik. Darauf stand in roten Lettern »Le Homard« geschrieben. Eine gelbe Kugellampe warf sanftes Licht auf uns. Rudi kämmte sich noch einmal, benetzte ihren Zeigefinger mit etwas Speichel und bog ihre Wimpern hoch.

»Jetzt komm doch endlich!« drängte ich. »Wir sind doch schon viel zu spät!«
Sie lächelte mir noch einmal zu und ergriff entschlossen die blankgeputzte Messingklinke der Eingangstür.
»Warte!« sagte ich und dachte an Rudis Benimmregeln. Ich schob sie beiseite, öffnete die Tür und betrat als Erster das Restaurant. Mein Herz pochte. Doch hier drohte nicht die Gefahr einer Schlägerei. Im Gegenteil. So ein feines Restaurant hatte ich noch nie gesehen. Der Raum lag in gedämpftem Licht. Schwach beleuchtet von brennenden Kerzen, die in silbernen Leuchtern auf den Tischen standen. Überall frische Blumen in mächtigen Vasen. In dem Restaurant war kein einziger Gast. Nur ein eleganter, schwarz gekleideter Herr mit Fliege eilte auf uns zu. Er sah aus, als käme er gerade aus der Oper.
Ich hatte Rudi den Mantel ausgezogen und stand unschlüssig am Eingang. Ich konnte keinen Haken entdecken, wo ich den Mantel loswerden konnte.
»Bon soir, die Herrschaften«, säuselte der Mann und griff sich an die Fliege. Er musterte mit einem kurzen Blick meine Jeans und nahm mir den Mantel aus der Hand. »Haben Sie einen Tisch reserviert?«
Rudi blickte suchend durch den leeren Raum.
»Nein«, sagte sie und war auch verunsichert. »Das heißt, wir sind hier eigentlich nur verabredet.«
Der Herr ging eilig zu einem großen Buch, das auf einem Sockel neben dem Eingang aufgebahrt lag.
»Und auf welchen Namen, bitte?« fragte er blätternd.
»Rietell«, sagte Rudi zögernd. »Gottfried Rietell.«
Mir zog sich der Magen zusammen. Das wäre dann mein neuer Name! Männer hatten ja keine Mädchennamen.
»Komm, lass uns gehen«, raunte ich Rudi zu.
»Einen Moment, bitte!«
Der Mann eilte mit Rudis Mantel über dem Arm in den hinteren Teil des Restaurants und verschwand hinter einem weißen gemauerten Türbogen.
»Das ist doch romantisch hier, findest du nicht? Hätte ich ihm gar nicht zugetraut!« Sie schaute strahlend auf die flackernden

Kerzen. »Vielleicht hat er sich ja nur verspätet und eine Nachricht hinterlassen.«
Ich war schon in der Nähe der Tür.
»Der ist doch gar nicht gekommen. Also, ich warte hier nicht länger!«
Damit drehte ich mich entschlossen um und war froh, wieder rauszukommen.
»Jetzt lass uns wenigstens meinen Mantel wieder mitnehmen. Für den kriegen wir mindestens zwanzig Mark.«
Damit hatte sie wieder recht, dachte ich ärgerlich. Der elegante Herr hatte unseren Mantel einfach mitgenommen. Und dieser Mantel war unser Notgroschen, wenn wieder mal Ebbe war. Wir hatten ihn oft im »Grüne's Leihhaus« verpfändet, aber immer wieder ausgelöst. Die anderen Sachen waren uns dort meistens abhanden gekommen. Weit unter Wert. Denn wir waren oft gezwungen, die Leihamtsscheine für ein paar Mark zu verscherbeln, und so konnte ein anderer billig unsere Sachen auslösen. Der Mantel war zu wichtig, um ihn hierzulassen.
Im Türbogen tauchte der Herr mit der Fliege wieder auf und eilte lächelnd auf uns zu. Ohne Mantel!
»Sie werden bereits erwartet.«
Er machte mit dem linken Arm eine einladende Geste nach hinten zu dem Türbogen. Ohne abzuwarten, drehte er sich wieder um und schritt voraus. Rudi sah mich triumphierend an.
»Der Rietell ist ein wirklicher Herr. Viel zu korrekt, um uns sitzenzulassen.«
Ich ließ sie vorgehen.
Und warum hat er dich dann sitzenlassen? dachte ich und lief hinter ihr her.
Rudi stöckelte elegant über die schweren Teppichläufer, die zwischen den Tischen ausgelegt waren. Meine halbhohen Turnschuhe schritten über die dezenten Ornamente. Schrill und unpassend in dieser gediegenen Atmosphäre. Aber andere Schuhe hatte ich nicht. Das waren die einzigen, die mir übriggeblieben waren. Von nun an würde sich das bestimmt ändern, wenn mein Vater mich jetzt adoptierte. Rudi hatte eine gute Wahl getroffen. Mir einen Gentleman zum Vater auszusuchen statt so einen wie Janek. Mein Vater war ein wirklicher Herr.

Der hatte Geschmack. Das konnte ich an diesem eleganten Restaurant erkennen. Eigentlich war es eher ein Salon. So würden wir in meinem zukünftigen Zuhause auch speisen. Mein Vater und ich. Mit Kerzen auf dem Tisch und frischen Blumen. Neu eingekleidet in feines Tuch würde ich sehr gut in diese Umgebung passen. Eigentlich gehörte ich hierher! Ich straffte mich. Mein Gang wurde federnder. Mit hocherhobenem Kopf sah ich mich um. Nie wieder Mehlklütersuppe! Nie wieder ins Heim! Nie wieder Polizei! Die müssten sich bei uns erst mal anmelden, aber wir würden die gar nicht erst vorlassen. Unsere Bediensteten, die alle eine Fliege tragen müssten, würden die Polizisten abschätzig mustern und höflich ihr Bedauern ausdrücken, dass wir nicht gewillt seien, so was wie die bei uns zu empfangen. Und Rudi könnte mich jederzeit besuchen. Ich würde ihr unseren Chauffeur schicken. Von meinem dicken Taschengeld würde ich ihr einen Zwanziger zustecken, damit könnte sie rechtzeitig meine Lederjacke wieder aus dem Leihhaus holen. Übermorgen war Verfallsdatum. Und ich hing an der Jacke. In der fühlte ich mich stark und selbstsicher, wenn ich den Kragen hochschlug. Die hätte ich jetzt gut gebrauchen können, jetzt wo ich meinem Vater zum ersten Mal begegne.
Kleider machen Leute. Je näher wir dem Türbogen kamen, hinter dem mein neues Leben mich erwartete, desto unsicherer wurde ich. Zaghaft schlug ich den Kragen meines Kordhemds hoch. Aber das war nicht dasselbe. Ich darf mich bloß nicht danebenbenehmen, dachte ich.
Jeder ist seines Glückes Schmied.
Vielleicht sollte ich bei der Begrüßung einen Diener machen. So etwas war den Leuten beim Jugendamt damals ganz wichtig. Besonders dem Vormund. Aber der Rietell war ja nicht mein Vormund, sondern mein Vater, und ich war schließlich sein Sohn. Bei dem konnte ich bestimmt lässiger sein. Der war ja auch lässig damals, hatte Rudi erzählt.
Ich hakte meine Daumen hinten in die Jeanstaschen und bewegte mich jetzt mehr wie James Dean. Wir blieben vor dem Türbogen stehen. Ich lehnte mich lässig an die Wand. Der Lakai des Restaurants rückte an der Fliege und verbeugte sich leicht vor uns.

»Nach Ihnen, bitte schön!«
Damit trat er einen Schritt zur Seite und machte uns Platz. Rudi zog mich von der Wand weg und sagte leise zu mir: »Jetzt komm, Gottfried. Sei nicht so schüchtern.«
Sie legte einen Arm um meine Schulter und schob mich vor sich her in den kleinen Nebenraum.
Das Erste, was mir auffiel, war an der gegenüberliegenden Seite ein riesiges Aquarium, in dem große graue Fische zwischen den Luftblasen schwammen und nach Luft schnappten. An einem Tisch davor mit dem Rücken zu uns saß in einem dunkelblauen Anzug ein alter weißhaariger Mann. Das musste dann wohl mein Vater sein.
Er war der einzige Gast. Die anderen drei Tische waren leer. Der Mann rührte sich nicht. Nur die Kerzen flackerten. Er schien uns nicht zu bemerken. Sein Rücken strahlte Kälte aus. Einsam und verschlossen saß er starr da. Eine feine blaue Rauchsäule stieg vor ihm kräuselnd zur Decke. Die eisige Atmosphäre in dem kleinen Raum nahm mir den Atem. Nur das Gluckern des Wassers war zu hören.
»Da sind wir!« sagte Rudi gegen den Rücken.
Der weißhaarige Mann bewegte sich. Unmerklich drehte er seinen Kopf leicht zur Seite. Dann schob er, immer noch den Rücken zu uns, seinen Stuhl zurück und erhob sich langsam und steif, bis er sich kerzengerade aufgerichtet hatte. Seine drohende Gestalt war riesig. Er war noch größer als ich. Und überragte mich mindestens um einen halben Kopf. Jetzt erst drehte er sich, neben dem Stuhl stehend, langsam zu uns um.
Eine große schwarze Hornbrille betrachtete uns. Die weißen Haare waren streng nach hinten gekämmt. Um den schmalen Mund war kein Lächeln zu erkennen. Er winkelte den Arm an, schob mit der rechten Hand den Ärmel seines Anzugs zurück und sah auf seine Armbanduhr. Seine Stimme war nicht so kräftig, wie ich erwartet hatte.
»Pünktlichkeit ist die Höflichkeit der Könige«, sagte er ernst. »Nehmt doch Platz!«
Ich hatte die Hände schnell aus den Taschen genommen und sie hinter dem Rücken verschränkt. Wir näherten uns zögernd.

Der Aschenbecher auf dem Tisch war voller Kippen. Die Mineralwasserflasche, die daneben stand, war leer. Die noch brennende Zigarette hatte eine lange Asche und verglühte langsam am Rand des Aschenbechers. Daneben lag eine leere Zigarettenpackung Attika. Er musste schon länger gewartet haben.
»Vielleicht möchtest du hier sitzen, Ruth?«
Der weißhaarige Herr mit der Hornbrille zog einen Stuhl zurück, wartete bis Rudi davor stand und schob ihn ihr dann in die Kniekehle. Rudi setzte sich lächelnd.
Ich blieb unschlüssig stehen und wusste nicht, wohin mit meinen Händen. Bloß nicht in die Tasche stecken, dachte ich. So eine Unhöflichkeit würde mir ein Mann wie er nie verzeihen.
»Der Junge kann sich auf meinen Platz setzen, und ich setze mich in die Nähe unseres Abendessens.«
Damit beugte er sich so dicht an die Scheibe des Aquariums, dass seine Brille anstieß. Er rückte sie wieder zurecht und hielt sie fest, während er interessiert den Boden betrachtete.
»Hier gibt es ausgezeichneten Hummer.«
Ich hatte mich auf seinen Platz gesetzt und schaute auf den Boden des Aquariums. Riesige lange Krebse, deren Scheren zusammengebunden waren, bewegten ihre Fühler im sprudelnden Wasser.
»Auch die Fische sollen hier exzellent zubereitet werden.«
Dabei klopfte er gegen die Scheibe und sah mich an. Er schien zu lächeln. Ich konnte seine Augen nicht erkennen, da die Kerzen sich in den großen Brillengläsern spiegelten. Nun setzte er sich, strich die Tischdecke glatt und legte dann die gepflegten Fingerspitzen seiner wie zum Gebet gefalteten Hände vor den Mund. Er trug einen Ehering.
Er schien mich hinter der riesigen schwarzen Brille zu betrachten. Ich blickte schnell weg und schaute hilfesuchend zu Rudi. Aber sie lächelte wie immer und starrte in die Kerzenflamme. Niemand sprach. Das Wasser im Aquarium gurgelte.
»Ist das nicht romantisch hier!« unterbrach Rudi plötzlich das Schweigen. »Diese funkelnden Kerzen, die sich in den Butzenscheiben spiegeln, die leuchtenden farbigen Blumen und diese vielen Fische.«

Sie sah sich euphorisch um.
»Hier ist es richtig gemütlich, findest du nicht?«
Damit ergriff sie meine Hand, die ich höflich auf den Tisch gelegt hatte.
»Mhm«, murmelte ich bestätigend und zog meine Hand schnell weg.
Ich bemerkte einen leichten Rand unter den Nägeln. Seitdem mir die Nonnen im Waisenhaus die Fingernägel so kurz geschnitten hatten, dass sie bluteten, waren sie immer etwas zu lang. Unter dem Tisch versuchte ich mit meinem kleinen spitzen Fingernagel die anderen unbemerkt zu säubern.
»Wünschen die Herrschaften einen Aperitif?«
Der Fliegenmann hatte sich lautlos von hinten angeschlichen. Ich schaute erschrocken hoch und versteckte meine Hände zwischen den Beinen. Er blickte ironisch zu mir herab und hob eine Augenbraue, als er den Aschenbecher vor mir mit einer Hand elegant gegen einen sauberen austauschte.
»Nein, danke«, sagte mein Vater souverän. »Geben Sie uns die Karte.«
Ich hatte schon ganz schön Kohldampf.
»Vielleicht ein Hors-d'œuvre? Des Escargots oder des Cuisses de Grenouilles?« fragte die Fliege arrogant, während sie die Speisekarten austeilte.
In feinen Restaurants gibt es mehrmals hintereinander etwas zu essen, hatte Rudi mir warnend gesagt. Ich solle mir an diesem Abend nicht gleich die Wampe vollschlagen und sogar noch etwas auf dem Teller übriglassen, auch wenn ich noch Hunger hätte, das sei vornehm.
Die Fliege blieb links neben dem Stuhl meines Vaters leicht vornübergebeugt stehen, eine Hand auf dem Rücken.
»Wir wählen gleich die Hauptspeise. Unsere Zeit ist begrenzt«, sagte der Rietell in die Karte vertieft. Dann wandte er sich auf die rechte Seite, wo der Kellner nicht stand, und fragte sehr leise auf Antwort wartend: »Was können Sie uns empfehlen?«
Der Kellner, immer noch links von ihm, beugte sich noch tiefer.
»Pardon, ich habe Sie nicht verstanden.«

Mein Vater sagte, immer noch nach rechts gewandt, leise, aber bestimmt: »Ich bat um Ihre Empfehlungen.«
Der Mann rückte nervös an seiner Fliege.
»Oh, je m'excuse.«
Es blieb ihm nichts anderes übrig, als eilfertig hinter dem Stuhl meines Vaters auf die rechte Seite zu wechseln.
Ich schaute meinem Vater fasziniert zu. Das war die feine Art, solche Schnösel in ihre Schranken zu weisen. Der Schnösel rächte sich und legte mit rasender Zungenfertigkeit los: »Unsere Cuisine empfiehlt Blanquette de Veaux à Lancienne. Dann haben wir noch Gigot Brayaude, oder falls Ihnen das mehr zusagt, Pigeonneaux aux Petits Pois.«
Ich schaute hilflos in die Karte.
All diese Fremdwörter hatten wir im Unterricht noch nicht durchgenommen. Dabei hätte ich mit meinen Französischkenntnissen so gerne geglänzt. Aber was sollte ich anfangen mit: »Je parle, tu parles, il parle« oder »Garçon, l'addition!« Wir hatten ja noch gar nichts bestellt.
Die Fliege hob ab und sprach noch schneller: »Es sei denn, Sie bevorzugen unsere Coquilles Saint-Jacques au Gratin oder unseren Hommard Grillé, wie Sie wünschen!«
Die Fliege war wieder gelandet und griff sich selbstgefällig an dieselbige.
»La mouche«, dachte ich abfällig, obwohl sich das Ding »papillon« nannte.
»Was möchtest du denn, Gottfried?«
Mein Vater hatte mich zum ersten Mal mit meinem Namen angesprochen. Rudi sah mich stolz an.
»Du musst nicht schüchtern sein, mein Bübchen, du kannst essen, was du willst. Schließlich ist das dein Abend.«
Mein Vater und meine Mutter schauten erwartungsvoll auf mich. Mein Kopf wurde ganz heiß.
»Ich ... äh ... ich hä ... hä ... hätte ...«
Das peinliche Stottern ging wieder los.
Die Fliege hatte sich zu mir hinuntergebeugt und ihren Bleistift gezückt. Ich musste mich entscheiden.
»Am liebsten hätte ich ein Sch ... ein Sch ... ein Schw ... Schweinskotelett und eine Cola!«

Das Wort »Bulette« wäre mir leichter gefallen, aber so was hatten die wohl nicht in so 'nem Laden.
»Tut mir leid, mein Herr, so etwas führen wir nicht. Sie meinen vielleicht ein zartes Bifteck.«
»Ja!« sagte ich schnell.
»Sehr wohl, der Herr. Medium oder well done?«
Jetzt wechselte er auch noch die Sprache und wollte mich fertigmachen. So eine Schmeißfliege, dachte ich.
Ganz der Sohn meines Vaters wandte ich mich, obwohl er links von mir stand, nach rechts zu dem Aquarium und sagte weltgewandt: »Very well done, s'il vous plaît.«
»Sehr gut durchgebraten?«
Er machte eine empörte Pause. Ich beachtete ihn gar nicht.
»Wie Sie meinen, der Herr«, murmelte er beleidigt.
Immerhin hatte er »Herr« zu mir gesagt. Ich betrachtete die großen Fische, die mich mit offenem Maul durch die Scheibe anglubschten. Eigentlich taten die mir leid. Die waren viel zu groß für dieses Becken. Und so hübsch waren sie auch nicht, um sie beim Essen immer anschauen zu müssen. In so einem feinen Restaurant hätten die sich ruhig ein paar bunte Exoten leisten können. Statt so olle graue Salzwasserfische. Schließlich waren die Preise hier auch ganz schön gesalzen. Die hatte ich genau studiert. Für das Geld einer Mahlzeit hätten Rudi und ich locker eine Woche in Saus und Braus leben können. Mein Vater musste sehr reich sein.
»Und du, Ruth? Bleiben wir beim Fisch?«
»Ja, gerne!« sagte sie. »Schließlich ist das mein Sternzeichen. Erinnerst du dich?«
Er schien sich nicht zu erinnern.
»Ja, dann ordern wir doch schon mal den Wein.«
Er studierte eine dicke, in Leder gebundene Mappe, die ihm gereicht wurde.
»Oh«, sagte Rudi. »Ich trinke nie Alkohol, sonst bekomme ich noch einen Schwips.«
Sie lachte verschämt und hielt sich die Hand vor den Mund, als hätte sie schon einige gezwitschert. Ohne aufzuschauen, gab mein Vater seine Bestellung auf.
»Bringen Sie uns eine Flasche 51er Chablis grand cru. Zu

einem Fisch gehört ein guter Weißwein. Ein, zwei Gläser haben dir nie geschadet, soweit ich mich erinnere.«

Er hatte seine schwere schwarze Hornbrille abgenommen und sah Rudi an, während er sich die Nasenwurzel rieb. Er hatte tatsächlich blaue Augen. Nicht strahlend kornblumenblau. Eher müde verblasst wie welkender Flieder.

Rudi senkte schüchtern ihre Wimpern.

»Das war damals ein Bordeaux!«

Ritell setzte seine Hornbrille wieder auf.

»Daran erinnere ich mich nicht. In meiner Heimat gibt es nur gute Weißweine, besonders in Meißen.«

Rudi sah versonnen in die Kerze.

»Er war rot. Blutrot!«

Mein Vater sah sie irritiert an.

Ich konnte mir schwer vorstellen, dass dieser förmliche ältere Herr vor fast fünfzehn Jahren meine Mutter zur Frau gemacht haben sollte.

»Ich liebe die Farbe Rot!« sagte sie träumerisch. »Bordeauxrot. Ich nehme einen Bordeaux!«

Rietell hob streng seinen Kopf

»Zu Fisch trinkt man nur Weißwein. Das gehört sich so. Das ist eine Geschmacksfrage. Zu Wild oder rotem Fleisch kannst du gerne einen Rotwein zu dir nehmen. Möchtest du lieber ein Fleischgericht?«

Er zog ein braunes ledernes Zigarettenetui aus der Innentasche seines dunkelblauen Anzugs, entnahm eine Zigarette und klopfte darauf heftig den Tabak fest.

»Du gestattest, dass ich rauche!«

Rudi sah ihn mitleidig lächelnd an.

»Du hast dich überhaupt nicht geändert. Aber ich bin nicht mehr das hörige junge Ding, das alles glaubt, was der große Gottfried ihr verkündet. Ich bin ein Fisch und ich esse Fisch und ich möchte dazu ein Glas Rotwein trinken! Das ist mein Geschmack!«

Sie lächelte ihn breit an und wedelte mit der linken Hand den Zigarettenrauch weg.

»Entschuldige«, sagte der Rietell und hielt die Zigarette auf die andere Seite. »Du hast schon immer deinen eigenen Kopf gehabt. Wenn du unbedingt gegen den Strom schwimmen willst, bitte, ich werde dich nicht daran hindern. Die Dame hätte gerne ein Glas Rotwein zum Fisch!« Achselzuckend sah er zu der Fliege auf. Jedem das Seine«, sagte er noch entschuldigend.

»Sehr wohl. Ein Glas Bordeaux für Madame. Und für welchen Fisch wünschen Sie den Rotwein?«

»Bringen Sie uns erst mal die Getränke. Bis dahin werden wir uns geeinigt haben!« Er inhalierte tief und blies den Rauch von Rudi weg an die Scheibe des Aquariums. »Das sind wirklich prächtige Exemplare. Welches möchtest du denn verzehren, Ruth? Such dir einen aus.«

Er sah den kräftigen Schwimmbewegungen der Fische zu, die jetzt wieder nach Luft zu schnappen schienen.

»Ach, weißt du, eigentlich ist mir jeder recht. Entscheide du. Du bist der Mann. Ich verlass' mich da ganz auf dich!«

Rietell sah sie irritiert an und zog heftig an der Zigarette. Rudi hatte wieder ihren schüchternen Kleinmädchenausdruck.

»Wie du willst. Dann werde ich für uns die Wahl treffen.«

Er beugte sich dicht an die Scheibe und studierte die Tiere.

»Ich bevorzuge eigentlich einen dieser Hummer. Wie ist es mit dir, Ruth?«

»Nicht so gern!« sagte Rudi. »Die schreien so, wenn man sie bei lebendigem Leib ins kochende Wasser wirft.«

»Das ist doch albern!« Rietell drückte genervt die Zigarette aus. »Hummer haben keine Stimme!«

»Die schreien trotzdem! Ich hab' es doch gehört. Die quieken wie kleine Babys, die abgestochen werden. Oder glaubst du mir das auch nicht?«

Rietell holte tief Luft.

»Das ist keine Frage des Glaubens, sondern eine Frage der Tatsachen. Mir ist nicht bekannt, dass Hummer Stimmbänder haben!«

Rudi war jetzt empört.

»Willst du damit sagen, ich lüge?«

Rietell überlegte einen Moment.

»Lass mich sagen, du neigst zu Übertreibungen, wenn ich mich recht erinnere. Aber lass uns einen Kompromiss finden. Ich würde vorschlagen, du nimmst diesen Fisch hier vorne. Und du wirst mir doch recht geben, dass es allgemein bekannt ist, dass alle Fische stumm sind.«

»Ich nicht!« sagte Rudi trotzig.

»Jetzt sei aber bitte still! Willst du allen Ernstes behaupten, Fische seien nicht stumm?«

Rietell lehnte sich zurück und stemmte die gestreckten Arme gegen die Tischkante.

»Nein!« Rudi schüttelte so heftig den Kopf, dass ihre Haare flogen. »Ich bin überhaupt nicht still! Ich bin Fisch und lasse mir trotzdem von niemandem den Mund verbieten!«

Sie sah ihn kämpferisch an.

»Haben die Herrschaften gewählt?«

Die Fliege war wieder an den Tisch getreten und hatte vor Rudi ein Glas Rotwein hingestellt.

»Wir haben noch nicht entschieden!« sagte Rietell und schaute flüchtig auf das Etikett der Weinflasche, die ihm vorgehalten wurde. Er rückte an seiner Brille. Bestimmt sagte er: »Einen 51er Chablis!«

Die Fliege zog einen Flaschenöffner hervor.

»Sehr wohl, der Herr!«

Rietell lehnte sich zurück.

»Das ist ein 52er!«

»Oh!« Die Fliege schaute auf das Etikett. »Pardonnez moi, aber das ist ein exzellenter Jahrgang. Sonst müsste ich in unserem Weinkeller nachsehen.«

Rietells Stimme wurde betont leise und streng.

»Dann gehen Sie jetzt bitte in den Keller und besorgen den korrekten Jahrgang, der auf Ihrer Weinkarte angeboten wird, Monsieur. Und lassen Sie mir einen Hummer zubereiten. Die Dame muss sich noch entscheiden.«

Die Fliege entfleuchte beleidigt.

Rudi drehte versonnen ihr Weinglas. Eisiges Schweigen. Nur das Wasser gluckste röchelnd. Ich schaute in das Aquarium.

»Willst du wirklich eins von den Tieren da drinnen aufessen, Rudi?«

Rietell schien froh zu sein, dass ich das Wort an mich riss.

»Du nennst deine Mutter Rudi?« wandte er sich an mich.

»Ja, schon immer!«
Jetzt lächelte er tatsächlich.
»Und deine Mutter nennt dich dann Goddi?«
»Ja, warum?«
»Das stammt noch aus meiner sächsischen Heimat. Wir sprechen das ›t‹ wie ›d‹, weißt du?« sagte Rietell.
»Aha!« sagte ich und war froh, dass mein Vater endlich mit mir redete. »Und warum esst ihr die Tiere aus dem Aquarium?« versuchte ich das Gespräch in Gang zu halten. »Die leben doch noch!«
Die Hornbrille schien mich freundlich anzusehen.
»Ja, eben! Dann sind sie noch ganz frisch!«
»Ah ja«, sagte ich und wusste nichts mehr darauf zu sagen.
Ich war froh, dass mein Essen nicht lebendig war. So ganze lebende Tiere könnte ich nicht essen. Schon gar nicht, wenn sie mir dabei zusehen, während ich sie esse.
»Ich bin froh, dass wir endlich mal zusammenkommen, um diesen ungeklärten Zustand zu einem korrekten und vernünftigen Abschluss zu bringen.«
Er wurde wieder ernst.
»Ich habe deiner Mutter dazu meine Bereitschaft erklärt, selbstverständlich nach Absprache mit dem Jugendamt und meiner Ehefrau.«
Rudi drehte immer noch versonnen ihr Weinglas, als sei sie in einer anderen Welt.
»Ja?« sagte ich abwartend.
»Na ja«, fuhr er fort. »Vor so einer wichtigen Weichenstellung sollte man sich erst mal kennenlernen, nicht wahr?«
»Ja«, sagte ich.
Jetzt wurde es ernst.
Ich schaute auf Rudi, die nicht reagierte und ihr Weinglas anhob, um die dunkelrote Farbe zu betrachten.
»Was hast du denn mit deiner Nase angestellt? Bekommst du damit überhaupt Luft?«
Das fand ich eine blöde Frage. Der sah ja auch nicht besser aus mit seiner riesigen schwarzen Hornbrille, die mich wie eine Hornisse anstarrte.
»Nicht viel«, antwortete ich und merkte, dass mir langsam die

Luft wegblieb vor Aufregung. Jetzt musste ich mich entscheiden, ob ich mit dem zusammenleben wollte.
»Auch bei meinen Kindern lege ich Wert auf körperliche Ertüchtigung und Disziplin. Nur so kannst du dir eine solide Zukunft schaffen. Jeder Mensch braucht ein Ziel. Ich werde dir mit nachsichtiger Strenge dabei helfen, damit du nicht wie ein Blatt im Wind dein Leben vergeudest und verlotterst ... Wie bist du denn in Mathematik?«
Wumm!
Diese Frage schlug mir in den Magen. Volltreffer!
Die schwarz umrahmten Gläser der Hornbrille blitzten böse. Ich schnappte nach Luft wie ein Fisch. Sechs, setzen, Papa! Das war's!
Eine dunkle Gewitterwolke zog sich drohend in meinem Kopf zusammen. Mir wurde schwarz vor Augen.
Ich hatte Rudis kurze Bewegung kaum wahrgenommen. Wie in einem blutrünstigen Drama troff meinem Vater der rote Wein aus seinen weißen Haaren, verschmierte die Brille, tropfte auf das weiße Hemd, hinterließ, sich langsam ausbreitend, rote Flecken wie Wunden, die sich öffneten, und versickerte in der silbrig grauen Krawatte, die wie ein Lappen sich mit Bordeaux vollsog.
Rudi, immer noch versonnen lächelnd, hatte das nun leere Glas ruhig abgestellt.
Mein Vater rührte sich nicht. Er saß erstarrt da. Die Zeit schien stillzustehen. Wie in Trance sah ich nur noch, dass er langsam, zeitlupenartig mit beiden Händen seine Brille abnahm und ohne Regung blind auf das leere Weinglas blickte.
Blutrot besudelt und alt.
Ich habe meinen Vater nie wieder gesehen.
Am nächsten Tag blieb ich im Bett mit Fieber und war mir nicht mehr sicher, ob ich diesen Abend mit meinem Vater nur geträumt oder phantasiert hatte. Den Nachnamen meiner Mutter behielt ich von nun an.

Meine Mutter unternahm ab jetzt diszipliniert alle Anstrengungen, damit ihr Sohn nicht verlotterte. Als Erstes schrieb sie mir für die Schule ein Entschuldigungsschreiben. Und obwohl der Rechtsanwalt sie rausgeschmissen hatte, weil sie einige wichtige Schreiben, die er vor Gericht brauchte, nicht fertig getippt hatte, bemühte sie sich weiter darum, mir ein geordnetes Leben zu ermöglichen. Unser Einkommen war großen Schwankungen unterworfen.

Zwei Wochen lang arbeitete sie, dank ihrer Englischkenntnisse, im Amerikahaus und führte Schulklassen durch die amerikanische Geschichte. Aber mit Kindern konnte sie nie besonders gut umgehen.

»Die tanzen mir auf dem Kopf rum, strecken mir die Zunge raus! Ich bin einfach zu sanft und gutmütig für diese frechen Penze!«

Dann wechselte sie, dank Jolandas Vermittlung, zum Paketdienst. Aber mit anderen Frauen verstand sie sich nie besonders gut. Nach einer Woche gab sie auf.

»Diese neidischen gehässigen Weiber, dumm und primitiv! Ich bin einfach zu sanft und gutmütig, um mich gegen Gemeinheiten zur Wehr zu setzen!«

Das Zeitungsaustragen brachte zuwenig Geld, um davon leben zu können. Besonders für sie als zukünftige Schriftstellerin war das deprimierend.

»Diese oberflächlichen Artikelchen, die solche Schreiberlinge zusammenstoppeln. Inhaltloses Geschwafel! Ich mach' mich da noch mitschuldig, Menschen zu verdummen.«

Da war es für sie interessanter, Studenten der Uni die Dissertationen zu tippen, eine Zeitlang. Leider konnte sie ihre gegenteilige Meinung zu den Arbeiten, die sie nur abtippen sollte, nicht durchsetzen.

»Es ist unglaublich, was sich diese angehenden Doctores für an den Haaren herbeigezogene Themen aussuchen! Die lernen nicht eigenständiges Denken, sondern nur Nachplappern, um ihren Doktorvätern zu gefallen. Hirnlose Fachidioten, diese Studiker!«

Bis auf Pierre, den sie dort wieder traf, und der Literaturwissenschaft studierte. Nachdem sie seine ersten zarten Gedichte gelesen hatte, erklärte sie sich zu seiner Muse. Sie überzeugte ihn, statt wie diese Besserwisser über Literaturwissenschaften

zu schreiben, sei es besser, Literatur zu schreiben. Seine zarte, sensible Innenwelt sei so reich und gleichzeitig so zerrissen wie bei allen schöpferischen Menschen. Sie glaube an ihn.
Pierre verließ die Uni und begann seinen ersten Roman, den er nie zu Ende brachte. Rudi tippte in seinem Zimmer fleißig Seite um Seite und genoss seine unnahbare Nähe. Die wohlhabenden Eltern unterstützten ihn mit schlechtem Gewissen aus der Ferne. Vermutlich musste er seinen Heimatort verlassen, da sein Onkel ihn verführt hatte und dieser Skandal vertuscht werden sollte, erzählte mir Rudi. Sie beharrte darauf, dass er nicht wirklich homosexuell sei. So etwas spüre sie. Sie war verliebt.
Und solange sie mit ihm zusammen an seinem Buch arbeitete, teilten sich beide den wöchentlichen Scheck. Von diesem Schweigegeld blieb nicht viel für mich übrig, aber es reichte für unseren täglichen Bedarf. Ich besaß sogar eine Monatskarte für die Straßenbahn. Mein Schulweg nach Pasing war gesichert.
Nach der Schule besuchte ich meist meinen Schulfreund, der in der Nähe wohnte. Ich hoffte, seine ältere Schwester wäre zu Hause. Eine schlanke, hochgewachsene, junge Frau. Sportlich und selbstbewusst. Mit ihrem kurzen Haarschnitt wirkte sie wie ein Junge. Daher empfand ich sie nicht so fremd und andersartig wie die anderen weiblichen Wesen. Doch diese Diana interessierte sich nur für einen älteren beleibten Herrn Anfang Zwanzig. Ich war ihr wahrscheinlich zu dünn.
Als sie sich mit diesem Fettkloß verlobte, war ich geschockt und verletzt.
»Ich mag dich wirklich gern«, half sie mir über meine Enttäuschung hinweg, als hätte sie meine Schwärmerei geahnt. »Aber ich bin soviel älter als du und möchte eine Familie gründen.«
Dabei war sie höchstens siebzehn oder achtzehn.
Mein Freund belächelte mich mitleidig. Aber sie hatte mich mit dieser Ablehnung akzeptiert. So litt ich nur zwei Tage.

Entschlossen, die Erfüllung meiner Sehnsucht nur noch bei Mädchen meines Alters zu suchen. Ich hielt Ausschau. All die

Vierzehnjährigen in meiner Klasse waren mir zu platt und albern, und ich war mit meiner Phantasie schon so alt. Nur für ein Mädchen interessierte ich mich heimlich. Bianca.
Sie war viel zu schön für mich. Oder ich war zu hässlich für sie. Ein Zwitterwesen. Nicht mehr Kind, noch nicht Frau. Sehr schüchtern und still. Ein zartes Madonnagesicht. Aber sosehr ich auch ihr Profil mit meinen Augen abtastete, konnte ich noch keine weiblichen Formen entdecken. Ein Jesuskind wäre bei dieser Madonna verhungert. Unnahbar und stolz ignorierte sie meine Blicke. Um so überraschter war ich, als sie kühl einwilligte, mit mir ein Eis essen zu gehen.
Wir schoben unsere Räder und liefen schweigend nebeneinander her. Ich wusste nicht, was ich sagen sollte. Dass sie hübsch war, wusste sie selber. Auch die Schule war kein angenehmes Thema, und übers Wetter wollte ich nicht reden. Also fragte ich sie: »Möchtest du lieber ein Himbeereis oder Schokolade?« und kam mir sehr blöd vor.
»Lieber Himbeere«, antwortete sie einsilbig.
Ich schaute sie ein paarmal von der Seite an, aber sie blickte hoch erhobenen Hauptes starr geradeaus. Lässig schlenderte ich neben ihr her und schaute dann auch geradeaus. Endlich an der Eisbude, leckte sie unschuldig an dem Eis, bedankte sich vornehm, bestieg das Fahrrad und fuhr weg.
»Bis morgen!« rief ich ihr nach, aber sie hörte mich nicht mehr.
So klappte das nie mit den Mädchen. Irgend etwas machte ich falsch. Aber was? Vielleicht sollte ich Rudi fragen. Nachdenklich radelte ich durch die Straßen. Überall gingen Hand in Hand Pärchen spazieren. Die mussten sich ja auch mal kennengelernt haben. Aber wie? Vielleicht hätte ich ihre Hand nehmen sollen. Die hätte sie bestimmt zurückgezogen, wenn sie gemerkt hätte, dass ich Schweißhände habe. Händchenhalten war mir versagt.
Ich fuhr jetzt schneller, um nicht an meinen gescheiterten Annäherungsversuch denken zu müssen. An diesem Tag kam ich erst am späten Nachmittag nach Hause.

Rudi war schon da und hatte Besuch. Ich war überrascht. Bei uns war noch nie jemand zu Besuch gewesen. Nicht einmal Pierre.
Zum ersten Mal saß in meinem Zimmer auf meiner Couch ein Mädchen, oder vielmehr eine junge Frau. Ich schätzte sie auf achtzehn oder neunzehn, vielleicht aber doch schon Anfang Zwanzig. Das war jetzt kein guter Moment, Rudi nach anderen Mädchen zu fragen. Sie war auch zu sehr mit sich selbst beschäftigt. Sie schluchzte, Pierre habe sie schnöde verlassen und sei mit einem jungen Schnösel zusammengezogen. Er habe sie nur ausgenutzt und belogen. Sie habe alles für ihn getan, aber er sei ihrer Liebe nicht wert. Nicht so. Gemeinsam mit diesem Jungen und Pierre im selben Raum zu sein und weiter zu arbeiten, als sei nichts geschehen, könne niemand von ihr verlangen.
Rudi beruhigte sich wieder und schneuzte sich kräftig. Sie betrachtete ihre verquollenen Augen im Spiegel und sprach zu sich aufmunternd: »Wenn ich liebe, liebe ich ganz. Ungeteilt. Für die Liebe bin ich zu jedem Opfer bereit. Ich nehme jedwede Gefahr auf mich, ich gehe singend für den Geliebten in den Tod. Leid komme, ich bin bereit!«
Jetzt konnte sie schon wieder lachen.
Sie drehte sich zu uns um.
»Soll der doch glücklich werden mit seinem Stricher. Sei bloß froh, Goddi, dass du nicht solche Liebesprobleme hast.«
Ich war unsicher am Fenster stehen geblieben.
»Corinna! Das ist mein Sohn, von dem ich dir erzählt habe. Mein einziger Geliebter.« Sie lachte und kam auf mich zu. »Corinna war so lieb, mir zu helfen, als ich weinend in der Uni zusammenbrach. All die anderen haben nur hämisch gelacht, als Pierre mit diesem Bengel Hand in Hand weggegangen ist. Den hat er wahrscheinlich am Bahnhof kennengelernt.«
Vor Corinna versuchte ich sehr erwachsen zu wirken: »Bussi hat doch gesagt, der ist schwul.«
Corinna sah mich belustigt an.
»Das stimmt nicht«, sagte Rudi und lächelte geheimnisvoll.
»Vielleicht ist er auch bi?« nahm Corinna das Thema auf. Sie

hatte eine tiefe, rauchige Stimme. »Von mir haben auch schon enttäuschte Männer gesagt, ich sei lesbisch.« Sie lachte heiser. Ich lachte auch. Über solche Dinge hätte ich nie mit Bianca reden können.

»Corinna ist erst kurz in der Stadt«, sagte Rudi. »Sie wird Ethnologin.«

Ich wusste zwar nicht, was das ist, aber ich fand Corinna interessant. Sogar ihr Name war schön.

»Corinna kommt von ihren Studien aus Nordafrika. Und stell dir vor, im Suezkanal ist sie von Bord gesprungen und zu Nasser geschwommen, um mit ihm zu reden. Das stand sogar in der Zeitung.«

Ich war baff.

»Mit Foto auf der Titelseite!«

Rudi war immer für eine Überraschung gut. Jetzt hatte sie so eine berühmte Persönlichkeit kennengelernt und sie in unsere miefige Bude mitgebracht.

Und diese Berühmtheit, die sogar schon mal in der Zeitung stand, saß auf meiner Couch. Und die war auch noch hübsch mit ihren ungekämmten hellbraunen Locken. Graugrüne Augen. Die Figur etwas kräftig, soweit ich erkennen konnte. Na klar, als Kanalschwimmerin brauchte man einen kräftigeren Körper als Bianca.

»Und Sie haben wirklich mit Nasser gesprochen?« fragte ich bewundernd.

»Du kannst Corinna zu mir sagen, Gottfried. Soo weit sind wir ja nicht auseinander.«

Ich wurde rot und ärgerte mich darüber, dass ich erst vierzehn geworden war. Auf andere wirkte ich immer älter. Ich hoffte bloß, dass Rudi nicht petzte. Corinna sah mich offen an.

»Mein Gespräch mit Nasser hat nicht geholfen. Ich bin gleich verhaftet worden, und die Araber sperren trotzdem den Suezkanal.«

Ihr heiseres Lachen ging in einen Husten über.

»Ich glaube, ich brauche eine Zigarette.«

Sie zog eine rote Packung aus ihrer Umhängetasche. Roth-Händle, konnte ich lesen.

»Rauchst du?«

So gleichberechtigt erwachsen hatte noch nie jemand mit mir gesprochen außer Rudi.
»Im Moment nicht!« lehnte ich dankend ab.
»Du, Ruth?«
Rudi hatte wieder begonnen, sich zu schminken.
»Nein, danke dir, ich rauche auch nicht.«
»Da hast du recht!« sagte Corinna. »Wenn man einmal damit anfängt, wird man süchtig und hört nicht mehr auf.«
Damit zündete sie sich mit einem Streichholz die Zigarette an und inhalierte tief. Mit dem Rauch blies sie die Flamme aus. Das abgebrannte Streichholz legte sie vorsichtig auf den Tisch.
»Ich bin nur süchtig nach Luft und Liebe!« sagte Rudi, während sie ihre Lippen anmalte.
Ich sog diesen fremden Tabakgeruch tief in mich ein, der aus dem schön geschwungenen Mund von Corinna entströmte. Von diesem Moment an war ich danach süchtig.
Rudi presste ihre Lippen zusammen und verteilte das Rot.
»Corinna bleibt ein paar Tage bei uns, bis sie ein Zimmer gefunden hat, wenn du nichts dagegen hast?«
Beide Frauen sahen mich an. Ich spürte, dass ich rot wurde.
»Nö ... warum denn ... so was kennen wir doch selber!« sagte ich wie nebenbei und stellte Corinna eine Untertasse hin.
»Danke!« sagte sie. »Du bist wirklich lieb.«
Rudi überprüfte ihr Äußeres im Spiegel.
»Ich muss noch mal los! Meine Schreibmaschine von Pierre holen.«
»Soll ich mit dir gehen?« fragte Corinna.
»Keine Bange, für mich ist der gestorben! Ich versuche nur, die Maschine noch zu Geld zu machen. Das kann ein bisschen dauern. Ruh dich hier aus, du hast ja die ganze letzte Nacht nicht geschlafen.«
»Dann kann ich ja mitgehen, wenn der frech wird!« sagte ich hastig.
Rudi lachte.
»Jetzt leiste doch Corinna ein bisschen Gesellschaft. Die beißt nicht.«
Corinna sah mich müde an. Sie drückte die Zigarette auf dem

Unterteller aus und legte sich, die Beine noch halb auf dem Boden, auf der Couch zurück.
»Du kannst dich ja mit Corinna ein bisschen unterhalten. Dir ist doch sonst immer so langweilig, wenn du hier alleine bist.«
Ich schaute Rudi wütend an. Sie wusste ganz genau, dass ich keine Konversation machen konnte mit fremden Menschen. Nicht einmal mit der kleinen Bianca war mir das gelungen. Corinna musste meine Panik bemerkt haben.
»Ich fress' dich schon nicht!« sagte sie leichthin mit halb geschlossenen Lidern. »Wir müssen auch gar nichts reden.«
»Macht, was ihr wollt!« sagte Rudi, schon in der Tür. »Ich lauf' jetzt los! Macht euch keine Sorgen, wenn es später wird. Kann sein, dass das Leihamt schon geschlossen hat.«
Damit fiel die Tür hinter ihr ins Schloss. Wir hörten nur noch ihre Schritte auf dem Hof. Corinna hatte ihre Augen geschlossen. Hinter dem Kopfende der Couch hatte ich mich an die Anrichte gelehnt.
»Hast du was dagegen, wenn ich die Beine etwas hochlege?«
Sie kräuselte ihre Stirn und schaute fragend zu mir hoch.
»Nö«, sagte ich und tat so, als würde ich in den Schubladen etwas suchen.
Mir fiel zum ersten Mal auf, dass wir überhaupt keinen Stuhl im Zimmer hatten. Rudi und ich saßen immer zusammen auf der Couch vor dem etwas zu hohen Tisch. Auf Besuch waren wir nicht eingerichtet.
»Willst du dich nicht setzen?« schien Corinna meine Gedanken zu erraten. »Ich rück' ein Stück zur Seite.«
Sie legte die Beine übereinander und machte sich schmal.
»Sei mir nicht böse, dass ich mich hier so ausbreite. Aber meine Füße tun höllisch weh. Ich bin die ganze Nacht gelaufen, weil ich nicht wusste, wo ich schlafen kann.«
»Das kenne ich!« sagte ich.
»Dann ist ja gut«, sagte sie.
Sie legte sich seitlich und rückte noch etwas näher an die Rückwand der Couch.
»Ich will dich nicht stören«, sagte ich und setzte mich vorsichtig mit dem Rücken zu ihr auf den vorderen Rand der Couch.

»Ach was! Ich ruh' mich nur ein bisschen aus. Ist gleich vorbei.«
Aus den Augenwinkeln sah ich ihre runden Knie, über die der Rock gerutscht war. Sie trug keine Strümpfe und hatte braune, kräftige Beine.
Ich schaute schnell auf meine Schulhefte, die auf dem Tisch lagen. Eigentlich hätte ich Hausaufgaben machen müssen. Aber wie betäubt atmete ich den aromatischen Duft dieser fremden jungen Frau ein, die in meinem Rücken lag. Sie war mir so vertraut. Ich spürte ihre wohltuende Wärme. Als seien wir schon immer zusammengewesen und würden uns hier nur ausruhen nach einer langen Reise.
»Zündest du mir eine Zigarette an?« fragte sie mich leise mit ihrer rauhen Stimme. Ich hatte noch nie eine Zigarette geraucht. Ich war süchtig danach, endlich erwachsen zu werden.
Männlich lässig nahm ich die rote Packung vom Tisch, zog eine Zigarette heraus, steckte sie mir zwischen die Lippen, zündete ein Streichholz an und sog durch die Zigarette an der blaugelben, zuckenden Flamme den Rauch, allerdings nur bis in die Mundhöhle, ein und ließ ihn langsam aus den Nasenlöchern entweichen. Ein scharf bitterer Geschmack blieb auf der Zunge, meine Stirnhöhle kitzelte und trieb mir Wasser in die Augen.
Ich fühlte mich wohlig und benommen. Als ich die Zigarette aus dem Mund nahm, blieb das Papier einen Moment an meiner Lippe hängen und ließ einen kurzen Schmerz zurück. Ich drehte mich halb zu Corinna. Ihre grünen Augen sahen mich an. Mit zwei Fingern reichte ich ihr die Zigarette. Sie nahm sie nicht und schaute mir ernst in die Augen. Ihr Mund war leicht geöffnet. Ich lächelte und steckte ihr die Zigarette zart zwischen die Lippen. Ohne den Blick von mir zu wenden, zog sie daran und berührte dabei mit ihrem Mund meine Fingerspitzen. Jetzt erst nahm sie die Zigarette, richtete sich halb auf und blies mir den Rauch sanft entgegen.
Mir wurde schwindelig.
Durch den blauen Dunst sah ich, wie sich ihre langen, schlanken Finger mit der Zigarette meinem Mund näherten. Von der glimmenden Glut kräuselte sich der Rauch. Das andere Ende war von ihrem Lippenstift gerötet. Wir sahen uns unverwandt

an. Ihre Augen blickten ruhig und klar. Ich saugte an dem geröteten Ende der Zigarette. Meine Lippen berührten ihre Fingerspitzen. Ihre Pupillen waren weit geöffnet. In dieser geheimnisvollen Schwärze sah ich die Glut kurz aufglimmen. Plötzlich zog sich ihre Iris zusammen. Ich erschrak.
Wie in einem Zerrspiegel erblickte ich mich auf der Oberfläche ihrer glänzenden Augen. Aber sie sah mich besorgt an, näherte sich vorsichtig mit ihrem Gesicht und strich mit der Fingerkuppe sanft über meinen Mund.
»Du hast dir die Lippe verletzt«, sagte sie zart. »Tut es weh?«
Ich spürte ihren Atem auf meinem Gesicht. Endlich. Unsere Lippen berührten sich. Ihr Mund schmeckte bitter nach Rauch. Aber ich fand Geschmack an meinem ersten Kuss und wurde süchtig danach. Ein richtiger Mann. Ein Kettenraucher.
Meine Geliebte drängte ihre vollen Lippen weich auf meinen Mund. Ich hatte die Augen geschlossen und war verliebt. Wir hatten uns kaum bewegt. Urplötzlich, mit einem kurzen Schmerzenslaut, schreckte sie jäh vor mir zurück. Ihr Mund jetzt schmal und die Lippen verkniffen. Ihre Augen weit aufgerissen. Wie ein Opfer, das sich vor dem Täter erschreckt.
Meinen Mund noch halb geöffnet, starrte ich sie verwirrt an. Das wollte ich nicht. Nicht wie Hermann, der Stier.
Was hatte ich jetzt falsch gemacht? Frauen waren so zart und empfindsam. So scheu. Beschämt fragte ich vorsichtig: »Bist du mir böse?«
»Entschuldige«, sagte Corinna gepresst und lutschte an ihrem Mittelfinger. »Ich hab' mich verbrannt.«
Die Asche der heruntergebrannten Zigarette lag grau verstreut auf ihrem Rock. Die glimmende Glut der Kippe schwelte noch auf dem Boden. Ich trat sie schnell aus.
»Tut es weh?« fragte ich.
Noch den Finger im Mund schüttelte sie schmerzverzerrt den Kopf.
»Und du bist mir nicht böse?« fragte ich.
Sie sah mich erstaunt an. Ein kleines Lächeln huschte über ihr Gesicht. Dann betrachtete sie ihren Finger, auf dem sich eine Brandblase bildete.

»Du bist wirklich lieb«, sagte sie, steckte den Finger wieder in den Mund und sah mich nachdenklich an.
Ich fühlte mich plötzlich nicht mehr erwachsen und viel zu jung. Jetzt genierte ich mich mit ihr hier allein und wusste nicht weiter. Rudi rettete mich. Sie schloss die Tür auf und kam hereingestürmt. Die Tür ließ sie offen.
Jetzt ratet, wen ich mitgebracht habe!« sagte sie lachend und schaute in den Flur. »Du wirst es nicht glauben, Goddi! Da kommst du nicht mal im Traum drauf. Mitten auf der Schillerstraße, wo ich die Schreibmaschine verkauft habe, kommt mir wie magisch entgegen, na wer?«
Sie streckte die Hand zum Flur aus, als würde sie einen großen Magier vorstellen.
»Na, jetzt komm schon rein!«
Auf den wäre ich wirklich im Traum nicht gekommen. Da war er wieder. Mein Alptraum. Schief grinsend lehnte er im Türrahmen, eine Zigarette schräg im Mund. Seine Schnapsfahne füllte den Raum.
Janek!
»Ja cię kocham«, lallte mein Stiefvater und hielt sich an Rudi fest.
»Hat unser Kleiner aber hübsche Freundin.«
Auf Umgangsformen legte er Wert.
Er zwinkerte meiner ersten Liebe anzüglich zu, begrüßte sie mit einem Handkuss, lugte ihr dabei in den Ausschnitt und ließ sich dann direkt neben ihr auf die Couch plumpsen. Eine Hand ruhte auf ihrem Schenkel, während seine andere hinter ihrem Rücken verschwand.
Wir ließen ihn auf der Couch seinen Rausch ausschlafen und flüchteten uns ins Nebenzimmer. Zum Glück war das Doppelbett breit genug für uns drei. Corinna lag in der Mitte. Rudis gleichmäßige, ruhige, tiefe Atemzüge wurden von Janeks Schnarchen aus dem Nebenraum übertönt.
Ich konnte nicht schlafen und rührte mich nicht. Corinnas angespannter Körper an meiner Seite. Ich wagte kaum zu atmen. Ich spürte, wie mein kleiner Finger der rechten Hand fast die Außenseite ihrer Schenkel berührte. Ihre Hand legte sich behutsam auf meine. So lagen wir, Hand in Hand, neben-

einander und lauschten dem Schnarchen meines Stiefvaters und den tiefen Atemzügen meiner Mutter. Atemlos.
Corinna habe ich nie wieder gesehen.

Janek war wieder da. Er zog bei uns in der Fendstraße ein. Im Fendstüberl, einer kleinen Kneipe, in der er seine Lokalrunden schmiss, versoff Janek das Geld, das Rudi heranschaffte. Sie verkaufte Schweizer Armbanduhren. Janeks neue Geschäftsidee. Von seinen polnischen Kumpels in der Schillerstraße wurde er mit Stoppuhren beliefert, die sehr wertvoll aussahen. »Swiss made« stand auf den Zifferblättern. Die waren echt. Die Zifferblätter.
Rudi spielte ihre Rolle als in Not geratene Hausfrau, die sich nur schweren Herzens von diesem wertvollen Stück ihres kürzlich verstorbenen Vaters trennen könnte, perfekt. Leider weit unter Wert müsse sie dieses Erinnerungsstück verkaufen. In dieser Zeit wurde in der Stadt viel gebaut. Mit dieser protzigen Uhr hatten die Bauarbeiter ein günstiges Schnäppchen gemacht, dachten sie.
»Echt Swiss made«, wie Rudi wahrheitsgemäß versichern konnte. Janek wartete um die Ecke und nahm ihr das Geld gleich wieder ab. Dafür gab er ihr eine neue Uhr, die sie wieder verkaufen sollte.
Rudi hatte nie viel verdient. Es interessierte sie nicht. Aber Janek interessierte das Geld. Um jeden Preis wollte er das vermehren, was er Rudi abgenommen hatte. Er fing an Karten zu spielen.
In der Schillerstraße traf er sich mit anderen Emigranten, mit denen er zockte. Meistens verlor er. Besonders ein Ungar imponierte ihm. Der sei durch die Zockerei steinreich und könne sich die teuersten Mädchen leisten. Kovac sei sein Name. Gegen den verliere er jedesmal beim Black Jack.
Janek forderte von Rudi mehr Geld. Nur beim Pokern könne er den Kovac schlagen. Er kenne da ein paar Tricks. Aber da sie ohne Limit spielten, müsse er immer wieder klein beigeben. Ein einziges Mal diesen Kovac besiegen, das sei sein Ziel, sein großer Traum. Der Traum erfüllte sich nie.

Wir erwarteten zitternd Janek zu Hause, wenn er wieder verloren hatte. Er durchwühlte unsere Sachen, um einen eventuell versteckten Geldschein zu finden. Mit dem ging er dann nebenan in die Kneipe und spülte sein Unglück hinunter.
Mein Versteck fand er nie. Nach meinen bisherigen Erfahrungen hatte ich mir einen Zehner abgezweigt, den ich immer bei mir trug. Klein zusammengefaltet in meiner linken Socke versteckt. Wenn alles schieflief, konnten Rudi und ich davon ein paar Tage leben. Und es lief alles schief.
Wir verschlossen die Tür und ließen Janek nicht mehr rein. Er randalierte und versuchte die Tür aufzubrechen. Die Polizei kam und brachte ihn in eine Ausnüchterungszelle. Am nächsten Tag tauchte er wieder auf, reumütig um Verzeihung und Vergebung bettelnd. Rudi und er versöhnten sich wieder. Dieses Ritual wiederholte sich dreimal die Woche.
Das musste wohl Liebe sein.
Übermüdet nickte ich im Schulunterricht ein. Mir wurde das alles zuviel. Ich überredete Rudi, aus der Stadt zu flüchten. In einem Vorort in Pasing, nicht weit von meiner Schule, fanden wir eine neue Bleibe in einer noch nicht fertiggestellten Neubausiedlung. Damit war Janeks Geldquelle versiegt.
Wir hatten ihn aus den Augen verloren, aber nicht aus dem Sinn.
In der Stadt ließen wir uns möglichst nicht mehr blicken. Bis wir erfuhren, dass Janek sich nach Hamburg abgesetzt hatte. Er hatte sich wieder einmal als Vertreter versucht und umgesattelt von Rasierklingenverkauf von Haus zu Haus auf Waschmaschinen. Trotz seines mangelhaften Deutschs war er der erfolgreichste Verkäufer in seiner Drückerkolonne. Täglich präsentierte er bis zu drei unterschriebene Kaufverträge. Sein Erfolg schien unaufhaltsam. Bis zur ersten Ratenzahlung. Da waren all seine Verträge geplatzt, für die er schon Provision kassiert hatte. Auf den Friedhöfen hatte er sich Namen abgeschrieben und auf den Kaufverträgen die Unterschriften gefälscht. Tote zahlen keine Raten. Jetzt saß er im Knast. Den war ich erst mal los.
Er würde auch noch einige Zeit wegbleiben. Zukunftsfroh begannen wir unser neues Leben. Meine Mutter und ich.

Wir wohnten in diesem Vorort von München in einem dreistöckigen Neubau. Erstbezug. Die anderen beiden Häuser waren im Rohbau. Die Straßen waren noch nicht fertiggestellt. Der Hausbesitzer werkelte noch an der Fassade herum und war stolz auf seine einzigen Mieter. Im ersten Stock lag unser Appartement. Große Fenster bis zum Boden. Das war sehr unpraktisch für uns, da wir keine Vorhänge hatten und der Raum zu zwei Dritteln einsichtig war. Die Ansässigen der Umgebung machten ihre Spaziergänge zu den Neubauten, blieben davor stehen, diskutierten über die moderne Bauweise und schauten in die Räume. Wir hatten die Bettgestelle hinten an die Wand gestellt und bewegten uns nur gebückt. Die Einrichtung war nicht sehr repräsentativ, um Tag und Nacht zur Schau gestellt zu werden. Wir, ein Regal mit Büchern und zwei Betten, auf denen blaue Matratzen lagen. Laken waren uns zu teuer. Meine Schule, in die ich nur probeweise aufgenommen worden war, kostete schon genügend Geld.
»Das ist keine Sonderschule«, beruhigte mich Rudi, »sondern ein Privatgymnasium. Etwas ganz Besonderes.«
Deshalb konnte ich auch meinen einzigen Freund aus der Schule nie zu mir einladen. Und bei diesem Freund hatte ich dann auch noch Hausverbot bekommen. Er hatte mir erzählt, dass seine alleinerziehende Mutter Flecken auf seinem Bettlaken entdeckt hatte und er deshalb ein schlechtes Gewissen hätte. Es sei ihm halt im Schlaf passiert. Ich sagte ihm, dass das ganz normal sei, und riet ihm, lieber zu onanieren und ein Taschentuch zu benutzen. Das war das Ende.
Als ich noch zu Besuch kommen durfte, hatte ich seine Mutter gefragt, ob man die Soße, die am Messer hing, an der Gabel abstreifen dürfe. Ich wollte unbedingt richtige Tischmanieren erlernen. Sie sagte mir darauf: »Der Metzger macht's scho'.«
Und dann begann sie wieder mit ihm zu schimpfen, nachdem sie sein Zimmer inspiziert hatte, und sagte so interessante Sätze wie: »Oben hui und unten pfui«, und er würde Dinge unter den Teppich kehren. Ich hatte nie einen Teppich, geschweige denn ein eigenes Zimmer. Nach den Ermahnungen, er müsse um Punkt sechs Uhr wieder zu Hause sein, waren wir immer froh, mit unseren Fahrrädern auf Tour zu gehen. Ich hatte von Rudi

ein himmelblaues Rennrad geschenkt bekommen, mit drei Gängen, und wurde von allen bewundert.
Das war jetzt auch vorbei. Rudi hatte nur die erste Rate bezahlt, und mein himmelblauer Stolz wurde nach einem halben Jahr wieder abgeholt.
Außerdem hatten wir es uns mit dem Hausbesitzer verscherzt. Da wir die Miete nur teilweise bezahlten, passte er meine Mutter ab und jammerte ihr die Ohren voll, er müsse irgendwelche Raten bezahlen und so ginge es nicht weiter, das hätte Folgen, er warne sie, sonst wisse er nicht mehr, was er tue. Rudi kam aufgeregt in den ersten Stock gestürmt und rief: »Goddi, hilf mir! Dieser primitive Grobian belästigt mich. Ich trau' mich gar nicht an diesem Mann vorbei. Und jetzt steigt er mir auch noch nach! Gleich ist er hier!«
Mir war klar, jetzt bin ich als ganzer Mann gefordert. Ich hatte genügend Filme gesehen, um zu wissen, was zu tun ist. Mein Trommelrevolver lag unter dem blauen Kopfteil der Matratze. Ich überprüfte die Gaspatronen in der Trommel und riss dann die Tür auf. Ich stoppte ihn auf den ersten drei Stufen.
»Stehenbleiben!« rief ich nervös von oben und richtete den Revolver auf ihn. »Sie rühren meine Mutter nicht an!«
Er blieb stehen und schaute fassungslos zu mir hoch.
»Ich ... ich warne Sie!« fing ich an zu stottern und spannte den Hahn. Die Trommel drehte sich. Er wurde blass und starrte mit entsetzten Augen in die Mündung.
»Junge, bleib ganz ruhig!« Seine Stimme war heiser. »Mach dich nicht unglücklich!«
Ich konnte sehen, wie ihm die Knie weich wurden und er sich am Treppengeländer stützen musste. Ich war erstaunt, was dieses Ding in meiner Hand für eine Wirkung auf einen Erwachsenen hat. Ich wurde selbstsicher, gleichzeitig war ich erschrocken und wusste nicht, wie ich die Situation zu Ende bringen sollte. Er rührte sich nicht und schielte immer noch in die Mündung. Schweiß trat ihm auf die Stirn.
»Und jetzt verschwinde! Aber schnell!« fand ich die Sprache aus den Krimis wieder.
Er starrte mich immer noch gelähmt an.

»Haste nich jehört, oder soll ick dir Beene machen«, verfiel ich in meinen Heimatdialekt.
Er hatte plötzlich einen hochroten Kopf und atmete schwer. Langsam bewegte er sich rückwärts durch die Eingangstür, stolperte, rappelte sich wieder hoch und war verschwunden. Erleichtert ging ich wieder ins Zimmer.
»Ist er weg?« fragte Rudi, die hinter der Tür gewartet hatte.
»Der belästigt dich nicht mehr«, sagte ich erwachsen.
Rudi ging auf den Boden und krabbelte ans Fenster.
»Die Schubkarre ist umgekippt.«
»Ja, er hat es eilig gehabt.«
Sie lachte befreit.
»Ich bin stolz auf dich. Du bist ja ein richtiger Beschützer.«
»Na klar«, sagte ich und wollte den Revolver wieder unter den Kopfkeil verstauen.
Der Knall war nicht sehr laut. Ein Schuss hatte sich gelöst, und der Raum war voller beißendem Tränengas. Wir heulten lachend.
»Das ist ja nicht auszuhalten! Mach die Fenster auf!«
Wir flüchteten hustend, mit tränenden Augen auf den Flur. Unser Kichern wurde abrupt beendet durch zwei Polizeibeamte, die ins Haus stürmten, ihre Pistolen im Anschlag. Ein echter Krimi.
Wir brauchten eine Stunde, um die Situation zu erklären. Wie ich in Notwehr meine Mutter mit ihrem eigenen Revolver verteidigen musste gegen diesen zudringlichen Mann, der ihr auflauerte. Nach einigen Ermahnungen, so eine Waffe gehöre nicht in die Hände von Kindern, man könne ja sehen, wie schnell so etwas losginge, zogen sie wieder ab. Wir waren die Sensation in der Nachbarschaft. Den Revolver konnten wir behalten. Ich fühlte mich sicherer, wenn ich ihn in meinem Gürtel spürte. Da ich nie um sechs Uhr zu Hause sein musste, lief ich oft allein spätabends durch die Straßen. Leider bin ich da nie irgendwelchen Halbstarken begegnet, die mich provoziert hätten. Also übte ich nur vor dem Spiegel verschiedene Situationen, aus denen ich dann siegreich hervorging.
Die einzig wirkliche Gefahr waren Polizeistreifen, die darauf achteten, dass sich Kinder nach zweiundzwanzig Uhr nicht

allein ohne Begleitung Erwachsener auf der Straße aufhielten. Da ich immer etwas älter aussah, hielt ich mich nicht an dieses damalige Ausgehverbot und streunte in der Stadt herum. Immer wieder zog ich Polizisten an wie die Motten das Licht. Sie haben mich nie durchsucht, sondern nur nach Hause gebracht.

Lange Zeit habe ich nicht begriffen, warum die sofort auf mich zusteuerten und mich auch aus einer Menschenmenge, die um diese Zeit unterwegs war, herausgriffen. Die Lösung war ganz einfach.

Ein normaler Bürger empfindet einen Polizisten als seinen Schutzmann. Er beachtet ihn gar nicht. Wie einen grauen Laternenpfahl, der selbstverständlich für Licht sorgt, wenn es dunkel wird. Er schaut den Laternenpfahl nicht frech an und denkt sich nicht wie ich: An meinem forschen Blick siehst du, dass ich nichts zu verbergen habe. Nein, er bemerkt ihn nur, wenn er ihn braucht. Und ich brauchte ihn nun wirklich nicht, und deshalb bemerkte er mich immer. Das war der Fehler. Polizisten in die Augen zu schauen.

Noch mehr Magenschmerzen bereitete mir die nächste Mathearbeit. Meine Mutter konnte mir nicht schon wieder ein Entschuldigungsschreiben aufsetzen. Die Lehrer glaubten uns nicht mehr, weil ich regelmäßig zu Prüfungen schwer erkrankte. Meine letzte Chance, probeweise das restliche Schuljahr zu überstehen, war vertan. Unabhängig von den vielen Mitschülern, die mich immer wieder abschreiben ließen. Denn an der Tafel versagte ich. Der Weg war richtig, das Ergebnis falsch. Ich wusste, ich schaffte es nicht mehr. Ich verstand nichts. Wie sollte ich auch! Ich hatte jetzt endgültig die Schnauze voll.

»Nimm die Lehrer doch nicht so wichtig«, versuchte Rudi mir Mut zu machen. »Das sind kleine, blöde Beamte mit Pensionsberechtigung, die diesen ganzen Quatsch auswendig gelernt haben und euch quälen, das jetzt auch auswendig zu lernen. In der Schule lernst du nichts Wichtiges fürs Leben. Aber ich kann dir da auch nicht helfen. Da müssen wir durch. Acht Schuljahre sind Pflicht!«

Jetzt war Mathe doch zu etwas gut. Ich fing an zu rechnen. Einmal sitzengeblieben, dann die ganzen Umschulungen, die ver-

schiedenen Schulsysteme. Dann die Aufnahmeprüfung fürs Gymnasium. Da bin ich eine Klasse zu hoch gerutscht. Ich rechnete. Ich wusste, der Weg ist richtig. Hoffentlich war das Ergebnis nicht falsch.
»Wenn du die Schule nicht weitermachen willst, was willst du denn dann machen?« fragte sie mich, und ich merkte, ich tat ihr leid. »So hat das ja keinen Sinn. Da kriegst du bloß ein Magengeschwür oder Krebs. Was würdest du denn am liebsten sein?«
Bloß weit weg von jeder Schule, dachte ich.
»Seemann!« sagte ich. »Erst mal Schiffsjunge.«
Da konnte mich keiner mehr zurückholen, wenn das Schiff nach Australien auslief. Ein Leben wie Jack London, dachte ich. »Zur See und im Sattel«.
Sie schaute mich bewundernd an.
»Wie du willst, Goddi. Es ist dein Leben. Du bist groß genug für so eine Entscheidung.«
Ich merkte, die Idee Seemann weckte in ihr romantische Gefühle.
»Was hältst du davon, wenn wir nach Helgoland fahren zu deinem fünfzehnten Geburtstag, und du schaust dir erst mal das Meer an. Dann weißt du, ob dir das überhaupt gefällt.«
Ich war erlöst. Ich war frei!
Eine tolle Frau, meine Mutter, dachte ich.
»Ich muss morgen nicht in die Schule?« fragte ich noch einmal nach.
» Nein«, sagte sie. »Wir fahren morgen früh los. Und übermorgen zu deinem fünfzehnten Geburtstag bist du auf Helgoland, das verspreche ich dir!«
Sie war wirklich eine tolle Frau, meine Mutter. Unsere jetzige Lebenssituation schrie sowieso wieder nach einem Wechsel.

Wir kauften uns ein kleines Pappköfferchen und fuhren mit der Straßenbahn in den Norden der Stadt bis zur Endstation. Richtung Meer. Dort begann die Autobahn.
Rudi hatte sich die Haare gewaschen, stundenlang gekämmt, das Gesicht abgepudert, die Lippen angemalt und den engen Rock mit den Stöckelschuhen angezogen. Darüber trug sie

einen großen Rollkragenpullover – wie Hemingway –, der ihre Formen etwas verdeckte. Sie sah sehr hübsch aus. Typ junge Künstlerin. Ich trug damals schon echte Levis-Jeans, die sie aus der PX organisiert hatte, und halbhohe Turnschuhe.
Der Rastplatz neben der Autobahn war fast leer. Ein paar Lastwagen standen verloren auf dem großen Platz. Die Fahrer schauten verschlafen auf das junge Pärchen, während sie morgendlich gegen die großen Reifen pinkelten. Rudi stand frohgemut an der Autobahn und hielt den Daumen den paar Autos entgegengestreckt, die vorbeifuhren. Wir waren wieder unterwegs.
Ich saß etwas abseits, von einem Gebüsch verdeckt, auf dem Pappkoffer. Wir hatten den Koffer mit ein paar unwichtigen Büchern gefüllt. Den Rest trugen wir am Leib. Ihren Mantel hatte ich über dem Arm.
Es regnete nicht, aber es war noch kühl so früh am Morgen. Ich zog den Reißverschluss meiner Windjacke hoch und sah einer Eidechse zu, die sich in den ersten Sonnenstrahlen wärmte. Ich hatte nie eine gefangen. Auch diesmal war sie schneller als ich. Vor Schreck verlor sie ihren Schwanz und war zwischen den Steinen verschwunden. Sonst war nichts los auf dem Platz. Die Ameisen interessierten mich nicht mehr. Also betrachtete ich gelangweilt das Plakat hinter mir, auf dem mich ein alter Mann ernst anschaute. Eine Zeichnung, auf der er viel jünger aussah als in den Wochenschauen. Da drunter stand: »Keine Experimente! Konrad Adenauer CSU.«
Ich wurde aufgeschreckt durch das Quietschen der Bremsen eines großen Lastwagens, der neben Rudi hielt. Ich sprang auf, nahm den Koffer und den Mantel und rannte zur Autobahn. Der Fahrer hatte die Beifahrertür geöffnet und beugte sich zu Rudi herunter.
»Ich hab' euch schon die ganze Zeit beobachtet«, grinste er. »Ich hab' noch Platz. Auch für zwei.«
Rudi drehte sich halb ab und tat so, als sei das wartende Ungetüm neben ihr Luft. Ich kam außer Atem bei ihr an. Die Bücher waren doch schwerer, als ich gedacht hatte.
»Was ist jetzt!« rief der Fahrer über den Lärm des laufenden Diesels hinweg. »Wollt ihr jetzt mit? Ich fahr' bis Hannover!«

Rudi drehte ihm den Rücken zu und sagte zu mir: »Dawen nawehmawen wawir nawicht!«
»Wawarawum?« fragte ich erstaunt.
»Dawer fawährt nawach Hawannawovawer.«
»Nein, danke!« sagte sie leicht über die Schulter zu dem Fahrer. »Wir warten hier auf jemanden.«
»Dawer awist zuwu lawangsawam«, sagte sie zu mir.
»Ich bin euch wohl nicht fein genug!« rief der Fahrer und schlug wütend die Tür zu.
Den Rest habe ich nicht verstanden. Er ließ den Motor noch einmal aufröhren, um seine Wut zu zeigen, und fuhr los.
»Dawer awist awabawer sawauawer«, sagte ich, ihm nachblickend.
»Klar ist der sauer«, sagte Rudi und hatte schon wieder das nächste Auto im Visier. »Wir brauchen einen schnellen Pkw, sonst kommen wir nie ans Meer!«
»Stawimmt«, sagte ich und merkte erst jetzt, dass ich immer noch in unserer Geheimsprache redete.
Wir konnten übergangslos in diese Sprache wechseln, wenn uns andere nicht verstehen sollten. Rudi hatte sie aus ihrer Kindheit bis zu mir herübergerettet. Sie hatte sie mir sehr früh beigebracht, aber es dauerte eine lange Zeit, bis ich sie selbstverständlich und schnell sprechen konnte. Sie war ganz einfach: Vor jedem Vokal wird ein AW gesetzt. S(aw)ie w(aw)ar g(aw)anz (aw)einf(aw)ach. Ich konnte diese Sprache schon, bevor ich überhaupt wusste, was ein Vokal ist.
»Vielleicht hätten wir doch lieber den Laster nehmen sollen, als hier rumzustehen und keiner nimmt uns mit.«
»Du oller Pessimist, du wirst sehen, in der nächsten halben Stunde haben wir einen schnellen Pkw!«
»Lieber den Spatz in der Hand als die Taube auf dem Dach«, maulte ich.
»Jetzt setz dich wieder da hinten hin und ruh dich aus. Wir haben einen langen Tag vor uns bis zum Meer.«
»Immer alles oder nichts, und dann ist nichts!« sagte ich, »wie mit dem Rennrad!«
»Um ein Glühwürmchen zu fangen, musst du versuchen, den

Mond zu bekommen!« lachte sie und schaute optimistisch auf das Ende, oder vielmehr den Anfang der Autobahn.
Ich konnte die Sprüche nicht mehr hören und versteckte mich mit unserem Koffer wieder hinter dem Busch. Kaum hatte ich mich auf ihn gesetzt, da sah ich, wie ein Wagen neben Rudi hielt. Er ähnelte einem amerikanischen Straßenkreuzer. Ganz in Rot mit weißen Reifen. Solche Reifen hatte ich bisher nur in Filmen gesehen. Der Fahrer stieg aus. Er war kleiner als Rudi und wippte bei jedem Schritt auf den Zehen, als er hinten um den Wagen herumlief und ihr die Beifahrertür aufhielt. Sie redete ein paar Sätze mit ihm, und dann schauten beide in meine Richtung. Ich kam zögernd mit dem Koffer in der Hand näher.
»Mein Bruder Konrad«, stellte sie mich vor. »Jetzt sei nicht so schüchtern, Konni, der Herr ist so freundlich und nimmt uns ein Stückchen mit.«
Sie lächelte ihn an. Dem Mann war es unangenehm, dass er zu mir langem Lulatsch hochschauen musste.
»Wo wollen Sie denn hin?« fragte er und schaute misstrauisch an mir vorbei, ob hinter dem Busch noch mehr Brüder auftauchen würden. »Ich fahre nach Hamburg.«
»Das ist genau unsere Richtung!« sagte Rudi. »Ich muss dort mein Engagement antreten. Am Schauspielhaus«, setzte sie nach.
»Das hab' ich mir doch gleich gedacht.« Er hob sich auf die Zehenspitzen. »Eine berühmte Künstlerin! Das sieht man doch gleich«, schmeichelte er.
»Sie haben eine gute Menschenkenntnis«, wehrte sie ab und schlug die Augen nieder. »Aber Hamburg muss ich erst noch erobern, um berühmt zu werden.«
»Für jemanden, der so aussieht wie Sie, ist das doch ein leichtes Spiel! Bei Ihrer Ausstrahlung!«
»Glauben Sie?«
Sie klappte schüchtern die Augen nieder.
»Aber selbstverständlich.« Er schien über sich hinauszuwachsen. »So was spürt man!«
»Konnilein, gibst du dem sympathischen Herrn den Koffer mit den Theaterstücken!«

Er übernahm den Koffer ehrfurchtsvoll.
»Und das müssen Sie alles auswendig lernen?« Er wog den Koffer in seinen Händen. »Das ist ja ganz schön schwer.«
Rudi schaute in eine imaginäre Ferne und deklamierte: »Leicht ist schwer und schwer ist leicht. Kein Schicksal wohl dem anderen gleicht.«
Sie konnte aus dem Stand Reime erfinden. Ich fand, sie übertreibe etwas, und räusperte mich warnend. Rudi schaute mich strafend an.
»Eine tiefe Wahrheit«, sagte der Mann, während er den Koffer vorsichtig im Kofferraum verstaute. »Goethe?«
»Shakespeare«, sagte sie. »Dritter Akt, zweiter Aufzug. Die Szene, in der Jeanne d'Arc von ihrem eifersüchtigen Sohn verraten wird.«
Dabei schaute sie mich an. Ich hatte verstanden und hielt den Mund.
»Es ist mir eine Ehre, mit so einer charmanten, gebildeten Persönlichkeit reisen zu dürfen«, versicherte er bewundernd und setzte sich eilig hinter das Lenkrad. Rudi hatte auf dem Beifahrersitz Platz genommen, drehte sich lächelnd zu mir um und sagte leise: »Siehst du? Was hab' ich dir gesagt?«
»Und der Herr Bruder«, unterbrach er sie. »Ist er auch im Kunstgewerbe tätig?«
Er fuhr rasant an. Ich bekam einen ganz heißen Kopf. Mir lief der Schweiß die Achseln hinunter. Hoffentlich erfand sie nicht eine Geschichte über mich, die ich dann nicht weiterführen konnte. Improvisieren war ihre Begabung, nicht meine. Und ich war außerstande zu lügen, wurde sofort rot, fing an zu stottern und hätte sofort gesagt: »Ist ja alles nicht wahr!«
Rudi erwiderte dann meine Vorwürfe: »Das sind keine Lügen, das ist Phantasie. Das macht die Welt bunter. Die hohe Kunst der Konversation.«
Mir fehlte diese Phantasie, also musste sie die Konversation immer alleine bestreiten. Manchmal, wenn sie nicht weiterkam, wandte sie sich an mich: »Sag doch auch mal was!«
Und dann entschuldigend: »Er ist einfach so schüchtern, wissen Sie.«

Dabei strich sie mir die Haare aus der Stirn, was mir noch peinlicher war. Das gab ihr genügend Zeit, das Thema zu wechseln. Diesmal rettete sie mich: »Nein, mein Bruder hat keine künstlerische Ader. Mein Kleiner ist mein großer Beschützer. Er fährt dann weiter hoch ans Meer. Er will dort auf einem Schiff anheuern. Ich bin jetzt schon ganz wehmütig, wenn ich an den Abschied denke.«

Sie schaute mich mit großen, traurigen Augen an, als würden wir uns für immer trennen. Dann wandte sie sich ihm wieder zu.

»Und was machen Sie? Es ist bestimmt spannend, durch das Land zu fahren und verschiedene Menschen kennenzulernen. Sie sehen so welterfahren aus. So interessant!«

Er reckte sich sogar im Sitzen. Mit der flachen Hand strich er sich die wenigen dünnen blonden Haare nach hinten. Und errötete unter seiner blassen Haut.

»Na ja«, begann er stolz. »Ich bin Geschäftsmann in einer nicht ganz unwichtigen Position, wie Sie sehen.« Dabei zeigte er mit einer lässigen Handbewegung auf die hellbeige Innenausstattung des Wagens. »Das ist ein Ford!«

»Ach nein! Ein Ford?« Rudi hing fasziniert an seinen Lippen.

»Ja, das ist der neue Ford 15M!«

Er machte eine Spannungspause und betrachtete die Wirkung seiner Worte. Rudi hatte ihren großen roten Mund leicht geöffnet und hauchte entzückt: »Oh, wirklich?«

»Ford 15M mit Sonderausstattung. Er ist serienmäßig mit Weißwandreifen ausgestattet. Nackt kostet er sechstausenddreihundertfünfundsiebzig Mark«, sagte er anzüglich. »Der Motor hat fünfundfünfzig PS.«

»Soviel?« Rudi schaute ihn bewundernd an.

Es war nicht klar, ob sie den Preis oder die PS meinte. Also drückte er selbstsicher das Gaspedal bis zum Anschlag.

»Und so geschmackvoll und gediegen«, sagte sie. »Knallrot! Meine Lieblingsfarbe.«

Jetzt war es um ihn geschehen. Er schaute sie liebevoll aus seinen blassblauen, fast wimpernlosen Augen an. Dann warf er einen kurzen Seitenblick auf Rudis knapp entblößte Kniescheiben.

»Vorsicht«, sagte Rudi und hielt sich am Handschuhfach fest.
Der Wagen war etwas über den Randstreifen abgedriftet.
»Hoppla«, sagte er verlegen und konzentrierte sich wieder auf die Fahrbahn.
»Sie sind wirklich ein toller Fahrer«, rettete sie ihn. »Ich hätte nicht so bewundernswert reagiert bei einem so schnellen Auto!«
Er sah sie dankbar an. Ich schaute aus dem Fenster, wie die Landschaft vorbeiflog. Das Licht stand schon etwas tiefer, und die aneinandergelehnten Heugarben auf den Stoppelfeldern machten mich immer etwas traurig zu meinem Geburtstag. Noch war es Sommer.
»Das ist noch nicht alles«, fing er jetzt wieder an.
Er drehte an einem Knopf, und plötzlich hörten wir ein schrilles Pfeifen. Dann rauschte es. Er drehte den Knopf weiter.
»Blaupunkt«, sagte er. »Gehört zur Sonderausstattung.«
Dann hörten wir eine Stimme.
Rudi rief, den Nachrichtensprecher übertönend: »Das ist ja phantastisch! Das ist ja ein Radio, und das in einem Auto. Nein, wie interessant!«
»Oder möchten Sie lieber Musik hören?« rief er und drehte mit seiner weißblond behaarten Hand am Knopf.
Er trug einen goldenen Ehering und hatte ganz kurz geschnittene Fingernägel. Der Ohrwurm des Jahres »Cindy, o Cindy, dein Herz muss traurig sein, der Mann, den du geliebt, ließ dich allein«, dröhnte uns in den Ohren. Ich dachte an Janek, der jetzt im Knast saß.
»Wie romantisch! Musik im Auto!« rief Rudi und lehnte ihren Kopf zurück, während sie scheinbar die Melodie des Schlagers mitsummte.
Wenn sie so weitermachte, würde es nicht leicht sein, den wieder loszuwerden, grübelte ich. Langsam tat er mir leid. Auch er würde sich in sie verlieben. Wahrscheinlich dachte er: Mit dieser Frau an seiner Seite könnte er die Welt aus den Angeln heben. Sie würde ihn bewundern, wie er es sich erträumte. Anpassungsfähig, gut aussehend, erotisch. Eine ungewöhnliche Frau zum Vorzeigen und Beneidetwerden. Ihm zuliebe

würde sie flache Absätze tragen und seine Geschäftspartner mit ihrem Charme um den Finger wickeln. Er würde von seinen Reisen freudig nach Hause kommen, sehnlichst erwartet von ihr. Kerzen stünden abends auf dem Tisch. Sie hätte seine Lieblingsspeise gekocht und sich für ihn hübsch gemacht.
Ich hätte ihm diese Illusionen zerstören können. Meine Mutter hat noch nie gekocht. Abends schminkt sie sich mit Margarine ab. Die Lockenwickler im Haar sind aus Zeitungspapier gedreht. Und Kerzen zünden wir nur an, wenn der Strom wieder abgestellt ist. Außerdem verachtet sie normale Männer. Nur Homosexuelle waren für sie eine Herausforderung. Da konnte sie sich flüchtig unglücklich verlieben. Von der Unnahbarkeit schwärmen. Oder nachdem sie gewonnen hatte, zu mir fliehen. Ich solle ihr die Kerle vom Hals halten.
»Dann mach die armen Typen doch nicht in dich verliebt.«
»Ich kann nichts dafür, wenn sie sich verlieben. Ich meine das nicht so!«
»Du lächelst die doch liebevoll an. Klapperst mit den Augen.«
»Ich merk' das nicht«, sagte sie dann hilflos. »Das ist nur meine Schüchternheit.«
Und hatte Tränen in den Augen. Damit hatte sie mich wieder versöhnt. Männer kommen, Männer gehen. Nur Janek blieb bestehen. Alle anderen waren ungefährlich. Der hier mit seinem Protzauto sowieso. Mir knurrte der Magen. Ich hoffte, er würde Rudi und mich zum Essen einladen, wenn er schon die Ehre hatte, mit uns zu reisen. Aber er fuhr die ganze Strecke durch. Auch so einer, der nur schnell von A nach B rast.
Je näher wir Hamburg kamen, desto nervöser wurde er. Immer wieder schaute er verstohlen auf seine Armbanduhr. Es begann zu dämmern. Die Lichter der Stadt waren zu erkennen. Ich kurbelte das Fenster etwas herunter und konnte schon die Seeluft riechen. Bald würde ich zum ersten Mal am Meer sein. Das Männchen setzte uns in einem kleinen Café an einer Ausfallstraße ab. Als er vom Telefon zurückgehüpft kam, trank er noch hastig einen Kaffee. Dann bat er Rudi um ein Autogramm. Sie schrieb mit ihrem Lippenstift »Joana John« auf eine Serviette. Darunter hatte sie ein Herz gemalt. Ich nuckelte

an meiner Sinalco und ging auf die Toilette. Als ich zurückkam, war er schon weg.
Rudi lachte, als ich mich zu ihr setzte, und zeigte mir einen Zwanzigmarkschein. Er hatte sich vielmals entschuldigt, seine Frau warte mit dem Essen auf ihn. Dem ging es wie meinem Freund. Der hätte schon um sechs zu Hause sein müssen. Ich war froh, dass ich von da weg war. Jetzt war es nicht mehr weit zum Meer.
Rudi erzählte mir kichernd, dass sie sich mit dem Männeken verabredet hätte. In einem Monat. Um zweiundzwanzig Uhr dreißig nach der Vorstellung am Bühnenausgang vom Hamburger Schauspielhaus.
»Warum erzählst du dem so 'n Quatsch mit Schauspielerin und solche Lügen.«
»Das sind keine Lügen. Ich wollte schon immer Schauspielerin sein. Schon als Fünfjährige. Ich weiß noch genau den Moment. Damals im Strandbad Wannsee wurden Kinder, die ihre Eltern nicht mehr wiederfinden konnten, zitternd vor Angst auf den hohen Sprungturm gestellt. Mit einem Megaphon wurden ihre Namen dann laut ausgerufen. Ich habe die so beneidet, dass ich mich von meiner Mutter weggeschlichen habe. Die hat das gar nicht gemerkt, weil sie gerade ein Buch gelesen hat. Dann hab' ich mich auch beim Bademeister gemeldet. Ich hatte überhaupt keine Angst da oben. Ich stand ganz allein auf diesem riesigen Turm. Die Zuschauer waren ganz klein da unten. Mein Name wurde ausgerufen. Und alle schauten zu mir hoch. Das werde ich nie vergessen. Dieses Gefühl ... ach, das verstehst du nicht. Meine Mutter ... deine Oma war ganz geschockt. Sie hat sich geschämt vor den anderen. Dabei bin ich ihr nur ausgebüxt, um auch einmal da oben stehen zu dürfen. Alle anderen waren so unwichtig. Ich hätte fliegen können vor Glück!«
»Ich denke, du willst Schriftstellerin werden?«
»Beides! Schriftstellerin und Schauspielerin. Ich weiß in meinem tiefsten Innersten, das ist meine Berufung! Alles, was man im Leben erreichen will, erreicht man. Man muss es nur aus tiefstem Herzen wollen. Und wenn du Seemann werden willst, wirst du Seemann!«

»Und warum bist du dann keine Schauspielerin?« fragte ich schnöde.
»Mich hat noch niemand entdeckt«, sagte sie, während sie in einen kleinen Handspiegel schaute, die Lippen nachzog und dann mit Spucke die langen Wimpern hochbog.
»Außerdem bist du ja noch da. Ich muss jeden Tag Geld auftreiben, damit wir nicht verhungern. Und du bist mir wichtiger als meine Karriere.«
Wir standen auf der schlecht beleuchteten Ausfallstraße vor dem Café, das schon geschlossen hatte, und warteten auf ein Auto, das uns zum Meer bringen sollte.
»Trotzdem hättest du dich nicht mit dem verabreden müssen«, sagte ich streng.
»Glaubst du, der hätte uns so viel Geld geborgt, wenn er mich nie wiedersieht? Damit kommen wir bis nach Helgoland.«
Sie hatte, wie immer, recht.
»Können wir davon nicht was zu essen kaufen?«
Mir war ganz schlecht vor Hunger, und ich war müde. Es sah nicht so aus, als ob sich noch ein Auto in diese Gegend verirren würde.
»Wenn man etwas wirklich will, klappt es auch«, sagte sie selbstbewusst. »Du wirst ein tolles Abendessen haben, und an deinem fünfzehnten Geburtstag wirst du auf Helgoland sein, das verspreche ich dir!«
Tatsächlich hörten wir aus der Dunkelheit das Tuckern eines Motors. Es klang mehr nach einer Vespa, oder vielleicht war es doch ein DKW-Zweitakter, wenn wir Glück hatten. Ein Dreiradauto hielt. Auf der Ladefläche waren Kartoffeln geladen. Um diese Zeit konnten wir nicht mehr wählerisch sein. Rudi zwängte sich neben den Fahrer. Für mich war nur noch auf der kleinen Ladefläche Platz. Jetzt musste sie alleine klarkommen. Ich saß draußen mit dem Rücken zum Fahrraum. Unseren Koffer hatte ich zwischen die Knie geklemmt. Ab und zu lugte ich durch das winzige Rückfenster nach vorn. Rudi unterhielt sich angeregt.
Der Fahrtwind zerzauste meine Haare. Das Meer war nicht mehr weit. Je länger wir fuhren, desto mehr meinte ich schon das Salz auf meinen Lippen zu schmecken. Vielleicht waren es

auch die ersten Regentropfen, die mir ins Gesicht klatschten. Ich zog Rudis Mantel über den Kopf. Dass Abenteuer immer so ungemütlich sein mussten!

Ich starrte auf die Kartoffeln, die vor Nässe glänzten. Jetzt hätte ich doch gerne eine normale Mutter gehabt, meinetwegen auch mit Dutt. Die hätte mich Punkt sechs in die heiße Wanne gesteckt. Und danach hätte es Bratkartoffeln mit Spiegelei gegeben. Wie bei meiner Oma. Aber das war schon so lange her. Ich wollte jetzt nicht mehr daran denken. Jetzt ist jetzt.

Der Regen hatte nachgelassen. Die Kartoffeln und ich wurden über holprige Straßen geschaukelt. Die Lampen hingen in der Mitte der Straße und warfen große Lichtkreise. Das Kopfsteinpflaster schimmerte schwarz. Wir wurden langsamer. Dann hielten wir vor einem Haus, das mit Stroh gedeckt war. Über dem Eingang hing ein Schild: »Pension Meerblick«. Wir waren da.

Aber es war schon zu dunkel, um etwas zu sehen. Ich meinte die Brandung zu hören. Aber es war nur das Regenwasser, das den Rinnstein entlangrauschte und dann im Gulli gurgelnd verschwand. Meine Beine waren ganz steif, als ich von der Laderampe stieg.

»Ist das nicht eine herrliche Luft? Du Ärmster bist ja ganz verfroren!«

Rudi sah mich besorgt an. Meine Zähne klapperten.

»Rin in die Kartoffeln, raus aus die Kartoffeln«, versuchte sie mich aufzumuntern.

Der Fahrer trug eine Schirmmütze wie früher die deutschen Landser. Er klingelte an der Haustür. Eine runde, gemütliche Frau mit einer blauen, weißgepunkteten Kittelschürze öffnete. Warmes, freundliches Licht schien aus dem Eingang auf die Straße. Der Mann redete mit der Frau in einem Dialekt, den ich nicht verstand.

»Der Mann war so freundlich, uns Ihre Pension zu empfehlen«, sagte Rudi und nahm mir den Koffer aus meinen klammen Fingern. »Sie sind ein Engel«, sagte sie zu dem Mann. »Ich weiß gar nicht, wie ich Ihnen danken soll.«

Der Mann tippte wortkarg an seine Schirmmütze und setzte sich in sein Gefährt. Die runde Frau war mir sympathisch. Sie erinnerte mich an die Oma.

»Jetzt kommen Sie rasch in die gute Stube«, sagte sie in reinem Hochdeutsch. Nur das »st« klang etwas spitz.
Das Dreirad tuckerte hinter uns davon. Rudi winkte ihm noch nach. Dann waren wir endlich im Warmen. Die runde Frau wurde meiner Oma immer ähnlicher. Sie trug ein ganz feines Haarnetz über ihren grauen Haaren, die hinten zu einem Dutt gebunden waren.
»Ihr seid bestimmt ganz hungrig«, sagte sie, und Lachfältchen zeigten sich um ihre Augen. »Ich kann leider nur noch ein paar Bratkartoffeln machen mit Speck und vielleicht ein Spiegelei, wenn euch das recht ist?«
»Au ja!« sagte ich, und mir wurde ganz warm im Bauch.

Am nächsten Morgen habe ich die nette Frau nicht mehr gesehen. Wir waren früh aufgestanden. Ich hatte noch das Klappbett ordentlich zusammengelegt, das sie mir für mich ins Zimmer gestellt hatte. Dann versuchte ich, aus dem ebenerdigen Fenster das Meer zu sehen. Aber da war kein Meerblick, nur andere Häuser, mit dunklem Stroh gedeckt. Ich lauschte an der Tür.
»Das ist ja ein richtiger Langschläfer, Ihr Neffe«, hörte ich.
»Ja, er soll sich mal ausschlafen. Ich geh' solange ein bisschen frische Luft schnappen«, hörte ich Rudi fröhlich. »Wo ist denn hier das Meer?«
»Nur ein Stück die Straße runter. Beim Kaisers Kaffeegeschäft gleich rechts. Da sehen Sie es. Wegen der vielen Urlauber haben die uns den Blick zugebaut. Leider«, sagte die Frau entschuldigend. »Das Wirtschaftswunder hat auch Nachteile.«
»Wem sagen Sie das«, hörte ich Rudi.
»Soll ich dem Jungen noch ein Frühstück machen?«
»Nicht nötig«, sagte Rudi. »Bis der aufsteht, ist es Mittag.«
»Also dann eine Woche mit Halbpension?« fragte die Frau.
»Wunderbar!« hörte ich Rudi.
»Und Ihr werter Name?«
»Riedel«, sagte Rudi. »Wie Riegel, nur mit d. Also bis später!«
Dann klappte die Haustür zu. Ich hörte, wie die Frau an die Zimmertür kam und davor stehenblieb. Links neben dem

Waschbecken war ein Handtuch, das ich schnell über die Klinke vor das Schlüsselloch hängte. Ich hielt den Atem an. Wir lauschten. Eine Diele knarrte vor der Tür. Dann entfernten sich die Schritte, und ich hörte, wie eine Pfanne auf einen Eisenherd gestellt wurde. Dann das Poltern von Kohlen, die nachgeschüttet wurden. Der Qualmgeruch zog durch die Ritzen. Die Luft war rein. Rudi stand draußen vor dem Fenster. Ich nahm das Pappköfferchen und öffnete das Fenster.
»Lass den hier«, flüsterte sie. »Das sieht besser aus!«
Ich stellte den blöden Koffer wieder ab und stieg durch das Fenster. Von dem kleinen Vorgarten kamen wir über einen niedrigen Jägerzaun auf die Straße. Am Ende der Straße an der Ecke war das Kaisers Kaffeegeschäft, und dahinter war tatsächlich das Meer. Ich war jetzt nicht mehr vierzehn Jahre alt. Ich war ab heute fünfzehn.
Und da war es. Das Meer. Schmutziggrau mit weißgelben Schaumkronen. Der Horizont war kaum zu erkennen, da er in dem tristen Grau des Himmels verschwand. Das war's. Der Wind von der See blies uns fast weg. Wir stemmten uns dagegen. Die Luft war klebrig und schmeckte wirklich nach Salz.
»Ist das nicht herrlich«, rief Rudi euphorisch. »Ich bin ja so glücklich!«
Ihr Mantel flatterte im Wind. Die Wucht nahm mir fast den Atem. Ich drehte mich mit dem Rücken zum Wind und starrte auf die geduckten Häuser.
»Meinst du, die wartet auf uns?«
»Jetzt schau doch nicht immer zurück! Wir wollen doch nach Helgoland. Und heute ist dein fünfzehnter Geburtstag. Die ganze Zukunft liegt vor dir!« lachte sie.
Ich kniff die Augen zusammen und schielte in die aufgewühlte See. Weit entfernt sah ich ein kleines Fischerboot, das von den Wogen verschlungen wurde. Plötzlich tauchte es wieder auf, balancierte als schwarzer Punkt auf weißem Schaum und war dann endgültig verschwunden.
»Ich liebe das Meer!« schrie Rudi gegen den Sturm. »Jetzt lach doch mal! Freu dich! Heute hat mein Bübchen Geburtstag!« rief sie dem Meer zu.

Sie legte einen Arm um mich und schmetterte: »Wenn die bunten Fahnen wehen, geht die Fahrt wohl übers Meer.«
»Wo fährt denn der Dampfer ab? Wir wollen doch nach Helgoland!« unterbrach ich sie.
Die Anlegestelle war nicht weit entfernt. Wir stolperten mit ein paar anderen Wagemutigen über einen glitschigen Steg, der auf das Schiff führte. Unter uns klatschte das Wasser gegen die Kaimauer. Meine Schuhe wurden nass. Taue zerrten heftig an den Eisenbollern. Ein uniformierter Seemann führte uns in das Innere des Schiffes.
»Am besten bleiben Sie während der Überfahrt sitzen!« warnte er. »Die See ist heute etwas rauh.«
Die Bullaugen waren von der Gischt verschmiert. Blind und undurchsichtig. Durch das ganze Schiff ging ein Zittern. Ich hörte, wie die Schiffssirene ein paarmal dumpf tönte. Dann wurde das Rütteln heftiger und ging in ein leichtes, gleichmäßiges Vibrieren über.
»Jetzt fahren wir mitten auf dem weiten Meer«, sagte Rudi fröhlich. »Freust du dich?«
Ich hielt mich an einem kleinen, runden Tisch fest, der am Boden angeschraubt war. Der ganze Raum schaukelte. Immer wenn die Vorderseite sich nach unten senkte, war ein heftiger Ruck zu spüren. Dann hob sie sich wieder, dafür sauste ich nach unten. Wie auf einer riesigen Wippe. Ich spürte jedes Mal, wie mein Magen nach oben flog. In meiner Vorstellung wurde das gestrige Abendessen zu einem Rühreibrei. Ich klammerte mich an den Tisch und versuchte, an etwas anderes zu denken. Die Luft war stickig und stank nach Diesel. Der Schaffner in Kapitänsuniform schien das gewohnt zu sein. Er stand breitbeinig in der Mitte des Raumes und schlürfte einen Kaffee. Dann sagte er in die Runde blickend: »Meine Herrschaften, bitte denken Sie daran, die unteren Räume nicht zu verunreinigen! Wenn es gar nicht mehr geht, begleitet Sie unser dritter Offizier an Deck!«
Damit verschwand er hinter einer Tür mit Messingknauf.
Rudi sagte: »Bleib hier sitzen. Ich frag' mal den Kapitän, ob du auf dem Schiff anheuern kannst. Das wär' doch was, oder?«

Sie hangelte sich an den Tischchen entlang und flog mit dem nächsten Ruck fast durch die Tür mit dem Messingknauf. Sie hielt sich an der geöffneten Tür fest und lächelte mich zuversichtlich an. Beim nächsten Schlingern knallte die Tür hinter ihr zu.
Ich schloss die Augen. Der Fahrstuhl sauste immer wieder rauf und runter. Ich musste mich ablenken. Mir gegenüber saß ein älteres Ehepaar, das aus einem speckigen Papier eine große Stulle auspackte. Die Frau klappte das Brot auf und zeigte ihrem Mann den Belag. Schmalz, das an der Seite heruntertroff, mit braunen Grieben. Sonst liebte ich eine Stulle mit richtigem, fettem Griebenschmalz. Aber nicht jetzt. Es erinnerte mich an etwas anderes. Ich hielt das saure Zeug in meinem Mund verschlossen, kroch zur Treppe und robbte mich hoch.
Der erste Schwall ergoss sich über die Planken und wurde vom Sturm verteilt. Dann kniete ich neben einem Rettungsring und übergab der wogenden See die Reste meines Magens. Am liebsten wäre ich hinterhergefallen. Erschöpft und apathisch überließ ich mich der Naturgewalt. Aus diesem Zustand gab es keine Rettung. Und wenn ich auf der Insel bin, muss ich wieder zurück durch diese Hölle. Lieber wollte ich sterben. Dabei war ich erst fünfzehn geworden.
Ich hatte im wahrsten Sinne des Wortes die Schnauze voll von der Seefahrt.
Ich bekam kaum noch mit, wie Rudi meinen Kopf hielt und mir ein weißer Seemann nasse, kalte Tücher um den Nacken legte. Der rote Rettungsring mit der weißen Aufschrift »Helgoland« verschwamm vor meinen Augen. Ich versuchte den Matrosen dankbar anzulächeln. Bis ich in meiner Seemannskarriere mich um kotzende Passagiere kümmern dürfte, hätte ich ja erst mal als Küchenjunge in der Kombüse anfangen müssen, fiel mir ein. Mein Magen hob sich wieder.
Die Ankerkette rasselte. Das Licht wechselte. Die Sonne war durchgebrochen. Ich sah Land. Wie eine Fata Morgana, mitten in der Wasserwüste, ragte eine Insel empor. Rot wie eine verwaschene Sandburg aus Lehm. Links davon stand noch ein schmaler Turm. Ganz oben auf der abgeschrägten Platte der Insel bunte winzige Häuser. Ich war gerettet.

Wir wurden in großen Rettungsbooten vom Dampfer abgeholt. Das Wasser wechselte von grau zu grün. Wie lieblich das Meer sein konnte. Die See war sanft und ruhig. Mich würde sie nicht mehr verführen.
»Mach dir nichts draus«, versuchte Rudi mich zu trösten. »Früher war die Seefahrt noch romantisches Abenteuer. Jetzt ist sie ganz spießig. Die verlangen mindestens eine abgeschlossene Lehre, bevor du auf dem Schiff Kartoffeln schälen darfst. Oder einen Schulabschluss, nur um das Deck zu schrubben. Willst du das?«
Ich ekelte mich, als ich an das Deck dachte.
»Na also! Jetzt machen wir uns erst mal einen schönen Tag, und dann sehen wir weiter.«
Die Zukunft war gerettet. Meinem Magen ging es besser. Es würde doch noch ein schöner Tag auf Helgoland werden. Endlich hatte ich wieder festen Boden unter den Füßen! Ich wäre fast hingefallen und musste mich festhalten. Der Boden schwankte. Ich blieb breitbeinig stehen. Die ganze Insel bewegte sich langsam auf und nieder.
»Jetzt hast du einen Gang wie ein richtiger Seemann«, lachte Rudi. »Mein U-Boot-Maat schwankte auch so beim ersten Landgang. Das gibt sich bald.«
Sie schaute mich liebevoll an. Ich wankte unsicher weiter. Die anderen Passagiere begannen schon den Aufstieg zu den bunten Häusern. Rechts an dem schmalen Weg waren einfache Seile gespannt. Ich verschnaufte vor einem Schild mit einem Pfeil.
»Rundgang. Bitte nicht die Wege verlassen. Lebensgefahr!«
Wir kletterten weiter immer dem Seil entlang. Von hier oben sah der weiße Dampfer in dem grünen Wasser wie auf einer Postkarte aus, die Sehnsucht macht nach weiten Reisen in ferne Länder. Meinem Schulfreund würde ich auf jeden Fall noch so eine Abschiedskarte schicken. Und eine an Janek in den Knast nach Hamburg.
Je näher wir den hübschen bunten Häusern kamen, desto genauer konnten wir sehen, dass es hastig angemalte Bretterbuden waren. Davor standen große Schilder.
»Hier billiger! Alkohol. Kaffee. Schokolade. Ein Schlaraffenland für unsere Gäste! Willkommen auf Helgoland.«

Wir setzten uns in ein improvisiertes Café im Freien und blinzelten in die Sonne.
»Früher haben die Engländer diese Insel heftig bombardiert. Aber jetzt ist Helgoland wieder deutsch. Deshalb ist alles noch so neu.«
Rudi schlürfte ihren geliebten Kaffee. Ich hatte schon eine Tafel Schokolade gegessen und trank eine Coca-Cola.
»Das beruhigt den Magen«, sagte sie.
Aber die Mischung machte mich noch durstiger. Die beiden Ansichtskarten von Helgoland hatte ich schon fertig geschrieben. Beide mit demselben Text: »Hallo! Unterwegs auf hoher See! Bericht folgt aus fernen Ländern. Goddi.«
Rudi fiel wieder ein Gassenhauer aus ihrer Jugend ein: »Schreibt die Mutter, schreibt die Mutter, Junge, lass die Welt, ahoi, ahoi, ahoi, schreibt der Bengel, schreibt der Bengel, Mutter, schick mir Geld, ahoi, ahoi, ahoi.«
Sie lachte. Ich unterbrach sie.
»Bestellst du mir noch eine Sinalco? Ich schau' mal, wo ich ein Postamt finde.«
Ich stand auf und sah eine gelbe Baracke, vor der schon eine Schlange stand, um die Lieben daheim mit ihren Ansichtskarten neidisch zu machen. Eigentlich hatten die nichts versäumt. Kaffee und Schokolade gab es auch zu Hause. Und der rote Schotter machte nur die Kleidung und die Schuhe staubig. Aber sonst hätte sich die weite Reise ja nicht gelohnt. Ohne Ansichtskarte.
»Du musst dich entscheiden«, sagte Rudi und kramte in ihrer Manteltasche, die über dem Stuhl hing. »Entweder was zu trinken oder Briefmarken. Beides geht nicht mehr.«
Sie zählte das Geld. Ich hasste Entscheidungen. Dieses Entweder-Oder statt beides. Ich war unentschlossen. Entscheidungen lähmten mich. Sie machte mich richtig wütend. Sie war doch sonst nicht so. Ich hatte einen schalen Geschmack im Mund. Je mehr ich auf die Sinalco verzichten sollte, desto durstiger wurde ich.
»Aber ich habe heute Geburtstag!«
Trotzig ließ ich mich wieder in den Stuhl fallen.
Das saß.

Wenn sie ein schlechtes Gewissen hatte, schaute sie mich immer ganz rehäugig an.
»Man muss nicht konsumieren, um sich zu freuen«, sagte sie vorsichtig. »Schau mal die schönen weißen Wolken am blauen Himmel. Das Meer rauscht. Die Sonne scheint. Andere müssen ihr Leben lang in dunklen Büros hocken oder Kohlen schippen. Und du darfst hier sitzen und dich deines Lebens erfreuen. Hast du die riesigen Möwen gesehen? Wie frei die durch die Luft segeln.«
Das Gekreische ging mir schon die ganze Zeit auf die Nerven.
»Die brauchen auch keine Briefmarken und haben keinen Durst.«
Jetzt war sie waidwund.
»Also gut! Du kriegst die Sinalco, und die Postkarten schicken wir auch ab, das verspreche ich dir!«
»Durst ist schlimmer als Heimweh«, versuchte sie mich zu lokkern.
Na, bitte! Ich musste sie mit ihren eigenen Waffen schlagen. Rudi hatte mir gesagt: »Im Leben gibt es immer Hammer oder Amboss.«
Und ich war der Hammer!
Nachdem ich die Sinalco getrunken hatte, wollte ich noch den Rundgang um die Insel machen. Rudi wollte lieber sitzen bleiben und die Sonne genießen. Also ließ ich ihr die Postkarten da und reihte mich bei den Rundgängern ein. Es war heiß. Es ging bergauf. Wir liefen im Gänsemarsch hinter einem Führer her. Immer dem Seil entlang. Ich konnte den Führer nicht verstehen, da ich der letzte war. Vor mir watschelte ein schwitzender Mann in knielangen Hosen. Er trug schwarze Sandalen und graue Socken. Die kräftigen weißen Waden waren von blauen Krampfadern durchzogen. Auf dem Kopf trug er einen grauen Filzhut. Der Hut war übersät mit bunten Andenkensteckern. An einigen baumelten kleine Plastikweintrauben, Flaschen oder andere Figürchen. Auf jedem Abzeichen stand der Name eines Ortes. Der Mann war weit gereist. Ich entzifferte die einzelnen Namen, während ich hinter ihm herkeuchte. Ich war Stadtmensch, kein Bergsteiger.

Ein Abzeichen gefiel mir besonders gut. Die Insel aus Plastik, und daran hing ein roter Rettungsring, auf dem stand »Helgoland«.
Als wir endlich oben waren, hatten wir eine Verschnaufpause. Der Wind pfiff wieder etwas stärker. Die Menschen riefen: »Ah« und »Oh« und »Schau mal da!«
Dabei war ringsum nur das Meer. Ganz unten der winzige Dampfer. Vor uns, in einigem Abstand, der Turm der Insel. Wie ein abgefeilter Stiftzahn ohne Krone.
Die Möwen standen kreischend in der Luft und ließen sich von den Winden zum Zahn hinübertreiben. Stritten sich dort um die Landeplätze, um dann wieder hoch aufzusteigen. Mir wurde ganz schwindelig, wenn ich ihnen nachschaute, wie sie über uns kreisten. Vielleicht war ich früher mal ein Vogel.

In meinen Träumen konnte ich manchmal fliegen. Das Schwierigste war der Start. Mich vom Boden abzuheben. Meistens hatte ich die Arme ausgebreitet und rannte los. Dann konnte ich die Luft unter meinem Körper spüren, wie sie mich hochhob. Dabei war ich immer unsicher. Manchmal stürzte ich sofort ab. Mit diesem widerlichen Fahrstuhlgefühl im Magen. Der Boden raste auf mich zu. Die Angst vor dem Aufprall. Dann wurde ich wach.
Aber wenn ich nicht abstürzte, sondern anfing zu segeln, mich über die Baumwipfel erhob und mich immer höher schraubte, dann erfüllte mich ein Glücksgefühl, wie ich es noch nie erlebt hatte. So mussten sich die Adler fühlen oder auch die Möwen.
Die anderen glaubten mir nie, dass ich fliegen könne. Aber ich habe es ihnen dann bewiesen. Sie schauten staunend zu mir hoch, bis ich ihren Augen entschwunden war. Dann war ich allein hoch oben mit mir und zog meine Kreise. Je höher ich kam, um so stärker wurde die Mischung aus Angst und Freude. Ich durfte nicht übermütig werden. Mit einer leichten, sehr vorsichtigen Drehung meines Körpers näherte ich mich wieder dem Boden. Das war immer eine gefährliche Phase in Baumwipfelhöhe. Da durfte ich nicht nachlassen in Spannung und

Konzentration. Dann gelang es mir sanft zu landen und mit einigen Schritten den Schwung abzufangen. Ich hatte wieder Boden unter den Füßen wie die anderen.
Später benutzte ich eine andere Technik, wenn sie mir nicht glaubten. In geschlossenen Räumen fehlte der Anlauf, um mich aufzuschwingen. So probierte ich aus dem Stand senkrecht zu starten. Ich breitete die Arme aus und schlug sie ganz langsam, aber kräftig, auf und nieder. Und das klappte!
Das war sehr viel anstrengender als mit Anlauf zu fliegen. Dafür konnte ich, während ich dann waagerecht unter der Zimmerdecke schwebte, die dummen Gesichter der anderen beobachten, die mir ungläubig zusahen.
Diese Technik benutzte ich hauptsächlich in Städten. Da konnte ich dann auch senkrecht außen an den Häuserfassaden emporfliegen und mal von außen in die Wohnung im fünften Stock schauen und beobachten, was die da so machen. Trotzdem war das Gefühl nicht so erhebend wie der waagerechte Flug. Da war ich wirklich in meinem Element.

Der Filzkopf riss mich aus meinen Gedanken.
»Junger Mann, können Se mir mal knipsen? Ick stell' mir vor die Aussicht.«
Auch noch ein Berliner. Die trifft man auch überall in den verschiedensten Verkleidungen, dachte ich. Ich schämte mich für meinen Landsmann. Er übergab mir seinen viereckigen Fotoapparat. Eine »Box«.
»Det kleene Viereck iss der Sucher, da sehn Se mir mit dem Turm.«
Da sah ich ihn winzig vor dem Turm stehen, den er verdeckte.
»Wenn Sie zwei Schritte nach rechts gehen, dann hab' ich Sie beide drauf!« sagte ich in reinem Hochdeutsch, während ich in den Sucher schaute.
Er bewegte sich darin nach links.
»Nein, nach rechts!« rief ich und schirmte den Sucher mit der Hand vor der Sonne ab.
»Ha' ick doch. Biste doof, so lang wie de bist. Det iss doch spie-

jelverkehrt. Wenn de rechts meenst, musste links sagen. Weeßte det nich?«
»Dann nach links«, sagte ich irritiert.
»Nee, nee, Männeken. Haste Pflaumen uff de Ojen. Ick kann doch nich fliejen.«
Das dachte ich mir. Ich schaute hoch. Er stand dicht am Abgrund. Also bewegte ich mich mit der Fotografierbox zwei Schritte nach links. Falsch, ich musste nach rechts.
»Jetzt hab' ich Sie genau neben dem roten Turm vor dem blauen Himmel«, sagte ich erleichtert.
»Det sieht man sowieso nich«, sagte er. »Det Rot wird schwarz, und Blau iss grau bei Schwarzweiß.«
Wozu fotografiert man dann, dachte ich. Wenn alles nicht so ist, wie es ist.
»Det kolorier' ick dann nach«, sagte er. »Aus die Erinnerung.«
Das war wie Rudi. Die sagte immer, man braucht keine Fotos. Du kannst mit dem Herzen fotografieren. Aber wenn sie dann die Erinnerungen erzählte, waren die immer anders, als es wirklich war. Viel bunter.
»Jetzt drück uff'n Knopp!«
Ich drückte auf den Knopf und gab ihm den Kasten zurück.
»Na siehste! Iss doch nich so schwer. Musst nur 'n bissken denken.« Er tippte auf seinen Filzhut. »Aber det lernste noch. Iss noch keen Meester vom Himmel jefallen. Und wat 'n Häkchen werden will, krümmt sich beizeiten, sach ick immer zu meim Sohn, wa?« Er klopfte mir lachend auf die Schulter.
Unsere Gruppe wurde zum Aufbruch gescheucht.
»Meine Herrschaften! Vergessen Sie nicht die Zeit für Ihre Einkäufe einzuplanen. Abfahrt ist Punkt sechzehn Uhr!«
Wir trabten eilig bergab.
Mein Geburtstag ging zu Ende.
Ich war froh, von diesem Felsen wieder runterzukommen. Ausgesetzt auf einer Insel mit diesen Menschen, das war nichts für mich. Lieber wieder unterwegs sein auf den unendlichen Autobahnen.
»Es gibt Bauern und Nomaden«, hatte Rudi gesagt. »Die Nomaden waren zuerst. Viel später wurden die Menschen Bauern und sesshaft. Aber wir sind keine Bauern, die an der

Scholle kleben. Wir sind frei. Heute noch werden Nomaden gezwungen, sesshaft zu werden. Bauern sind spießig, engstirnig und fremdenfeindlich. Nomaden sind tolerant, weltoffen und Freidenker.«
Es klang ein bisschen nach Schwarzweiß-Fotografie. Trotzdem wollte ich lieber Nomade sein. Vielleicht Lastwagenfahrer. Immer unterwegs. Fremde Länder. Was brauchte ich mehr? Ein Bett hätte ich immer dabei. Und Geld gab's noch dazu. Das wäre die Freiheit. Nur für einen Führerschein war ich noch zu jung.
Ich wollte schnell älter werden.

Alle waren an der Anlegestelle versammelt. Jeder hatte eine prall gefüllte Einkaufstüte bei sich. Nur Rudi und ich nicht. Ein zweiter Dampfer lag vor Anker und brachte Nachschub auf die Insel. Aus den riesigen Rettungsbooten stiegen die tütenlosen Neuankömmlinge. Unsere Gruppe hielt ihre vollen Tüten fest vor der Brust und balancierte in die nun leeren Boote.
»Langsam, meine Herrschaften, einer nach dem anderen. Ordnung muss sein! Helgoland ist nicht die Titanic.«
Der Bootsschaffner hatte seine Mütze korrekt aufgesetzt. Alle schienen froh zu sein, von diesem öden Eiland wieder wegzukommen. Seine Achselklappen blitzten in der Sonne. Mir machten Uniformen immer Angst. Dahinter war kein Wesen zu erkennen. Die Mütze wurde wichtiger als der Mensch, der sie trug. Der Mensch war verschwunden. Nur die Funktion war noch da. Die Sprache veränderte sich. Gedanken wurden uniform. Sogar ein Postbote war mir nicht geheuer, geschweige denn ein Polizist.
Rudi ließ sich nicht beeindrucken.
»In jeder Uniform steckt ein Mensch«, behauptete sie.
Der Mensch in Uniform riss die Karten für die Überfahrt ab. Mir graute schon vor der Rückreise. Doch das würde ich überleben. Bloß weg hier. Helgoland war abgehakt. Der uniformierte Mensch half Rudi über den Bootsrand. Das Boot schwankte. Als ich zum Sprung ansetzte, sagte der Mann: »Moment mal!« und hielt mich zurück.

Die Schlange hinter mir, die nachdrängte, kam ins Stocken.
»Junge Frau, dürfte ich Ihre Rückfahrkarte sehen?«
Die Stimme der Uniform klang blechern wie aus einem Lautsprecher.
»Oh«, sagte Rudi, »eine Rückfahrkarte? Die hab' ich gar nicht,« und lächelte.
Die Uniform straffte sich. Die anderen im Boot kicherten.
»Laut Fahrgastbeförderungsbedingungen muss ich Ihnen einen Strafzuschlag berechnen!« sagte er und schaute streng in die feixenden Gesichter. »Haben Sie die Beförderungsbedingungen nicht gelesen?«
Das Kichern verstummte.
»Nein«, sagte Rudi und wandte sich an den Passagier neben ihr. »Haben Sie die gelesen?«
Der Passagier senkte beschämt den Kopf. So viel Aufmerksamkeit auf seine Person war ihm peinlich. Auch die anderen blickten zur Seite. Der Schaffner legte seine ganze Autorität in die Stimme: »Ich muss Sie auffordern, das Boot sofort wieder zu verlassen! Sonst kann ich keine Verantwortung übernehmen.«
»Verantwortung übernehme ich für mich selber«, sagte Rudi fröhlich. »Würden Sie mir Ihre Hand reichen, Herr Kapitän?«
Widerwillig reichte er ihr die Hand und riss sie förmlich zurück auf die Insel. Sie ließ sich gegen seine Brust fallen.
»Danke«, sagte sie freundlich und sah zu ihm auf.
Die Leute hinter mir hatten ihre schweren Tüten abgestellt. Wir sahen den beiden zu.
»Det iss ja 'n Ding, wa?« sagte der Filzkopf, der sich vorgedrängelt hatte und stupste mich an.
Ich nickte vage. Ich hasste ihre Auftritte und tat so, als würde ich sie nicht kennen.
»Ich hab' auch gar kein Geld dabei«, sagte Rudi und schaute schüchtern zu dem Schaffner auf, als hätte sie ihm damit eine Liebeserklärung gemacht.
Der Mann errötete unter seiner Mütze. Er löste sich von ihr und zog sein Jackett in Form. Wir schauten gebannt zu. Dann winkelte er zackig seinen Arm in Augenhöhe und schaute auf seine Armbanduhr.

»Meine Dame, wir kommen in Verzug. Der Transfer zu unserem Mutterschiff hätte schön längst abgeschlossen sein müssen!«
Alle schauten jetzt auch auf ihre Uhren. Auch der Filzkopf. Dabei schüttelte er den Kopf so heftig, dass die Abzeichen an seinem Hut leise klirrten.
»Ich will Sie ja nicht aufhalten«, sagte Rudi. »Nehmen Sie uns einfach bis zum Festland mit, und dort bekommen Sie Ihr Geld.«
»Das ist nicht mein Geld, sondern das Geld unserer Gesellschaft«, sagte er abwehrend, und dann verzögert: »Was meinen Sie denn mit ›uns‹?« Er drehte sich empört um. »Ist hier noch jemand ohne Fahrschein?«
Rudi zog mich aus den Wartenden hervor.
»Nur noch mein Sohn«, sagte sie.
Jetzt wurde mir ganz heiß vor Peinlichkeit. Meine Ohren brannten.
»Det iss aber een Früchtchen«, sagte der Filzkopf.
»Das ist ja der Gipfel!« sagte die Uniform und bekam einen roten Kopf, diesmal vor unterdrückter Wut. »Das können Sie mit mir nicht machen. Was glauben Sie denn, wen Sie vor sich haben? Auf eine Insel fahren und dann keine Rückfahrkarte. Das ist ja …« Ihm fehlten die Worte. »Erpressung«, stieß er hervor. »Was glauben sie denn, wenn das alle machen würden?«
Er schaute entsetzt in die Runde.
»Jenau!« sagte der Filzkopf.
Die noch Wartenden hielten sichtbar ihre Fahrkarten in der Hand und betrachteten uns missbilligend.
»Mit mir nicht!« sagte er noch, und die anderen nickten.
»Geben Sie Ihrem Herzen doch einen Stoß«, versuchte Rudi zu ihm durchzudringen. »Was sollen wir denn jetzt machen?«
»Was weiß ich«, sagte er. »Wenden Sie sich an den Bürgermeister! Auf eine Insel ohne Rückfahrkarte …« zischte er, während er die Fahrkarte abriss, die ihm der Filzkopf eilfertig entgegenstreckte.
»Also wenn det meen Sohn wäre, dem würde ick die langen Hammelbeene langzichn«, sagte er noch drohend zu mir hoch.

»Schnauze, du Filzkopp!« Jetzt wurde ich wütend.
»Komm, lass doch die blöden Kerle«, sagte Rudi und zog mich weg. »Bei der Seefahrt gibt es nur noch Spießer, das hab' ich dir gleich gesagt.«
Die Insel hatte uns wieder. Ich fühlte mich wie auf Alcatraz.

Der Bürgermeister war sehr nett und schwitzte. Die paar Haare, die noch übrig waren, klebten quer über dem runden Schädel. Seine freundlichen Bäckchen waren gerötet. Er war nervös.
»Wie konnte denn das passieren!« sagte er.
Vor Aufregung hatte er leichte Speichelfäden in den Mundwinkeln.
»Auf eine Insel ohne Rückfahrkarte? Das gibt's doch nicht!«
»Doch. Das sehen Sie ja!« sagte Rudi.
»Und was haben Sie sich dabei gedacht?« fragte er und befeuchtete mit der Zunge seine trockenen schmalen Lippen.
»Nichts«, sagte Rudi und lächelte.
Er schluckte und schaute sie fassungslos an.
»Sie wollen sagen, Sie sind wissentlich nur mit einer Hinfahrkarte auf diese Insel gekommen?«
»Ja«, sagte Rudi freundlich. Er bekam große Augen. Seine Lippen wurden ein nach unten gezogener schmaler Strich. Er erinnerte mich an einen Karpfen.
»So geht das aber nicht«, sagte er eisig und schnappte nach Luft. »Umsonst hier Ferien machen.«
»Ich bin Journalistin«, sagte Rudi leichthin. »Freiberuflich. Ich schreibe einen Bericht über ihre wunderschöne Insel. Einen Erfahrungsbericht.«
Jetzt schaute er sie ängstlich an wie eine Bombe, die entschärft werden musste.
»Über die netten Menschen hier. Die außergewöhnlich herzliche Gastfreundschaft auf Ihrer Insel«, fuhr sie fort.
Sein Gesicht wurde ganz rund vor Stolz. Der Fisch war an der Angel.
»Bis auf den kleinen Missklang haben wir nur gute Erfahrungen«, sagte sie zu mir gewandt.

»Ja, sehr schön«, sagte ich und schaute peinlich berührt aus dem Fenster.
Der Dampfer hatte sich schon weit aufs Meer entfernt. Der Bürgermeister rutschte unruhig auf seinem Stuhl, dann beugte er sich über den Schreibtisch.
»Die Schiffahrtsgesellschaft hat mit uns direkt nichts zu tun«, sagte er eilig. »Sie müssen den Mann verstehen. Das sind auch nur kleine Beamte. Ohne Kompetenz!«
»Das dachte ich mir gleich«, sagte Rudi. »Deshalb habe ich mich sofort an Sie gewandt, Herr Oberbürgermeister.«
»Es geht um die Rückfahrkarte«, sagte er und lehnte sich zurück. »Leider können wir für so etwas nicht aufkommen. Wir sind ja keine Botschaft.«
»Das erwarte ich auch nicht«, sagte Rudi. Dann fragte sie mich: »Janek hat doch gesagt, das Geld sei heute da? Per Postanweisung! Janek, das ist mein Mann«, sagte sie entschuldigend.
Ich schaute sie verblüfft an.
»Und?« fragte der Bürgermeister.
»Es ist nicht da«, sagte Rudi und schaute ihn sorgenvoll an.
Der Bürgermeister schaute von ihr zu mir. Ich hob hilflos die Schultern.
»Stimmt«, sagte ich und schluckte.
»Das versteh' ich nicht«, sagte der Bürgermeister nachdenklich.
»Wir auch nicht«, sagten Rudi und ich gleichzeitig.
Wir mussten alle lachen. Das Eis war gebrochen, und die Bombe entschärft.

Der Bürgermeister lud uns zum Abendessen ein. Rudi parlierte über Schriftstellerei. Zitierte Anekdoten aus Goethes Leben, als sei sie dabeigewesen. Sie kannte die Biographien vieler Schriftsteller. Sartre, Hemingway, Gide, Faulkner, Dostojewski, Mann, den Sohn von Thomas und dessen Schwester, Remarque, der eigentlich Kramer hieße, Hamsun. Und es war ihr ein Leichtes, von Courts-Mahler zu Jesus zu wechseln, und von Jesus zur »Gartenlaube«, und von der »Gartenlaube« zum Existentialismus. Dann erzählte sie ihm in Kurzfassung

Hemingways Roman »Der alte Mann und das Meer«, und dass Hemingway von Gertrude Stein beeinflusst worden sei. »A rose is a rose is a rose...«
Jetzt waren sie wieder nützlich, die Bücher aus den Leihbibliotheken, die wir manchmal als Gepäck zurückließen.
Der Bürgermeister war tief beeindruckt, oder eher eingeschüchtert.
Er versuchte ein paarmal, Luft zu holen, um auch etwas zu sagen. Dann verschluckte er sich an den Bildungsbrocken und ließ ihren geballten Monolog widerstandslos über sich ergehen. Ein Bombardement von Halbwissen prasselte auf ihn nieder. Er war froh, uns einen Raum besorgen zu können mit zwei Feldbetten, für die er sich entschuldigte. Die Insel sei noch nicht auf Gäste eingestellt. Alles sei noch im Aufbau.
»Vielleicht müssen Sie das ja nicht erwähnen in Ihrem Bericht über die Insel, das mit den Feldbetten.«
Er gab mir rasch noch ein paar Tafeln Schokolade. Wir sollten uns wie zu Hause fühlen. Und wenn wir etwas bräuchten, er stünde uns jederzeit zu Diensten und wünsche uns eine angenehme Nacht. Wie gesagt, es sei alles noch nicht so perfekt, aber er hoffe, wir würden trotzdem einen guten Eindruck von seiner Insel behalten.
Rudi beruhigte ihn: »Man sehe nur mit dem Herzen gut, das Wesentliche sei für das Auge unsichtbar. Saint-Exupéry, ›Der Kleine Prinz‹!« sagte sie.
Er verabschiedete sich schnell.

Am nächsten Morgen gingen wir zu dem kleinen Postamt. Das Geld war immer noch nicht da. Keine Postanweisung. Auch unter den postlagernden Sendungen kein Brief. Keine Einschreibsendung.
Der Beamte am Schalter war ganz aufgeregt. Der Bürgermeister hätte ihn schon gestern angerufen. Er sei nachts noch einmal losgelaufen und habe alle Sendungen überprüft. Es täte ihm leid, sagte er. Alles sei noch im Aufbau. Es funktioniere hier nicht so wie auf dem Festland. Man könne nur auf den nächsten Dampfer warten. Er sage noch einmal Bescheid. Aber

vor dem nächsten Morgen habe er da keine Hoffnung. Wir waren tief deprimiert. Scheiß-Janek! Lässt uns hier auf der Insel hängen. Ohne Geld.
Der Bürgermeister versuchte uns zu besänftigen. Wir sollten uns eine schöne Zeit machen auf seiner Insel. Für Verköstigung sei gesorgt. Und Gastfreundschaft gehe ihm über alles, wäre seine Devise. Ich wurde wieder mit den köstlichsten verschiedensten Schokoladetafeln beschenkt.
Am dritten Tag hatte ich Verstopfung.
Am vierten Tag glaubte ich selber daran, dass von Janek Geld eintreffen müsste. Es war schon ein Ritual. Unser Gang zum Postamt. Das bedauernde Kopfschütteln des Beamten. Der Bürgermeister, der auch keine Lösung wusste. Wir gehörten schon zur Insel. Die Ladenbesitzer grüßten uns freundlich. Die Einwohner winkten uns zu. Und wir saßen im Café in der Sonne, lästerten über die Fremden, die ihren Rundgang machten und tütenbepackt wieder abgeschoben wurden. Dann war endlich Ruhe, und die Insel gehörte uns.
Das Meer rauschte. Wolken flogen. Sonnenuntergänge glühten. Aber einige Möwen zogen mit den abfahrenden Dampfern mit. Und ich langweilte mich. Schokolade konnte ich auch nicht mehr sehen. Außerdem wollte ich nicht jeden Tag zur Post gehen.
»Dann hätte ich ja gleich zur Post gehen können«, nölte ich. »Der Janek kann uns überhaupt kein Geld schicken, der sitzt doch im Knast. Außerdem weiß er gar nicht, dass wir auf Helgoland sind. Und meine Postkarten hast du auch nicht abgeschickt!«
Jetzt hatte sie wieder das schlechte Gewissen und bekam ihre starken Magenschmerzen. Wie immer, wenn sie nicht mehr weiterwusste. Ich kannte das schon.
»Wie du willst«, sagte sie.
Wir ließen den Bürgermeister kommen. Rudi erklärte ihm verzweifelt, dass irgendwas schiefgelaufen sein müsse. Janek, ihr Mann, ließe sie nie im Stich. Das war eine Lüge. Na gut! Eine Notlüge. Rudi hatte Tränen in den Augen. Vielleicht sei ihrem Mann ja etwas passiert!
Der Bürgermeister reichte ihr sein sauber gebügeltes Taschen-

tuch. Sie wischte sich die Tränen weg und putzte sich dann die Nase.
Vielleicht sei ihr Mann auch schon tot, anders könne sie sich das gar nicht erklären. Er könne sie ja dann auch gar nicht benachrichtigen. Sie dürfe gar nicht daran denken, solche Sorgen mache sie sich.
Der Bürgermeister schaute sie besorgt an. Die Haare quer über seinem Schädel kringelten sich wie kleine Schlangen. Er schwitzte wieder. Er werde sofort dafür sorgen, dass wir mit dem nächsten Dampfer aufs Festland kämen, um den Unglücksfall aufzuklären.
Ich quälte mich, ein besorgtes Gesicht zu machen, indem ich versuchte, mir einen tragischen Tod vorzustellen. Mir fiel nichts ein. Rudi hatte sich wieder gefasst. Sie bedankte sich vielmals für die Freundlichkeit und Hilfe und versprach dem Bürgermeister, sein Taschentuch, das ja nun mit Puder verschmiert sei, gewaschen und gebügelt wieder zurückzuschicken. Dann bat sie ihn noch, seinen Namen zu buchstabieren, damit sie ihn in ihrem Bericht über die Insel lobend erwähnen könne.
Er verhaspelte sich beim Buchstabieren vor Freude. Schrieb seinen Namen noch einmal eigenhändig auf ein extra Blatt Papier. Rudi faltete es wie ein wertvolles Dokument. Sie werde es in Ehren halten. Und sie bedanke sich noch einmal für alles.
Er sagte, das sei doch wirklich nicht nötig, es sei ihm eine Ehre gewesen, eine so gebildete Persönlichkeit auf seiner Insel als Gast beherbergt haben zu dürfen. Um das Taschentuch brauche sie sich keine Gedanken zu machen, er habe noch mehrere. Hauptsache wäre doch, das Unglück sei keines und die Familie könne sich gesund wieder in die Arme schließen. Er wünsche uns noch viel Glück.
»So Gott will«, sagte Rudi.
Dann war er uns los.
»Na bitte! Hast du einen schönen Geburtstag gehabt oder nicht?« sagte sie und lachte mich an.
Ich blickte noch einmal zurück. Über der weißen Heckwelle sah ich die rote Insel immer kleiner werden, bis sie dann hinter dem Horizont versank.

Rudi stand vorn am Bug wie eine Galionsfigur und schaute optimistisch in die Zukunft.

Ich wollte Rudi in Erinnerung behalten, wie ich sie kannte. Plötzlich hatte ich Angst, sie noch ein letztes Mal wiederzusehen. Von Angesicht zu Angesicht. Ich fürchtete mich. Ich zitterte. Mir war kalt.
Sie lag in der Mitte des Raumes wie ein Ausstellungsstück. Ihr dunkelblaues Kostüm war mir so vertraut. Sie rührte sich nicht. Sie lag ganz starr und gerade. Als sei es ihr zu eng und unbequem in dem hellen Holzkasten.
Wir standen scheu am Eingang. Die Tür wurde hinter uns geschlossen. Wir waren allein mit ihr. Plötzlich schien alles eine unwiderrufliche Bedeutung zu bekommen. Jede Regung, jeder Atemzug, jeder Herzschlag, jeder Gedanke angesichts des leblosen Leibes, der da lag und meine Mutter gewesen sein sollte. Staunend stellte ich fest: Sie war gar nicht da!
Ich war erleichtert. Sie hatte nur ihre Hülle dagelassen. Das Kostüm und den Körper.
»Man sieht nur mit dem Herzen gut. Das Wesentliche ist für das Auge unsichtbar«, fiel mir Saint-Exupéry ein. »So ist das Wesentliche einer Kerze nicht das Wachs, das seine Spuren hinterlässt, sondern das Licht.«
Und dieses Licht war in mir. Und es war außer mir und würde um mich sein.
»Bis über den Tod hinaus«, wie sie mir einmal sagte. Jetzt war ich frei von Furcht. Fast fröhlich. Ich betrachtete mir die Hülle. Sie hatten ihr die Haare streng nach hinten gekämmt. Zum ersten Mal sah ich bewusst ihre runde Stirn, die sie immer unter einem Pony versteckt hatte. Der ganze Kopf wirkte kleiner, als ich ihn in Erinnerung hatte. Die Lider über den Augen mit den langen Wimpern, wie ich sie kannte. Der volle Mund jetzt schmal und verschlossen. Unter der stark braungelben Schminke waren noch blaue Flecken an der Unterlippe zu erkennen. Der kleine graue Mann hatte sein Bestes versucht, das Hämatom zu verdecken. Sie hatten ihr die Finger gebrochen, so waren sie, seltsam schief verschränkt, wie zum Gebet gefaltet worden.

Ich hörte Janeks schnaufenden Atem neben mir.
»Hat sie Schmerzen gehabt!« flüsterte er. »Hat auf Lippe gebissen. Wollte nicht schreien! Muss Hölle sein.«
Die Stille war durchbrochen. Janek zog einen Flachmann aus der Tasche und nahm einen kräftigen Schluck.
»Brauchst du auch?« schubste er mich.
Ich schüttelte den Kopf. Janek legte den Kopf nach hinten und trank den Rest der Flasche. Dann atmete er laut stöhnend aus.
»Hat sie nicht verdient. So tott.«
Er hustete kurz. Er war Realist. Ich näherte mich zaghaft dem offenen Sarg. Sie war sehr viel zarter und schmaler als letzte Woche. Da hatten wir noch zusammengesessen bei einem Italiener in Nymphenburg. Sie hatte mir den Schlossteich gezeigt und mich an meine Kinderworte erinnert: »Mutti, ist die Welt schön! So eine schöne Welt hab' ich noch nie gesehen.«
Ich hatte ihr noch Geld aufgedrängt, damit sie das Telefon und die Miete bezahlen konnte.
»Aber nur geborgt!« hatte sie gesagt. »Damit ich nicht wieder umziehen muss.«
Es war ihre erste feste eigene Wohnung.
»Jetzt werde ich sesshaft, bestimmt! Das verspreche ich dir! Du machst dir mehr Sorgen um mich als ich. Kennst mir doch. Mit Gott und mir ist nichts unmöglich!«
Ich war beruhigt. Sie war noch nicht lange in der Wohnung. Sie fühle sich so wohl da, aber sie wolle sie mir erst zeigen, wenn sie die zwei Zimmer etwas hübsch gemacht habe. So trafen wir uns immer vor der Haustür.
Am Abend bevor sie starb, war ich in der Stadt. Brigitte hatte ahnungsvoll gesagt: »Jetzt besuch sie doch mal wieder, sie freut sich bestimmt.«
»Keine Nachricht ist gute Nachricht«, dachte ich. Aber ich wollte lieber ins Kino gehen, statt den ganzen Abend ihren romantischen Schwärmereien zuzuhören. Wie schön diese Gegend um den Pariser Platz und den Ostbahnhof sei.
Sie hatte sich ihre Welt immer schöngesehen. Ich sah mir lieber den Film »Messer im Kopf« an.
Sie hatte mich nicht angerufen, als sie im Sterben lag. Wenn ich nicht ins Kino gegangen wäre, dann hätte, wenn, wäre ....

Es war zu spät. Vorbei.
Jetzt lag sie vor mir in diesem Sarg. Das Kostüm war ihr viel zu groß und warf Falten. Ich dachte an die Obduktion, die sie hinter sich hatte. Sie, die sich nie hatte aufschneiden lassen wollen, auch als es akut gewesen war und sie starke Schmerzen gehabt hatte.
Ich dachte daran, dass Toten, deren Todesursache nicht bekannt ist, bei der Obduktion Teile des Körpers für Studienzwecke entfernt werden. Vorsichtig streckte ich meine Hand aus und strich ihr über den Kopf. Ihr zurückgekämmtes Haar war mit einem Lack eingesprayt worden. Es fühlte sich unecht an. Alles sah unecht aus. Vielleicht war diese Hülle hier innen hohl und leer. Ausgenommen.
Ich küsste flüchtig ihre Stirn. Sie war kalt und fremd. Janek näherte sich schwankend. Er blieb neben dem Sarg stehen und stierte den Leichnam an. Breitbeinig machte er noch einen Schritt auf sie zu. Er atmete schwer. Dann rief er laut fragend: »Ruth?«
Seine Stimme hallte in dem Raum. Er wartete mit offenem Mund auf eine Antwort. Es war Totenstille. Dann rief er: »Ruth! Kochanie! Hörst du mich?«
Er bekam einen bittenden Gesichtsausdruck und streckte die Hand nach ihr aus. »Steh auf! Ich will jetzt, dass du aufstehst! Steh auf! Kurwa jego, mach!!« sagte er wütend.
Dann lächelte er verzerrt: »Mein Leniuch. Steh jetzt auf«, sagte er leicht lallend. Werbend breitete er die Arme aus: »Komm, steh auf! Ich will mit dir tanzen!« Er fing an, eine polnische Melodie zu brummen. »Erinnerst du dich?«
Er wankte an den Sarg, beugte sich schwankend über sie. »Jetzt komm! Tanzen!« Er stützte sich am Sarg ab, dann berührte er sie an der Schulter. »Kochanie! Verzeih mir!« Verzweifelt schrie er: »Jetzt komm schon!«
Bevor er sie herausziehen konnte, packte ich Janek und riss ihn von dem Leichnam weg. Er fiel schwer gegen mich und drehte sich mit mir ein paarmal im Kreis. Ich versuchte, auf den Beinen zu bleiben, um mit ihm nicht über den Sarg zu fallen. In meinen Armen lallte er das Lied, legte seinen Kopf auf meine Schulter und fing an zu brabbeln. Ich schleppte ihn aus dem

Raum. Weg von seinen Erinnerungen. Weg von dem Sarg, in dem diese leblose Hülle lag, von der ich geboren worden war. Wie eine Libelle, die ihre Schale am Schilfrohr zurückgelassen hatte, dachte ich und drehte mich nicht mehr um.
Ich nahm keinen Abschied. Wozu? Ich wusste, ich würde sie wiedersehen. Sie würde mich besuchen in meinen Träumen. Jetzt war ich erwachsen.

Im späten Hochsommer ihres Lebens war sie noch keine vierzig Jahre alt und ich schon über fünfzehn.
Nach meinem missglückten Versuch, Seemann zu werden, und unserer Schiffsfahrt von Helgoland zurück zum Festland, strandeten wir wieder in München. Ich war froh, endlich festen Boden unter den Füßen zu haben. Die Brücken hinter uns hatten wir abgebrochen. Schule und Wohnung in Pasing. Wir zogen gleich in ein kleines Hotel. Mitten in der Stadt. Hotel »Deutsches Theater«. Von der Schwanthalerstraße aus konnte man es durch einen Torbogen erreichen. Hier fühlten wir uns sicher. Es sei leichter, täglich Geld aufzutreiben, um das Hotel zu bezahlen, als die Monatsmiete für ein Zimmer, überredete mich Rudi.
Ich war überzeugt. Wir hatten uns verbessert. Statt wieder bei fremden Leuten zu nächtigen und uns da rumzudrücken, konnte ich in unserem Zimmer bleiben. Und hier bekam ich sogar jeden Morgen ein richtiges Frühstück.
Unser Zimmer war nicht groß und führte zum Hof. Ich blieb so lange als Pfand im Hotel, bis Rudi das Geld für die nächste Übernachtung aufgetrieben hatte. Während der öden Wartezeit erlernte ich das Schachspiel. Der junge Aushilfsportier langweilte sich genauso wie ich. Es gab wenige Gäste, die sich hierher verirrten. Geduldig brachte er mir die Spielzüge bei.
Die restliche Zeit des Tages verbrachte ich in unserem Zimmer am Fenster und beobachtete die Menschen da unten im Hof. Dieser Hof war viel interessanter als der dunkle Hinterhof in der Fendstraße. Hier war was los.
Gegen Abend eilten aufgeputzte Menschen in feinen Roben in die Theateraufführung. Besonders Betuchte ließen sich mit

einer Taxe vorfahren, und einige konnte ich beobachten, die sogar ein eigenes Auto besaßen. Ich kannte niemanden, der so reich war, dass er sich ein Auto leisten konnte. Das kostete ja regelmäßig, Woche für Woche, Monat für Monat Geld und war noch teurer als unser Hotelzimmer.

Wenn die Vorstellung begonnen hatte, wurde es wieder ruhiger in meinem Hof, bis zur Pause. Dann füllten die Zuschauer den Platz, plauderten angeregt miteinander und rauchten Zigaretten. Ich zündete mir auch eine Roth-Händle an und war von meinem Logenplatz am Hotelfenster aus ein faszinierter Zuschauer der Zuschauer.

Ich imaginierte ihre Gespräche, studierte ihre Verhaltensweisen und überlegte, was diese Herrschaften für Berufe haben könnten, die ihnen ermöglichten, ihr Geld im Theater zu verplempern, wo andere Menschen ihnen doch nur was vormachten.

Schon an den erstarrten Gebärden und Grimassen auf den Fotos im Schaukasten vor dem Theater konnte ich erkennen, dass die da drinnen völlig unecht wirkten. Unglaubwürdig. Im Gegenteil zu Rudi. Die wirkte echt und glaubwürdig.

Nur heute schien sie einen schlechten Tag zu haben. Sie war immer noch nicht da. Normalerweise war sie vor der Pause zurück. Meistens kam sie schnellen Schrittes über den Hof und winkte mir zu. Aber ich konnte ihre wippende Pagenfrisur zwischen dem aufgedonnerten Publikum noch immer nicht entdecken.

Ich hatte das Fenster weit geöffnet und meine Kippe auf den Hof geworfen. Die Pause war zu Ende. Ich hörte entfernt das erste schrille Klingeln. Es war ein warmer Spätsommerabend.

Das Publikum strömte langsam zurück, um den Rest der Aufführung zu sehen. Damit war für mich das Schauspiel beendet.

Ich wollte gerade meinen Platz verlassen, als sich ganz langsam wie ein Krokodil ein Auto der Polizei durch die Menge schob. Alarm!

Was wollte es hier? Sich einen der Pinguine schnappen? Doch nicht die Dame mit dem weiß glänzenden Schleierschwanz? Ich zuckte zurück.

Hatten sie Rudi verhaftet? Mir trat der Schweiß auf die Stirn. Vorsichtig lugte ich hinter der Ecke des Fensters hinunter. Bis auf die beiden Beamten war der Streifenwagen leer.
Die aufgetakelte Dame hatte ihr weiß glänzendes langes Abendkleid am Kotflügel des Polizeiwagens am Hinterteil beschmutzt. Ihr schwarz gekleideter Begleiter versuchte mit seinem Einstecktuch und hochrotem Kopf, den schmierigen dunklen Fleck am Popo der Dame, den ich bis hier oben erkennen konnte, zu säubern. Das umstehende Publikum schaute ihnen dezent lächelnd zu.
Der Streifenwagen war stehengeblieben. Die beiden Polizisten stiegen aus. Der eine schien sich zu entschuldigen. Erleichtert zündete ich mir eine Zigarette an und konnte jetzt das weitere Schauspiel genießen. Der Begleiter der Dame zeigte wütend mit seinem Zeigefinger an den Kopf Die Polizisten führten das gestikulierende Paar energisch aus meinem Blickfeld.
Ich beugte mich weit aus dem Fenster. Leider waren sie nicht mehr zu sehen. Zu gerne hätte ich zugeschaut, wie die besseren Herrschaften sich mit den Polizisten anlegten. Grinsend malte ich mir aus, wie die beiden verhaftet und wegen Beamtenbeleidigung in eine Zelle gesperrt wurden. Mit der Polizei ist nicht zu spaßen. Das weiß doch jeder, dass man der Staatsgewalt nicht den Vogel zeigen kann.
Der Portier klopfte dreimal an die Hotelzimmertür. Unser Zeichen. Ich schmiss die Zigarette auf den Hof zu den anderen Kippen und schloss das Fenster. Heute wollte er mir für unser Schachspiel das Damen-Gambit beibringen.
Eine neue Eröffnung, bei der eine Figur geopfert wird. Stattdessen eröffnete er mir in der Tür: »Hier warten zwei Herren auf dich.«
Die Frage der Herren kannte ich schon. Sie verhieß nichts Gutes: »Bist du der Gottfried John?«
Die duzten mich noch, obwohl ich schon über fünfzehn war. Die beiden Polizisten nahmen mich in die Mitte und führten mich ab.
Sie hatten mich geschnappt. Jetzt ging es wieder heim. Meine dreijährige Flucht aus Berlin war zu Ende.

Der Hof hatte sich geleert. Die Zuschauer amüsierten sich drinnen im Theater und verpassten die wirklichen Dramen hier draußen. Bis auf das Paar von vorhin. Das hatte sich eine Taxe bestellt. Der Begleiter öffnete der befleckten Dame den Wagenschlag.
Mir öffnete der Polizist die Tür des Streifenwagens. Das Pärchen schaute voller Abscheu auf mich. Der Begleiter nahm seine Dame höflich am Arm und half ihr sich auf der Rückbank zu plazieren, indem er mit der anderen Hand ihren Tüll hochhob. Mein Begleiter nahm mich auch am Arm, den er leicht nach hinten gedreht hatte, und half mir auf den Rücksitz, indem er mit der anderen Hand meinen Kopf niederdrückte.
Beide Autos fuhren gleichzeitig los. Jedes in die entgegengesetzte Richtung. Ich immerhin mit Blaulicht.
Die Polizisten chauffierten mich quer durch die Stadt. Irgendjemand musste uns verraten haben. War das die Rache meines Vaters? Oder doch der Portier.
Vielleicht hatte Rudi auch den Fehler gemacht und einen Meldezettel ausgefüllt. Wenn sie das gemacht hätte, dann wäre ... egal. Hätte, wenn, wäre. Es war zu spät, darüber zu grübeln. Jetzt war jetzt.
Die Staatsgewalt hatte ihr Mündel wieder und konnte es die nächsten sechs Jahre bevormunden.

Etwas außerhalb, aber noch in der Stadt, hielt der Streifenwagen. Hinter einer roten Mauer befand sich ein großer Autohof für Lastwagen. Ein einziges Haus stand auf diesem Hof, das wohl im Krieg verschont geblieben war. Es war dreistöckig. Nur im dritten Stock waren die Fenster vergittert. Zu hoch, um zu springen. Aber auf der Mauer war kein Stacheldraht, und die Einfahrt hatte kein Tor. Die beiden Polizisten waren sehr achtsam und hatten mich in die Mitte genommen.
Zu gefährlich, um etwas zu versuchen. Ich konnte ihre Dienstpistolen sehen. Der eine musste Linkshänder sein.
Offensichtlich wurde ich schon erwartet. Ein jüngerer Mann öffnete uns die Tür. Im Halbdunkel der Flurbeleuchtung konnte ich sein Gesicht kaum erkennen, aber ich sah, dass er kräftig

gebaut war. Auf seinem muskulösen Unterarm war ein Anker tätowiert. Und das mitten in Bayern!
Die beiden Beamten grüßten zackig und verabschiedeten sich. Ich wurde sofort in den dritten Stock gebracht. Der junge Schrank blieb dicht hinter mir, als wir die dunkle Treppe hochstiegen. Bestimmt nicht aus Höflichkeit.
Wir bleiben vor einer Tür stehen, die außen vergittert war. Nach einem Klopfzeichen öffnete sich eine kleine Klappe in der Tür. Ein schmales Gesicht mit hellbrauner Hornbrille beäugte uns. Dann hörten wir, wie mehrmals ein Schlüssel herumgedreht wurde. Die Tür öffnete sich. Dann wurde das Gitter davor aufgeschlossen. Ohne ein Wort zu sagen, nahm mich der schmale hagere Mann in Empfang. Die Türen hinter mir wurden dreimal abgeschlossen. Dann wurde noch eine Eisenstange quer davorgehängt und mit einem Vorhängeschloss gesichert. Flucht konnte ich vergessen.
Wir standen in einem kleinen Flur. Bei der nächsten Tür steckte der Schlüssel von außen. Wir kamen in einen größeren Raum. Hier befanden sich die drei vergitterten Fenster, die ich von unten gesehen hatte. In der Mitte stand ein großer runder Tisch. Einige Plastikstühle waren aufeinandergeschichtet, wie man es sonst in Cafés sieht. Der Hagere und ich waren die Einzigen im Raum. Rechts und links an der Stirnseite war noch je eine Tür. Eine schwarze Blechlampe schaukelte an der Decke. Die Fenster waren geöffnet, und ein warmer Abendwind ließ den Spätsommer da draußen in der Freiheit erahnen.
»Bei dem Gestank hier muss man immer lüften!« sagte der Hagere mit einer merkwürdig hohen Stimme.
Mir fiel auf, dass er beim Reden nervös mit den Augen zwinkerte.
Ich war vor dem Fenster stehen geblieben und sah, dass die Gitterstäbe nicht mit Stacheldraht umwickelt waren.
»Es ist völlig sinnlos, an Flucht zu denken. Also finde dich damit ab, dass man dich geschnappt hat.«
Ertappt hatte ich mich zu ihm umgedreht.
Bevor ich ihn fragen konnte, sagte er: »Du brauchst mich überhaupt nichts zu fragen. Ich weiß auch nicht, wie lange du hier bleibst. Ich muss auf deine Akte warten. Und warum du hier

bist, weißt du ja wohl selbst am besten. Alle aufgegriffenen Subjekte werden hier oben im Sicherheitstrakt festgehalten, bis über den Abtransport entschieden wird.«

Er schloss die eine Tür an der Stirnseite auf, die auch mit einem Vorhängeschloss gesichert war.

»Zieh dich jetzt bis auf die Unterhose aus!« sagte er zwinkernd. »Deine Sachen werden hier über Nacht weggesperrt. Zur Zeit sind wir hier nur mit fünf Mann belegt. Die sind schon im Schlaftrakt. Morgen haben wir drei Abgänge. Wenn hier zu viele auf einem Haufen sind, dann ist der Geruch nicht auszuhalten! Wie heißt du noch mal?«

Der Herr mit Brille nannte sich Psychologe, der in dieser Auffangstation mit den aufgegriffenen Subjekten einen Test zu absolvieren hatte, um zu begutachten, welche Charaktereigenschaften diese renitenten, kaum mehr in die Gemeinschaft einzugliedernden Jugendlichen hatten, und ob eventuell noch eine winzige Hoffnung bestünde, dieses junge Strandgut der Gesellschaft einer einfachen Tätigkeit zuzuführen, die eine Zukunft verspräche. Handwerk, zum Beispiel, habe einen goldenen Boden. Etwa Schuster oder Schmied, das werde immer gebraucht. Nicht, dass ich beim Test renitent gewesen wäre, nur konnte ich mit den Aufgaben nichts anfangen.

Eine möblierte Puppenstube wurde vor mich hingestellt. Dann bekam ich mehrere aus Stoff gefertigte, biegsame Figuren, die unter anderem Vater, Mutter und Kind darstellen sollten. Ich hatte noch nie mit Puppen gespielt.

Das war mir nun doch zu albern.

Er verlangte von mir, diese Spielzeugfiguren in die gute Stube zu setzen und ihm die Familienverhältnisse zu beschreiben.

Mir fiel dazu überhaupt nichts ein.

»Ohne soziale Bindungsfähigkeit oder mangelnde Phantasie«, murmelte der Hagere zwinkernd und machte sich Notizen.

Wenn der wüsste, dachte ich und schwieg.

Dann gab er mir einen Haufen verschieden geformter geometrischer Teile aus Holz. Die sollte ich zusammensetzen wie bei einem Puzzle. Da hätte ich ja gleich mit Bauklötzen spielen können! Für mich passten die nicht zusammen. Ich schob sie zur Seite und wartete auf die nächste Aufgabe.

»Logisches Versagen. Handwerklich unfähig«, wurde fistelnd notiert.
Der Lüschertest, wie er ihn nannte, hatte seltsam blasse Farben, die ich alle nicht mochte. Noch weniger konnte ich mit dem nächsten Test anfangen.
Der Herr Psychologe nahm ein weißes Blatt Papier, faltete es, schüttete etwas Tinte in den Knick, presste die Hälften aufeinander und öffnete sie wieder.
Erwartungsvoll fragte er mich, was ich in den Klecksen da auf dem Blatt sähe. Ich solle meiner Phantasie freien Lauf lassen.
Ich sähe Tintenkleckse, die der Herr verschmiert habe, sagte ich zögernd, um ihn nicht noch mehr zu verärgern.
Der Herr nahm stöhnend seine Brille ab und rieb sich die Augen, um das zuckende Zwinkern zu beruhigen. Den Fragebogen füllte ich gar nicht mehr aus. Auch auf so alberne Fragen, wie alt ich sei oder wann und wo geboren, nach Vater und Mutter gab ich keine Antwort.
»Verstockt!« schimpfte der Herr mit Fistelstimme und warf verärgert seine Notizen auf den Tisch.
Jetzt sagte ich gar nichts mehr und schaute auf das vergitterte Fenster. Sollte er doch auf meine Akten warten, da stand genug über mich drin. Wahrscheinlich nichts Gutes. Da konnte der Herr Psychologe sein mühsam erstelltes Gutachten gleich mit dazuheften.
Böse starrte er mich an. Bisher hatte ich mich ganz gut gehalten. Ohne Angst oder Tränen zu zeigen. Aber jetzt war ich jenseits von Gut und Böse.
Der Herr Psychiater unterdrückte seine Wut und zwang sich noch einmal, Kontakt aufzunehmen. Sein Gesicht zu einem Lächeln verzerrt, redete er freundlichst auf mich ein. Ich versuchte zu widersprechen. Seinem Redestrom hilflos ausgeliefert, konnte ich das Chaos in mir nicht mehr ordnen. Wirr rasten die Gedanken durch meinen Kopf. Stotternd verlor ich die Sprache und verstummte. Mein Hirn implodierte. Verständnislos hörte ich die Worte, die da von außen auf mich niederprasselten. Sinnlose Laute.
Ich betrachtete den schmallippigen Mund, der sich schnell öff-

nete und schloss. In den Ecken hatte er Speichelfäden wie feine Spinnweben. Meine Augen wanderten zum Fenster. Aus meinem Gefängnis blickte ich auf die Gitterstäbe.
Es gab keinen Ausweg.
Irgendwo da draußen war Rudi. Ich würde sie nie wiedersehen. Wie sollte sie erfahren, wohin sie mich abtransportiert hatten. Diesmal wahrscheinlich in eine geschlossene Anstalt, um jede Flucht zu verhindern. Erst mit Einundzwanzig wäre ich frei. Würde ich sie dann überhaupt noch wiedererkennen? In sechs Jahren? Eine alte Frau mit Mitte Vierzig.
» ... und das hast du dir alles selbst zuzuschreiben. Ganz nach Aktenlage! Hast du verstanden!« beendete der Psychiater mit schneidender Stimme seine Freundlichkeit.
Das konnte ich wieder verstehen. Trotzdem reagierte ich nicht mehr auf ihn.

Auch zu den anderen Insassen hatte ich keinen Kontakt. Die waren alle älter als ich. Die meisten blieben nur ein oder zwei Tage. Nachdem sie sich durch die Tests gequält hatten in der Hoffnung auf ein positives Ergebnis, wurden sie gleich wieder abtransportiert. Manche sofort in ein Jugendgefängnis, die leichteren Fälle in Heime weit weg über Deutschland verteilt. Je nach Aktenlage.
Im Gegensatz zu den anderen wurde ich hier am längsten zwischengelagert. Schon eine Woche lang. Täglich wartete ich ängstlich in diesem Gebäude im dritten Stock auf den Bescheid aus Berlin, der mein weiteres Schicksal entscheiden sollte. Lieber ein Ende mit Schrecken als das zermürbende Warten.
Durch den ständigen Wechsel in diesem Durchgangslager wussten wir voneinander nicht mal die Namen. Die beiden Stockwerke unter uns beherbergten Lehrlinge.
Manchmal konnte ich ihr Lachen hören, und jeden Morgen schaute ich durch die Gitter hinunter und sah ihnen zu, wie sie unwillig zu ihrer Arbeit gingen. Schon früh waren ihre schmalen Rücken gebeugt. Aber frei. Wie gerne wäre ich jetzt in die Schule gegangen oder meinetwegen auch Schuster geworden. Jetzt war es zu spät.

Wie ein gefangenes Tier, das draußen die freie Wildbahn wittert, tigerte ich an den vergitterten Fenstern entlang auf und ab.

»Jetzt mach mir die Jungs nicht auch noch nervös! Da kann sich ja keiner mehr konzentrieren.«

Der Psychologe legte mir beruhigend die Hand auf die Schulter. Ich hatte kein Wort mehr mit ihm gesprochen.

Die neuen Gefangenen saßen über den Testbögen, verzweifelt bemüht, eine Lösung zu finden. Mit offenem Mund, sich die Köpfe kratzend. Es gab keine Lösung. Nur das wussten die nicht. Es stank wirklich bestialisch in diesem Raum.

Angstschweiß wie Raubtiergeruch.

Mit einer wütenden Drehung befreite ich mich von der freundlichen Hand meines Wärters. Erschrocken zwinkerte er. Meinen Rücken gegen die Gitter am Fenster gepresst, starrte ich ihn an. Noch war ich nicht bissig. Unsicher sagte er: »Jetzt komm, mein Junge, bleib ganz ruhig.«

Ich drehte mich abrupt um und starrte durch die Gitter nach draußen.

»Ich habe eine gute Nachricht für dich«, hörte ich ihn freundlich fisteln. »Morgen kannst du endlich hier weg. Dann kommt deine Akte!«

Seine Worte in meinem Rücken waren wie Nackenschläge. Ich musste mich festhalten. Meine Fäuste umklammerten die Eisenstäbe. Die Nieren taten mir weh. Ich reagierte nicht und versuchte meine Panik zu unterdrücken.

Also heute nacht musste ich fliehen!

Nachdem wir uns ausgezogen hatten und unsere Sachen mit den Schuhen im Nebenraum weggeschlossen waren, gingen wir barfuß in Unterhosen in den kleinen Schlafsaal. Heute nacht waren wir nur zu dritt. Der Rest war abgeholt und zwei Neue eingeliefert worden. Ich betrachtete mir die beiden. Mit denen musste ich es zusammen versuchen. Nur gemeinsam sind wir stark, dachte ich.

Aber was nützt uns unsere geballte Kraft, wenn wir im dritten Stock in einen Schlafsaal gesperrt sind mit Eisengittern vor den Fenstern? Vielleicht hatte einer von denen 'ne Idee. Sie sahen mir allerdings nicht danach aus. Der Größere hatte einen viereckigen Kopf. Über der niedrigen Stirn kurzes Stoppelhaar. Grinsend entblößte er seine fehlenden Schneidezähne.

Als die Tür verriegelt wurde und das Licht ausging und der Raum nur noch von einer Straßenlaterne beleuchtet wurde, furzte er laut. Der Kleinere mit einem harmlosen Mondgesicht rülpste zur Antwort. Beide lachten meckernd. Sie verstanden sich gut. Das war ihre Sprache.

»He, Furzer!« sagte ich und versuchte, Kontakt aufzunehmen.

Diesmal antwortete er mit einem schmetternden Ton, der gurgelnd abbrach.

»Da war Land bei!« versuchte ich den Geräuschen eine Sprache zu geben.

Die Konversation war eröffnet.

»Das geht dich doch 'nen Scheiß an!« nahm er das Gespräch auf. Er war schwer im Stimmbruch. »Im richtigen Knast gibt es wenigstens ein Klo!« kiekste er.

»Angeber!« sagte der Rülpser. »Du warst echt im Bau?«

»Klaro!« kam die Antwort tief männlich.

»Und wie bist du da abgehauen?« versuchte ich auf mein Thema zu kommen.

»Auf Bewährung entlassen«, krächzte er doppeltönig.

»Und wieso bist du jetzt hier?«

Ich hatte mich auf den Bettrand gesetzt und schaute zu ihm rüber auf die andere Seite des Raumes. Der schmale schwarze Schatten der Gitterstäbe, die von der Straßenlatene beleuchtet waren, fiel quer über sein Gesicht.

»Die Oma wollte ums Verrecken die Tasche nicht loslassen!« Er lachte meckernd.

»Da ist die Bewährung futsch!« stellte der Rülpser fest.

»Klaro!« sagte der Stimmbruch und lachte. »Aber drinnen ist es auch nicht schlimmer wie draußen. Da hat alles seine Ordnung, da sind echte Kumpels. 'n Dach überm Kopf, regelmäßig essen, und Freizeit. Kann ich nur empfehlen!«

Ich starrte auf die Schatten der Gitterstäbe an der gegenüberliegenden Wand.

»Und wenn wir vorher die Flatter machen?« Plötzlich hatte ich die Idee, wie es geht.
»Wie denn? Von hier oben? Wir können doch nicht fliegen!« Der Rülpser hob interessiert sein Mondgesicht.
»Wir hauen dem Psycho eins auf die Nuss und nehmen die Schlüssel und Tschüss!« sagte er hoffnungdvoll.
Der Stimmbruch kiekste wütend: »Was bist denn du für ein Arschloch! An dem Gorilla da unten kommst du nie vorbei, und ich bin auf Bewährung!«
»Wetten, dass das geht?« versuchte ich die beiden zu begeistern.
»Wetten, dass nicht?« widersprach mir der künftige Knacki.
»Wir seilen uns einfach ab«, sagte ich aufmunternd.
»Der Typ da unten haut dich zu Mus. Und wie kriegst du die Schlüssel? Wie willst du dich denn da abseilen, du Blödmann!«
»Na, mit dem Laken, du Schwachkopf!« Ich war aufgesprungen und schaute durch die Gitter auf den Hof.
Zwei einsame Laster mit Anhänger standen da unten. Sonst war es ruhig. Niemand war zu sehen.
»Wenn du noch mal Schwachkopf sagst, kriegst du noch ein paar auf die Zwölf.«
Der Furzer war neben mich ans Fenster getreten und schaute zweifelnd nach unten.
»Das ist viel zu hoch!«
»Aber nicht, wenn wir die drei Laken aneinanderknoten!«
Ich boxte ihm begeistert auf den muskulösen Oberarm.
»Und wie willst du durchs Gitter?« Das Mondgesicht drängte sich jetzt zwischen uns und versuchte auch in den Hof zu sehen.
Ich grinste.
»Die biegen wir auf. Mit dem Laken könn' wir die knebeln. Das geht!«
»Quatschkopf!« sagte der Furzer.
»Wetten dass?« sagte ich.
»Ohne mich!« sagte er. »Ich wette nicht. Ich bin auf Bewährung.«
Nachdenklich befühlte er mit der Zunge seine Zahnlücke.
»Jetzt sei kein Frosch!« sagte ich. »Wir können es doch wenigstens versuchen!«

»Nee!« sagte er und sah ganz bleich aus im Licht der Straßenlaterne. »Ich lauf' doch nicht in Unterhosen durch die Stadt.«
»Wir haben doch die Laken!« versuchte ich ihn doch noch zu überzeugen.
»Mach' ich nicht! Fluchtversuch ist strafverschärfend!«
Er ging wieder zurück zu seinem Bett und schüttelte den Kopf.
»Mein Laken kriegst du für so was nicht. Da mach' ich mir nicht die Hände mit schmutzig.«
Damit warf er sich wieder aufs Bett und verschränkte die Arme. Das Mondgesicht lachte.
»Na klar, weil es vollgeschissen ist!«
Ich schaute die Kumpels an. So klappte das nie mit der Flucht. Mit nur zwei Laken. Das war mindestens ein Laken zu kurz. Enttäuscht legte ich mich auch wieder hin. Meine Fluchtpläne musste ich im wahrsten Sinne des Wortes vertagen. Aber morgen war es zu spät. Ab morgen würden sie mich die nächsten sechs Jahre mit solchen Typen zusammensperren, die nicht einmal ahnten, was Freiheit ist. Umzingelt von solchen Neandertalern geh' ich kaputt! Die konnten noch nicht mal von Freiheit träumen! Die machen mich fertig.
Ich ballte die Hand und biss in meine Faust, um nicht vor Verzweiflung zu heulen. Der Schmerz gab mir wieder die Wut zurück. Trotzig sagte ich gegen die Gitterstäbe: »Und in einem Monat bin ich auf dem Eiffelturm in Paris! Da könnt ihr drauf wetten!«
»Klaro! Da kannst du einen drauf lassen!« sagte der eine.
»Topp, die Wette gilt!« sagte der andere. »Ich treff' dich da oben in genau einem Monat. Jetzt ist Freitag, der achte, und in einem Monat ist ... lass mich überlegen ...«
Wahrscheinlich konnte der nicht einmal rechnen.
Ich legte mich zurück und schloss träumend die Augen. Nach einer Weile hörte ich ihn: »Das ist genau Freitag, der Dreizehnte. Da kriegen mich keine zehn Pferde rauf.«
»Aber ich werde dasein!« sagte ich. »Genau am Freitag, den Dreizehnten um dreizehn Uhr.«
»Topp, die Wette gilt!« sagte der eine und rülpste.

»Am Dreizehnten bin ich dabei, ist doch klaro!« sagte der andere und gähnte.
Dieser Tag wird mein Glückstag sein, dachte ich träumend. Nur, um was hatten wir jetzt eigentlich gewettet!

Der nächste Morgen war grau verhangen. Es regnete. Meine nächtlichen Wunschträume waren verflogen. Jetzt hatte ich nur noch Angst.
Schon ganz früh wurden meine beiden Mitinsassen zum Abtransport abgeholt. Ich musste noch bis zum Nachmittag warten. Zwischen den Gitterstäben sah ich ihnen von oben zu, wie sie unten im Hof von Polizisten eskortiert in die Wagen verfrachtet wurden. Sie schauten noch einmal zu mir hoch, reckten den Daumen und winkten grinsend. Ich winkte zurück. Ihre Namen kannte ich nicht. Schade eigentlich. Jetzt war ich wieder allein.
Ich sah auf die nass glänzende rote Mauer da unten und lauschte den Regentropfen, die auf das Blech des Fensterbrettes prasselten. Bei diesem Wetter würden wenige neue Subjekte aufgegriffen werden. Die hatten sich bestimmt alle verkrochen. Und auch Polizisten wurden nicht gerne nass und blieben lieber in ihrer guten Stube. Vor diesem Wetter waren alle gleich. Ich wartete.
Heute nacht würde ich irgendwo anders sein. Weit weg. Ich schaute in den Regen. Eigentlich ging es mir ganz gut. Na klaro! Besser ein Dach überm Kopf und freie Verpflegung und ein paar dufte Kumpels, als hier in der Ungewissheit allein eingesperrt, machte ich mir Mut. Ich war gespannt, wohin die Reise geht. Wer weiß! Je nach Aktenlage!
Vielleicht bekam ich ja doch noch eine Chance und musste Schuster werden. Ich schaute auf meine zerschlissenen Turnschuhe. Dann könnte ich mir selber ein paar solide neue Schuhe machen, mit denen man weit laufen könnte. Und der Geruch von Leder und wohlriechender Schuhwichse war nicht zu verachten. Oder doch lieber Schmied. Dann könnte ich mit einem schweren Hammer immer auf den Amboss kloppen. Das nimmt die Wut, wenn man nicht weiß, wohin damit. Aber da-

für war ich wahrscheinlich zu schwächlich. Dann lieber doch Kraftwagenfahrer.
Ich schaute dem Lastzug da unten im Hof zu, wie er wendete und tiefe Furchen in dem aufgeweichten Boden hinterließ. In der Einfahrt stoppte er noch einmal schnaufend und fuhr laut grollend auf die Straße in die Freiheit. Bloß weg hier, schien er zu brüllen.
Der Hof war jetzt leer. Bleigraue Wasserlachen füllten die Tiefen und Furchen. Von hier oben sahen sie aus wie Seen und Flüsse, über die der Wind den Regen peitschte. Ich hatte meinen Kopf an die Gitter gelehnt und fühlte mich wie ein Vogel im Käfig.
Die helle schneidende Stimme des Psychologen scheuchte mich auf.
»Du sollst runterkommen ins Büro!«
Mein Magen zog sich zusammen.
»Sind die Akten jetzt da?«
Sie holten mich doch früher, als ich gedacht hatte.
»Das wirst du gleich sehen.«
Er rückte an seiner Brille und suchte aus einem großen Bund die verschiedenen Schlüssel heraus für die Tür. Die Querstange polterte laut auf den Boden. Er fluchte hell. Dann sperrte er mit drei Umdrehungen die schwere Tür zum Flur auf. Er ging vor mir die Treppen hinunter. Nicht aus Höflichkeit, wie ich wusste, und blieb im Parterre vor einer Glastür stehen, durch die ich zwischen den geteilten Scheiben in ein Büro blicken konnte. Statt der Polizei kam uns ein runder, weißhaariger Mann entgegen. Er hatte freundliche, helle Augen. In der Hand hielt er ein paar Papiere. Sollte das mein neuer Vormund sein?
»Hier ist er!« sagte der Psychologe und schob mich in den Raum.
Ich gab dem Herrn die Hand und machte einen Diener.
»Brauchen Sie mich noch, Herr Direktor?« fragte der Psychologe zwinkernd.
»Nein, nein, ist schon gut, Herr Doktor«, sagte der Direktor. »Das ist ja ein wohlerzogener Junge. Außerdem bin ich hier unten nicht allein.«
Mit einer Kopfbewegung deutete er zum Flur. Ich drehte mich

um und sah den breiten Rücken des tätowierten Gorillas, der missmutig in der geöffneten Portaltür zum Hof stand und in den jetzt nachlassenden Regen stierte. Einen Arm ins Freie gestreckt, zog er ihn schnell wieder zurück und wischte sich die nasse Hand an seinem mächtigen Hintern trocken.
Der ist wasserscheu, dachte ich, trotz des tätowierten Ankers. Das war wahrscheinlich der Grund, weshalb er hier lieber den Aufpasser machte als die Planken auf wogender See zu schrubben. Auch der ein gescheiterter Seemann.
»Sie können uns ruhig hier alleine lassen. Ich brauche Sie wirklich nicht.«
Damit schob der Direktor meinen Gutachter aus dem Raum und schloss die Tür.
»Nimm doch Platz!« sagte er zu mir und studierte die Papiere in seiner Hand.
»Ist das meine Akte?« fragte ich neugierig.
Seinem Gesicht nach zu urteilen, sah die gar nicht so schlecht aus für mich.
»Nein«, sagte er ohne aufzublicken. »Nur lästiger Papierkram. Aufstellung über die Verköstigung der Lehrlinge«, murmelte er. »Sogar als Direktor muss ich mich um alles selber kümmern!«
Er starrte missmutig auf die Papiere. Das Telefon klingelte. Er hob den Hörer ab.
»Ja? Ich habe Ihren Anruf schon erwartet. Er sitzt hier vor mir, gnädige Frau!«
Damit reichte er mir den Hörer. Zögernd nahm ich ihn in die Hand und deckte die Muschel ab.
»Ist die vom Jugendamt?« fragte ich leise.
Der Direktor nickte.
»Dein neuer Vormund, Frau Doktor Wroblewska.«
Mir blieb fast das Herz stehen.
»Die Frau Doktor konnte leider nicht kommen, deshalb hat sie um ein Gespräch mit dir gebeten. Sozusagen unter vier Augen.« Er lachte kurz auf – »Oder besser: zwei Ohren! Also stell dich gut mit der Dame und sei höflich. Sie ist sehr nett und gebildet, die Frau Doktor.«
»Ja?« fragte ich atemlos in die Muschel.

»Da bist du ja endlich, mein Kleiner!« hörte ich Rudi verzerrt aus dem Hörer. »Antworte nur mit Ja oder Nein. Geht es dir gut?«
»Ja«, sagte ich zögernd und merkte, wie mir die Tränen in die Augen schossen.
»Kannst du mir sagen, wo du bist?«
Der Direktor tat so, als hörte er nicht zu. Ich drehte mich ab und sagte: »Nein, keine Ahnung. Können Sie mir Ihre Telefonnummer geben?«
Der Herr Direktor schob mir einen Zettel und einen Bleistift zu.
»Damit ich Sie erreichen kann. Ich werde gleich abgeholt.«
Der Direktor erhob sich dezent.
»Ich bin immer noch im Hotel«, hörte ich Rudi. »Kannst du da nicht einfach abhauen?« fragte sie, und es klang so, als ob sie ein Weinen unterdrücken würde.
»Nein, das geht nicht!« antwortete ich.
Der Direktor hatte seine Papiere genommen. »Entschuldige, ich will nicht stören«, unterbrach er mich flüsternd.
Ich nahm den Hörer vom Ohr und hielt die Muschel mit der Hand zu.
Dann sagte er leise: »Ich muss mal kurz in den Keller den Proviant überprüfen. Kann ich dich hier alleine lassen? Falls Frau Doktor noch Fragen hat, kannst du mich rufen. Ich bin gleich wieder da.«
Damit ging er auf Zehenspitzen zur Tür und schloss sie leise hinter sich. Durch die Glasscheibe sah ich, wie er auf den Gorilla einredete und mit den Papieren in seiner Hand fuchtelte. Der Gorilla nahm die Papiere in seine Pranken und hob sie dicht vor sein Gesicht. Jetzt erst sah ich, dass er einen dichten schwarzen Vollbart trug. Seine buschigen schwarzen Augenbrauen waren zusammengewachsen. Er sagte etwas und schüttelte heftig seinen schweren Kopf. Der Direktor schien sich zu erregen, wie ich an seinem geröteten Gesicht erkennen konnte. Der Gorilla hatte zuhörend weit seinen Mund geöffnet. Dann hob er seinen rechten Arm hoch und winkte abfällig ab. Der Direktor trat schnell einen kurzen Schritt zurück. Der Gorilla holte Luft und machte dem Direktor mit einer wütenden Geste

ein Zeichen, ihm zu folgen. Beide verschwanden in der Tür zum Keller. Die Eingangstür des Portals war leer. Weit hinten konnte ich die Straße sehen. Ich nahm den Hörer wieder ans Ohr.
»Rudi?«
»Was ist los?« fragte sie hastig. »Bist du allein?«
Ich war allein.
»Bis gleich«, sagte ich und ließ den Hörer fallen.
Ich rannte los. Keine Sekunde zu früh!
Mit einem schnellen Seitenblick sah ich unten an der Kellertreppe den Gorilla, wie er fassungslos zu mir hochglubschte. Das Maul weit geöffnet, stolperte er gleich bei der ersten Stufe und krabbelte mit affenartiger Geschwindigkeit, die Hände mitbenutzend, die Treppe hoch.
Jetzt war ich schon draußen im Freien.
Das Wasser der Pfützen spritzte hoch auf unter meinen weiten Sprüngen. Locker bleiben, raste es in meinem Kopf Wenn du jetzt auf die Schnauze fällst, macht der dich tot.
Hinter mir hörte ich das Platschen seiner schweren Tritte. Seine unartikuliert gurgelnden Laute holten mich ein.
Der Boden war vom Regen voller Matsch und glitschig. Turnschuhe waren doch besser für solche Fälle. Ich rutschte nur zweimal aus und fing mich wieder. Mein Verfolger hatte größere Schwierigkeiten mit seinen Schuhen vom Schuster. Als ich einen schnellen Blick zurückwarf, sah ich ihn rudernd Halt suchen. Ich hoffte, er würde in der Pfütze landen. Aber er fiel nicht. Zu wasserscheu, dachte ich und hatte endlich die Toreinfahrt erreicht.
Die Straße. Rechts oder links?
Der Lastwagen war nach rechts gefahren. Also musste die Stadtmitte in der anderen Richtung sein. Ich rannte nach links. Endlich hatte ich wieder festen Boden unter den Füßen. Die Straße war menschenleer.
Mit einem kurzen Blick über meine Schulter sah ich meinen Bewacher mit solcher Wucht aus der Toreinfahrt gestürmt kommen, dass er erst auf der Fahrbahn die Linkskurve schaffte. Mit rudernden Armen setzte er jetzt zum Spurt an.
Mein Vorsprung war nicht sehr groß.

Ich hatte die Arme angewinkelt und versuchte, einen gleichmäßigen Rhythmus zu bekommen. Ich rannte an der roten Mauer entlang. Die regennasse Straße schien endlos zu sein bis zur nächsten Kreuzung. Bis dahin musste ich ihn abgeschüttelt haben. Mit etwas Glück erwischte ich da einen Bus oder eine Straßenbahn.
Schon hörte ich seinen schnaufenden Atem. Ich hechelte. Scheiß Angst! Mein Atem arbeitete gegen den Rhythmus meiner Beine. Er musste jetzt schon dicht hinter mir sein. Ich konnte den schnellen Rhythmus seiner nassen Absätze auf dem Asphalt hören.
»Gib's auf!« keuchte er.
Ich spürte, wie mich die Kraft verließ. Wie eine Lähmung breitete sich von meinem Gehirn im ganzen Körper der Gedanke aus: Ich gebe auf!
Meine Lungen brannten. Ich hatte Seitenstechen. Meine Füße waren nass und quietschten in den Turnschuhen. Die Nase lief mir, und der Regen auf meinem Gesicht schmeckte salzig. Meine Beine wurden schwer und langsam.
»Bleib stehen!« hörte ich ihn röhren. »Bleib stehen, oder ich mach' dich zu Mus!« krächzte es.
Meinen Kopf halb zur Seite gedreht, sah ich ihn fast neben mir. Ein schwarzer Schatten wie eine Dampflok, schwer keuchend. Den rechten Arm schon weit vorgestreckt. Im Stolpern ergriff er meine linke Schulter und rutschte ab. Ich zuckte zusammen wie ein Tier. Jetzt ließ ich meiner Angst freien Lauf.
Als ich wieder zurückblickte, sah ich ihn weit hinter mir. Aber er gab nicht auf. Stampfend rannte er mir immer noch nach. Ich hatte die Kreuzung erreicht und bog um die Ecke. Die Arme an die Hauswand gestützt, bekam ich kaum noch Luft. Die Beine zitterten. Mein Kopf drohte dröhnend zu zerspringen. Langsam ging ich in die Knie, den Kopf an der Wand. Ich konnte nicht mehr. Hinter mir hörte ich quietschende Bremsen. Mit offenem Mund hustete ich, japste, verschluckte mich und kämpfte gegen den Brechreiz. Langsam bekam ich wieder Luft.
Erschöpft schaute ich über die Schulter zurück. Das war die Rettung.
Ich zog mich an der nassen, grauen Hauswand wieder hoch.

Der Linienbus hatte an der Haltestelle gehalten. Eine Frau war ausgestiegen und eilte mit trippelnden Schritten, eine Zeitung schützend über dem Kopf gegen den Regen, auf den Hauseingang neben mir zu. Ich hätte sie fast umgeworfen, als ich zu der noch offenen Tür des Busses rannte.
»Entschuldigung!« rief ich ihr hinterher, als sie im Hausflur verschwand.
Kurz bevor ich den Bus erreichte, schloss sich die Tür. Ich klopfte panisch gegen die Scheibe. Der Busfahrer sah mich an. Ich verzog mein Gesicht zu einem bittenden Lächeln. Der Busfahrer grinste zurück und fuhr los.
Ich lief noch ein paar Schritte hilflos nebenher. Mitten auf der Kreuzung blieb ich stehen und gab auf. Endstation, dachte ich und sah mit hängenden Armen dem Ungetüm entgegen, das mich verfolgte und immer näher kam.
Der ist einfach kräftiger als ich, dachte ich und wartete auf ihn.
Schweiß troff mir von der Stirn, vermischt mit Regentropfen, die mir den Nacken hinunterrannen. Hier war mein Fluchtversuch zu Ende. Mein Verfolger war langsamer geworden. Ich konnte in seinem schwarzen Bart schon die gebleckten Zähne erkennen. Er hatte jetzt wieder den wiegenden Gang des Seemanns.
Selbstsicher schneuzte er sich mit zwei Fingern und wischte sich die Hand an der Hose ab. Hundert Schritte von mir entfernt blieb er stehen und winkte mich mit seinem kräftigen Arm wütend zu sich.
Widerstandslos mit weichen Knien ging ich ihm Schritt für Schritt entgegen und wäre fast in ein Auto gelaufen.
Der Taxifahrer kurbelte die Scheibe herunter und schrie wütend: »Fast hätt' i's net derbremst, bei dem Reg'n! Beinah' wär'n Sie tot!«
»Ich weiß«, sagte ich, »tut mir leid!« und öffnete schnell die Beifahrertür. »Ich hab' den Bus verpasst!« sagte ich hastig. »Bringen Sie mich sofort ins Hotel ›Deutsches Theater!‹« und schlug die Tür zu.
Durch die verregnete Scheibe sah ich, wie mein Verfolger die Arme anhob und sich wieder in Bewegung setzte. Der Taxifahrer versuchte, den abgewürgten Motor zu starten.

»Das ist aber quer durch die Stadt!« sagte er und drehte wieder den Zündschlüssel.
Ich versuchte, ganz ruhig zu bleiben.
»Ich weiß«, sagte ich, »aber bei dem Regen ...«
Aus den Augenwinkeln sah ich, wie der Gorilla mit geballter Wut auf uns zustürmte. Kurz bevor er die Ecke erreicht hatte, sprang der Wagen an.
»Ich muss wenden«, sagte der Taxifahrer, drehte seinen Kopf nach links und fuhr los.
Rechts sah ich durch die jetzt beschlagene Scheibe die massige Gestalt größer werden. Wir machten einen weiten Bogen auf der Kreuzung und fuhren wieder auf die Straße zu, die mein Fluchtweg gewesen war. Die Scheibenwischer klatschten eilig hin und her.
»Das wird noch ein Wolkenbruch!« sagte der Taxifahrer und wischte die Scheibe klar.
Durch die herunterströmenden Wassermassen sahen wir einen schweren bärtigen Mann halb auf der Fahrbahn stehen, der wild beide Anne hob und winkte.
Der Taxifahrer kniff die Augen zusammen.
»Da steht schon wieder einer mitten auf der Straße!«
Er bremste kurz ab. Als wir vorbeifuhren, spritzte das Pfützenwasser an die Hosenbeine. Ich drehte mich müde lächelnd um.
Den lass' ich im Regen stehen, dachte ich.
Tropfnass stand die dunkle Gestalt auf der Straße und wurde immer kleiner, bis sie nur noch ein Punkt war.
Ich lehnte mich zurück und wischte die beschlagene Scheibe frei. Eine lange, rote Mauer zog an mir vorbei. Dann sah ich da draußen ein einsames, dreistöckiges Haus. Merkwürdigerweise waren die Fenster im obersten Stock vergittert. Auf der gegenüberliegenden Fahrbahn kam ein Polizeifahrzeug. Wir fuhren mit der Taxe in die entgegengesetzte Richtung. Neugierig schaute der Taxifahrer in den Rückspiegel. Ich warf noch einen letzten Blick zurück.
Der Streifenwagen bog in die Toreinfahrt ein und fuhr zu dem einsamen Haus.
»Vielleicht ist da jemand eingebrochen«, sagte mein Fahrer.

Oder ausgebrochen, dachte ich und schaute wieder nach vorne. Jetzt nahmen die meine Spur auf.
Wir kamen bis zum Hotel »Deutsches Theater«, ohne verfolgt zu werden. Als wir durch den Torbogen fuhren, hatte ich die Hand schon am Türgriff. Aber meine Angst war unbegründet. Der Hof war leer. Sie warteten noch nicht auf mich.
Ein Hotelportier, den ich nicht kannte, riss mir den Wagenschlag auf. Ich bat ihn, schnell mal die Taxe zu zahlen.
Eine halbe Stunde später waren Rudi und ich auf der Autobahn.

Wir stiegen in den ersten Wagen, der hielt und uns mitnahm, egal wohin. Erst hinter Karlsruhe dachten wir über die Flucht nach. Weiter nach Norden oder Süden?
Es war früher Nachmittag. Wir sollten den Tag nutzen und so weit wie möglich kommen. So weit wie möglich weg. Bloß, weg wohin? Jetzt waren wir im Westen und hier war auf jeden Fall schon mal das Wetter besser. Die Sonne beleuchtete die aufgestellten Heugarben neben den gelben Weizenfeldern.
Rudi lachte über unsere Unentschlossenheit.
»Norden, Süden, Osten, Westen, zu Hause ist es doch am besten!«
Ich blinzelte in die Sonne.
»Und wo sollen wir unser Zuhause suchen?«
»Wir werden schon was finden«, sagte Rudi.
Wir hatten uns auf einer kleinen Landstraße absetzen lassen neben der Autobahn. Das war sicherer wegen der Polizei.
Ich lag im Gras auf dem Rücken und schaute in den Himmel. Eine Lerche trällerte in schwindelnder Höhe. Das war Freiheit.
»Hier gefällt's mir auch gut. Mitten in der Natur!« sagte ich.
Rudi knabberte an etwas Grünzeug.
»Das ist Sauerampfer. Hast du schon mal probiert?«
Ich schüttelte angewidert den Kopf.
»Hier können wir nicht überleben«, sagte sie kauend. »Wir müssen in eine Stadt.«
»Etwa wieder nach Mannheim?« fragte ich.
»Da waren wir doch schon!«

Nach meinen bisherigen Erfahrungen mochte ich nicht wieder dahin zurück, wo ich früher schon einmal gewesen war.
»Wir müssen emigrieren!« sagte Rudi fröhlich. »Wie die Künstler in der Nazizeit. Die wollte man auch einsperren, nur weil sie anders waren.«
»Und wo sind die dann hin?«
Rudi überlegte.
»Die meisten sind nach Amerika ausgewandert«, sagte sie träumerisch. »Mit dem großen Ozeandampfer übers weite Meer, und als sie die Freiheitsstatue gesehen haben, sind sie in Tränen ausgebrochen vor Freude.«
Harsch unterbrach ich ihre romantische Träumerei.
»Und wie lange dauert so 'ne Überfahrt?«
»Keine Ahnung. Ich glaube, nur vierzehn Tage.«
Ich schaute sie geschockt an.
»So weit?« fragte ich und dachte mit Schrecken an die kurze Überfahrt nach Helgoland.
Rudi war aufgestanden und pflückte Mohnblumen, die rot am Straßenrand leuchteten.
»Viele sind erst mal in die Schweiz geflohen.« Sie hielt sich die Blumen vor das Gesicht. Ihr Mund hatte die gleiche Farbe. »Was hältst du von Zürich? James Joyce hat da gelebt und ... ach, furchtbar viele Künstler. Und die Schweiz ist neutral. Außerdem sprechen die auch deutsch.« Sie hielt mir die Blumen unter die Nase. »Riechen die gut?«
»Nicht besonders«, sagte ich.
»Schade!« sagte sie. »Das habe ich immer vermisst, dass ich von Kind an keinen Geruchssinn habe. Ich dachte, die riechen besonders gut, weil sie so knallrot sind.«
Sie lachte schüchtern. Verschämt betrachtete sie den roten Blumenstrauß und reckte ihn dann wie eine Fahne gen Himmel. Sie lief auf und ab und deklamierte laut: »Da da! Da ...«
Ich schaute nach oben in den leeren blauen Himmel, aber ich konnte den Sinn ihrer Worte nicht erkennen.
»Der Dadaismus wurde auch in Zürich gegründet!« rief sie. »Da Da! Da Da! Da Da!«
Ich war aufgesprungen und hatte mich umgeschaut, ob uns

etwa jemand zusehen würde. Aber wir waren allein auf der Landstraße.

»Mensch, Rudi, hör doch auf mit dem Quatsch, wenn du deine restlichen vier Sinne noch beisammenhast. Von mir aus emigrieren wir nach Zürich, aber lass die Mohnblumen hier! Das ist mir peinlich, damit Autostop zu machen. Dann denken die noch, ich hab' die dir geschenkt.«

»Zürich ist genau richtig für dich! Die Schweizer sollen genau so spießig sein wie du!«

Damit warf sie die Blumen in weitem Bogen auf das Feld.

Sie blieben rot leuchtend an den Weizenhalmen hängen.

Die Autobahn war nicht weit. Wir fuhren nur ein kurzes Stück in Richtung Schweiz. Der Trecker bog gleich wieder ab. Dann standen wir uns endlos die Beine in den Bauch. Jedem Wagen, der ein Schweizer Nummernschild hatte, reckten wir besonders nachdrücklich unsere Daumen entgegen und winkten. Aber ich hatte das Gefühl, die Autos wichen uns aus und gaben schnell Gas.

»Wie weit ist es überhaupt bis zur Grenze?« fragte ich.

»Bis Basel sind es nur zweihundert Kilometer, hab' ich gesehen.«

Rudi nahm ein neues Fahrzeug aufs Korn. Tatsächlich bremste der Wagen ab und rollte auf uns zu. Er hatte ein Schweizer Nummernschild. Einige Meter weiter kam er zum Stehen. Wir rannten erleichtert hinter ihm her. Als wir auf seiner Höhe waren, sah uns der Fahrer wie Aussätzige an, die Mundwinkel verächtlich herabgezogen, tippte sich mit dem Zeigefinger an die Stirn und fuhr rasant wieder los.

Das war wohl ein internationales Zeichen.

»Scheiß Schweizer!« schrie ich ihm drohend hinterher.

»Lass den doch!« sagte Rudi besänftigend. »Die sind nicht alle so!« Sie hielt wieder Ausschau nach dem nächsten Wagen.

»Doch sind die so!« Ich kickte wütend einer Kornblumee den Kopf ab. »Hast du doch selber gesagt! Das sind Scheißspießer, die Schweizer. Ich will da nicht hin!«

Rudi sah mich ratlos an.

»Wir sollten so schnell wie möglich ins Ausland, bis du volljährig bist. In Deutschland fangen sie dich doch wieder ein. Und ich glaube nicht, dass die an der Grenze schon nach dir suchen.«

Ich schaute Rudi ratlos an.
»Hier nimmt uns ja keiner mit von den Spießern.«
Ich schaute auf die gegenüberliegende Seite der Autobahn.
In die andere Richtung fuhren viel mehr Autos. Ein schwarzer Citroen kam vorbei, wie ich ihn schon in vielen französischen Kriminalfilmen gesehen hatte.
Ich konnte das F erkennen.
»Lass uns doch nach Paris fahren!« sagte ich und schaute ihm sehnsüchtig hinterher. »Da bin ich sowieso verabredet.«
»In Paris?« fragte Rudi überrascht.
»Ja, mit 'nem Kumpel auf dem Eiffelturm um eins. Aber erst in einer Woche.«
Rudi klapperte irritiert mit den Augen und sah mich bewundernd an.
»Dann komm! Das schaffen wir doch dicke!«
Wir nahmen uns an der Hand und rannten lachend über die Autobahn auf die andere Seite.
Das Hupen der Spießer bestätigte uns nur.
Am nächsten Morgen waren wir in Paris.

Nachts hatten wir die Grenze passiert. Der deutsche Zollbeamte blätterte in seinem Kabäuschen vermutlich die Fahndungsliste durch. Dann kam er kopfschüttelnd mit dem Pass zum Wagen und bat mich als Einzigen auszusteigen.
Mir wurden die Knie ganz weich. Ich lehnte mich gegen den Wagen. Er musste zu mir hochschauen, als er das Passfoto mit meinem Gesicht verglich.
»Stell dich mal gerade hin!« sagte er barsch.
Ich stellte mich gerade hin.
Er musterte mich von oben bis unten.
»Wie groß bist du?«
»Eins achtzig«, sagte ich und übertrieb etwas.
»Das nächste Mal kommst du so nicht mehr durch!«
Er schaute missbilligend in den Pass.
»Hier steht eins achtundsiebzig im Wachsen! Also lass dich neu vermessen, sonst kriegst du Ärger!«
»Jawoll!« sagte ich erleichtert.

Die nächsten sechs Jahre würde ich hier sowieso nicht mehr zurückkommen. Aber das sagte ich ihm nicht.
Der französische Zollbeamte war viel freundlicher.
Was wir in Frankreich wollten.
»Nach Paris, der Liebe wegen, übers Wochenende, und einmal den Eiffelturm sehen!« sagte Rudi charmant.
»O la la!« sagte er schelmisch. Die Stadt der Liebe ließe hübsche Mädchen nicht so schnell wieder los.
»Honi soit qui mal y pense«, antwortete Rudi.
»O la la«, lachte er amüsiert und knallte uns den Einreisestempel in die Pässe. »Nur drei Monate gültig!« sagte er augenzwinkernd und wünschte uns: »Bon voyage!«
Der ältere Franzose mit Baskenmütze, der uns mitgenommen hatte, war froh, dass wir endlich weiterkonnten. Rudi parlierte mit ihm auf französisch. Der Singsang hielt ihn wach. Mich schläferte er ein. Ich klappte meine Beine auf der Rückbank zusammen und träumte von der Stadt der Liebe. Darauf war ich gespannt. Auf Paris.

Die ganze Stadt war grau im frühen Morgennebel.
Je weiter wir ins Zentrum kamen, desto mehr verzog sich der Nebel. Aber seine graue Farbe schien an den hohen Fassaden der Straßenzüge haftenzubleiben. Ein Haus sah aus wie das andere. Ich war enttäuscht.
Übermüdet stiegen wir auf einer grauen Brücke aus, die über einen grauen Fluss führte. Hinter uns erhob sich eine riesige Kathedrale mit zwei eckigen Türmen. Am Ende der Brücke kamen wir auf einen Platz, der zu einem großen Brunnen führte. Links davon auf der anderen Seite der Straße, die vollgestopft war mit sich drängelnden und hupenden Autos, waren schon einige Cafés geöffnet. Vor den Cafés war eine Metrostation, aus deren Untergrund Menschen aller Hautfarben ans Tageslicht kamen. Weiße, schwarze, gelbe, olivfarbene, hellbraune. Ein Gemisch verschiedenster Rassen schien sich in dieser Stadt zu versammeln. Viele mussten von weit her gekommen sein und hatten auch schon andere Leben gelebt.

In dieser Vielfalt fremdartiger Menschen fühlte ich mich sofort zu Hause. Endlich nicht mehr fremd.
Niemand betrachtete uns neugierig, als seien wir Aussätzige. Wie bunte Fische in heimischen Gewässern ließen wir uns zwischen den anderen Exoten treiben.
Ein neues Leben begann.
Durch einen Torbogen rechts von dem Platz stiegen wir ein paar Stufen hinunter. Am Ende des Gässchens war eine kleine Straße. 6e, Rue Git-le-Cœur, las ich.
Wir schlenderten wieder in Richtung Fluss. Vor einem alten schiefen Haus, das, eingezwängt zwischen den anderen, fast nach vorne zu kippen schien, lasen wir hinter einer verstaubten Schaufensterscheibe das Schild »Chambre à louer«.
Rudi öffnete die in den Angeln quietschende Tür und ging hinein. Ich wartete draußen und beobachtete durch die Scheibe, wie sie mit einer verhutzelten, grauhaarigen älteren Dame sprach, die noch einen ehemals bunten, aber jetzt abgeschabten Morgenmantel trug.
»Komm!« sagte Rudi freudig und zog mich in den schmalen dunklen Hausflur. »Madame Rachou ist so freundlich, uns ein Zimmer in ihrer Pension zu vermieten. Ohne Vorauszahlung!«
Ich schaute Madame Rachou überrascht an. Sie schaute unfreundlich zurück.
»Wenn wir es für einen Monat mieten, ist es billiger! Einverstanden?«
Ich nickte freudig. Hauptsache, ein Dach über dem Kopf und erst mal ausschlafen!
Wir gingen in den Laden, der wohl das Foyer des Hotels war. An einem Kasten mit dreizehn numerierten Schaltern hing neben der letzten Zahl ein Schlüssel. Madame Rachou reichte Rudi den Schlüssel und verschwand brabbelnd hinter einer kleinen Theke in einen Nebenraum.
»Das ist ihr zu hoch in den sechsten Stock. Unser neues Zuhause liegt direkt unter dem Dach.«
Wir stiegen schnaufend die enge, dunkle Treppe hoch. Aber im sechsten Stock gab es kein Zimmer Dreizehn. Dann entdeckte ich noch einen Absatz, der nach ein paar Stufen endete. Rechts

und links führten zwei steile, enge Stiegen zur Nummer Zwölf und Dreizehn.
Die rechte Tür führte in unser neues Heim. Gegenüber an der Nummer Zwölf hing ein Schild: Richard D. Merlin, Photographer.
Wir schlossen die Tür zu Nummer Dreizehn auf.
Ich ließ Rudi vorgehen und quetschte mich durch die schmale Tür, während ich den Kopf einzog. Rudi musste sich sofort auf das wackelige Bett setzen. Sehr viel mehr Platz war hier nicht, durch die drei schrägen Wände, in dem schummrigen Raum. Ich konnte nur dicht bei der Tür an einer einzigen Stelle aufrecht stehen. Rechts über mir war eine kleine verstaubte Dachluke, das einzige Fenster. Ich stieß die verrostete Luke hoch und reckte meinen Kopf nach draußen.
Tauben flatterten erschrocken auf. Ein Meer von Schornsteinen, Rohren und Drähten, so weit das Auge reichte.
Grau und vollgeschissen.
»Ist das nicht romantisch?« rief Rudi überwältigt. »Über den Dächern von Paris!«
Ich zog den Kopf vorsichtig zurück und legte mich erschöpft auf das Bett.
Traumlos schlief ich ein.

Rudi hatte auf der Treppe vor unserem Zimmerchen unseren Nachbarn von gegenüber kennengelernt. Er lud uns bei sich zu einem Tee ein.
Richard D. Merlin war Amerikaner von der Ostküste und tat so, als sei er Engländer. Er lebte seit fünf Jahren in Paris. Die letzten zwei Jahre wohnte er in der Git-le-Cœur bei Madame Rachou. Die meisten Bewohner in diesem Haus waren Dauergäste. Emigranten aus den verschiedensten Ländern, die sich hier in Paris durchs Leben schlugen. Amerikaner, Griechen, Spanier, Engländer.
Richards Dachwohnung war bedeutend größer als unser Raum. Er hatte zwei Zimmer. Ein Raum war sein Atelier, mit Scheinwerfern vor einer weißen Papierwand. Überall lagen Fotos herum oder waren an einer Wäscheleine aufgehängt. Der

zweite Raum war ein einziges Bett. Viel zu groß für diesen kleinen wieseligen Mann.
Richard D. Merlin hieß eigentlich Sam Jenkins. Als er sich entschieden hatte, nur noch Fotograf zu sein, wählte er einen Künstlernamen und ließ sich einen Vollbart wachsen als Ausgleich für seine Glatze, die nur noch ein Haarkranz umrahmte, den er schütter über die Ohren fallen ließ. Die dicken, runden Brillengläser verkleinerten seine Augen und gaben ihm einen listigen Ausdruck. Sein Mund war durch den angegrauten, kräuseligen Bart zugewachsen. Mit seinen zarten kleinen Fingern, die er wie einen Kamm benutzte, versuchte er ununterbrochen, sein Gewölle zu bändigen.
Er war kein schöner Mann. Nicht einmal ein nettes Männchen. Er wirkte eher wie ein unscheinbarer, verschrobener Waldschrat. Aber er schleppte die hübschesten Mädchen durch das Atelier in sein Lotterbett. Jeden zweiten Tag eine andere. Er schien eine Vorliebe für blonde Rucksacktouristinnen aus Skandinavien zu haben.
Jeden Nachmittag hörte ich hinter der Tür von »Richard D. Merlin, Photographer« spitze Schreie und rhythmisches Stöhnen. Er musste sehr emsig sein. Auch geschäftlich.
Er schien die graue Eminenz in dem kleinen Hotel Rachou zu sein. Er kannte alle Bewohner, machte mit jedem kleine Geschäftchen und schaffte Abhängigkeiten, da jeder irgendwann bei ihm verschuldet war. Im Laufe der Zeit lernten wir alle Bewohner unserer internationalen Wohngemeinschaft kennen. Nur einen bekamen wir nie zu Gesicht. Er wohnte im zweiten Stock. Seine Tür war immer verschlossen. Er schien sich nur in seinem Zimmer aufzuhalten. Manchmal verschwanden junge Männer hinter der geheimnisvollen Tür, und wenn ich im Vorbeigehen mal kurz lauschte, waren nur Musikfetzen zu hören.
Es ging das Gerücht im Haus um, der Mann sei auch Amerikaner. Ein Schriftsteller, der an einem ungewöhnlichen Roman arbeite. Ein künftiges Genie, das mit Drogen experimentiere, und die jungen Herren lieferten ihm den Stoff für sein Buch. Niemand wusste, woher wir alle den Titel des Buches kannten. Es sollte heißen: The naked Lunch.

Und nur Richard, der ja eigentlich Sam hieß, wusste den Namen des geheimnisvollen Mannes. William Borroughs, flüsterte er geheimnisvoll und blickte sich schnell um, als hätten die Wände Ohren.
Sam war der Einzige, der manchmal Zugang hatte zu dem genialen Schriftsteller. Aber er erzählte nie etwas über ihn und wechselte sofort das Thema.
Mir war das Geheimnis im zweiten Stock unheimlich. Die jungen Männer, die in diesem Zimmer verschwanden, sah ich nie wieder herauskommen, aber vielleicht schlief ich da auch schon.
Ich stellte mir vor, wie ein Doktor Frankenstein experimentierte, sich mit seinen Drogen von einem Mister Jekyll in einen Herrn Hyde verwandelte und ich ihn dann gar nicht erkennen würde, wenn er mir im Treppenhaus begegnete, unabhängig davon, dass ich gar nicht wusste, wie er aussah.
Sam lachte glucksend, als ich Rudi meine Vermutungen erzählte. Daraus entnahm ich, dass er Deutsch verstand, was er aber entschieden leugnete, weshalb er sich um so mehr um einen arroganten, näselnden englischen Akzent bemühte.

Wir wohnten jetzt schon zwei Wochen bei Madame Rachou und hatten immer noch nicht das Geld für die Miete zusammen. Für unser tägliches Brot entwickelte Rudi eine Begabung, die ich von ihr noch nicht kannte. Rudi besorgte sich eine Baskenmütze, Bleistift und Papier und begann alle Cafés in der näheren Umgebung abzuklappern.
Sie wurde Portraitzeichnerin.
Tatsächlich schienen die Touristen sich auf den Portraits wiederzuerkennen, die ihnen Rudi präsentierte. Meistens waren ihre Konterfeis sehr viel lieblicher und wohlgestalteter als die lebendige Wirklichkeit. Mag es an Rudis künstlerischem Charme als Bohemien gelegen haben oder an dem rotweinseligen Hochgefühl der Wochenendtouristen, von einer echten Pariser Künstlerin portraitiert zu werden, jedenfalls gaben die meisten geschmeichelt noch ein Trinkgeld dazu.
Aber die Konkurrenz war groß, und viele Maler hatten Montmartre verlassen, um sich in unserem billigen Viertel auch

niederzulassen. Die »Left Bank«, wie die Amis diese Seite des Flusses nannten, wurde immer beliebter bei den verschiedensten Künstlern. Immer öfter kam Rudi nur mit einem Hungerlohn zurück, der uns beide nicht satt machte. Sie war verzweifelt.
Ihre Zeichenbegabung hielt den Profis nicht stand. Wir brauchten dringend eine andere Geldquelle. Schon wieder trauten wir uns nur noch nachts auf die Straße, um Madame Rachou nicht begegnen zu müssen, die endlich ihre Miete bezahlt haben wollte.
Hier oben in unserem Nest waren wir vor ihr geschützt, da es ihr zu anstrengend war, in ihrem Alter uns nachzusteigen. Doch die erste mündliche Mahnung war deutlich. Laut zeternd beschimpfte uns diese kleine hutzelige Frau auf der Straße mit Schimpfwörtern, die wohl nur die Einheimischen verstanden. »Boche« war wohl das harmloseste. Dennoch ließ sie uns fürs erste den Schlüssel.
Die zweite Mahnung bestand darin, dass sie an dem Kasten in ihrem Foyer den Schalter nach unten kippte. Der Strom war gekappt, und Kerzen waren teuer. Bald waren sie aufgebraucht, und wir sammelten die Stummel. Oft mussten wir uns zwischen Essen und Licht entscheiden. Ich entschied mich meistens für das Abendmahl im Dunkeln.
Sam borgte uns für einige Zeit frische Kerzen, bis auch die so weit heruntergebrannt waren, dass ich mir nicht einmal mehr meine Gauloise daran anzünden konnte.
Nachdem wir mit über hundert Kerzen bei Sam verschuldet waren, bot er uns einen Job an, mit dem wir viel Geld machen könnten. Er habe eine neue Erfindung aus Amerika. Eine Sensation. Dieser Apparat sei noch nicht auf dem Markt. Nur durch seine diversen Beziehungen zu den Vereinigten Staaten habe er als Erster in Europa diesen neuartigen Apparat erhalten. Leider nur geliehen für nicht wenig Geld.
Er böte uns eine Geschäftsbeteiligung an. Leider müsse er eine tägliche Miete verlangen, um seinerseits die Amerikaner zu bezahlen, und wenn wir ihn zur Hälfte am Umsatz beteiligen würden, sei das Geschäft von seiner Seite aus mit uns perfekt.

Damit drückte er uns noch zwei Kerzen in die Hand und bot mir eine Zigarette an. Wir waren einverstanden. Vorsichtig holte er aus einer Kiste einen sorgsam verpackten schwarzen Kasten. Stolz hob er ihn hoch. Das sei die revolutionärste Erfindung. Ein Fotoapparat, wie ihn noch niemand besäße, zur Zeit unbezahlbar! Dieser Apparat sei Aufnahmegerät, Labor und Dunkelkammer in einem. Nicht größer als ein Zehnerpack Kerzen.
Aber die wirkliche Sensation an diesem Apparat sei, dass aus ihm innerhalb von drei Minuten ein perfektes Schwarzweißbild herauskäme.
Wir lachten ungläubig. Obwohl Sam sonst nie Witze machte.
Von dem Blitz schloss ich geblendet die Augen. Sam zog aus dem Apparat ein Stück schwarzes Papier und schaute auf seine Armbanduhr. Nach dreieinhalb Minuten zog er eine Folie ab. Ich traute meinen Augen nicht: Noch blass, aber immer schärfer Konturen annehmend, konnte ich mein blöde grinsendes Gesicht auf dem Schwarzweißfoto erkennen. Rudi war auch verblüfft und meinte, sie sei technisch zwar nicht begabt, aber sie wisse nicht, wie wir mit Sam ins Geschäft kommen sollten. Sie habe zwar schon einmal Uhren verkauft, aber so einen teuren Fotoapparat traue sie sich nicht zu, an den Mann zu bringen.
Sam wühlte in seinem Bart. Die Augen blitzten listig.
Eine alte geschäftliche Weisheit sagt, man dürfe nie den Rohstoff verkaufen. Das sei wie mit einem Ballen Seidenstoff. Was verkaufe man damit? Etwa Seide? Nein! Natürlich Hemden!
Und was verkauft man mit so einem Fotoapparat?
»Fotos!« riefen wir beide wie Kinder in der Schule, die endlich auf die Lösung gekommen sind.
Und wem verkaufen wir die Fotos?
Wir überlegten.
Den Touristen! Die sich sonst portraitieren lassen. Auch ein Schnellzeichner braucht drei Minuten.
Und wo verkaufen wir den protraitierten Touristen ihre Fotos? In den Cafés? Nein! Natürlich vor Nôtre Dame. Dann können sie was von Paris mit nach Hause nehmen. Zwei Fliegen mit einer Klappe. Diese Touristenklatsche würde uns eine goldene Zukunft bescheren.
Ich wurde Fotograf, und Rudi war der Aufreißer.

Am nächsten Morgen standen wir vor Nôtre Dame. Dieser Freitagmorgen versprach ein erfolgreicher Tag zu werden. Ich hatte mich an das Brückengeländer gelehnt und blinzelte in die Sonne. Durch den Sucher meiner Kamera sah ich die imponierende Kulisse der Kathedrale. Touristenhorden strömten an uns vorbei.
Rudi verschwand in dem Strom und hatte nach einer Weile tatsächlich einen rundlichen Mann an der Angel, der einen Stadtplan in der Hand hielt. Unser Geschäft lief gut an.
Jetzt war ich gefordert. Der Mann setzte seinen kleinkarierten Pepitahut gerade, stellte einen Fuß vor den anderen, die in braunen, festen Sandalen steckten, und grinste breit.
Ich dirigierte ihn mit Handzeichen einen Schritt zur Seite, bis die Nôtre Dame im Sucher hinter seiner rechten Schulter hervorragte. Die Morgensonne im Hintergrund umgab seinen Kopf wie ein Strahlenkranz. Und ich sah, wie er Rudi schnell zu sich heranzog und den Arm um sie legte. Ich drückte auf den Auslöser.
Die nächsten drei Minuten flirtete Rudi charmant mit dem Herrn aus Pforzheim. Ich entzog mich der Konversation und tat so, als sei ich Ausländer und verstünde kein Deutsch.
Der Pforzheimer übergab Rudi den Geldschein für mein erstes Foto. Endlich waren die nicht enden wollenden drei Minuten vorbei. Stolz zog ich das Deckblatt ab und schaute auf mein Werk. Es war pechschwarz.
So ein Pech, meinte Rudi, aber der Herr aus Pforzheim war nicht bereit, noch einmal so lange auf ein neues Foto zu warten. Er verlangte sofort sein Geld zurück. Das habe er sich gleich gedacht, dass diese Geschichte, er könne schon nach drei Minuten ein fertig entwickeltes Foto von Rudi, der Nôtre Dame und sich in den Händen halten, ein ganz übler Trick sei, um harmlose Touristen aus Deutschland auszunehmen, das kenne er schon vom Pigalle, da hätten die Damen auch nicht gehalten, was sie ihm versprochen hätten, aber diesmal verlange er sein Geld zurück, andernfalls sähe er sich gezwungen, den Polizisten dort an der Ecke um Hilfe zu bitten.
Das konnten wir uns nun gar nicht leisten, also gab Rudi schweren Herzens den Geldschein zurück. Eine herbe Enttäuschung.

Unser Geschäft machte Verlust.
Jedes einzelne Bild kostete fast die Hälfte des Preises, den wir für ein Foto verlangen mussten, um Gewinn zu machen. Noch ein paar schwarze Bilder, und wir wären so hoch verschuldet gewesen, dass wir uns davon die kommenden Wochen nicht mehr erholt hätten.
Ich grübelte über dieses Wunder der Technik, das nur Verlust produzierte. Das war also das Risiko eines freien Unternehmers. Geschäftsmann war nichts für mich.
Ratlos studierten Rudi und ich die Gebrauchsanweisung, die wir sicherheitshalber mitgenommen hatten. Die Bedienung war kinderleicht. Scharf stellen. Ein Rädchen für heller und dunkler. Knopf drücken. Drei Minuten warten. Foto fertig.
Ich hatte alles richtig gemacht, nur das Ergebnis war falsch. Mit schwarzen Fotos kann man keine schwarzen Zahlen schreiben.
»Was macht ihr denn hier, Ruth?« hörten wir eine heisere Stimme hinter uns.
Wir drehten uns erstaunt um. Vor uns stand ein Mann mit längeren Haaren. Die Wangen eingefallen. Der Schnauzbart hing traurig an den Mundwinkeln herab. Die Gesichtsfarbe teigig und blass. Er lächelte freudig. Zwei Zähne fehlten ihm seitlich. Er zog an einer dünnen selbstgedrehten Zigarette, hielt den Atem an und ließ den Rauch langsam entweichen. Ein süßlicher Geruch hüllte ihn ein. Er sah uns mit glasigen toten Augen erwartungsfroh an.
Jetzt erkannte ich ihn. Was für ein Zufall. Mitten in Paris, hier auf der Brücke vor Nôtre Dame, begegneten wir unserem damaligen Retter aus Schwabing.
Graf Nikolai. Volker Hartung. Der große Maler.
Freudig umarmten wir uns. Durch seine braune Kordjacke spürte ich den mageren Körper. Er hatte stark an Gewicht verloren. Um meinen Schrecken zu überspielen, bat ich ihn um eine Zigarette.
»Die sind nichts für dich«, meinte er und sog mit spitzen Fingern an dem Stummel. »Dafür bist du noch zu jung.«
Dann warf er die winzige Kippe in die Seine und grinste.
Er sah gar nicht mehr gräflich aus mit den fehlenden Zähnen.

Seine Bilder ließen sich schwer verkaufen, erzählte er uns, in dieser Stadt voller malender Künstler. Aber Paris sei Paris, und in einer Kulturmetropole müsse ein Künstler sich eben durchbeißen. Auch wenn man kaum etwas zu beißen habe, meinte er grinsend und entblößte seine Zahnlücke. Wie wir denn hier überleben würden.

Rudi erklärte ihm unser Missgeschick mit dem neuen Geschäft.

Die Idee sei nicht schlecht, meinte Volker und schaute rüber zur Nôtre Dame. Er stellte sich auf dieselbe Stelle, von der aus ich meine Karriere als Fotograf hatte beginnen wollen. Er hob seine Hände und bildete mit Zeigefingern und Daumen ein Viereck. Ein Auge zusammengekniffen schaute er durch dieses Luftfenster auf die Kathedrale. Sein Malerauge sage ihm, dass wir leider auf diese Kulisse als Hintergrund am frühen Vormittag verzichten müssten. Er deutete auf die Schatten.

»Im Osten geht die Sonne auf, im Süden nimmt sie ihren Lauf, im Westen geht sie unter. Hast du das nicht in der Schule gelernt?«

Das hatte ich nicht in der Schule gelernt.

»Nôtre Dame steht von hier aus im Osten. Deshalb werden die Fotos schwarz. Gegenlicht!«

Volker hatte uns vor einem schwarzen Freitag gerettet.

Er gab uns seine Adresse am Place de la Contrescarpe, da habe er eine Verabredung, von der er sich noch etwas Kiff-Kiff besorgen könne. Wir sollten ihn in den nächsten Tagen besuchen, vielleicht habe er eine lohnendere Aufgabe für mich, mit der ich Geld machen könne.

Den restlichen Vormittag versuchten Rudi und ich unser Glück auf dem Boulevard St.-Michel. Immer die Sonne im Rücken. Sie versuchte in englisch, französisch und deutsch Touristen zu überreden, sich von mir fotografieren zu lassen. Die schauten misstrauisch auf meinen schwarzen Zauberkasten und glaubten ihr nicht das Drei-Minuten-Foto, bis auf einen Japaner. Der ließ endlich ein Foto von sich machen vor parkenden Autos. Nach bangen drei Minuten zeigte ich ihm stolz das Ergebnis. Dieses Foto war mir gelungen. Besonders das Nummernschild des 2CV gestochen scharf. Der Japaner war begeistert.

Leider blieb er unser einziger Kunde an diesem Vormittag. Enttäuscht gingen wir zurück ins Hotel und erzählten Sam von

unseren erfolglosen Versuchen. Sam kicherte hinter seinem Bart. Vielleicht sei auch heute kein guter Tag, um sein Glück zu versuchen. An einem Freitag, den Dreizehnten.
«What time is it?« fragte ich plötzlich.
»High noon!« sagte er spöttisch.
»Ich muss los!« sagte ich.
»Wohin?« fragte Rudi.
»Auf den Eiffelturm!« sagte ich. »Gibst du mir das Geld? Schließlich ist das mein erstes selbst verdientes!«
Heute war mein Glückstag.

Um kurz vor eins stand ich auf der obersten Plattform des Eiffelturms und hielt Ausschau. Hier oben wehte ein scharfer Wind. Die Kumpels waren nicht da. Ich schaute wieder durch Gitter. Von der Stadt unter mir war nicht viel zu erkennen. Die Plattform war nicht so groß, wie ich erwartet hatte. Sie schwankte leicht. Mir wurde schwindelig. Aber diesmal vor Glück. Ich hätte fliegen können.
»Topp, die Wette gilt!« schrie ich gegen den Wind, der mir ins Gesicht blies.
Außer den zwei französischen Fremdenlegionären, die ihre weißen Käppis festhielten, war niemand hier oben. Sie hatten die Ärmel ihrer Khakihemden hochgekrempelt. Auf dem Unterarm des einen war eine Lilie tätowiert, und ich konnte die Worte entziffern: »Honneur et Fidélité«, Ehre und Treue, oder hieß es Zuverlässigkeit?
Klaro! Die hatten bestimmt keine Angst vor einem Freitag, den Dreizehnten. Auf die hätte ich mich verlassen können. Ich lehnte mich mit dem Rücken gegen das Gitter und wartete. Verstohlen betrachtete ich den Legionär neben mir, der mit zusammengekniffenen Augen in die weite Ferne schaute, als würde er den Horizont der Wüste Algeriens nach Feinden absuchen, gegen die er für seine Kumpels sein Leben opfern würde.
»Excusez-moi, Monsieur, s'il vous plaît!« rief ich ihm fragend zu. »Pouvez-vous me dire quelle heure est-il exactement?«
Der Legionär sah mich schräg an. Dann hob er seinen tätowier-

ten Unterarm, drehte die Innenseite seines Handgelenks zu sich und sagte, während er mit dem Zeigefinger und Daumen der anderen Hand seine Armbanduhr zurechtrückte: »Wenn det jenau wissen willst. Jetzt ham wa uff die Sekunde mitteleuropäische Zeit exaktemang dreizehn Uhr sechsundfuffzich und vier, nee, fünfundzwanzig Sekunden. Allet klar?«
Das war schwerer Weddingdialekt oder auch Kreuzberg.
»Klaro!« sagte ich verblüfft. »Danke! Merci!«
Seine blauen Augen blitzten ironisch.
»Pas de quoi!« sagte er.
Dann schaute er wieder nachdenklich in die Ferne. Er schien plötzlich gealtert. Die Fältchen um seine Augen waren ganz weiß auf der gegerbten Gesichtshaut. Er hatte einen wehmütigen Ausdruck, als ob er sich an etwas erinnerte. Ohne mich weiter zu beachten, griff er gedankenverloren in seine Brusttasche, zog eine gelbe Zigarette hervor, steckte sie zwischen die Lippen, drehte sich mit dem Rücken gegen den Wind, schnippte den Deckel eines silbrigen Feuerzeugs auf, zündete die Zigarette an, die sich an der Glut braun verfärbte, klappte mit einer Bewegung das Feuerzeug wieder zu und betrachtete es in seiner rissigen Handfläche. Auf der Oberfläche prangte die gleiche Lilie wie auf seinem Arm.
»Hier«, sagte er, ohne mich anzusehen, und streckte mir seine Hand entgegen.
Ich ergriff ehrfürchtig sein Feuerzeug. Bevor ich mich bedanken konnte, sagte er: »Jeschenkt! Pass auf dich auf!«
Damit schlug er seinem Kumpel die Hand auf die Schulter und ging, ohne sich noch einmal umzudrehen, mit ihm weg.
Sehnsüchtig schaute ich ihnen nach. Ich hätte auch gerne einen echten Freund gehabt, auf den ich mich verlassen konnte.
Ich schaute auf das Feuerzeug mit der Lilie in meiner Hand, das schon so viel erlebt haben musste. Irgendwann würde ich einem begegnen und ihm dann diese Lilie als Andenken verehren.
Auf meine Kumpels brauchte ich jetzt nicht länger zu warten. Die würden mir so ein Feuerzeug doch nur klauen. Vielleicht wäre die Fremdenlegion meine wirkliche Heimat.
Meine Zukunft ist offen, und die Freiheit grenzenlos, dachte ich.

Das Feuerzeug in meiner geballten Faust, schaute ich von der Spitze des Eiffelturms mit zusammengekniffenen Augen in die Weite. Ich hatte Fernweh.
Als ich mir eine Zigarette anzünden wollte, merkte ich, dass die Packung Gitanes leer war. Ich betrachtete die schwarze Zigeunerin auf der leeren blauen Schachtel, knüllte sie zusammen und warf sie durch das Gitter ins Freie. Der Wind packte sie, hob sie hoch, fegte sie weit weg, hin und her taumelnd schien sie immer höher zu steigen, bis sie in der Luft balancierend einen winzigen Moment lang Halt fand, torkelte, um dann wie im Sturzflug nach unten gerissen zu werden. Ich sah ihr nach.
Wie eine blaue Blume schwebte sie über Paris, bis sie immer kleiner werdend von dem Grau der Stadt verschluckt wurde. Irgendwo da unten musste der Place de la Contrescarpe sein.

Rudi hatte nicht auf mich gewartet und noch mal ihr Glück versucht, um Geld aufzutreiben.
Dachte ich. Der Schlüssel lag unter der zweiten Stufe. Auf dem Bett ein Zettel: »Spätestens morgen früh wieder zurück. Mach dir ’ne schöne Zeit. Mutti!« Mit dem Geld, das sie auf den Zettel gelegt hatte, konnte ich mir höchstens Zigaretten kaufen. Der Rest reichte nicht mal für eine Tafel Schokolade.
Also schlich ich mich noch mal an der Rachou vorbei, die wie eine Spinne nur auf ihre Miete zu lauern schien, kaufte mir die starken gelben Celtique, verspielte den Rest an einem Flipperautomaten und schlich erst spät nachts wieder vorsichtig hoch. Die vierte Stufe quietschte und die siebte knarrte. Das war ihr Netz, das ich nicht berühren durfte.
Am nächsten Tag erwachte ich mit einem flauen Gefühl im Magen. Keine Rudi. Ich klopfte gegenüber an der Tür bei Sam. Er war auch nicht da.
Den ganzen Tag über wartete ich wütend in der stickigen Bude. Sie kam nicht. Gegen elf Uhr nachts stellte Madame Rachou das Licht ab. Wahrscheinlich wusste sie, dass ich hier oben war und mich nicht raustraute. Ich lauschte im Dunkeln auf die

Großstadtgeräusche da draußen. Dem immer wieder auf- und abschwellenden Klang der Sirenen, der heraufwehte. Sie lockten mich nicht. Irgendwann musste ich wohl weggedämmert sein.

Ich wurde von einem Sonnenstrahl geweckt, der mir durch die winzige Dachluke ins Gesicht schien und mich blendete. Von der ersten Zigarette wurde mir kotzübel. Ich holte den Zettel Rudis wieder hervor, den ich wütend zerknüllt und in die Ecke geschmissen hatte, und glättete ihn. Aber ich konnte nur immer wieder dieselben Worte entziffern: »Spätestens morgen früh wieder zurück.« Jetzt war schon übermorgen.

Ich starrte dem Qualm hinterher, der langsam durch die Dachluke abzog. Wie im Nonnenheim damals, bevor die Polizei kam und mich da rausholte, dachte ich. Ich starrte auf die Luke. Damals hatte ich noch Hoffnung. Ich konnte Fluchtpläne schmieden und mir die Freiheit ausmalen. Diese Luke hier war groß genug, um mich durchzuklemmen und zu fliehen. Nur wohin soll man fliehen, wenn man frei ist, dachte ich hoffnungslos. Nie passt etwas zusammen. Entweder ist das Loch zur Freiheit zu klein, wenn man eingesperrt ist. Oder das Loch zur Freiheit ist zu groß, da bleibt man freiwillig in seinem Gefängnis.

Wird man eigentlich vor Hunger verrückt? Der Magen verkleinert sich und der Körper nimmt sich, was er braucht, von den Pobacken. Rudi hatte einen kräftigen Hintern, die konnte bestimmt lange hungern. Aber ich saß ja schon auf meinen Beckenknochen. Auf jeden Fall wird einem schlecht, wenn man nur Rauch in den leeren Magen pumpt. Ermattet legte ich mich zurück. Ich musste Kräfte sparen.

So lange hatte sie mich noch nie alleine gelassen. Dämmernd wartete ich, bis das Licht in dem Viereck da oben immer schwächer wurde, das Fleckchen Himmel sich graublau verfärbte, dann schwarz gegen die Dunkelheit meiner Höhle abhob und mich ein winziger Stern kalt anfunkelte.

Am dritten Tag war Rudi immer noch nicht zurück.
Ich versuchte, möglichst lange im Bett zu bleiben und noch weiterzuschlafen. Aber das Gefühl unter der Bettdecke, das ich als Kind hatte – irgendwann würde sie wiederkommen und etwas zu essen bringen – wollte sich nicht mehr einstellen. Etwas Endgültiges war geschehen.
Ich war kein Kind mehr.
Und Rudi würde nicht mehr wiederkommen. Der Hunger krampfte mir den Magen zusammen. Die letzten gebunkerten Zigaretten hatte ich gestern nacht aufgeraucht. Und dummerweise die Kippen ins Klo geschüttet, damit die Bude nicht so nach dem abgestandenen Rauch stank. Rudi ekelte sich davor, und ihre Augen tränten. Jetzt bereute ich meine Rücksichtnahme. Aus den Kippen hätte ich noch ein paar Züge Rauch ziehen können, wenn ich sie auf eine Stecknadel gesteckt hätte. Das hätte das leere Gefühl im Bauch betäubt.
Als ich mich endlich aufraffte, um das Bett zu verlassen, überfiel mich ein Schwächegefühl. Ich musste mich abstützen. Auch das Anziehen fiel mir schwer. Wahrscheinlich war diese lähmende Kraftlosigkeit nur Einbildung. Im Krieg hatten die Soldaten länger als zwei Tage nichts gegessen und trotzdem um ihr Leben gekämpft. Ich war die typisch verweichlichte Nachkriegsgeneration.
Immerhin bekamen die ihre tägliche Zigarettenration, um das durchzuhalten. Eigentlich war der Hunger nach Zigarettenrauch schlimmer als das eigentliche Hungergefühl. Meine Eingeweide schrien nach irgend etwas.
Ich öffnete die Dachluke und holte ein paarmal tief Luft. Es musste schon früher Nachmittag sein. Ein Täuberich umgurrte nickend eine Taube auf dem Dach. Aber sie ließ ihn nicht ran und flog weg. Er blieb frustriert zurück und pickte auf den kahlen Schindeln. Wahrscheinlich hatte er auch Hunger.
Verdammt noch mal, ich konnte ja nicht noch ein paar Tage den Tauben beim Liebesspiel zusehen und auf Rudi warten. Irgendwann würde die Wirtin sich aufraffen und hier hochgeklettert kommen, um ihre Miete einzutreiben. Dann müsste sie meinen halbverwesten Leichnam heimlich nachts abtransportieren, um den guten Ruf ihrer Bruchbude nicht zu gefährden,

und das Zimmer desinfizieren, damit der süßliche Geruch nicht künftige Opfer abschreckte, sich gegen ihre horrende Miete hier oben auch einsperren zu lassen.
Eigentlich war dieses Loch schlimmer als Knast bei Wasser und Brot. Da gab es wenigstens Brot. Ich musste hier raus! Und dann?
Wie überlebt man in einer Großstadt ohne Geld?
In der freien Wildbahn hätte ich mein Essen erlegen können. Aber in Paris?
Der Täuberich war mutig an die Luke gekommen und äugte mit schrägem Kopf auf mich herunter. Ich starrte ihn an. Im Schlaraffenland fliegen einem gebratene Tauben in den Mund. Aber wie sollte ich die braten. Erst mal müsste ich sie erwischen, dann mit einem kräftigen Ruck den Hals umdrehen, die Federn rupfen, alles verdammt eklig, aber was soll's. Das winzige, schmuddelige Chinalokal an der Ecke, in das sich kein Europäer wagte, könnte mir die leckere Taube zubereiten, wenn ich ihnen dafür die Krallen ließe. Die sind für Chinesen schön frittiert ein Leckerbissen. Ich schüttelte mich. Und sah dem Täuberich ins rot umrandete Auge. Hoffentlich konnte der keine Gedanken lesen.
»Gruuu gruuu«, gurrte ich versöhnend. Er flatterte erschrokken hoch. Wahrscheinlich hatte ich den falschen Akzent. Mit meinem mangelhaften Französisch konnte ich ja schlecht die arroganten Pariser um ein paar Sous anhauen. Erst jetzt wurde mir richtig bewusst, wie abhängig ich von Rudi war. Ein hilfloses Kleinkind. Völlig unselbständig. Ein Muttersöhnchen. Jetzt geriet ich in Panik, ohne Mamis Rockzipfel.
Ich musste etwas unternehmen. Nichts tun tötet.
Auf der Straße liefen all diese satten Menschen an mir vorbei und beachteten nicht den schlaksigen, dürren Jungen, der mit hungrigen Augen auf die kleinen Teller starrte, in denen die Touristen ein großzügiges Trinkgeld für die Kellner liegen ließen.
Die dicke Amerikanerin am Ende der Tischreihe zählte das Wechselgeld gar nicht nach, das sie auf dem Teller liegen ließ. Das hätte mindestens für eine Tüte Pommes gereicht. Wie konnte man nur so viel Geld wegschmeißen.

Die Garçons ließen sich Zeit, bis sie die Münzen einsammelten, die überall draußen vor den Cafés auf den Tischchen herumlagen.
Das ist zu gefährlich, warnte ich mich. So landen die meisten im Knast, weil sie dumm sind und vorschnell handeln. Unüberlegt und spontan. Spontanität war nicht meine Stärke. Hunger hin, Hunger her. Es musste noch andere Möglichkeiten geben. Witternd sah ich mich um.
Ich war wohl nicht der Einzige, der Kohldampf schob. Der Blick auf meine Umwelt hatte sich verändert. Der da drüben herumlungerte an der Ecke des Cafés und der Amerikanerin nachsah, tat so, als müsste er sich die Slipper zubinden. Deshalb hatte er seine Jeansjacke mal kurz auf dem Tischchen abgelegt. Er musste meinen Blick gespürt haben. Ohne mich aus den Augen zu lassen, griff er langsam und ruhig nach seiner Jacke und lief dann ohne Hast zwischen den hupenden Autos hindurch auf die andere Straßenseite. Das Tischchen war leer. Das Geld mit dem Tellerchen verschwunden. Der Kellner blieb irritiert davor stehen und sah sich suchend um.
Ich drehte mich ab und ging schnell weiter. Sein prüfender Blick bohrte sich mir in den Rücken. Es musste noch andere Möglichkeiten geben.
Vor mir lief ein Clochard und bettelte die Passanten an. Keiner gab ihm etwas. Alle gingen achtlos an uns vorbei. Der Mann war zwar verlottert und ungepflegt, sah aber trotzdem wohlgenährt aus. Wie überlebt so ein Clochard, überlegte ich.
Er blieb an der Ecke vom Place Saint-Michel stehen und sah sich wartend um. Genauso unentschlossen wie ich. So verweilten wir hier auf dem Platz, wie verwelkende Blätter den nächsten Windstoß erwartend, der uns eine Richtung geben könnte.
Plötzlich beugte er sich routiniert über den Abfalleimer, der neben ihm stand, wühlte mit beiden Händen zwischen den Kostbarkeiten, zog eine Zeitung heraus, überflog sie und warf sie auf die Straße – die war wahrscheinlich von gestern –, tauchte noch einmal mit dem rechten Arm auf den Grund, und tatsächlich brachte er in seiner dunkelgrauen Faust ein noch halbverpacktes, angebissenes Sandwich zum Vorschein. Er be-

trachtete es misstrauisch, wischte mit der Hand über die angebissene Stelle, klappte es neugierig auf, nahm mit spitzen Fingern ein Stück Tomate vom Brot, warf es hinter sich – das mochte er nicht –, legte die Wurst zurecht, klappte das Sandwich wieder zu und biss herzhaft hinein.
Ich schluckte. So weit war ich noch nicht.
Er fing meinen gierigen Blick auf und kam kauend auf mich zu. Ein paar Krümel hingen im grauen Gestrüpp seines Vollbarts. Er entblößte dunkle Zähne: »T'as pas quelque sous. S'il te plaît? J'ai soif.« Dabei machte er mit dem abgespreizten Daumen seiner Faust ein Zeichen des Trinkens und streckte mir seine rauhe Handfläche fordernd entgegen.
Wofür hielt der mich denn, dieser Penner! Dieser Großkotz! Dass der mich auch noch duzte!
Als sei er der letzte Abschaum, machte ich einen weiten Bogen um ihn und flüchtete mich auf die andere Straßenseite.
Auf der Brücke flanierten die satten Touristen und ließen sich sonnenbeschienen mit der Nôtre Dame im Hintergrund knipsen. Glücklich lächelnd. Was die an Paris bloß romantisch fanden. Eine kaltherzige Stadt.
Ich kniff die Augen zusammen und blickte mich um.
Plötzlich bemerkte ich die anderen, die sich im Schatten dieser Gesellschaft bewegten. Sie waren nicht leicht zu erkennen. Ihre Bewegungen waren langsamer als die der anderen. Wie gelangweilte Sommerfrischler an einem Sonntag, an dem alle Läden geschlossen sind, ließen sie sich ziellos treiben, fast unsichtbar zwischen den eilenden Passanten. Kraft sparend, scheinbar teilnahmslos träge, mit dem Strom schwimmend, wie Raubfische der Umgebung angepasst, um dann blitzschnell zuzuschnappen und mit der Beute im Strudel der Aufregungen zu verschwinden. Jetzt konnte ich sie sehen.
Sie erkannten sich und beäugten mich misstrauisch. Da ist sich jeder selbst der Nächste und der andere der Feind.
Ich war noch neu in der Gegend.
Nur mein Blick war schon alt.
Ich stellte mich dicht neben ein Pärchen, das auf den schmutzigen Fluss schaute. Der junge Mann hatte seinen Arm um ihre Schulter gelegt und ließ sie an seiner Zigarette ziehen. Ich rück-

te näher und atmete tief den Rauch ein, der an mir vorüberzog. Meine Lungen brannten und pumpten, als kriegten sie zu wenig Sauerstoff. Der junge Mann schaute hinter dem Nacken seiner Freundin empört zu mir rüber und zog sie von mir weg. Ich schaute ihnen süchtig nach.

Ich hatte nur noch ein Ziel.

In einer Telefonzelle in der Nähe sah ich endlich, was ich jetzt dringend brauchte. Das junge Mädchen mochte noch keine siebzehn sein. Ihr kleines, herzförmiges Kussmündchen öffnete und schloss sich in atemberaubendem Tempo. Sie wechselte den Hörer von einem Ohr zum anderen und drehte sich immer wieder ab, wenn ich mich in ihr Blickfeld stellte. Nervös umkreiste ich die Zelle und beobachtete, wie sie mit einem Bein ihre hübsche Wade rieb und dann trippelnd von einem Fuß auf den anderen trat. Sie lachte wahrscheinlich aus Vorfreude. Ich starrte auf ihre zierlichen, tapsenden Füße. Diese könnten meine Hoffnung zunichte machen.

Das schien ihr peinlich zu sein, denn jetzt stellte sie die Beine über Kreuz und warf mir einen vernichtenden Blick zu. Ich stellte mich dicht an die Tür, klopfte gegen die Scheibe und lächelte auffordernd.

Sie schien ein paar nicht mehr freundliche Sätze über mich in den Telefonhörer zu sprechen. Dann hängte sie abrupt ein und öffnete die Tür so heftig, dass ich einen Schritt zurücktreten musste. Abweisend trippelte sie an mir vorbei.

Ich hatte schnell die Tür hinter mir geschlossen und den Telefonhörer in die Hand genommen, während ich ihr erleichtert nachblickte. Sie drehte sich noch einmal wütend zu mir um und schien mit dem Hintern besonders empört zu wackeln, als sie sich entfernte.

Aber dafür interessierte ich mich jetzt wirklich nicht. Mit einem Rundblick durch die Scheiben sah ich, dass mich niemand beobachtete. Fast unberührt lag sie zu meinen Füßen.

Ich ließ den Hörer fallen und ging in die Knie. So weit war ich also schon.

So mussten sich die Verlierer gefühlt haben, als die Sieger ihre halben Lucky Strikes in den Rinnstein warfen und die Erniedrigten sich gierig danach bückten, um ihren Hunger zu betäuben.

Ich war froh, dass ich niemanden um ein Feuer anbetteln musste. Aus meinem Legionärsfeuerzeug züngelte eine gelbblaue Flamme. Der erste Zug war wie ein Schlag in der Lunge. Ich hatte mich aufrichten wollen, aber mein Körper sog das Gift bis in die entfernteste Zelle ein und ließ mich gleich wieder in die Knie sinken. Wie ein angeschlagener Boxer, der bis neun zählt, blieb ich hocken. Wartete die erste Wirkung ab, um mich dann wankend zu erheben, bis ich allmählich meine Umgebung wieder wahrnehmen konnte. Vor meiner Zelle stand eine ältere, elegante Dame, die mich angewidert beobachtete.

Der zweite Zug breitete sich wohlig in meinem Magen aus und durchströmte meinen Körper mit neuer Kraft. Erst jetzt bemerkte ich auf der Rückseite des Feuerzeugs die Gravur »Marche ou Creve«. »Marschier oder krepier.« Die Jungs hatten recht. Ich musste weiter.

Entschlossen verließ ich die Zelle und trat ins Freie. Der eleganten Dame hielt ich höflich die Tür auf. Sie machte einen Bogen um mich, als sei ich der letzte Abschaum, und zog schnell die Tür hinter sich zu. Mit einem kleinen weißen Taschentuch nahm sie den baumelnden Telefonhörer auf, wischte ihn ab und hängte ihn in die Gabel. Dann nahm sie ihn mit spitzen Fingern und wählte. Misstrauisch drehte sie sich zu mir um, während sie mit dem Tüchlein vor ihrem Gesicht wedelte und es sich dann vor Mund und Nase hielt. Für die war ich ein echter Kotzbrocken.

Aber erst kommt die Zigarette, dann das Fressen, und dann die Moral. Marche ou creve, dachte ich und marschierte los.

Auf der entgegengesetzten Seite der Insel, auf der die Nôtre Dame steht, konnte man von der Pont Neuf ein paar Treppen, die nach Urin stanken, hinuntergehen und kam auf die Inselspitze Vert Galant. Dort strömte die Seine rechts und links vorbei. Ein ruhiges grünes Plätzchen, wo Clochards unbehelligt ihren Rausch ausschlafen konnten, Liebespaare umarmt auf den Stufen zum Wasser saßen oder Touristen die romantische Pont Neuf knipsten.

Meine einzige Zigarette hatte ich nicht ganz aufgeraucht, die

Glut vorsichtig gelöscht, um nicht zuviel Tabak zu vergeuden, und die Kippe in die Tasche gesteckt. Mit einem Zigarettenblättchen wäre der Rest noch zu verwenden. Und Kippen lagen genügend rum, wie mein suchender Blick bemerkte. Also dieses Problem war gelöst. Jetzt kam das Fressen.
Mich biss wieder der Hunger. Die Betäubung ließ nach. Dass so ein lästiger Körper auch nie Ruhe gibt. Immer wieder will er was Neues und piesackt einen. Jetzt will er plötzlich auch eine von den Pommes, die das touristische Liebespärchen, das zwei Stufen unter mir sitzt, sich zärtlich gegenseitig in den Mund steckt. In meinem Mund sammelt sich schon der Speichel, den ich ärgerlich herunterschlucke.
Eine besonders schöne, lange, hellgelbe, nur an den Kanten leicht gebräunte, glänzende Fritte beginnen sie von beiden Seiten knabbernd zu verschlingen, bis sich ihre hungrigen Mäuler zu einem Kuss treffen. Mir dreht sich der Magen um. Das ist ja nicht Hunger stillen, sondern pervers. Mein schmatzendes Schlucken lässt sie zu mir aufblicken. Lachend wischen sie sich über den Mund. Der junge Mann weicht meinem gierigen Blick aus und greift rasch die »Retina«, die zu meinen Füßen liegt, steht auf, zieht sein Mädchen hoch, sagt »Excusez-moi«.
Ich rücke zur Seite, um sie vorbeizulassen und höre noch, wie er auf deutsch zischt: »Komm Inge, diese Penner klauen alles. Der hat es bestimmt auf den Fotoapparat abgesehen.« Dabei hatte ich daran noch gar nicht gedacht.
Jetzt war es zu spät. Dafür lag die nach unten spitz zulaufende Tüte an die Stufe gelehnt, die sie als Abfall zurückgelassen hatten. Ich rutschte wie selbstverständlich zwei Stufen tiefer und schaute mich um. Nur einer der Penner, der etwas entfernt im Gras lag, sah mir aus halbgeschlossenen Lidern zu. Das war mir jetzt auch egal. Erst kommt das Fressen.
Als ich mich wieder umdrehte und entschlossen nach der Tüte greifen wollte, war sie weg. Auf der letzten nassen Stufe dicht am Wasser hackte eine Taube das schon feuchte Papier auf. Vermutlich war es dieselbe, die ich heute morgen am Leben gelassen hatte und die mir jetzt meine Beute streitig machte. Mit rotgeränderten Augen, eine halbe Pommes im Schnabel, sah sie mich höhnisch an. Ich zischte wütend.

Jetzt befand ich mich auf der untersten Stufe.
Im letzten Moment konnte ich die Tüte der davonfliegenden Taube entreißen. Beinahe wäre meine Mahlzeit vom Strom verschlungen worden. Dicht über mir kreisten Möwen wie Aasgeier. Die matschige Tüte in meiner Faust, lächelte ich böse zu ihnen hoch. Leider steckten nur noch drei kalte ölige Pommes in der Spitze. Mit dem Fingernagel zog ich das nasse Papier ab und steckte sie mir alle auf einmal genüsslich in den Mund. Spürte, wie meine Zunge die Pommes und das salzige Öl im Gaumen zu einem Brei zerdrückte, der köstliche Matsch den Schlund passierte, bis endlich der Magen zuschnappte und sofort nach mehr verlangte.
Wie konnte ein Körper nur so undankbar sein. Ein Moloch. Wenn man ihm eine Fritte reicht, will er gleich die ganze Tüte. Und nicht nur das. Der Magen will das eine, und der Schlund will plötzlich was anderes. Jetzt verlangte er auch noch nach Flüssigkeit. Die drei öligen Pommes hatten sich im Boden der Tüte in Salz gebadet. Das klebte mir jetzt am Gaumen und kitzelte im Hals. Durstig betrachtete ich das schmutzige Wasser der Seine. Aber so weit war ich noch nicht.
Hier würde ich verdursten. Irgendwo in der Stadt hatte ich auf der Straße eine altmodische Wasserpumpe gesehen, aber ich konnte mich nicht mehr erinnern, wo. Der Durst war jetzt das Schlimmste. Mein Körper jagte mich die Treppen hoch.
Ich lief durch die kleinen Gässchen auf der anderen Seite des Flusses. Hier sprudelte das Wasser. Es lief den Rinnstein entlang, manchmal gestaut von alten Putzlumpen, und verschwand fröhlich gurgelnd in den Gullis. Das ist doch pervers, dachte ich, mit dem kostbaren Nass den Staub und Dreck die Gosse hinunterzuspülen.
Das stinkende Stehklo in dem Bistro an der Ecke hatte ein kleines verschmutztes Waschbecken vor der Tür. Mein Durst war gestillt, die Moral war gerettet, und ich pinkelte zielend auf das Loch im Boden der Kloake.
Die haben hier immer noch nicht wie wir Deutschen eine Scheißkultur. Von wegen »Boche«, dachte ich und erwiderte verächtlich den verächtlichen Blick des Kellners, der genau beobachtet hatte, dass ich das Klo benutzt hatte, ohne etwas zu

konsumieren. Irgendwie muss ich zu etwas Geld kommen, sonst bin ich aufgeschmissen.
Dass Rudi mich so im Stich lassen konnte. Mich im wahrsten Sinne des Wortes mutterseelenallein dieser fremdsprachigen Großstadt ausliefern. Was würde sie an meiner Stelle machen? Mit den Augen klappern und jemanden anpumpen. Und wen?
Na klar! Dass ich da nicht gleich draufgekommen bin. Den Volker aus München. Der wohnte am Contrescarpe. Bloß, wo war in dieser Riesenstadt der Contrescarpe?
Ich stand vor einer Metrostation und grübelte. Wie sollte ich an einen Stadtplan kommen? Ich drehte mich suchend um. Na bitte! Daran konnten sich die Deutschen ein Beispiel nehmen. Das war fremdenfreundlich. War mir bisher nicht aufgefallen. Wie blind ist man ohne Not. An jeder Metrostation hing auch ein Stadtplan. Der Place de la Contrescarpe lag 'ne ganze Ecke entfernt im fünften Bezirk. Marche ou creve!
Links 'ne Pappel, rechts 'ne Pappel.
Statt an Pappeln lief ich an feinen Restaurants vorbei. Dann durch die Gerüche der Buden in der winzigen Rue de la Huchette, die vollgestopft war mit finster aussehenden Algeriern, die diese Gegend besetzt hielten. Ich war heilfroh, da wieder rauszukommen. Die Rue Saint-Jacques bergauf hinter der Sorbonne vorbei. Dann nach links. Am Panthéon hatte ich einen Schwächeanfall. Ich musste mich auf die Stufen setzen, bis der Schwindel vorbei war. Ohne etwas im Magen hätte ich am nächsten Tag diese Strecke nicht mehr geschafft. Ich schleppte mich weiter. Die nächsten Sträßchen gingen bergab, bis ich auf den winzigen Place de la Contrescarpe stolperte.
Hier war eine ganz eigene Welt. Klein und überschaubar. Rechts von dem Platz ein Café und links davon ein Bistro mit Stühlen davor. An der Ecke ein Fleischer und ein Bäcker. Mittendrin hatten sich Clochards eingerichtet. Langhaarige, bärtige Menschen stromerten über den Platz und tranken ihren Kaffee in dem kleinen Bistro, das noch Sonne abkriegte, oder verschwanden in der schmalen Rue Mouffetard.
Gleich zu Anfang der Gasse war eine kleine Kneipe, die sich

»Cinque Billards« nannte. Sie war nicht groß genug, um einen Billardtisch hineinzustellen, statt dessen waren die winzigen Tischchen mit Schachspielern besetzt. Die anderen schauten ihnen von der langen Theke aus zu.
Hier also war Volkers Kiez. Aber ich konnte ihn nirgends entdecken. Das musste seine Stammkneipe sein, sagte mir mein Gefühl. Aber ich konnte mir hier drinnen nicht die Beine in den Bauch stehen, ohne etwas zu verzehren. Der Wirt hinter der Theke fragte auch sofort: »Tu veux un demi?«
»Non merci. Je cherche un ami, Volker, un allemand de Munich.« Aber er hörte meiner Frage gar nicht zu und stellte das Bier vor mich hin.
Ich drängelte mich sofort wieder nach draußen und lehnte mich neben der Kneipe an die Hauswand. Irgendwann musste er ja hier vorbeikommen. Spätestens morgen früh, um sich ein Baguette zum Frühstück zu holen. Die Nacht über könnte ich bei den Clochards da drüben lagern, obwohl die mir nicht sehr fremdenfreundlich aussahen. Als Einstieg hätte ich bestimmt eine Pulle Absinth gebraucht.
Ich musste hier ausharren. Volker war meine einzige Chance. Sonst kannte ich ja niemanden in dieser feindlichen Stadt.
Rudi hätte gesagt, dann lernst du eben jemanden kennen. Wie denn?
Mit meinen paar Brocken Schulfranzösisch. Wie hätte ich dieses hübsche rothaarige Mädchen mit den Sommersprossen ansprechen sollen, die jetzt auf den Eingang der Kneipe zusteuerte. »Comment allez-vous«, wörtlich übersetzt: »Wie gehen Sie?« Sie hatte einen schönen, selbstsicheren, weit ausgreifenden Gang. Ihr leichtes, im Gegenlicht fast durchsichtiges helles Sommerkleid presste der Wind gegen ihre Schenkel und ließ eine aufreizende Figur erahnen. Sie warf mir einen belustigten Blick aus grünen Augen zu, als sie neben mir in der Kneipe verschwand.
Sie sah mir nicht wie eine typische Französin aus. Mehr nordisch. Eine Irin oder Dänin. Vielleicht war das auch eine Deutsche? Ich ärgerte mich über meine Schüchternheit und versuchte, durch die Scheibe ins Innere zu sehen, beide Hände seitlich am Gesicht. Sie war nicht mehr da.

Jemand tippte mir mit dem Finger in den Rücken. Der Typ hielt meine irische Dänin im Arm, die in Wirklichkeit Holländerin war. Er mochte in meinem Alter sein. Sie hatte sich eng an ihn geschmiegt und rieb ihren Bauch an seiner Hüfte, beide Arme um seine linke Schulter verschränkt, während sie mich, mit ihrem Rotschopf an seiner Schulter, schräg von unten ansah.
Es gab wirklich keinen Grund, auf den eifersüchtig zu sein. Er war nicht ganz so lang wie ich. Zu eng stehende braune Augen, deren Unterlider etwas höher standen, als könnte er die auch nach oben zuklappen. Das gab ihm einen lauernden Ausdruck. Die langgezogene Nase endete kurz über einem schmalen Mund. Die eingefallenen Wangen ließen sein Gesicht noch länger wirken, das in einem kleinen, unentschlossenen Kinn endete. Ungepflegte Haare hingen ihm bis über die zu großen Ohren. Seine rechte Hand ließ er von ihrer Taille auf den Hintern rutschen, mit der er sie beruhigend tätschelte. Die linke hielt mit drei Fingern eine Zigarette, deren Rauch er mir ins Gesicht blies.
»Du suchst einen Volker aus München?« fragte er mich träge.
»Ja«, sagte ich erstaunt. »Er ist Maler. In München hieß er Graf Nikolai. Er muss hier wohnen.«
»Den gibt's hier nicht!« sagte er lauernd. »Was willst du denn von dem?« Dass sie nicht noch mit ihrem Schenkel seinen Hosenschlitz rieb, war alles. Sein Mädchen schien ihm auf die Nerven zu gehen. Mich machte sie eher nervös.
»Das ist ein alter Freund, der hat vielleicht einen Job für mich.«
Er befreite sich von ihrem Geschubbele, indem er ihr mit seiner großen schmutzigen Hand heftig an die Backe griff und sie damit wegschob. »Hol mir mal ein Sandwich, Schatz. Ich hab' hier was zu besprechen.«
Sie löste sich murrend und gab ihm mit der flachen Hand einen Kopfstüber. »Möchtest du lieber Wurst oder Schinken, Ronny?« fragte sie bockig.
Er lachte und entblößte längliche Zähne. »Von dir will ich lieber den Schinken.«
Sie drehte sich versöhnt lächelnd ab und verschwand in der Kneipe.

»Du bist also auch Maler«, sagte er und schaute auf meine Hände.
»Nee«, sagte ich und verschränkte die Arme. »Dann kennst du also den Volker?« hakte ich nach.
Er sah mich ausdruckslos an. »Hab' ich dir doch gesagt, den gibt's hier nicht!«
Damit warf er die nicht fertig gerauchte Zigarette auf den Boden, wo sie verführerisch vor meine Füße kullerte. Von dem würde ich keine Kippe aufheben, und wenn sie mich noch so anqualmte. Ich widerstand der Versuchung und trat sie mit einer kräftigen Drehung meines Fußes aus, bis nichts mehr von ihr übrig war.
»Und warum fragst du mich dann, warum ich nach dem frage, wenn du den gar nicht kennst?« Der musste doch irgendwas wissen!
»Ich hab' nicht gesagt, dass ich den nicht kenne. Ich hab' nur gesagt, den gibt's hier nicht mehr!« Also doch! Der kannte den Volker, dieser Schlaumeier!
»Erzähl mir doch keinen Keu! Ich hab' den doch vor ein paar Tagen noch getroffen.« Wurde ich jetzt patzig. Er grinste leicht.
»Mag ja sein, aber der heißt hier nicht mehr Volker oder Graf Nikolai.«
»Sondern?« Na endlich ließ der sich eine Information aus der langen Nase ziehen.
»Hier in Paris heißt er René de la Montagne. Mit dem Namen ist er hier berühmt. Da kannst du jeden fragen.«
Das hätte er mir ja gleich sagen können.
»Und wo wohnt er?«
»Gleich hier!« sagte er und zeigte auf die nächste Türe neben der Kneipe.
Na also! Dann hatte mich mein Gefühl nicht getrogen und ich war gerettet.
»Aber René ist nicht da«, sagte der Typ, der Ronny hieß. »Der ist nach Amsterdam zu einem Freund. Die ziehen da ein neues Geschäft auf.«
Er musste meine Verzweiflung gemerkt haben.
»Was machst du denn da so ein langes Gesicht? Was willst du überhaupt von dem?«

Seine rothaarige Freundin war mit dem Sandwich zurückgekommen und klemmte sich jetzt von der anderen Seite an ihn. Er klappte das Brot auf, schaute auf den Schinken und biss dann herzhaft hinein. Kauend sagte er: »Wenn du was von René willst, dann kannst du es auch mir sagen. Ich bin sein Stellvertreter!«

Jetzt war dieser schmatzende Ronny meine letzte Hoffnung.

»Ich ... ich ... wollte ihn eigentlich nur ... anpumpen. Für ein Sandwich oder so ...«, stotterte ich und starrte auf den Bissen, der in Ronnys Mund verschwand. »Ich hab' seit drei Tagen nichts gegessen.«

Er prustete los und verschluckte sich fast an dem Schinken, der ihm noch zwischen den Lippen hing.

»Du bist mir aber ein Heimchen«, lachte er mit offenem Mund und hieb mir mit der Hand, die das restliche Sandwich hielt, freundschaftlich auf die Schulter.

»Jetzt komm!« sagte die Rothaarige.

»Gleich«, sagte er und betrachtete mich wie einen exotischen Schmetterling, der sich im Asphaltdschungel verirrt hatte. »Willst du mich verarschen?«

Seine Augen wurden zu schmalen Schlitzen. Jetzt sah er aus wie eine Ratte. Und auch seine spöttisch grinsende Freundin hatte etwas zu große Schneidezähne.

»Bist du wirklich so dämlich oder tust du nur so! Glaubst du, irgend jemand hier gibt dir was zu fressen, wenn du nichts zu bieten hast? Geh nach Hause zu Mami, Kleiner!« sagte er noch und verschlang den Rest des Sandwichs. »Oder hast du was zu verkaufen?«

Ich zuckte mit den Schultern und fühlte mich plötzlich ganz klein, obwohl ich größer war als er. Aber er hatte die größere Erfahrung.

»Komm, Ronny, ich will in den Luxembourg«, drängelte die Rothaarige und lehnte sich jetzt an seinen Rücken, während sie ihn von hinten umarmte.

»Da ist es jetzt noch zu hell«, sagte Ronny und lutschte den Butterklecks vom Daumen. »Hast du ein Zimmer?« fragte er mich lauernd.

»Warum?« fragte ich misstrauisch.

»Jetzt frag nicht so blöd, Kleiner. Ich brauch' dein Zimmer für ein bis zwei Stunden, und dann kriegst du ein Sandwich. Kann der blöd fragen ...«, sagte er noch und drehte seinen Kopf grinsend zu Heather. »Also was ist?«
Wenn du glaubst, es geht nicht mehr, kommt von irgendwo ein Lichtlein her, hatte Rudi gesagt. So lief das also.
»Alles klar!« sagte ich und schluckte. »Aber bei mir ist nicht aufgeräumt!«

Das Sandwich bekam ich erst, als Ronny sicher sein konnte, dass mein Zimmer keine Finte war. Einen Treppenabsatz tiefer hatte ich mich mit weichen Knien niedergelassen und versuchte, langsam malmend jeden Bissen auszukosten. Aber bei jedem heftigen Laut aus meinem Zimmer, der durchs Treppenhaus hallte, zuckte ich zusammen. Lauschte nach unten, ob die alte Madame Rachou sich doch noch hochschleppen würde, um nachzusehen, was für eine Party wir zu dritt in meiner winzigen Bude feiern würden. Ich meinte, sie habe uns aus den Augenwinkeln hochschleichen sehen. Die schnellen Schritte, die ich unten auf der Treppe hörte, scheuchten mich auf.
Ich rannte die paar Stufen hoch und klopfte dreimal an meine Zimmertür.
»Sch ... Sch ... Scht ...!« zischte ich, so laut ich konnte, durchs Schlüsselloch.
Tatsächlich mussten sie mich gehört haben und waren plötzlich still. Ich hörte nur, wie der Schlüssel von innen zweimal umgedreht wurde.
Die Schritte im Treppenhaus kamen immer näher. Madame Rachou musste Verstärkung geholt haben, um mich endlich rauszuschmeißen. Ich kriegte von dem Sandwich keinen Bissen mehr runter. Mir fiel keine Ausrede ein. Ich hatte völlige Blutleere im Kopf.
Ich könnte sagen, ich hätte meinen Schlüssel vergessen. Aber jetzt hatte ich auch noch vergessen, was »vergessen« auf Französisch heißt.
Ich ging ihr ein paar Stufen entgegen und biss noch einmal ab. Bis ich den Bissen heruntergeschluckt hätte, müsste mir das

Wort »vergessen« wieder einfallen. Mit vollem Mund kann man ja nicht gleich sprechen.
»Bin ich aber froh, dass du mir nicht verhungert bist!« sagte Rudi außer Atem. »Ich hab' mir schon Sorgen gemacht.«
Ich war sprachlos. Mit vollem Mund kann man ja nicht gleich sprechen. Er war so trocken, dass ich den Bissen nicht sofort runterbekam. Hinter Rudi stand ein hübscher junger Mann, der mich mit blauen Augen anlächelte. Kauend starrte ich die beiden an.
»Bob! Das ist mein Sohn Gottfried«, sagte Rudi stolz.
Er kam die letzte Stufe hoch und stellte sich neben Rudi. Er war nicht viel größer als sie.
»Hallo«, sagte er und schaute zu mir hoch. »Hätte ich nicht gedacht, dass du so einen großen Sohn hast.«
Er streckte mir seine Hand entgegen. Ich ging die letzten beiden Stufen zu ihnen hinunter. Den Bissen im Mund schob ich auf die Seite.
»Hallo«, brachte ich undeutlich hervor.
Sein Händedruck war kraftvoll und sympathisch.
»Tut mir leid«, sagte ich schluckend. »Ich hab' Schweißhände.« Jetzt war der Bissen endlich runter.
»Macht nichts«, lachte er. »Das kenn' ich!«
Der war verdammt sympathisch mit seinem offenen Lachen und den blitzenden weißen Zähnen.
»Bob möchte uns zum Abendessen einladen. Ich will mich nur rasch frisch machen.« Rudi war an mir vorbei die zwei Stufen hochgestiegen.
Mein Hustenanfall war nicht gespielt. Ich musste einen Krümel in den falschen Hals bekommen haben. Mit hochrotem Kopf saß ich auf der Treppe und würgte. Rudi und Bob klopften mir besorgt auf den Rücken.
»Soll ich dir ein Glas Wasser holen?« fragte Rudi und eilte die paar Stufen hoch zu unserem Zimmer.
»Nee, lass mal«, keuchte ich. »Das geht schon.«
Ich bekam wieder einen Hustenanfall.
»Wolltest du gerade gehen?« fragte Rudi.
»Nee, wieso?« sagte ich und schaute zu ihr hoch, wie sie versuchte, die Tür zu öffnen.

»Weil du abgeschlossen hast!« sagte sie.
»Ja, komisch«, sagte ich und stand jetzt auch mit ihr vor der verschlossenen Tür. Dann sagte ich übertrieben laut: »Sonst lege ich den Schlüssel immer unter die zweite Stufe, wenn ich gehe!«
»Ja und diesmal?« Rudi sah mich irritiert an.
»Ja, diesmal hab' ich es vergessen!«
Rudi sah mich besorgt an.
»Ja, und wo ist jetzt der Schlüssel?«
Ich musste plötzlich lachen. Jetzt fiel es mir wieder ein.
»Oublier« hieß das Wort für »vergessen«, das ich vergessen hatte. Aber jetzt brauchte ich es nicht mehr. Mein Lachen wurde ein hysterisches Krächzen.
»Ich hab's einfach vergessen! Verstehst du?« Mir kamen vor Lachen die Tränen in die Augen. »Oublier! Verstehst du?«
»Dann gehen wir doch erst mal essen!« sagte Bob. »Dann fällt dir wieder ein, wo der Schlüssel ist.«
»Bestimmt!« sagte ich und fand den Bob unheimlich sympathisch. Dabei sah der so gut aus, dass der das gar nicht nötig hatte, Rudi und mich einzuladen.

Bob war Österreicher und hieß Robert Wagner. Er musste stinkreiche Eltern haben. Sein Sportwagencabrio, ein knallroter Oldtimer, erregte überall auf den Straßen Aufsehen. Und es war nicht leicht, in Paris aufzufallen. Wir zeigten uns erst einmal auf der Champs- Elysées.
»Bob will auch Schauspieler werden!« rief mir Rudi durch den Fahrtwind zu.
Das konnte ich gar nicht verstehen. Dieser reiche, gutaussehende, braungebrannte Typ war noch hübscher als James Dean, der konnte doch jedes Mädchen in seinen Flitzer einladen. Wozu wollte der dann auch noch Schauspieler werden?
»Wenn ich deine Figur hätte«, schrie er über die Schulter zurück, »und meinen Kopf drauf, dann könnte ich Weltkarriere machen!«
Er war wirklich ein bisschen klein für eine Weltkarriere, dachte ich damals. Aber beim Film sieht man das nicht so. Jahre später sah ich ihn auf der Leinwand wieder als Robinson Crusoe. Ein

amerikanischer Weltstar. Damals war ich nur stolz darauf, dass er mein langes Gerippe beneidete.
»Sollen wir ein bisschen Touristen jagen?« rief er lachend, nachdem wir den Arc de Triomphe umkreist hatten.
Der Fahrtwind verschlug mir den Atem. Bob fuhr laut hupend und wie ein König winkend auf dem straßenbreiten Bürgersteig die Champs-Elysées wieder hinunter. Die betuchten Flaneure und Touristen, die sich hier einen Café leisten konnten, hüpften rechts und links zur Seite und schauten uns mit offenem Maul hinterher. Das tat gut. Bob hatte einen Riesenspaß und gab Gas.
Lauthals schrie er: »Liberté! Egalité! Fraternité!«
Das Lachen verging mir nach dem zweiten Gendarmen, der auch sein Leben gerettet hatte und wie der erste mit aufgeblasenen Backen hinter uns hertrillerte. Wenn die uns erwischten, war es aus mit der Freiheit. Die war den Flics egal. Abschiebung. Deutschland. Dann sitzen wir brüderlich im Knast. Das war ja Wahnsinn, was der riskierte.
Ich machte mich auf dem Notsitz ganz klein. Bob floh mit quietschenden Reifen in die Avenue George V über die Pont de L'Alma und beendete die Amokfahrt mit seinem roten Renner erst auf dem Place de la Résistance, wo er nur noch im Schritttempo weiterschlich, auf das Armaturenbrett klopfte und grinsend sagte: »Toller Wagen, was?«
So ein Idiot, dachte ich und lächelte gequält.
»Hast du Schiss gehabt?« lachte Bob.
Ich schüttelte den Kopf und schaute verstohlen zurück. Keine Polizei weit und breit. Mir war schlecht vor Hunger. Auf dem Montparnasse direkt vor dem Restaurant »La Coupole« ließen wir die rote Bombe stehen. Bob schien keine Angst vor der Obrigkeit zu kennen. Das imponierte mir. Das musste die Selbstsicherheit der Reichen sein, auch wenn sie etwas zu klein geraten waren. Aber gerade die sollte man nicht unterschätzen.

Bob bestellte gleich eine Flasche Champagner und für jeden von uns eine große Platte Fruits de Mer. Das waren riesige Dreiertürme, die man drehen konnte, voller Eis, gespickt mit

den merkwürdigsten Schalentieren. Oben drauf ein roter toter Hummer. Alle Sorten von Schnecken und Massen riesiger Muscheln, in denen ein graues Geglibber lag.
»Ganz frische Austern!« sagte Bob, träufelte Zitrone darauf und schlürfte aus der Schale das Zeug mit einem Zug weg.
»Hhmmm«, schmatzte er begeistert nach.
Das war ein Mann von Welt. Nicht wie Herr Rietell, der erst Vorträge hält über roten und weißen Wein, wir kippten hier gleich den Schampus. Allerdings hätte ich lieber eine Cola gehabt. So ein Champagner schmeckt ja mehr nach einer abgestandenen Limo und das Prickeln auf leerem Magen tat mir auch nicht so gut. Außerdem rochen diese ganzen Leckereien etwas fischig.
Aber ich wollte Bob nicht enttäuschen und versuchte ihm nachzueifern. Mit geblähten Nüstern, ohne zu atmen, ergriff ich die Auster, träufelte Zitrone auf die rotzähnliche Masse, schloss die Augen, aber mir blieb der Schleim im Halse stecken. Corinna fiel mir wieder ein, und der Janek, mein Vater, und der Rotwein, das Heim. Jetzt endlich waren wir aus dem ganzen Schlamassel raus, und ich würgte an einer Auster.
Die Hand vor den Mund gepresst eilte ich an den langen Reihen der Tische entlang, stolperte die Treppen hinunter, vorbei an der Garderobe, erkannte im letzten Moment meinen Irrtum, als ich eine Dame vor einem Spiegel sah, die mich – die Lippen erst halb geschminkt – mit offenem Mund und fast herausspringenden Augen anstarrte, um endlich in dem daneben liegenden Raum fast einen schwarz gekleideten Herrn umrennend, der noch schüttelnd vor dem Pissoir verweilte, die einzige Tür zu finden, auf der nicht »occupez« stand, beugte mich erleichternd über die Schüssel und spie krampfartig nur Magensaft aus, während ich gleichzeitig die Rettungsleine der Wasserspülung zog. Ich war froh, dass sich die Franzosen in besseren Restaurants unserer deutschen, empfindsameren sanitären Mentalität angeglichen hatten.
Hier konnte man erleichtert, als sei nichts geschehen, vor dem Abort knien und beruhigt dem Rauschen des Wassers lauschen, das alles Schlechte weggespült hatte, so dass es auf dem weißen Grund nur noch ein sauberes Bächlein übrig ließ, das

sich zu einem klaren See sammelte, bis auch dieses springende Brünnlein verstummt war und man sich nur noch von Angesicht zu Angesicht spiegelte.

Blass und zittrig ging ich wieder durch die langen Reihen der Speisenden zurück. Mein Magen revoltierte schon wieder. Aber mangels Masse beruhigte er sich. Bob hatte nichts dagegen, dass ich seine großzügige Einladung verschmähte und lieber nur eine klare Suppe und ein Tellerchen Pommes verzehrte. Um meinen Magen zu besänftigen, schaute ich den anderen lieber nicht beim Essen zu, sondern betrachtete die eckigen Säulen des Restaurants. Ringsum waren darauf Bilder gemalt.

Vor längerer Zeit hatten hier hungernde Maler gegen ein Süppchen die Säulen bemalt, erzählte Bob. Heute waren diese Gemälde die Attraktion dieses feinen Restaurants, das sichtlich auch schon mal schlechtere Zeiten gesehen hatte. Der Ronny hatte recht. Irgend etwas musste man können oder verkaufen, um in dieser mitleidlosen Stadt nicht zu verhungern. Und ich hatte nichts und konnte nichts. Ich schaute Rudi wütend zu, wie sie dem Hummer die Knochen brach und sie genüsslich auslutschte. Sie hatte nie Probleme und fand immer einen Ausweg. Aber ich wäre fast krepiert ohne sie. Doch so was kriegte die gar nicht mit in ihrer Abenteuerwut.

»Was hast du denn in den Tagen Tolles erlebt, während ich hier am Verhungern war?«

Sie sah mich mit ihrem Rehblick erschrocken an.

Es täte ihr unendlich leid, sagte Rudi, dass sie mich diese drei Tage habe allein lassen müssen, ohne Geld und ohne Nachricht, aber sie habe fest damit gerechnet, am nächsten Morgen wieder zurück zu sein, nachdem sie die Gelegenheit genutzt hätte, mit Sam zur holländischen Grenze zu fahren, um ihren Touristenstempel im Pass zu erneuern.

Sam sei in Holland geblieben, um sich von der Qualität seiner Fotos zu überzeugen, die eine kleine Druckerei in einem schmalen Kunstband druckte. Um den Vertrieb wolle er sich selber kümmern und vielleicht wäre für uns auch eine Möglichkeit, in

das Geschäft mit einzusteigen, habe er angedeutet. Er habe gewollt, dass sie mitkäme, um ihr schon einmal einen Vorschuss zu geben. Aber sie sei trotzdem an der Grenze sofort umgekehrt, um mich nicht so lange allein zu lassen, und Richtung Paris getrampt.
»Ja, und wo warst du die drei Tage?« fragte ich böse und verdrückte die letzten Pommes.
Das wolle sie doch gerade erzählen, sagte sie mit einem hilflosen Blick zu Bob. Ich verstummte und versuchte zuzuhören.
Als es aber schon Nacht geworden sei und es angefangen habe zu regnen, habe sie sich mit schlechtem Gewissen, da sie ja gewusst hätte, ich sei hilflos allein in Paris, in einem kleinen Kaff nach einer Schlafstelle umgesehen, hoffend, dass ich, zwar mit knurrendem Magen, diese Nacht schon ohne sie überstehen würde. Eine kleine Jugendherberge habe ihr nach langem Bitten und Betteln ausnahmsweise gnädig ein Feldbett mit Decke zur Verfügung gestellt. Deshalb habe sie auch kein schlechtes Gewissen gehabt, als sie am nächsten Morgen, fast noch zu nachtschlafender Zeit, rauh aus der Herberge verwiesen wurde, eine zusammengerollte Decke mitzunehmen, da sie nicht mit leeren Händen zu ihrem kleinen hungernden Bübchen zurückkehren wollte.
»Ja, und warum bist du nicht zu deinem kleinen hungernden Bübchen zurückgekehrt?« konnte ich nicht an mich halten.
Das Spannende käme doch jetzt, das wolle sie mir doch gerade erzählen, wenn ich sie nicht immer unterbrechen würde. Leider habe sie übersehen, erzählte sie kichernd, dass am unteren Rand der Decke der Name der Jugendherberge eingestickt war mit den Worten »Volé de l'Auberge de jeunesse ...«
»Ja und dann?« fragte ich genervt und überlegte, ob ich noch einen Teller Pommes verkraftete. Ihre Geschichten nahmen einfach kein Ende, wenn sie von ihren romantischen Abenteuern erzählte.
»Dann war ich im Knast!« sagte Rudi lachend. »Stell dir vor! Wegen einer Decke, die nicht mal zehn Mark wert ist!«
Jetzt wurde mir schon wieder schlecht, diesmal vor Schreck.

»Ja spinnst du denn?« sagte ich wütend. »Wie kann man denn so blöde sein, aus einer Jugendherberge eine Decke klauen!«
»Was hätte ich denn machen sollen?« fragte sie großäugig. »Ich wusste doch, dass mein armer Kleiner mit hungrigem Magen im Bett liegt und auf mich wartet. Ich wollte dir eine Freude machen, wenn du aufwachst.«
Jetzt hatte sie schon wieder Tränen der verfolgten Unschuld in den Augen. Aber ich ließ mich davon nicht rühren.
»Und warum lässt du mich drei Tage Kohldampf schieben, bis ich fast verrecke?«
»Jetzt schnauz mal die Ruth nicht so an,« sagte Bob vermittelnd. »Sie wollte doch nur das Beste für dich.«
»Das überlass mal mir, wie ich mit meiner Mutter rede. Ich kenne sie länger als du!«
»Okay, okay«, sagte Bob und lehnte sich amüsiert zurück.
Ich starrte bockig auf den leeren Teller. Den Nachschlag hatte ich mir jetzt versaut. Rudi nahm vorsichtig meine Hand.
»Schau mal, Goddi. Das hat mir fast das Herz gebrochen, als die mich nicht wieder freilassen wollten. So blöde, spießige Dorfgendarmen. Wegen einer Decke! Entweder Strafe bezahlen oder die Strafe im Gefängnis absitzen bei Wasser und Brot.«
»Immerhin!« zischte ich zwischen den Zähnen.
»Die wollten mich sogar nach Deutschland abschieben als kriminelle Diebin!«
Jetzt war mir doch mulmig. Wahrscheinlich hatte sie diesmal nicht übertrieben.
»Und warum hast du mir nicht wenigstens eine Nachricht geschickt. Ein Telegramm oder so was?«
»Ja, wovon denn?« sagte sie und wischte sich eine Träne aus den Augenwinkeln. »Von Läusebeene?«
Jetzt lachte sie wieder und ich musste auch grinsen. Das war eine blöde Frage von mir.
»Na also!« sagte Bob. »Jetzt ist ja alles wieder gut!«
Rudi war erleichtert. »Ich bin ja bloß froh, dass du die Zeit so gut überstanden hast. Ein bisschen Abenteuer gehört im Leben dazu. War doch alles halb so schlimm. Bist eben doch der Sohn deiner Mutter!«

Ich spürte schon wieder, wie mir die Wut in den Kopf stieg, und wollte widersprechen.
»Ja, bist du verhungert? Oder hast du was zu essen aufgetrieben?« Sie sah mich stolz an.
Da hatte sie wieder recht. Wahrscheinlich war ich doch der Sohn meiner Mutter. Die mussten in meinem Zimmer längst fertig sein, sogar mit der Zigarette danach, wie man es immer in den Filmen sieht.
»Hast du mal eine Zigarette?« fragte ich Bob.
»Rauch nicht soviel!« sagte Rudi. »Das schadet deiner Gesundheit. Der Bob hat schon die ganze Fahrt bis hierher gequalmt.«
Jetzt reichte mir aber die ganze Bevormutterung. Zu blöd, eine Decke zu klauen, und dann noch Vorhaltungen.
»Jetzt fangt doch nicht schon wieder an«, sagte Bob und gab mir eine Zigarette. »Ihr seid ja wie ein altes Ehepaar. Ich lade euch zur Versöhnung gegenüber ins »Select« ein. Das war das Stammcafé, in dem Hemingway gesoffen hat, als er in Paris war.«
»Au ja!« sagte Rudi. »Aber ich trinke keinen Alkohol, nur Kaffee.«
»Na klar«, sagte Bob.
Der Bob war ein echt netter Kerl. Der hätte ein Freund von mir werden können. Im Café »Select« merkte ich, dass er von so vielen Freunden umgeben war, dass er meine schüchterne Zuneigung gar nicht bemerkte. Dann eben nicht, dachte ich. Ich brauche sowieso keine Freunde.
Hier schienen sich alle untereinander zu kennen. Auch René, der Maler, war denen bekannt. Alle wussten, dass er morgen aus Amsterdam zurückerwartet wurde. Wenn man die richtigen Leute kennenlernte, verwandelte sich Paris plötzlich in ein richtiges Dorf. Rudi und ich wurden neugierig in die Gemeinschaft aufgenommen.
Hemingway hatte sich einen guten Ort ausgesucht. Plötzlich fühlte ich mich nicht mehr so allein und fremd in dieser Stadt. An diesem Abend lernte ich noch Jesus kennen und Phil und Frank und Go und Theo und die vielen anderen, deren Namen ich erst mal nicht behalten konnte. Bob kannte sie alle und war

der Mittelpunkt. Aber an diesem Abend war Rudi der Star mit ihrer abenteuerlichen Geschichte. Gegen ein Uhr morgens fuhr Bob uns nach Hause in die Rue Git-le-Cœur.
Na bitte! Wie nicht anders zu erwarten, da lag er ja unter der zweiten Stufe. Der Schlüssel! Wie hatte ich das bloß vergessen können. »Oublier« hieß das Wort.
Erschöpft schliefen Rudi und ich erst mal unsere Abenteuer aus. Nachts wachte ich panisch auf. Aber ich hatte nicht geträumt. Meine Mutter war wirklich wieder da.

Die Morgensonne glitzerte auf der Seine. Die Tauben flatterten um uns herum und kämpften um jeden Brotkrumen.
»Und wenn dir was Schlimmes passiert wäre?«
»Aber Goddi, was soll mir denn schon passieren.«
»Die wollten dich doch nach Deutschland abschieben.«
»Ham se aber nicht!«
»Aber wenn!«
»Jetzt mach dir doch keine Sorgen um mich über hätte und wäre.«
»Dann wäre ich hier ganz allein gewesen.«
»Ich lass' dich nie wieder allein, Goddi, das verspreche ich dir!«
»Auf deine Versprechen pfeife ich, auf die kann ich mich ja doch nicht verlassen!«
»Du bist ungerecht.«
»Ich bin nicht ungerecht, ich hab' Schiss, verdammt noch mal!«
»Wovor hast du denn Schiss?«
»Dass du mal nicht mehr da bist.«
»Aber ich werde doch immer für dich dasein.«
»Du hättest ja auch tot sein können!«
»Mein kleiner Angsthase, so schnell ist man nicht tot. Und ich schon gar nicht!«
»Und was hätte ich dann gemacht?«
»Du oller Pessimist. Wenn du immer so negativ denkst. Man kann auch in der Badewanne ertrinken!«
»Das ist doch wieder typisch. Völlig unrealistisch!«
»Nein! Du bist unrealistisch, Goddi. Andere in deinem Alter

würden dich beneiden. Sitzen wir jetzt hier mitten in Paris fröhlich in der Morgensonne an der Seine und füttern die Tauben? Na also! Was willst du mehr?«

»Was hat denn das mit einer Badewanne zu tun? Wir haben doch überhaupt keine!«

»Wieso willst du denn auf einmal 'ne Badewanne. Du machst es einem aber auch wirklich nicht leicht. Wenn du eine Wanne willst, dann müssen wir eben schauen, dass wir ein größeres Zimmer kriegen.«

»Ich hab' nicht gesagt, ich will eine Badewanne ... Ich hab' gesagt, wir haben überhaupt keine!«

»Ja eben!«

»Na ja, das ist ja mal wieder typisch. Weibliche Logik! Du verstehst mich überhaupt nicht!«

»Wenn ich dich nicht verstehe, dann musst du eben mit einem Mann reden. Der versteht dich vielleicht.«

»Das werde ich auch!«

»Die sind ja so realistisch.«

»Auf jeden Fall drehen die einem nicht das Wort im Mund rum.«

»Also wenn du unbedingt eine Badewanne willst, dann kriegst du eine. Versprochen!«

»Nee, danke! Dass ich darin versaufe? Fütter lieber deine Tauben!«

»Das werde ich auch!«

Immer musste sie das letzte Wort haben. Ich musste mich unbedingt von dieser Mutterglucke befreien. Vielleicht konnte Volker mir weiterhelfen.

Er war gar nicht erstaunt, als ich plötzlich im Café auftauchte. Ich setzte mich zu ihm. Er bot mir eine Celtique an. Was für ein Zufall. Ich käme gerade recht. Er schaute sich suchend um. Länger könne er nicht mehr auf Ronny warten. Wenn ich Lust hätte, könne ich mir etwas Geld verdienen.

»Brauchst du jemanden, der dir Modell steht?« fragte ich grinsend.

»Nein, ich brauche jemanden, der Schmiere steht.«

Ich zündete mir mit meinem neuen Feuerzeug die Zigarette an. Das war starker Tobak!
»Machst du mit?«
Das gelbe Maispapier brannte nicht gut. Er stand auf.
»Klaro!« sagte ich und zündete die Zigarette wieder an.
Volker drückte mir eine Schuhschachtel unter den Arm. Wir gingen los. Vorbei am Panthéon. Schräg gegenüber an der Ecke standen zwei Polizisten vor einem Portal Wache. Die Flics beobachteten uns misstrauisch, die Maschinenpistolen an der Hüfte im Anschlag. Obwohl wir nicht wie algerische Terroristen aussahen, überquerten wir eilig den leeren Platz. Vielleicht dachten die, ich hätte in der Schuhschachtel eine Bombe unterm Arm.
Vom Jardin de Luxembourg gingen wir den Boul Mich hinunter Richtung Seine. Vor der Kreuzung zum Saint-Germain blieb Volker, mitten im Strom der Passanten, plötzlich stehen. Er starrte auf den Boden, als ob er etwas verloren hätte. Ich konnte auf dem grauen Asphalt nichts Besonderes entdecken.
Die Leute liefen irritiert an uns vorbei. Volker hockte sich jetzt hin und strich mit seiner Hand prüfend über den Boden.
Die Passanten machten einen großen Bogen um diesen Irren. Ich hatte mich mit der Schuhschachtel an die Seite verdrückt und sah ihm peinlich berührt zu, wie er anfing, mit seiner Hand den Straßenstaub auf dem Asphalt wegzuwischen. Ein paar Leute blieben kichernd stehen.
Ich sah mich um. Keine Flics weit und breit.
Volker sprang plötzlich auf, warf seine Haare in den Nacken und ging ungeachtet der Leute, die sich vorbeidrängten, rückwärts einige Schritte zurück. Die Menschen wichen ihm verwundert aus. Als er neben mir angelangt war, nahm er die Schuhschachtel, hob sie hoch wie eine Opfergabe und schloss die Augen. Jetzt blieben immer mehr Menschen stehen und sahen ihm erwartungsvoll zu. Volker ging wieder ein paar Schritte vor zu der Stelle, an der er den Boden gesäubert hatte. Behutsam stellte er die Schuhschachtel auf den Asphalt. Dann kniete er sich davor nieder und hob den Deckel an. Wir schauten alle gebannt zu. Er drehte den Deckel, dessen Innenseite mit roten Buchstaben beschriftet war, um und legte ihn neben die

Schachtel. Die Umstehenden rückten näher, um die Inschrift zu lesen.
Volker stand plötzlich auf und breitete die Arme aus. Alle wichen vor ihm zurück. Ein Kreis bildete sich um ihn. Er hob langsam den rechten Arm und hielt zwischen den Fingern, wie eine weiße Blüte zum Himmel gereckt, ein Stück Kreide.
So blieb er einen Moment andächtig stehen. Erst jetzt konnte ich zwischen den Beinen der Umstehenden die rote Inschrift auf dem Deckel der Schuhschachtel entziffern: »Création d'une image. Merci«.
Mit vier schnellen, entschiedenen Strichen rahmte er mit weißer Kreide die Schuhschachtel auf dem dunklen Boden in einem großen Viereck ein.
Der Strom der Passanten stockte. Niemand wagte den Kreidestrich zu überschreiten. Ein magischer Freiraum war um die Schuhschachtel geschaffen, aus der bunt die verschiedensten Farben der Kreidestücke leuchteten.
Volker begann nun mit schnellen Strichen wie besessen in den rechten oberen Rand einen Frauenkopf zu skizzieren. Auf den Knien rutschend zeichnete er erst ein Kreuz, dann die Augen, die Nase, den Mund, das Oval des Gesichts, die Umrisse einer liegenden Frau, halb aufgerichtet, bekleidet mit einem wallenden Gewand. Eine bergige Landschaft im Hintergrund. Vor ihr, noch halb auf dem fließenden Kleid, eine Schale mit Früchten. Ohne auf die Geldstücke zu achten, die hinter ihm in den Deckel geworfen wurden, vollendete er die Skizze. Ganz Malergenie reckte er sich und betrachtete kunstversunken sein Werk. Die Touristen zückten ihre Kameras, um das Abbild des Bildes zu besitzen. Ich staunte fasziniert, wie viele Leute ihn umringten. Plötzlich entdeckte ich über den Köpfen der Zuschauer die steifen Hüte zweier Flics.
»Volker!« rief ich unterdrückt.
Volker drehte sich zu mir um und sah mich mit glasigen Augen fremd an.
»Je suis René de la Montagne!« sagte er laut genug für die Umstehenden. Plötzlich stockte er. »Bloß weg!« zischte er mir zu, raffte die Münzen aus dem Deckel und rannte los.
Ich flitzte hinter ihm her.

Um die Ecke war eine Metrostation, in die wir abtauchten. Eine Station weiter am Odéon tauchten wir wieder auf. Wir gingen ein paar Schritte zum Carrefour de l'Odéon und setzten uns in das Café »Monaco«. Dort zählten wir das Geld und häuften die verschiedenen Münzen zu kleinen Türmen. Der rotblonde Kellner Robert schien der einzige Franzose hier zwischen den englisch sprechenden Gästen zu sein. Er kannte René schon und wechselte das Kleingeld in Scheine.
René ließ mir viertausend Francs. Das war nicht schlecht. Wenn ich fünfmal mit ihm auf die Straße ginge, könnte ich Madame Rachou die Miete für eine Woche zahlen.
Volker, den hier alle nur als René kannten, stand auf und ging zu einem Fach neben der Theke. Dort waren Briefe und Zettel gestapelt. Er blätterte sie durch und kam kopfschüttelnd zurück.
»Ich lass' mir auch meine Post hierher schicken wie die anderen. Leider noch keine Nachricht von meinem Freund. Michel wollte mir sofort Bescheid geben, wie es geklappt hat. Er ist in Amsterdam und versucht da Bilder aufs Pflaster zu malen. Die Holländer kennen das noch nicht. Aber wenn erst mal ein Foto in der Zeitung ist, kapieren die auch diese neue Kunstform. Hier in Paris war es dasselbe. Bloß, die holländische Polizei ist nicht so streng.«
»Ist das denn verboten?« fragte ich und sah mich in dem kleinen Café um. Die Wände waren gelb gestrichen. Auf der Straße standen Stühle und kleine Tischchen in einer Reihe. Von da aus konnte man ganz hinten das Theater Odéon sehen.
»Deux Calvados«, rief René Robert zu.
»Michel kann sich in Paris nicht mehr blicken lassen. Der wird sofort verhaftet. Er hat das Pflastermalen erfunden, als er kein Geld mehr hatte, um sich neue Leinwand zu kaufen. Die Polizei ist sauer. Beschmieren öffentlichen Eigentums.« René lachte und entblößte seine Zahnlücke. »Außer mir gibt es schon fünf andere Maler, die in der Stadt auf der Straße zeichnen. Aber bei Ausländern sind die nicht so streng.«
Er prostete mir zu. Das Zeug brannte im Magen. So was hatte ich noch nie getrunken. Aber schließlich wollte ich ein Mann

sein und keine Memme. Hustend fragte ich ihn: »Und was passiert, wenn sie dich erwischen?«
René lachte wieder und wischte die Tropfen von seinem Schnauzer.
»Das erste Mal halten sie dich zwei Stunden fest, dann lassen sie dich wieder laufen.«
»Und das zweite Mal?« Ich trank den Rest aus dem kleinen Glas. Mir wurde ganz warm.
»Das zweite Mal sperren sie dich vier Stunden ein und so weiter. Das ist wie auf einem Schachbrett, wenn du auf ein Feld zwei Reiskörner legst und bei jedem weiteren Feld die Zahl der Körner verdoppelst.«
Meine Ohren wurden ganz heiß. Das war mir zu kompliziert.
»Beim dritten Mal sitz' ich ja schon acht Stunden im Knast.«
»Schlaues Bürschchen«, sagte René. »Aber nur, wenn du blöd bist.«
Er bestellte noch mal zwei Calvados.
»Und wenn ich nicht blöd bin?«
Er lehnte sich grinsend zurück. »Dann gehst du einfach auf die andere Straßenseite.«
Ich musste ganz schön blöde geguckt haben, denn er lachte laut auf. Ich kippte männlich das Gesöff mit einem Schluck runter. Das Zeug wirkte sofort. Mir wurde ganz dusselig im Kopf. René beugte sich vor und winkte mich zu sich heran. »Wenn du es den anderen nicht verrätst, sag' ich dir, wie es geht.«
Seine Augen verschwammen, so dicht vor meinem Gesicht. Ich versuchte, mich zu konzentrieren.
»Ehrenwort. Ich kenn' die doch gar nicht«, flüsterte ich.
Er kam dicht an mein Ohr.
»Die Flics sind blöde. Die sind nur zuständig für ihren Bezirk. Wenn sie dich im Sechsten schnappen, gehst du über die Straße in den fünften Bezirk. Na?«
Meine Zunge wurde schwer.
»Und dann fängt alles das Zählen von vorne an?« Ich versuchte mühsam, mein Lallen zu unterdrücken. »Wieviel Bezirke hat Berlin überhaupt«, sagte ich hochkonzentriert. »Nee, ich meine Paris?«

René hatte seine vier Augen auf mich gerichtet.
Breit grinsend sagte er: »Paris hat zwanzig Arrondissements!«
Ihm schienen noch mehr Zähne ausgefallen zu sein.
»So viel Arronements?«
Ich kniepte ein Auge zu und sah jetzt nicht mehr doppelt.
»Toll, nicht?« sagte René und zwinkerte mit einem Auge vertrauensvoll zurück. »Trinken wir noch einen?«
Ich hatte meinen Kopf auf meine Hand gestützt und nickte. Dabei rutschte mir der Ellenbogen von der Tischkante.
»Klaro, klar!« sagte ich und war stolz, dass mir mein Freund dieses Geheimnis anvertraut hatte. »Auf zwei Beinen kann man nicht stehen.«

Am nächsten Morgen konnte ich mich nicht erinnern, wie ich in mein Bett gefunden hatte. Ich hatte starke Kopfschmerzen. Rudi war schon länger wach. Sie legte mir kalte Handtücher auf die Stirn.
»Ich mach' mir wirklich Sorgen«, sagte sie vorsichtig. »Ich weiß ja, dass Kinder nie auf ihre Eltern hören, aber trotzdem bin ich ja deine Mutter. Du brauchst jetzt nichts zu sagen. Aber ich muss wenigstens versuchen, dir einen Rat zu geben.«
Mir war übel und die Kopfschmerzen ließen mir keine andere Wahl. Also ließ ich sie labern.
»Ich möchte nicht, dass du in schlechte Gesellschaft gerätst. Du rauchst wie ein Schlot und jetzt hast du auch noch Alkohol getrunken.«
Ihre Übertreibungen gingen mir besonders jetzt auf den Geist. Ich zog das nasse Handtuch über die Augen.
»Du bist doch noch so jung. Willst du dir wie Janek deine Gesundheit ruinieren? Du musst doch auch an deine Zukunft denken.«
Das hatte sie ja noch nie gesagt. Und seit wann dachte sie denn an die Zukunft. Wahrscheinlich machte sie sich wirklich Sorgen. Ich lugte mit einem halbgeschlossenen Auge unter dem Handtuch hervor. Sie schaute mit leerem Ausdruck vor sich hin.

»Ich mach' bestimmt vieles falsch und Kinder, besonders in deinem schwierigen Alter, machen immer das Gegenteil von dem, was man ihnen rät. Aber glaub mir, nur weil ich nicht rauche und nicht trinke, solltest du nicht aus Trotz das Gegenteil tun. Das ist schlecht für dich.«
Was sollte das blöde Gequatsche, mir war ja schon schlecht.
»Und die Leute, die du da kennengelernt hast, die sind kein guter Umgang für dich. Die sind vielleicht sogar gefährlich.«
Ach darauf wollte sie hinaus. Mich mit Moralwarnungen einnebeln, um mich von meinen Freunden abzuhalten. Ich zog das Handtuch ganz über das Gesicht.
»Hörst du mir überhaupt zu?«
Ich sog das nasse Handtuch über meinem Kopf mit dem Mund ein. Wahrscheinlich sah ich jetzt aus wie eine Mumie.
»Jetzt lass doch den Quatsch! Ich meine es ernst. Wo hast du überhaupt das Geld her, das hier heute nacht auf dem Boden rumgekullert ist?«
Au weia. Das hatte ich ganz verschwitzt. Ich war ja mit Volker verabredet. Ich riss mir das Handtuch vom Kopf und sprang auf. Rudi sah mich erschrocken an. Während ich meine Jeans schnell anzog, sagte ich: »Das ist für dich! Ein Vorschuss auf mein erstes selbstverdientes Geld!«
Rudi schien nicht sehr erfreut zu sein. Wahrscheinlich hätte sie lieber weiter die hilflose Mumie bemuttert. Aber jetzt war ich selbständig. Ich stopfte das Hemd in die Hose. »Das hab' ich mit Malerei verdient!«
»Da bin ich aber froh!« sagte Rudi irritiert. »Ich hatte schon gefürchtet...«
»Nee, nee, nix Zappzerapp! Mach dir mal um mich keine Sorgen. Man kann auch in der Badewanne ersaufen.«
Ich hatte mir die Turnschuhe zugebunden und war schon in der Tür.
»Dann bist du ja doch ein echter Künstler!« sagte Rudi stolz.
So ein Quatsch, das war harte Arbeit auf den Knien im Staub.
»Wo rennst du denn hin?« hörte ich sie noch rufen.
Aber ich raste schon die Treppen runter. Ich musste meiner Mutter doch keine Rechenschaft ablegen.

Ich lief, so schnell ich konnte, in Richtung Place de la Contrescarpe.
Das war meine einzige Chance. Auf keinen Fall durfte ich zu spät kommen. Zeit bekam plötzlich eine Bedeutung. Nur kurz verschnaufte ich, bis das Seitenstechen vorbei war. Das musste der Stress sein, von dem Geschäftsleute erzählten. Termine einhalten. Pünktlichkeit. Um so was hatte ich mich mein Leben lang nicht gekümmert. Wozu auch. Die Zeit war mir eh lang und ging nicht vorbei. Wenn man immer nur auf etwas wartet, ein Leben lang. Jetzt war sie plötzlich knapp und ich versuchte, sie einzuholen. Mein Herz pochte vor Anstrengung.
Die Angst, zu langsam und zu spät zu sein, wenn man wohin rennt, war bei weitem angenehmer als die Angst, zu langsam und zu spät zu sein, wenn man vor etwas wegrennt. Die eine Angst hat ein Ziel, aber die andere Angst hat kein Ende. Und ich hatte ein Ziel. Endlich gehörte ich auch zu den eiligen Menschen, die nicht rechts und nicht links schauen und ihre Umgebung kaum mehr wahrnehmen. Rücksichtslos rannte ich fast den Clochard um, der sich nach einer Kippe bückte. Die Konkurrenz schläft nicht. Und die hieß Ronny. Um zehn war ich mit Volker verabredet. Schnaufend sah ich aus den Augenwinkeln das einzig Wichtige. Den Zeiger einer Uhr. Er sprang hetzend von dem dritten auf den zweiten Strich vor der Zwölf. Ich hatte es geschafft. Mein Ziel erreicht. Und war trotzdem zu spät.
Ronny stand vor der Tür. Mit langem Gesicht. Beide Arme versperrten den Eingang zum Aufgang zu Volkers kleinem Atelier. Keuchend stützte ich mich auf die Knie und sah zu ihm auf.
»Du bist zu spät«, sagte er ohne Triumph.
»Bin ich nicht!« japste ich.
»Leider doch!« sagte er und sah mich mitleidig an.
»Ist der Volker nicht mehr da?« Ich richtete mich auf und stemmte die Arme in die Hüften.
»Doch«, sagte Ronny.
»Dann lass mich durch!« Ich war bereit zum Kampf.
»Besser für dich, du siehst ihn nicht und ziehst Leine!«
Ich zitterte vor Anspannung. Jetzt kam es drauf an. Er oder ich!

Ich starrte ihm in die Augen. Er hielt meinem wild entschlossenen Blick nicht stand und schaute an mir vorbei.
»Wie du willst«, sagte er und gab den Eingang frei. Ich hatte gewonnen!
»Die Flics müssen jeden Moment hiersein!«
Damit hatte er mir den Boden unter den Füßen weggezogen, der Schlaumeier.
»Warum das denn?« fragte ich skeptisch und sah mich trotzdem suchend um.
»O ... die ... «, sagte er langgezogen und fingerte mit zitternden Händen eine Zigarette aus der Packung. Das weiße Stäbchen hing ihm schräg im Mundwinkel. Dann bot er mir auch eine an.
»Was heißt das denn?« fragte ich, während ich zögernd sein Angebot annahm. Eine Finte erwartend.
»Das nennen die Amis so, Overdosis. OD. Der goldene Schuss. Das war's. Hast du mal ein Feuer?«
Die Zigarette wackelte in seinem Mundwinkel und er musste sie festhalten. Wie ein Automat schnippte ich mein Legionärsfeuerzeug auf und hielt die brennende Flamme unter seine Zigarette. Sie mit den Fingerspitzen beider Hände festhaltend zog er daran und blies den Rauch kräftig aus.
»Ich hab' ihn gefunden. In der Sitzbadewanne. Das Wasser war schon kalt.« Er hustete. »So ist das Leben. Scheiße!«
Er warf die Zigarette weg.
»Komm, lass uns abhauen. Die sind gleich da!«
Manchmal war wegrennen doch besser.

Ronny hatte wohl auch Dreck am Stecken. Ich rannte zurück zu Mami. Sie hatte recht. Man konnte auch in der Badewanne ersaufen. Ronny musste ich mein Ehrenwort geben, dass wir mit niemandem darüber sprechen würden. Es war so, als hätte Volker nie existiert. Als sei er ein Phantom gewesen, das mir mal im Traum erschienen war. Niemand vermisste ihn wirklich. Außer mir. Vielleicht war er wieder mal in Amsterdam oder auch nach Deutschland zurückgekehrt. Aus den Augen, aus dem Sinn.

In dieser Stadt entwickelten sich keine Freundschaften. Unter uns Ausgestoßenen gab es nur flüchtige Zweckgemeinschaften. Jeder war sich selbst der Nächste. Niemand fragte, woher oder wohin. Es gab nur das Jetzt. Ohne Warum. Man war einfach hier. Und überlebte. Ich war ohne Orientierung. Und vegetierte von einem Tag zum anderen. Schlief bis in die Nachmittage hinein und schleppte mich dann ins »Monaco«. Die kleinen Teller, die bei jeder Bestellung auf das Tischchen gestellt wurden, häuften sich vor mir. Gelähmt wartete ich als Pfand, bis meine Vogelmutti mich irgendwann im Laufe des Abends auslöste. Wie früher. Hier brauchten wir keinen gefährlichen Kellnerwechsel zu fürchten. Robert kannte uns schon. Er arbeitete von morgens bis abends und manchmal gab er uns auch für einen Tag Kredit.
In dieser Zeit des Wartens fühlte ich mich lebendig begraben. Dieses gelbgestrichene Café war mein persönliches Fegefeuer. Neidisch betrachtete ich die Menschen, die kamen und gingen. Ich war meines eintönigen Lebens müde. Ich war zwar frei, aber gefesselt an diesen Ort.
Manchmal kam ich mit anderen Ausländern ins Gespräch und lernte in Paris erst einmal Englisch. Das war hier die Sprache der Außenseiter. Bekannte kamen vorbei und besuchten mich in meinem neuen Gefängnis. Ronny und Heather. Oder Theo, der schöne Grieche, und Jesus, der junge Franzose. Bob, wenn er mal wieder in der Stadt war. Aber niemand von denen konnte mich befreien.

Endlich wagte ich einen Ausbruchsversuch aus der Abhängigkeit von Rudi, als ich zwei Engländer im Café kennenlernte, die auf Europatournee waren. Jetzt sah ich wieder eine Perspektive. Obwohl ich kein Instrument spielen konnte, heuerten sie mich an. Sie drückten mir eine Rassel in die Hand. Wir stellten uns neben die langen Warteschlangen, die vor den Kinos anstanden.
Fred und Terry droschen kräftig auf ihre Gitarren ein und krähten aus vollem Halse. Ich rasselte und klapperte im Rhythmus. Und nach jedem Hit nahm ich Terrys Cowboyhut und nötigte die Wartenden, ein paar Münzen lockerzumachen. Vie-

le gaben genervt nach. Für mich fiel manchmal so viel ab, dass ich mir den Film in der Spätvorstellung auch ansehen konnte. Mein neuer Beruf ließ mich unachtsam werden.
Alles ging ein paar Wochen gut. Die beiden Jungs aus Manchester hatten mich eigentlich engagiert wegen meiner körperlichen Vorzüge. Meine Länge erlaubte mir, über die Köpfe unseres kleinwüchsigen Publikums nach den Flics Ausschau zu halten. Eines Abends war ich abgelenkt durch die Fotos im Schaukasten von einem jungen, hässlichen Nachwuchsschauspieler, der tatsächlich Jean Seberg küsste. Der war ja noch hässlicher als ich mit seiner zerknautschten Boxernase. Der Film musste wohl eine Sensation sein, denn wir konnten schon am frühen Nachmittag die langen Warteschlangen abklappern. Das Kino war ausverkauft und die unglücklich Wartenden ertrugen unsere Musik. Der Film hieß »Au bout de Souffle«, so was wie »Außer Atem«.
Mir stockte der Atem vor Schreck, als das vertraute Geschrammel meiner Jungs plötzlich abbrach, die Gitarren gegeneinanderschlugen und einen hohlen Ton von sich gaben. Die drei Flics führten sie rabiat ab. Ich duckte mich, warf den Hut und die Rassel in die Ecke und rannte weg. Außer Atem erreichte ich wieder mein gelbes Gefängnis, bestellte mir ein »Demi« und wartete auf die Kumpels. Sie sind nie wieder aufgetaucht. Ich hatte in meinem neuen Beruf versagt und fühlte mich schuldig.

Rudi tröstete mich und schien froh zu sein, dass sie mich wieder unter ihren Fittichen hatte. Sie wusste, wie man überlebt. Ich nicht, ich war wieder auf der Suche.
Volker fehlte mir sehr, denn von dem Griechen, dem schönen Theo, konnte ich nichts lernen. Er hatte einen klassischen Kopf mit großen, dunklen, feurigen Augen und einem sinnlichen, unschuldigen Mund. Dieser Adoniskopf thronte merkwürdigerweise auf einem schmächtigen, dürren, unterernährt wirkenden Körper. Dieses Missverhältnis war fast rührend anzusehen. Dadurch wirkte er wie ein Knabe kurz vor der Pubertät. Ich sah älter aus als er, obwohl er genauso jung war wie ich.

Aber sein Körper war nicht dürr wie meiner, weil er unterernährt war, sondern seine Rippen konnte man zählen, weil er überarbeitet war. Theo war Playboy.
Er becircte alte, reiche, brillantenbehangene Touristinnen, gab ihnen das Gefühl einer feurigen Romanze in Paris, bei Witwen spätere Heirat nicht ausgeschlossen, und lebte nicht schlecht davon. Seine hübsche amerikanische Freundin liebte ihn abgöttisch, war ohne Eifersucht und hoffte, dass es ihm gelingen möge, einen wirklich dicken Fisch zu ehelichen, damit sie sich endlich beide auf seiner zukünftigen Yacht zur Ruhe setzen könnten. Sozusagen eine Ménage à trois. Bis dreißig wollte Theo es geschafft haben. Aber zu so einer Karriere fehlte mir jede Voraussetzung und Begabung. Ich war einfach zu schüchtern.
Als die beiden herausfanden, dass ich in meinem hohen Alter noch keine direkten sexuellen Erfahrungen gemacht hatte, waren sie verblüfft. Sie boten sich sofort an, mir das Spiel der freien Liebe beizubringen. Sie bemühten sich wirklich, mir meine Scheu zu nehmen. Begierig, einen Unerfahrenen entdeckt zu haben, dem sie ihr Wissen gemeinsam vermitteln wollten. Aber ich war einfach zu schüchtern. Die beiden waren mir entschieden zu unromantisch. Enttäuscht ließen sie von mir ab.
Aber auch bei Jesus sah ich keine Lebensperspektive. Er wollte Philosoph werden. Noch keine sechzehn. Er stammte wohl aus einer vornehmen französischen Adelsfamilie. Er hatte sich von seiner Vergangenheit losgesagt und schritt barfüßig über den Asphalt. Parlierte französisch, englisch und deutsch und verfiel manchmal in einen Singsang, von dem er behauptete, das sei Tibetanisch. Der zarte Flaum, der seinen Mund umrahmte, sollte wohl irgendwann zu einem Vollbart reifen, wie seine krausen Gedankengänge, die er mit missionarischem Ernst vortrug.
Er behauptete, wir würden alle nur durch ihn existieren. Wir seien nur deshalb vorhanden, weil er uns wahrnehmen würde. Sollte er nicht mehr sein, wären auch wir verschwunden. Das hatte in seiner Egozentrik eine gewisse Logik. Dabei sah er in jungen Jahren schon blass und kränklich aus. Tatsächlich hatte er einige Anhänger um sich versammelt, die ängstlich seinen

Verkündigungen lauschten und sich um seine Gesundheit sorgten. Jeder lebe auf einem einsamen Stern in seinem eigenen Universum und die Wirklichkeit sei ein Traum und relativ. Wirklichkeit sei eine Frage des Standpunktes. Zum Beispiel: Für mich als einen Holzwurm wären der Tisch und der Stuhl, auf dem ich mir einbilden würde zu sitzen, weder Tisch noch Stuhl, sondern Wohnung und Essen. Das war auch logisch. Ich rückte unruhig hin und her. So hatte ich das ja noch nie gesehen. Eben!
Also bestimmt das Sein das Bewusstsein?
War Jesus ein Kommunist?
Nein! korrigierte mich Jesus. Das Bewusstsein bestimmt das Sein. Der Geist schafft die Materie. Und nur deshalb bildete sich mein kleines Bewusstsein ein, das bunte bedruckte Papier in meiner Hand sei mein Geld. Erstens würde es mir gar nicht gehören, ich müsse nur mal die Schriftzeichen entziffern, auf denen stünde geschrieben, dass dieser Schein der Bank gehöre, und deshalb habe es nur einen imaginären Wert, auf den sich die Masse der Dummköpfe geeinigt habe, und zweitens sei das Geld nur ein Fetzen Papier, welches aus Holz gemacht werde, womit wir wieder bei dem Wurm wären. Deshalb seien alle diese Begriffe wie Tisch, Stuhl, Geld nur Worthülsen, mit denen wir uns eine Traumwirklichkeit errichteten.
Am Anfang steht das Wort, wird blind geglaubt. Warum fragt niemand, warum? Auch das Wort wird aus dem Geist geschaffen.
»Und was ist dann der Geist?« versuchte ich ihm zu folgen.
»Der Geist bin ich!« sagte er ernst und schaute verzückt nach innen.
Ich grübelte, was ich als Holzwurm dazu sagen würde. Obwohl der Jesus ja dann für mich gar nicht vorhanden wäre mit seinen vielen Worten. Bloß, ich war kein Holzwurm.
Andererseits wäre ich dann meine ganzen Probleme los gewesen. Dann brauchte ich keine Wohnung, kein Essen und kein Geld. Mir war ganz wirr im Kopf. Die Wirklichkeit war ganz schön relativ. Ich war froh, als Ronny mich aus dem Gedankenmartyrium befreite und ganz konkret von diesem eingebildeten Tisch wegzog, an dem Jesus wahrscheinlich auch

noch den Wein, der ihm spendiert wurde, in Wasser verwandelte.
»Brauchst du Geld?« fragte Ronny.
Ich schaute mich verstohlen zu Jesus um, der immer noch an seinem Tisch predigte.
»Ja klar«, sagte ich leise, damit er mich nicht hören konnte.
»Kannst du zeichnen?« Ronny sah mich lauernd an.
»Na klaro!« sagte ich und dachte an die Zeit, als ich das Bild von »Liane, dem Mädchen aus dem Urwald« gemacht hatte. Ein Bild zeichnen zu können war auch relativ.
Ronny sah mich erleichtert an. Er konnte nämlich nicht zeichnen, bildete er sich ein. Volker hatte versucht, es ihm beizubringen, und es dann aufgegeben. Von da an war Ronny nur noch für die Farben zuständig. Volker hatte die Skizze gemacht, das Bild in Kästchen aufgeteilt, und Ronny hatte die Felder mit bunter Kreide ausmalen dürfen. Darin bewies er große Fähigkeit. Die Zuschauer bildeten sich ein, er sei der Künstler. Währenddessen konnte Volker an einem anderen Ort ein zweites Bild skizzieren. Und so weiter und so fort. Aber es fehlte ihm an Nachwuchs, der die Skizzen, die er über die Stadt verteilte, mit Farbe ausmalte. Das hätte wohl damals mein neuer Job werden sollen.

Ronny erklärte mir die Kreidetechniken und wie man den richtigen Asphalt auswählt, auf dem die Kreide haften bleibt. Das Pflaster erst einmal mit weißer Kreide grundieren, damit die Farben aus sich heraus leuchteten. Pflastermalen war wohl doch komplizierter, als mit Bleistift und Radiergummi auf Papier zu zeichnen. Mir wurde etwas mulmig. Außer mit meiner »Liane« hatte ich noch keine künstlerische Erfahrung.
Jetzt gab es kein Zurück mehr.
Ronny war von mir überzeugt und organisierte die Kreidefarben. Dafür brach ich mein Schweigen und verriet Volkers Geheimnis. Da, wo er jetzt war, brauchte er keinen Stadtplan von Paris, in dem die Bezirke verschiedenfarbig abgebildet waren.
Obwohl man über Tote nur Gutes sagen soll, sagte Ronny: »So

'ne linke Sau! Wenn man einmal erwischt wird, muss man nur das Arrondissement wechseln? Der wollte mich wie einen Sklaven abhängig halten, dieses Schwein!«

»Tja, Wissen ist Macht!« sagte ich triumphierend.

Wie Kriminalkommissare steckten wir bunte Stecknadeln in den Plan. Für jeden Tatort eine. Ronny nahm die roten Nadeln für die Stellen, wo er schon mal verhaftet worden war. Paris war übersät davon. Aber der Place de la République war noch frei. Und da stießen mehrere Arrondissements aufeinander. Ideal! Mit dieser Karte hatten wir eine genaue Übersicht. Damit waren wir taktisch der Polizei überlegen.

Wir hatten uns einen schönen sonnigen Tag ausgesucht und standen vor dem Stück Asphalt, das Ronny ausgewählt hatte. Die Passanten trampelten über unsere künftige Leinwand. Ich hatte nicht die schauspielerische Begabung von Volker, um mir Aufmerksamkeit zu verschaffen. Statt dessen stand ich mit klopfendem Herzen im Gewühl der Leute und hielt den Kreidekasten umklammert. Meine Hände wurden schweißnass und ich starrte auf den Boden und schämte mich. Ich konnte mich doch hier nicht vor allen Leuten auf den Boden knien. Was würden die von mir denken, wenn ich anfinge, zwischen ihnen auf dem Asphalt herumzuwischen. Wahrscheinlich würden sie lachend mit dem Finger auf mich zeigen, armer Irrer, so jung und hat es schon im Kopf.

Willst du guten Eindruck machen oder weiterkommen, schoss es mir durch den selbigen. Alles nur Einbildung und relativ, wuselte es in meinem Hirn. Mir wurde schwindelig.

»Was ist jetzt?« zischte Ronny und hielt nach den Flics Ausschau.

Meine Beine wurden schwammig und ich ging in die Knie. Jetzt wusste ich plötzlich, warum es hieß, man möchte vor Scham in den Boden versinken. Aber er gab nicht nach. Auf allen vieren stierte ich auf die nassen Abdrücke meiner Handflächen, die vom Asphalt aufgesogen wurden. Einige Passanten stolperten über das unerwartete Hindernis und eilten schimpfend weiter.

Aller Anfang ist schwer. Mit zitternden Fingern nahm ich ein Stück weiße Kreide und machte erst einmal ein zaghaftes Kreuz auf den Boden. Ich wagte nicht mehr aufzuschauen. Um mich herum sah ich nur Schuhe, die an mir vorbeitrabten. Das Oval, das ich als Gesicht vorbereitete, wurde gleich von den Sohlen, die darüber latschten, verwischt.

Verdammt noch mal! Wie soll man eine künstlerische Eingebung bekommen, wenn diese Banausen alles niedertrampeln. Ich spürte, wie die Wut mir in den Kopf schoss. Mit der Aggression eines Angstbeißers breitete ich schützend die Arme über meine ersten Strichversuche aus. Auf den Knien rutschend begann ich, einen großen Kreidekreis um mich herum zu ziehen. Es funktionierte! Die Menschen machten scheu einen Bogen um mich. Einige Füße blieben abwartend stehen.

»Willst du ein rundes Bild machen?« hörte ich Ronny mäkeln.

Er hatte ja recht. Erst der Rahmen macht das Bild. Die Schuhe wichen hochachtungsvoll vor meinem Kreidestrich zurück, mit dem ich ein Viereck um den Kreis zog.

»Wenn du so lange für ein Bild brauchst, kannst du ja gleich in Öl malen!« sagte Ronny und nahm mir die Kreide aus der Hand.

Vorsorglich schrieb er schon mal »Merci« an den unteren Rand, leerte den bunten Kreidekasten und stellte ihn daneben. Wie besessen begann er, mit roter Kreide die obere Ecke auszumalen. Tatsächlich hörte ich, wie jetzt schon zwei, drei Münzen in den Kasten fielen. Dabei war ich mit meiner Arbeit noch gar nicht fertig.

»Mal irgend etwas«, fluchte Ronny. »Zeit ist Geld. Die Leute wollen was sehen!«

Er hatte schon einen Abendhimmel koloriert, während ich noch mit dem Oval des Gesichtes beschäftigt war.

»Mach erst die Kleidung mit vielen Falten!« keuchte Ronny. »Das gibt mehr her!« Da lag seine Begabung. Er zauberte ein blaues Gewand, das sich plastisch hervorhob. Mit weißer Kreide ließ er das Licht auf der samtenen Oberfläche schimmern, tief schwarzblau das Dunkel der Schatten. Sanft rieb er die Farben in die Poren des dunklen Asphalts.

Das Gesicht meiner neuen Liane nahm Form an. Wie eine Ikone sah sie mich fremd lächelnd an. In dem Klingelkasten schepperten die Münzen. Als ich den roten Kreidestaub auf ihrem Mund verreiben wollte, schmierte die Farbe plötzlich wie ein schlechter Lippenstift.
»Scheiße!« sagte Ronny. »Es fängt an zu pissen!«
Wir hatten trotzdem sehr gut verdient. In zwei Stunden zehn neue Francs. Zehntausend alte. Für jeden fünf. Das war mehr, als ich zu hoffen gewagt hatte. Mein zweites selbstverdientes Geld. Ich war reich!
Und das sollte mein Leben verändern.
Rudi war stolz auf mich. Endlich war ich auch ein Künstler, der damit sogar Geld verdiente. Ronny hatte mich davon überzeugt, dass wir uns lieber Postkarten besorgen sollten, um nach klassischen Vorbildern die Bilder auf die Straße zu malen. Ich versuchte mich erst einmal an Modigliani. Dessen Gemälde galten als hohe Kunst und seine langgezogenen schiefen Frauenkörper waren auch nicht genau der Wirklichkeit abgeguckt.
Mit wenigen Strichen meinte ich, ihn leicht kopieren zu können. Aber seine Figuren waren genauso vertrackt wie sein Name Modigliani. Bei mir sahen die Zeichnungen noch dilettantischer aus als bei ihm.
»Ich dachte, du könntest zeichnen«, meinte Ronny vorwurfsvoll und betrachtete unseren mageren Verdienst.
Er gab mir noch ein paar Tage Zeit, um zu experimentieren und mich an anderen Künstlern zu versuchen. Als ich mich an Picassos blauer Periode verging, langweilte sich Ronny, weil ihm das nicht bunt genug war. Bei Rouault mit seinen einfachen, starken schwarzen Einrahmungen meinte er, das hätte auch ein Dreijähriger malen können.
Nachdem mein Rouaultscher Christuskopf doch etwas Geld einbrachte, bestand er darauf, dass ich gängigere Bilder malen sollte, gefälliger für die Menschen, die vorbeigingen. Religiöse Motive. Christusse am Kreuz mit vielen Wunden und knallrotem Blut. Doch am meisten Geld rollte für die heilige Mutter Gottes. Maria, faltenreich gewandet, mit dem Jesusbaby im Arm. Aber ohne Busen.
»Die hat den nicht gesäugt!« behauptete Ronny bei meinem

ersten Versuch und verdeckte die Brustwarze mit einem großen knallgelben Heiligenschein.
Ich war ihm zu realistisch. Das verunsicherte mich.
Was ich da malen würde, sei kein schmalziger Kitsch, besänftigte mich Ronny. Ein Künstler müsse sich dem Geschmack der Masse anpassen, wenn er reich werden wolle.
»Auch dem schlechten Geschmack?« widersprach ich kämpferisch und dachte an Rudi, die nie Kompromisse in der Kunst machen würde.
Es gibt keinen schlechten Geschmack, belehrte mich Ronny. Es gibt nur Erfolg oder Misserfolg. Das sei die Realität.
»Und die innere Wahrheit des Künstlers?« versuchte ich mich noch zu wehren.
»Das hier ist die innere Wahrheit!«
Ronny zeigte mir den Inhalt der Schuhschachtel, die mit Münzen gefüllt war. Bei dem Anblick der Geldstücke schämte ich mich nicht mehr so sehr für den Kitsch, den ich da vor den Menschen kreierte. Ihnen gefiel es.
Von der inneren Wahrheit gingen Rudi und ich erst einmal auf dem Flohmarkt, Marché aux Puces, einkaufen. Rudi spendierte ich Stöckelschuhe und eine alte Schreibmaschine. Ich leistete mir ein paar spitz zulaufende Cowboystiefel mit hohen Absätzen und eine amerikanische Armeejacke mit großen Taschen, wie ich sie in dem Film »Asche und Diamant« bei Zbigniew Cybulski gesehen hatte. Merkwürdigerweise waren in der Innenseite der Jacke von meinem Vorbesitzer noch einmal Taschen eingenäht, die ich erst später zu schätzen wusste.
Nachdem unsere künstlerischen Geschäfte so gut liefen, überredete mich Ronny, aus der Git-le-Cœur auszuziehen und zum Contrescarpe zu wechseln. Das war praktischer, da er dann nicht jeden Vormittag den weiten Weg zu mir laufen müsste, um mich zur Arbeit zu wecken. Außerdem könnten wir dann noch bis in die Nacht hinein um unser schwer verdientes Geld pokern.
Die vor mir angehäuften Türme der Münzen wanderten meistens zu ihm. Oft erst gegen vier Uhr morgens hatte ich mein Geld wieder zurückgewonnen. Ich war in Volkers Zimmer gezogen, das lange leer gestanden hatte, und konnte meine

schmerzenden Knie in der Sitzbadewanne kühlen und mich von dem bunten Kreidestaub befreien, der tief in meine Poren eingedrungen war. Nach der Arbeit waren Ronny und ich in dieser grauen Stadt so auffällig wie bunte Papageien, die krächzten. Der Staub der Straße und der Kreide hatte sich in den Lungen festgesetzt und die Stimmbänder ausgedörrt.

Rudi war diesmal ganz froh, dass ich auszog, um erwachsen zu werden. Sie hatte sich wieder verliebt. Diesmal in einen jungen Amerikaner, der Schriftsteller werden wollte. Die kommende Trennung vor Augen, da er demnächst zur Armee eingezogen würde, tippte sie ihm sein handgeschriebenes Manuskript in die Maschine. Sie hatte ihn am Pigalle kennengelernt, wo sie versuchte, Sams Hefte zu verkaufen, die er in Holland drucken ließ. Seine künstlerischen Aktfotos, die er in seiner Bude gegenüber von den jungen Touristinnen gemacht hatte, waren in diesen Heften abgedruckt.

Sam hatte die Verkaufsidee, seine harmlose Hobbyfotografie als gewagte Pornografie zu vertreiben. Außen auf dem Einband war mit einer roten Warnung ein Streifen über den fülligen Körper einer Blondine geklebt. »For adults only! Warning! Pornography!« Über dem sinnlich geöffneten Mund der Blondine stand der Titel: »Paris! Oohh là là!«

Das »Oh là là« in dem Inneren des Heftes waren biedere Schwarzweißfotos. Maler mit Modell. Das Modell hatte ein malerisches Tuch umgehängt, das wallend fast alle Blößen verdeckte, und sich sinnigerweise ein Schwert quer über den Schoß gelegt.

Nur die starken Schatten der Scheinwerfer auf den Körpern ließen die Mädchen verboten aussehen. Gelangweilt hatte ich die fünf Hefte, die Rudi mir als Notgroschen dagelassen hatte, beiseite gelegt. Sie verscheuerte die Mogelpackung an den einschlägigen Plätzen an frustrierte Touristen, die sich mehr Oh und là là in Paris erwartet hatten.

Ein Mädchen in dem Heft kam mir bekannt vor. Sie war am ganzen Körper übersät mit Sommersprossen. Ihr Gesicht war halb verdeckt durch den Arm, den sie schützend vor die Augen hielt, als sei sie durch die Scheinwerfer geblendet. Ein großes Muttermal prangte auffällig in der Leistengegend. Ich war mir fast sicher, sie schon einmal gesehen zu haben. Natürlich angezogen. Wahrscheinlich eines der vielen Mädchen, die gegenüber in Sams Atelier verschwanden, und von denen man irgendwann nur noch das Stöhnen vernahm. Dieser kleine Wurzelsepp hatte keinen schlechten Geschmack, soweit man das auf den schummerigen Schwarzweißfotos erkennen konnte. Und Fotograf war kein schlechter Beruf. Das Vergnügen mit der Arbeit verbinden und daraus auch noch Kohle machen. Auf jeden Fall lernte ich in meinem Beruf als Maler keine Mädchen kennen. Die starrten mich nur neugierig an und warfen mir mal höchstens verschämt eine Münze in den Schuhkarton.

Am freigebigsten waren junge, forsche Bürohengste, deren blankgeputzte schwarze Schuhe ich auf mich zuschnellen sah, und die gönnerhaft ein größeres Geldstück im Vorbeigehen springen ließen. Nicht ohne die Wirkung ihres Imponiergehabes mit einem schnellen Blick auf die Mädels zu überprüfen. Die zu engen Schuhe der älteren Damen, die die wassergefüllten Knöchel einschnürten, näherten sich langsamer und blieben einen Moment andächtig stehen. Sie gönnten sich eine kleine Ruhepause, um die schweren Einkaufstüten abzustellen, nachdem sie das Geldstück vorsichtig in die Schachtel gelegt hatten, um den Künstler nicht mit dem schnöden Mammon bei der Arbeit zu stören. Das Schlurfen der abgetragenen schiefen Absätze näherte sich zögernder, suchte wahrscheinlich in dem abgegriffenen Portemonnaie noch nach einer übriggebliebenen Münze der Rente.

An diesem heißen Spätsommertag hatte ich länger im Staub der Straße ausgeharrt. Ronny war schon am Nachmittag mit dem Verdienst zufrieden gewesen und gegangen. Ich versuchte noch den letzten Schub der Passanten mitzunehmen, die aus den Kaufhäusern strömten, welche gerade ihre Pforten schlossen. Diese Madonna war uns wunderbar gelungen. Hoffentlich würde es am nächsten Tag nicht regnen. Dann könnten wir sie noch einmal restaurieren und so tun, als wäre sie neu. Es hatte

sich doch gelohnt, die Linien immer wieder nachzuziehen, obwohl das Bild schon seit Stunden fertig war. Ich packte die Kreiden in einen kleinen Holzkasten und schüttete unsere Einnahmen aus der Schuhschachtel in einen Beutel. Er fühlte sich schwer und prall an.
Dieser Tagesverdienst war wahrscheinlich unser Rekord. Wieviel mochte es sein?
Genug, um die fällige Miete zu zahlen und vielleicht noch einen Plattenspieler abzustottern. Glücklich reihte ich mich in den Strom der Passanten ein. Ich schwelgte im Überfluss und besaß mehr, als ich brauchte. Demnächst könnte ich sogar Musik hören. Mahalia Jackson vielleicht, oder sollte ich mich doch lieber für Play Bach entscheiden? Mal sehen, welche Platte billiger war. Ronny würde bestimmt lieber Take Five hören wollen. Für seine Schmusestunden mit Heather, wenn ich ihm mal wieder mein Zimmer ausborgte.
Ronny war ein echter Kumpel, mein einziger Freund. Ihm gebührte auch das Legionärsfeuerzeug, das weg war und ich dann bei ihm wiederentdeckte. Manche Dinge gehören einfach anderen Menschen, ohne dass sie darum bitten müssen. Besitz macht unfrei, hatte Rudi oft gesagt. Und ich war froh, dass ich meinem Freund dieses Geschenk machen konnte, indem ich es nicht zurückverlangte.
Ich war ihm wirklich dankbar und auch nur zwei Tage lang sauer, dachte ich gerührt über mich. Was war ein Feuerzeug gegen den Batzen Geld, der schwer in meiner Hand wog. Ronny hatte mir die Freiheit ermöglicht zu tun und zu lassen, was ich wollte. Unabhängig zu sein. Mich erfüllte ein tiefes Glücksgefühl. Ich war jung und stark und musste lachen, als ich die gehetzten Gesichter um mich herum sah, die nach Feierabend nach Hause drängten, sich schoben und schubsten, um das bisschen Freizeit zu ergattern, das ihnen ihr Leben übrigließ.
Ich brauchte keine Freizeit, ich war frei!
War ich denn der einzige? Suchend sah ich mich um. Wieso ist man so einsam, wenn man frei ist. Ich ließ mich traurig treiben.
Plötzlich sah ich ihn. Unsere Blicke trafen sich. Seine blauen Augen erkannten mich wie zwei Sterne aus demselben Univer-

sum. Noch weit entfernt, manchmal verdeckt von den Köpfen der trottenden Herde. Als seien wir die einzigen lebenden Wesen in dieser Masse, bewegten wir uns aufeinander zu. Seine grauen, ungewaschenen Haare wehten in der Abendsonne. Der krause, mächtige Vollbart ließ noch einen Mund erkennen. Ernst und verschlossen. Das Haupt stolz erhoben, sah er mich wissend an. Sein Blick berührte in mir die Schönheit des Alters. Er war Ich!

So also würde ich in vierzig Jahren aussehen. Wie ein Penner.

In dem verwitterten Gesicht zeitlose offene Augen. Wie zwei Gestirne auf ihrer einsamen Bahn, die voneinander angezogen werden, bewegten wir uns aufeinander zu, berührten uns kaum im Vorbeigehen und entfernten uns ohne ein Wort wieder voneinander.

Jeder auf seinem Weg. Ich drehte mich nicht mehr um.

Ich war er gewesen. Ungebunden und frei.

Das Geld hatte ich ihm auf den Weg mitgegeben. Ich brauchte es nicht.

»Ja hast du denn den Arsch offen? Du bist ja völlig verblödet!«

Ich hatte den coolen Ronny noch nie so wütend gesehen. Die Ader auf seiner Stirn war dick angeschwollen und drohte zu platzen. Er hatte in meinem Zimmer auf mich gewartet, um seinen Anteil zu holen.

Das soll wohl ein Witz sein, hatte er lachend gesagt und schon mal die Spielkarten gemischt. Dann hatte er genervt gedroht, er fände meine Geschichte überhaupt nicht komisch, bis er mich mit verzerrtem Gesicht beschuldigte, ich hätte ihm seine Kohle geklaut. »'nen Freund bescheißen«, nannte er das und zündete sich die dritte Zigarette mit meinem Legionärsfeuerzeug an.

»Wir sind hier am Krepieren und du marschierst los und verschenkst mein Geld. Bist du Jesus? Ich glaub' es immer noch nicht. Ich war er und er war Ich! So einen Quatsch gibt's doch gar nicht!«

»Doch«, sagte ich kleinlaut und suchte nach Streichhölzern, um mir eine Zigarette anzuzünden.

Ich wusste ja selber nicht, was mir da passiert war. Ich paffte wütend vor mich hin und spürte, wie sich auf der Zungenspitze eine Brandblase bildete. Ja war ich denn völlig verblödet? Ich hatte wohl den Arsch offen, nach dieser Maloche irgendeinem hergelaufenen ollen Penner das ganze sauer verdiente Geld aufzudrängen. Ohne ein Danke. Der hatte mich ja nicht mal darum gebeten. Ich verstand mich selbst nicht mehr.

Wir hatten für heute nichts zu beißen, meine heißersehnte Musik konnte ich auch vergessen und spätestens morgen war die Miete fällig. An unser abendliches Pokerspiel war schon gar nicht zu denken. Daran drohte meine Freundschaft mit Ronny zu zerbrechen.

»Wir können ja um Streichhölzer spielen«, versuchte ich ihn zu besänftigen, während ich die Karten mischte.

Ronny wurde stumm und starrte mich fassungslos an. Sein Gesicht wurde ganz schmal. Die Augenlider waren fast zugeklappt. Jetzt hatte er denselben Ausdruck wie die Leute auf der Straße.

Gefährlich leise sagte er: »Willst du mich verarschen?«

»Nein«, sagte ich mit gesenktem Kopf.

»Wo lebst du denn? In meiner Freizeit spiel' ich doch nicht zum Vergnügen. Ich spiele um Geld! Kapiert?«

Ich nickte mit schlechtem Gewissen.

»Also, was ist jetzt!«

»Was ist was?« schreckte ich hoch.

»Meine Kohle!« sagte Ronny.

»Morgen«, sagte ich und schaute aus dem Fenster.

Hoffentlich würde es nicht regnen.

»Nee, jetzt!« sagte er und zündete sich noch eine Zigarette an. Die anderen Kippen hatte er einfach auf dem Fußboden ausgetreten.

»Ich hab' es doch nicht mehr«, sagte ich und schluckte. »Morgen können wir doch neues machen.«

»Mit dir arbeite ich nicht mehr!« sagte Ronny und schnippte die Asche auf den Boden. »Ich trau' dir nicht!«

Das hatte ich gefürchtet. Es war aus. Unsere Freundschaft hatte nicht lange gehalten, knapp ein Jahr. »Was hast du denn anzubieten für das geklaute Geld?« fragte er und sah sich um.

»Ich hab' nichts«, sagte ich achselzuckend. »Weißt du doch ... die Cowboystiefel?«
»Die sind nicht soviel wert!« sagte er und betrachtete sie neugierig. »Welche Schuhgröße hast du?«
»Vierundvierzigeinhalb«, sagte ich hoffnungsvoll. »Aber die sind mir ein bisschen zu eng.«
»Lass mal probieren«, sagte er. Er kam leicht rein, richtete sich auf und war durch die Absätze mit mir fast auf Augenhöhe. Wie Gary Cooper stakste er auf dem Holzboden auf und ab. Jeder Schritt knallte.
»Bisschen groß«, sagte er.
»Ich zieh' die im Zimmer nie an«, sagte ich. »Die Wirtin hat sich schon beschwert.«
»Und was hast du noch?« fragte er und knallte noch mal extra den Absatz auf den Boden.
»Nur noch meine Armeejacke, so eine, wie sie Cybulski in dem Film ...«
»Nee«, sagte er langgezogen. »Damit sehe ich ja aus wie ein Penner.« Er hatte die Hefte entdeckt. »Was hast du denn da? Pornos?«
»Das sind keine Pornos«, sagte ich abwehrend.
»Willst du mich verarschen?« Seine Stirnader begann wieder anzuschwellen. »Das steht doch draußen groß drauf!«
Er nahm ein Heft in die Hand.
»Was draußen auf der Verpackung steht, muss nicht auch drin sein!«
»Wo hast du denn die her?«
»Von meiner Mutter«, sagte ich und überlegte, womit ich ihn zufriedenstellen könnte.
»Was? Deine Mutter besorgt dir Wichsvorlagen?« Er hatte jetzt ein schiefes, ungläubiges Grinsen im Gesicht.
»Das sind keine Wichsvorlagen, das sind ...« Jetzt wurde ich rot und fing an zu stottern. »Das ... das ... ist als eiserne Reserve ... wenn mal Not am Mann ist ... ich meine ...«
Sein Grinsen wurde immer dreckiger.
»Ich meine, wenn mal nichts mehr geht, dann kann ich darauf zurückgreifen. Verstehst du?«
»Na klar«, sagte er grinsend und fingerte an der Banderole.

»Lass das zu!« sagte ich. »Sonst kann ich die nicht mehr verkaufen.«
Ronny wurde neugierig.
»Ach nee«, sagte er. »Für wieviel wirst du die denn los?«
»Kommt drauf an«, sagte ich. »Für vier bis fünf Franc. Kommt drauf an, wie scharf einer auf so was ist. Dann gibt er auch mehr, wenn er unter Druck ist.«
»Warum hast du eigentlich keine Freundin? Reicht dir das?« Er starrte auf den Einband.
»Hab' einfach noch nicht die Richtige gefunden«, sagte ich lässig. »Und einfach nur mal so interessiert mich nicht.«
»Haste recht«, sagte Ronny. »Ein guter Fick wird was ganz anderes, wenn du verliebt bist.«
»Genau!« sagte ich und zündete mir eine Zigarette an, schnippte das Streichholz aus und warf es auf den Boden.
»Man muss nur die Richtige finden, so eine wie meine Heather. Das ist, als ob du eine Heilige bumst. Muss wohl Liebe sein. Bei den anderen ist das wie bei solchen Heften, die benutzt man und schmeißt sie weg. Was sind das bloß für Tussis, die sich für so was hergeben.«
Damit riss er die Banderole auf und warf sie auf den Boden.
»Das sind fünf Francs!« sagte ich erschrocken.
»Mehr als zwei Francs sind solche Flittchen nicht wert«, sagte er und fing an zu blättern. »Nein! Maler mit Modell! Da krieg' ich ja die Krätze«, grölte er und blätterte weiter. »Das ist ja nicht mal einen Franc wert«, sagte er verächtlich. »Mann! Ich fass' es nicht! Dass die sich so fotografieren lässt.«
Auf der nächsten Seite wurde sein Blick ganz starr. Die schien ihn wohl doch zu faszinieren. Vielleicht würde er mir doch zwei Francs meiner Schulden erlassen. Hektische rote Flecken prangten auf seinen hohlen Wangenknochen. Oder drei Francs? Seine Hand begann leicht zu zittern. So tolle Bilder waren das ja nun auch wieder nicht. Sein großer Adamsapfel hüpfte.
»Das gibt's doch nicht«, keuchte er.
Ich sah ihn hoffnungsvoll an. Seine Gesichtsfarbe wechselte zu einem blassen Gelbgrau. Die Augen lagen plötzlich tief in den Höhlen. Den Mund weit geöffnet, drehte er sich langsam zu

mir. Ich erschrak. Als ob mich ein Totenkopf anstarrte. Langsam kam wieder Farbe in sein Gesicht. Er warf noch einmal einen Blick auf das Foto. Die Ader an seiner Stirn schwoll an. Mit einem heftigen Ruck riss er die Seite aus dem Heft und streckte sie mir entgegen.

»Hast du das gesehen?« presste er hervor.

Ich konnte kaum etwas erkennen. Das schwarzweiße Papier in seiner Hand flatterte wie ein verendendes Tier, das verblutet.

»Hast du das gewusst?«

Ich schüttelte ängstlich den Kopf.

»Du hast es gewusst. Du Sau! Hier!« Er hatte das Bild mit beiden Fäusten gepackt und starrte es angewidert an. »Hier! Das Muttermal da unten.«

Seine Stimme brach krächzend ab. Wild sah er mich an.

»Hast du das auch gesehen?«

Ich schüttelte entschieden den Kopf.

»Alle haben das gesehen! Alle!« schrie er plötzlich. »Weißt du, wer das ist? Ja?« Er wartete meine Antwort nicht ab, griff in die Hosentasche, zückte mein Legionärsfeuerzeug und zündete das Papier an. Dabei murmelte er: »Ihr verarscht mich nicht.«

Die Flamme züngelte langsam hoch.

»Bist du wahnsinnig?« rief ich. »Du brennst die Bude ab!«

Ronny sah mich mit funkelnden Augen an, in der hoch erhobenen Hand das brennende Foto.

»Halt dich da raus, sonst kommst du auch noch dran.«

Ich starrte ängstlich auf das brennende Bild in seiner Hand. Blaugelb fraß sich die Flamme langsam die Schenkel hoch, die Hitze wölbte das Glanzpapier, das Mädchen schien sich zu winden, einen Arm schützend vor den Augen, als ertrüge sie das Feuer nicht.

»Keiner verarscht mich. Du schon gar nicht!« flüsterte er, während er den züngelnden Flammen zusah, die den Körper verschlangen.

Mit zwei Fingern hielt er die obere Ecke, die er dann, noch brennend, zu Boden fallen ließ. Er hatte sich wohl die Finger verbrannt.

Ich sprang auf und trampelte auf den Resten der Asche herum. Ronny hatte die anderen Hefte ergriffen.
Panisch sagte ich: »Wenn du schon ein Feuerchen machst, dann da hinten!«
Ronny warf die Hefte in die Sitzbadewanne, kniete sich davor nieder und zündete den Haufen Papier an.
»Wie viele Schundhefte gibt es denn davon noch in der Stadt?« fragte er und betrachtete die Brandblase an seinem Finger.
Ich stand mit der Brause daneben. Er starrte in die kokelnden Flammen. Um seinen Kopf wirbelten feine weiße Ascheflöckchen, die dann auf seine Haare niederrieselten.
»Du kannst sie ja nicht alle verbrennen«, sagte ich vorsichtig.
Er schaute zu mir hoch. Wie Schnee lag die Asche auf seinem Haupt. Als sei er frühzeitig ergraut. In dem flackernden Licht glänzten seine Augen wässrig. Wahrscheinlich vom Qualm.
»Das sind Hexen«, sagte er leise und griff mit der Hand kurz in die Flammen, um die Bilder aufeinanderzuhäufen. »Alle Weiber sind Hexen. Lass bloß die Finger von denen.«
Jetzt tat er mir leid, wie er da vor dem glimmenden schwarzen Haufen hockte, das Gesicht in den Händen vergraben. Die Bilder verbrannten nicht leicht. Zwischen der erkaltenden schwarzen Asche waren immer noch Teile der Körper zu erkennen. Seine Schultern zuckten. Ich war nicht sicher, ob er weinte, und kniete mich neben ihn.
Gequält sagte er: »Diesen Fleck hatte Heather mir alleine geschenkt nach dem ersten Mal. Kannst du das verstehen?«
»Klaro«, sagte ich und überlegte, wie ich den Mist aus der Wanne kriegen sollte.
Mindestens zwanzig Francs gingen da in Rauch auf.
»René ist auch schon über ein Jahr tot«, sagte er schniefend und erhob sich. »Scheiße!« sagte er und wischte sich über die Augen. »Sei bloß froh, dass du keine Freundin hast. Die machen jede Freundschaft kaputt.«
Ich nickte männlich.
»Die war früher nämlich mit ihm zusammen. Jetzt sind sie beide weg.«

»Das wusste ich nicht«, sagte ich, um etwas zu sagen.
»Reden wir nicht mehr darüber. Aus und vorbei. Morgen gehen wir auf die Champs und zeichnen da. Das hat noch keiner gewagt. Nicht mal René!«
»Warum?« fragte ich und war froh, dass mein Freund mir verziehen hatte.
»Das ist zu gefährlich. Wir haben nur zwanzig Minuten Zeit. In diesem Abstand patrouillieren die Flics die Champs-Elysées rauf und runter. Wir müssen dahin, wo das dicke Geld sitzt.« Ronny hatte sich wieder stark gemacht. »In zwanzig Minuten muss das Bild fertig sein. Schaffst du das?«
Das war knapp.
»Klaro, klar«, sagte ich und boxte ihm freundschaftlich auf die Schulter. »Und dann pokern wir!«
»Um alles?« fragte Ronny lauernd.
»Va banque!« sagte ich.
Ronny war nun wieder Feuer und Flamme. Aber wir waren nicht mehr dieselben Freunde wie früher.

Ich fand Ronnys Idee geschmacklos, vor dem Restaurant »Fouquet« eine Jeanne d'Arc auf dem Scheiterhaufen zu malen. Aber er hatte recht. Die hohen Flammen sparten uns viel Zeit. In zehn Minuten war das Bild fast fertig und große Münzen und sogar Scheine stapelten sich in dem Kasten. In einer halben Stunde hatten wir mehr Geld gemacht als sonst an einem ganzen Tag.
In der letzten Sekunde flohen wir mit dem erbeuteten Geld vor der sich langsam nähernden Patrouille. Sogar die Kreide ließen wir zurück. Aber es hatte sich gelohnt. Unser Pokerspiel konnte beginnen.
Ronny eröffnete mit einer großen Straße gegen ein Pärchen und beendete das Spiel nach fünf Stunden mit drei Buben gegen zwei Damen. Ich war pleite.
Erschöpft sagte ich: »Tja, Glück im Spiel. Pech in der Liebe. Kannst du mir das Geld für die Miete auslegen? Die ist seit gestern fällig.«
»Nee«, sagte Ronny, während er das Geld zählte. »Spiel ist Spiel.«

Ich sah ihn verzweifelt an. »Jetzt komm, du kriegst es morgen zurück. Die schmeißt mich sonst raus.«
»Nee«, sagte Ronny und sah mich kalt an, während er das Geld verstaute. »Von mir nicht. Kannst ja Pornos verkaufen.«
Er zündete sich eine Zigarette an.
»Das Feuerzeug gehört mir!« sagte ich.
Er betrachtete es kurz und warf es mir rüber.
»Ich klaue keinem was«, sagte er und stand auf.
»Du kannst es behalten«, sagte ich. »Wir sind doch Freunde. Jetzt lass doch einen Kumpel nicht hängen. Borg mir wenigstens die Hälfte. Ich muss sonst hier raus!«
»Nee«, sagte er und drehte sich ab.
»Mit dir möchte ich nicht am Trapez hängen«, sagte ich in seinen Rücken und hatte Tränen in den Augen.
Er lächelte über seine Schulter zurück.
»Tja«, sagte er. »Pech im Spiel, aber dafür Glück in der Liebe.«
Er lachte höhnisch auf und ging.
Am selben Tag kam die Wirtin mit dem Nachschlüssel ohne zu klopfen ins Zimmer, entdeckte die Sauerei in der Wanne und schmiss mich raus.

Ich zog wieder zu Rudi in die Git-le-Cœur. Es wurde Herbst. Manchmal begegnete ich Ronny. Er hatte wieder eine neue Freundin im Arm. Er griente mich an und tuschelte mit ihr. Ich verließ immer seltener meine Bude unter dem Dach. Das wirkliche Leben da unten war nichts für mich.
Ich wartete.
Rudi versuchte sich als alternative Fremdenführerin auf den Spuren Hemingways in Paris. Aber die meisten Besucher interessierte hier nur die Stadt der Liebe. Mich ödete die an, und ich begann, in mein kleines Notizbuch zu krakeln: »Montag. Es ist furchtbar, wenn ich am Tag aufwache, ohne etwas zu essen, ohne Zigaretten. Ich versuche dann so lange im Bett zu bleiben, bis Ruth kommt und etwas bringt. Ich bin sonst zu deprimiert, um aufzustehen. Donnerstag. Die Tage verlaufen alle so eintönig. Ich stehe um 15 Uhr auf. Wenn ich Geld habe,

kaufe ich etwas zu lesen oder gehe ins Kino. Meistens vergrabe ich mich in meinem Zimmer und lese. Wenn nicht, wie heute, das ›Monaco‹ zu ist, kann man mich dort stumpfsinnig stehen sehen.« Deprimiert klappte ich mein Tagebuch wieder zu.

Heute musste ich raus, Rudi war noch nicht da. Die paar Münzen, die ich gebunkert hatte, reichten nicht weit. Seit langer Zeit war ich wieder mal auf der Straße. Aber auch die Boulevards waren vereinsamt.

Unschlüssig blieb ich an der Ecke vom »Deux Magots« stehen und schaute über den Platz. Das »Bonaparte« lag zurückgesetzt am Ende des Place Saint-Germain-des-Prés und hatte den besten Flipperautomaten.

Die Scheiben waren beschlagen, also musste es voll sein. Hier hatte ich am ehesten die Möglichkeit, jemanden zu treffen, den ich anpumpen konnte. Ich hatte noch die paar Sous, um ein Spielchen am Flipper zu wagen. Ich war der King an dem Ding. Den konnte man schieben, stoßen, schubsen, rütteln und sogar leicht anheben, ohne TILT zu machen. Wenn man sich auskannte. Und ich kannte mich aus.

Mit meiner hohen Punktzahl gewann ich so viele Freispiele, dass ich sie verkaufen konnte an andere gierige Spieler, die auch mal ran wollten. Ganz Mutige ließen sich überreden, mit mir an dieser Maschine um Geld zu spielen. Der Einsatz waren fünf neue Francs und meistens gewann ich. Die Münzen in meiner Tasche juckten mich.

Ich hatte schon mal geprüft, ob ich spielsüchtig sei. Aber die anderen konnten nicht mehr aufhören und verloren Haus und Hof. Da ich weder Haus noch Hof, sondern immer nur die paar Sous in der Tasche hatte und außerdem nur spielte, um Geld zu gewinnen, war das bei mir etwas anderes.

Hinter den hohen Wohnungsfenstern über dem Café brannte trotz der frühen Stunde des Tages schon Licht. Dort wohnte Sartre. Wahrscheinlich schrieb er da oben noch ein paar Abhandlungen über den Existentialismus statt unten am Flipper zu spielen, wo das wirkliche Leben stattfand. Obwohl ich den ganzen Tag kaum etwas gegessen hatte, entschied ich mich, statt eine Tüte heißer Maroni zu kaufen, lieber mein Glück zu versuchen.

Das Café war dampfig und warm, voller junger Menschen in meinem Alter. Ein älterer Herr stand an der Musikbox und drückte immer wieder denselben Song, den man bis auf die Straße hören konnte. »Non, je ne regrette rien«, dröhnte schrill Edith Piaf.
Ich blickte mich suchend um. Aber ich konnte keinen Bekannten entdecken. Sartre war auch nicht da. Ich hatte bisher nur von ihm »Die schmutzigen Hände« gelesen. Meine Hände waren schweißnass, als ich sah, dass mein Flipperautomat frei war. Ich drängte mich durch die Menschen, hörte beglückt das Klacken der Kugel und schoss sie ins Feld.
Der Tag verging wie im Flug. Zeit und Raum waren verschwunden. Nur das Rattern der Punkte und die blitzschnelle silbrige Kugel, die Funken sprühte, wenn sie ein Ziel traf. Das bunte Flackern der Lichter, das laute Knallen der Freispiele, und der Höhepunkt war noch immer nicht erreicht. Hoch konzentriert versuchte ich, die Kugel in das alles entscheidende Loch zu schießen. Sechs Freispiele hätte ich schon wieder damit gewonnen.
Kurz vor dem entscheidenden Schuss bemerkte ich den älteren Herrn mit Spitzbart neben mir, der mich unverhohlen anstarrte. Sein stierer Blick störte mich in meiner Aufmerksamkeit. Die Kugel rannte mir durch die Flipper und verschwand.
»Verdammte Scheiße!« fluchte ich wütend und trat gegen den Automaten.
»TILT« blinkte es auf der Anzeigentafel.
»Sie sprechen deutsch?« fragte der Mann mit dem Spitzbart und lächelte mich an.
»Nein!« sagte ich schroff.
Unbeeindruckt lächelnd sagte er: »Ich beobachte Sie schon die ganze Zeit. Sie haben so einen fanatischen und besessenen Ausdruck, wenn Sie spielen. Die geballte Kraft.«
»So?« sagte ich und sah ihn irritiert an.
»Sie sind bestimmt sehr gut«, sagte er.
Ich klopfte auf die Glasplatte des Flippers.
»Sie können es ja mal gegen mich versuchen. Fünf Francs ist der Einsatz.« Ich drückte auf den roten Knopf, der das erste Spiel freigab.

Die Lichter gingen wieder an und blinkten auffordernd. Die Kugel rollte vor den Abzug.

»Ich würde gerne mit Ihnen spielen«, sagte der Spitzbart. »Aber ich fürchte, bei diesem Spiel würde ich nichts gewinnen. Obwohl ich gerne verliere.«

Dabei sah er mich mit einem ängstlichen Ausdruck an.

»Dann ziehen Sie mal Leine!« sagte ich und schoss die Kugel wütend ins Feld.

»Gerne«, sagte der Spitzbart und legte zehn Francs auf die Glasplatte. »Vielleicht treffen wir uns noch mal.«

Verblüfft ließ ich die Kugel ins Aus rollen. Der Spitzbart hatte sich eilig durch die Gäste gedrängt und verschwand in Richtung Toiletten. Ich ließ die Freispiele Freispiele sein, nahm schnell die zehn Francs und ging nach draußen. Vor dem Eingang blieb ich kurz stehen und holte tief Luft.

Das konnte nicht wahr sein, verschenkte der einfach Geld!

»Hey, Typ!« hörte ich hinter mir deutsche Laute.

Ein blasser blonder Junge in ungefähr meinem Alter war mir nachgekommen. Ich schaute ihn fragend an.

»Hast du mal Feuer?«

Ich nahm mein Feuerzeug aus der Tasche und schnippte es auf.

»Und eine Zigarette?«

Die Flamme beleuchtete sein Gesicht, als er sich darüber beugte, meine Zigarette in seinem Mundwinkel. Seine Lippen waren weich und schön geschwungen, nur die Augen wirkten kalt.

»Du bist ein harter Typ«, sagte er, während er den Rauch aus der Nase blies.

Die Zigarette wippte bei jedem Wort. Ich zündete mir auch eine an.

»Wieso?« sagte ich und taxierte schnell seinen schmächtigen Körper.

Den Kampf würde ich gewinnen, es sei denn, er hätte ein Messer.

»Na ja«, sagte er und zog den Rauch ein. Dann nahm er die Zigarette aus dem Mund und hielt sie mit Zeigefinger und Daumen in der hohlen Hand. »Dein Feuerzeug ist doch von der Fremdenlegion.«

Er sah schräg zu mir hoch.
»Na klar«, sagte ich, »das ist ein Geschenk«, und überlegte, worauf er hinauswollte.
»Dafür würde ich es nicht machen. Das versaut die Preise.«
Abschätzend sah er mich an. Er fummelte in seiner engen Hosentasche und angelte ein stromlinienförmiges Feuerzeug hervor.
»Hier! Das ist ein Ronson!« Er wog es in seiner flachen Hand. »Auch ein Geschenk. Aber das bringt mindestens vierzig oder fünfzig.«
»Francs?« fragte ich.
»Ach was«, sagte er und steckte es wieder in die Tasche. »Mark!«
Der Typ war mir nicht geheuer.
»Geschenke sollte man nicht verhökern«, sagte ich und steckte meins schnell weg.
»Hast du recht«, sagte der Typ. »Bares ist mir auch lieber. Das ist dann ein klares Geschäft. Ohne das ganze Gesülze. Das reicht mir schon bei meiner Freundin.«
Ich hatte keine Freundin.
»Du musst dir bessere Klamotten besorgen«, sagte er abschätzig.
Der Typ musterte mich von oben bis unten.
»Keine Kohle«, sagte ich und wollte den Kragen meiner Armeejacke hochschlagen, der schon hochgeschlagen war.
So einen spießigen gelben Pullover mit V-Ausschnitt wollte ich gar nicht haben und auch nicht so enge Röhrenhöschen.
»Wie lange bist du denn schon in der Gegend?« Er schnippte die halb aufgerauchte Zigarette in weitem Bogen über den Platz.
Ich überlegte. Darüber hatte ich noch nie nachgedacht.
»Ich schätz' mal, zwei Jahre oder so«, antwortete ich und rauchte weiter.
»Na, weit hast du es ja nicht gebracht«, sagte er und schaute zurück ins Café. »Der Delon soll hier auch mal angefangen haben. Der hat es geschafft.«
»Ich will doch kein Filmstar werden«, sagte ich und musste grinsen.
Der Typ war wirklich vom Land. Wahrscheinlich aus Krefeld-

Mönchengladbach oder so einem Kaff. Er sah mich grienend an.
»Du bestimmt nicht. Bei deiner Visage. Da helfen dir auch die besten Beziehungen nichts.«
Der ging mir auf den Geist, dieses Milchgesicht.
»Also dann«, sagte ich und wollte endlich gehen.
»Wieviel hat der Ulbricht dir denn geboten?« fragte er und kniff die Augen zusammen.
»Wer?«
»Na, der mit dem Spitzbart. Ich nenn' den Onkel Ulbricht. Fünfzig?«
»Nee«, sagte ich und sah ihn misstrauisch an.
»Unter fünfzig mach' ich es nicht«, sagte er bestimmt und schüttelte den Kopf. »Den hab' ich am Bahnhof in Hannover aufgerissen. An so was kommt man selten ran. Ist ein wichtiger Macker in der Stadt. Der hat 'ne Frau und zwei Kinder. Da ist mehr drin.«
Jetzt wurde ich doch neugierig.
»Was machst du denn nicht unter einem Fuffi?« fragte ich wie nebenbei.
»Nicht, was du denkst«, sagte er. »Ich halte nicht den Arsch hin. Du etwa?«
»Nee«, sagte ich. »Was machste denn?«
Das Milchgesicht sah mich erstaunt an.
»Na, das Übliche. Bisschen Hand anlegen, kennst du doch.«
»Klaro, klar«, sagte ich wissend. »Eine Hand wäscht die andere.«
»Das ist gut!« prustete er. »Genau! Wir müssen zusammenhalten. Die ollen Säcke muss man melken. Wenn ich mal so 'nen Schlaffi bedienen soll, den lass' ich dir.«
»Nee du«, sagte ich. »Nee danke, ich bin nicht schwul.«
»Ja denkst du etwa ich?« grinste er. »Wenn ich Feierabend habe, wartet meine Alte auf mich.«
»Hans Günther?« Der Spitzbart stand vor dem Eingang und schaute zu uns herüber. »Ich möchte jetzt gehen!« rief er.
»Ich komme gleich, Walter«, rief das Milchgesicht über die Schulter zurück.
»Der hat sich auf dich einen runtergeholt«, zischte er mir zu.

»Da muss ich nicht mehr ran! Also, alles klar? Du spannst mir meinen Freier nicht aus, und ich besorg' dir 'ne gute Partie. Eine Hand wäscht die andere!«
Damit boxte er mir vertraulich auf die Brust.
»Keine Bange!« sagte ich.
Hans Günther zwinkerte mir noch einmal zu und lief erleichtert zu seinem Walter. Arme Sau, dachte ich, wandte mich ab und warf die halbgerauchte Zigarette weg. Sie schmeckte mir nicht.
Die zehn Francs in meiner Tasche fühlten sich eklig an. So konnte man also auch Geld verdienen. Waren denn die Jungs in meiner Flipperkneipe alle Stricher? Ich schaute noch einmal zurück. Die Scheiben waren immer noch beschlagen. Der ältere Herr hatte doch Frau und Kinder. Warum machte der dann mit Hans Günther rum. Und was hatte Delon damit zu tun. Komisch. In den vielen Büchern, die ich verschlungen hatte, stand über so was nichts drin. Klar, die ollen Griechen waren auch alle schwul. Vielleicht sollte ich lieber moderne Literatur lesen. Kerouacs »On the Road«, was wohl in Deutsch soviel wie »Auf der Straße« hieß. Das hatte mehr mit mir zu tun. Gedankenversunken lief ich weiter.

In der kleinen Buchhandlung mit den deutschen Büchern hielten die mich für eine Leseratte, weil ich jeden dritten Tag ein kleines Reclamheft kaufte. Die waren auch ganz interessant. Kleists »Über die Verfertigung der Gedanken beim Reden«. Leider redete ich nicht viel.
Eigentlich waren die Heftchen nur ein Vorwand, um in der Buchhandlung herumzustöbern. Meine Armeejacke war ideal dafür. Jetzt wusste ich, warum mein Vorgänger riesige Innentaschen eingenäht hatte. Ich war ein Schnelleser, der den Kopf nicht voll genug kriegen konnte. Das Reclamheftchen, das ich noch bezahlen konnte, steckte ich sichtbar in die äußere Brusttasche, während die dicken Bände, die ich mir nicht leisten konnte, in den Innentaschen verschwanden. Schließlich waren die Gedanken frei und sollten für alle verfügbar sein. Nicht nur für die Reichen. Und wer ist schon

so reich, wenn er noch jung ist, um sich Wissen leisten zu können.

Sollte ich daran nicht teilhaben, nur weil ich kein Krösus war und nicht genug Kröten hatte? Hatten Kafka, Euripides, Jerry Cotton und Mickey Spillaine nicht auch für mich geschrieben? Wie hätte ich sonst erfahren sollen, dass meine Träume nicht sinnlos waren, sondern eine Bedeutung hatten, wenn nicht durch Freud. Dass mich mein Unterbewusstsein Dinge tun ließ, von denen ich keine Ahnung hatte. Bücher klauen zum Beispiel, oder in der Nase popeln. Unterdrückte Sexualität ist der Preis für unsere gesittete Zivilisation. Das war mir klar. Deshalb gab es Flipperautomaten, an denen man sich abreagieren konnte.

Ich entschied mich, heute keine Bücher zu klauen. Zögernd betrat ich den Laden. Sie stand auf einer kleinen Leiter und reckte sich zum obersten Regal, um Bücher einzuordnen. Sie hatte wunderschöne Beine, trotz der verrutschten Naht ihrer schwarzen Strümpfe. Als ihr Stöckelschuh die nächste Sprosse suchte, spannte sich der kurze Rock über ihrem kleinen festen Po. Ich schaute schnell weg und ging zu den Klassikern.

Wahllos griff ich nach einem der schmalen Reclamheftchen, steckte es außen sichtbar in die Brusttasche meiner Armeejacke und schlenderte zu den fest gebundenen Büchern. Hier war ich allein. In dem Hohlspiegel links oben an der Decke sah ich nur mich, klein und verzerrt. Kerouac konnte ich nicht finden, aber gleich daneben unter M entdeckte ich die Buddenbrooks. Die kannte ich noch nicht.

Ich musste ihren Blick gespürt haben, als ich versuchte, den Wälzer in meiner Innentasche zu verstauen. Aber der Brocken war sehr sperrig. Als ich zur Seite blickte, sah ich in ihre großen schwarzen Augen. Sie hatte ihren roten Mund wie zu einem erstaunten O geöffnet, strich sich mit der Hand durch das schwarze, verwuschelte Haar und klapperte ein paarmal mit den Augen wie Rudi. Ich glaube, ich lächelte sie an und wurde rot. Langsam stellte ich das Buch wieder in das Regal zurück.

»Oh«, sagte sie leise. »Pardonnez-moi. Ich wollte Sie nicht erschrecken. Wir haben schon auf Sie gewartet.«

Ihr französischer Akzent ließ sie noch zarter erscheinen. Obwohl sie älter sein musste als ich, vielleicht achtzehn oder neunzehn, wirkte sie auf mich wie ein kleines Mädchen. Ich starrte sie ertappt an.

»Komm«, sagte sie und lächelte breit.

Ihre kräftigen Zähne schimmerten weiß gegen den dunklen Teint ihrer Haut. Sie drehte sich um und stöckelte zierlich vor mir her. Jetzt schaute ich doch auf den Po. Sie warf mir einen Blick über die Schulter zurück, und ich fühlte mich schon wieder ertappt. Verliebtsein war ganz schön peinlich.

»Voilà!« sagte sie und blieb an der Kasse stehen. Sie nahm einen Stoß Kassenbons und blätterte sie durch. »Mein Patron hat Sie beobachtet. Sie kaufen immer nur ein Reclam und nie ein Buch.«

Zum Beweis zeigte sie mir die Bons. Ich war überführt. Der Schweiß lief mir kalt die Achseln hinunter. Die vielen Bücher, die ich im Zimmer gestapelt hatte, konnte ich ja nie bezahlen. Nicht mal mit den schmutzigen zehn Francs.

»Warte hier!« sagte sie bestimmt.

Sie verschwand hinter der Tür, auf der »Privée« stand, um die Polizei zu holen. »Abhauen!« schoss es mir durch den Kopf. Meine letzte Chance. Aber wie ein Schaf blieb ich stehen und dachte: Dann sehe ich sie nie wieder!

Unrecht Gut gedeihet nicht. Ich hatte unsere Zukunft zerstört, bevor sie beginnen konnte. Vielleicht könnte ich die Bücher ja wieder zurückgeben. Dann hätte ich sie mir nur ausgeliehen. Aber dafür war es jetzt schon zu spät.

»Sie sind ja ganz blass!« sagte sie ernst.

»Ah oui«, sagte ich.

Leugnen half nichts, ich musste gestehen. Vielleicht ließ sie mich dann doch noch laufen.

Stotternd sagte ich: »Ich … ich hab' einfach kein Geld gehabt für richtige Bücher.«

Jetzt war es raus.

»Ah oui! Je sais. Ich weiß«, sagte sie unerbittlich lächelnd. »Mein Patron hat gesagt, ich soll dich festhalten, wenn du kommst.«

Ich hörte, wie die Eingangstür sich hinter mir öffnete. Gelähmt

sah ich sie noch ein letztes Mal an. Polizei, Ausweisung, Heim oder Knast. Ich Idiot.
»C'est fermé!« rief sie und fuhr unbeeindruckt fort. »Deshalb hat mein Patron für den armen deutschen Studenten, der sich nur Reclamhefte leisten kann, ein Präsent. Als ein Dank für die treue Kundschaft.«
Ich starrte auf das Geschenk in meiner Hand. Goethe! Fest gebunden. Sein »Faust« schlug mir in die Magengrube. Mir wurde schlecht.
Ich musste mich setzen. Das war die Strafe! Ich war gerührt.
Nie wieder!, schwor ich Abbitte. Nie wieder klaue ich ein Buch.
»Hast du nichts gegessen?« fragte sie mich besorgt. »Komm, ich lad' dich ein, von Büchern wird man nicht satt. Ich bin jetzt frei. Oder wartet auf dich eine ›amie‹?«
Ich sah zu ihr auf, schüttelte unmerklich den Kopf und schaute auf ihren Mund.

Wir gingen in ein kleines Bistro um die Ecke, das ich noch nicht kannte. Ich erzählte ihr die Geschichte von Goethes »Faust«.
Von dem alten Mann, der so viel studiert und Wissen angehäuft hatte, bis er plötzlich merkte, dass er darüber das Leben versäumt hatte und einen Pakt mit dem Teufel eingehen musste, um die Jugend nachzuholen. Ich musste noch nicht so viel nachholen, denn ich war ja noch jung.
Sie erzählte mir, dass sie aus Algerien stamme und ihr Vater im Kampf gegen die Franzosen von Legionären erschossen worden sei, und sie die Deutschen bewundere wegen ihrer Kultur und ihrer Größe – dabei sah sie zu mir hoch, sie reichte mir nur bis zur Achselhöhle – und die Deutschen seien die einzigen, die Frankreich besiegt hätten, deshalb hätten wir große Sympathien in ihrem Heimatland, und ihr erster Freund sei ein blauäugiger blonder Deutscher gewesen, deshalb sei sie von den Franzosen oft beschimpft worden als Flittchen von eine »boche«, eines Schweins, wie man die Deutschen hier nannte. Aber das habe sie nicht daran gehindert, weiter mit ihm Liebe

zu machen. »Faire l'amour« sagte sie, obwohl er sie nicht heiraten könnte, da er schon in München eine Frau habe, die ein Kind erwarte, und jetzt sei er zur Armee eingezogen worden. Wann ich zur Armee eingezogen würde, fragte sie mich plötzlich und sah mich traurig an. Ihre großen Augen füllten sich mit Tränen.

Tröstend legte ich meinen Arm um sie und redete beruhigend auf sie ein. Nie würde ich zur Armee gehen oder die Stadt verlassen und nach Deutschland abhauen, sie brauche sich keine Sorgen zu machen. Ich würde hier bleiben für immer.

Nie würde ich sie verlassen, dachte ich und wischte ihr vorsichtig mit meinem kleinen Finger eine Träne von der Wange. Ich bestellte noch zwei Calvados von dem Rest meiner zehn Francs. Sie beruhigte sich und bekam einen trotzigen Ausdruck um den Mund, wie ein kleines Mädchen, dem man die Puppe weggenommen hatte.

Der Typ hieß wohl Klaus und hatte sie, ohne sich zu verabschieden, sitzengelassen. Ein unsensibler Filou, der sie mit falschen Versprechungen verführt hatte, entnahm ich aus ihren Schilderungen. Obwohl er sich schon seit über einem Monat nicht mehr gemeldet habe, könne sie ihn nicht vergessen, brach es aus ihr heraus. Dieses Schwein, dachte ich, aber sagte nichts dazu, um ihre Gefühle nicht zu verletzen.

Wir hatten die Zeit und Umgebung nicht wahrgenommen. Der Garçon hatte die Stühle um uns herum schon auf die Tische gestellt und schaltete die kalte Notbeleuchtung ein.

Wir schauten uns überrascht in die Augen.

Plötzlich sagte sie: »Mit wieviel Mädchen hast du schon Faire l'amour?«

Ich schaute schnell auf den Boden, der mit Zigarettenkippen übersät war.

»Keine Ahnung«, murmelte ich und mein Atem ging schneller.

»Dis-moi. Wie viele?« fragte sie erwartungsvoll.

Mir fiel Belmondo in »Außer Atem« ein. Ich hob zögernd meine linke Hand und streckte fünf Finger aus. Sie sah mich skeptisch lächelnd an. Ich grinste frech, schloss die Hand und öffnete sie schnell wieder mehrere Male hintereinander.

»Tu es bête!« sagte sie und musste lachen.
Ihre Traurigkeit war verflogen. Ich ließ das Wechselgeld auf dem Teller liegen, obwohl es noch für mindestens drei Flipperspiele gereicht hätte. Aber mir war jetzt wirklich nicht nach Flippern zumute.
Das Bistro hinter uns hatte das Licht gelöscht. Nur die Straßenlaternen hatten einen hellen Kranz im Dunst des Nebels. Auf dem feuchten Asphalt spiegelten sich ihre Strahlen und deuteten alle auf mich, der ich neben ihr ging.
Auf einer Brücke blieben wir stehen. Ich senkte langsam meinen Kopf. Sie hielt mit beiden Händen den Kragen meiner Armeejacke umklammert und legte ihren Kopf zurück. Mein Mittelfinger spürte durch die Bluse den Verschluss ihres Büstenhalters. Das war kein Hakverschluss, sondern irgendein verdammtes anderes System, das ich nicht kannte.
Mit einem entschlossenen Ruck stellte sie sich auf die Zehenspitzen, zog sich an mir hoch und gab mir einen kräftigen kühlen Kuss auf den Mund. Trotz ihrer Stöckelschuhe war der Größenunterschied doch zu gewaltig, um in einem endlosen Kuss zu verharren.
»Qu'est-ce qu'on va faire«, sagte sie außer Atem. »Gehen wir zu dir? Chez toi.« Darauf war ich nicht vorbereitet.
»Chez moi?« sagte ich.
Sie nickte. »Mais oui, chez moi, ce n'est pas possible.«
»Bei mir ist das auch nicht möglich«, sagte ich.
Verdammt noch mal. Hier war endlich ein Mädchen. Nur der Inhalt war so kompliziert verpackt mit Haken und Ösen, dass mich schon jetzt der Mut verließ.
»Schade«, sagte ich und steckte meine Hände in die Taschen.
Plötzlich war jegliche Romantik verflogen. Das kalte Licht des Vollmondes warf starke Schatten auf ihr Gesicht und ließ die Augenringe unter den dunklen Höhlen stärker hervortreten. Sie schien doch älter zu sein, als ich vermutet hatte.
»Tja«, sagte ich und zündete mir aus Verlegenheit eine Zigarette an. »Vielleicht sehen wir uns morgen?«
Sie hob ihren Kopf zu mir hoch. Ihr Gesicht war blass und starr. Sie nahm mir die Zigarette aus dem Mundwinkel, zog zweimal daran und warf sie über das Geländer der Brücke in den Fluss.

Dann schmiegte sie sich eng an mich. Ich hob meinen Kopf, um das Kitzeln ihrer kräftigen Haare zu vermeiden, und sah in der Ferne den beleuchteten Eiffelturm.
Wir konnten ja schlecht die ganze Nacht hier rumstehen.
»Liebst du mich?« fragte sie.
Ich schluckte.
»Oui«, sagte ich nach einer Weile. »Je t'aime.«
Das hatte ich noch nie zu einem Mädchen gesagt. Sonst hatten mich diese Worte in den Filmen immer genervt, aber jetzt empfand ich nicht einmal die Kulisse des Eiffelturms im Hintergrund als Kitsch.
»Viens!« sagte sie entschlossen und nahm mich bei der Hand.
Als wir unter der Brücke am Ufer der Seine angekommen waren, sah sie mich mit einem merkwürdig wilden Ausdruck an. Ihre Stöckelabsätze wackelten auf dem groben Kopfsteinpflaster. Balancierend ging sie vor mir her. Neugierig sah ich ihr zu, wie sie ihren Mantel auszog und ihn wie eine Schleppe hinter sich herzog, sich noch einmal zu mir umdrehte, als locke ein Torero den Stier, vor einer Bank stehenblieb, die an der hohen Kaimauer stand, und mit einer weiten Bewegung den Mantel darüberwarf. Ich war verblüfft vor ihr stehen geblieben. Sie hatte ihren Rock schnell bis über das Ende ihrer schwarzen Strümpfe hochgezogen. Wie eine wilde Katze sprang sie mich an.
Die Arme hinter meinem Nacken verschlungen, ihre Beine hielten meinen Unterkörper fest umklammert, überschüttete sie mein Gesicht mit wilden Küssen. Erschrocken Halt suchend, hielt ich sie fest und plumpste mit ihr dann, halb liegend, hart auf die Bank. Mit einem Bein auf der Bank kniend, das andere weit ausgestreckt auf das Kopfsteinpflaster gestemmt, hockte sie auf mir. Über mich gebeugt, stützte sie sich mit einer Hand auf meinem Brustkorb ab und riss mit der anderen an der Schnalle meines Hosengürtels. Diesem kleinen zarten Mädchen hätte ich nie so viel Kraft zugetraut.
»Merde!« hörte ich sie keuchen.
Der Gürtel ließ sich nicht öffnen. Den hatte ich auf dem Flohmarkt erstanden. Ein echter schwarzer Pfadfindergürtel mit silbrig runder Schnalle, auf der zwar »Allzeit bereit« stand, mit

einer Lilie in der Mitte, aber um den Gürtel zu öffnen, musste man das System kennen. Sie hätte ihn nur aufhaken müssen. Es war ganz einfach.

»Ça va pas«, hörte ich sie verzweifelt, während sie mir mit ihrer kleinen Faust ungeduldig auf die Brust hieb.

Ich öffnete die Augen und sah in ihr verzerrtes Gesicht. Ich spürte noch ihre Hand, die hektisch zwischen uns an dem Reißverschluss wühlte. Aber der war wohl verklemmt.

Ihr Lippenstift war verschmiert. Wie bei einem traurigen Clown rann ihr ein schwarzer Streifen Wimperntusche quer über die Wange. Mit einer Hand strich ich ihr die wirren verschwitzten Haare aus dem Gesicht, sah hoch oben über ihrem Kopf die funkelnden Sterne blinken und daneben über dem Rand der hohen, feucht glänzenden Kaimauer drei, vier, nein fünf oder sechs gegen den Nachthimmel helle, runde, vom Mondlicht seitlich beleuchtete Fratzen, die Münder schwarze Löcher, die uns stumm zusahen. Nur ihr stoßweiser Atem war sichtbar im Gegenlicht. Mir stockte der Atem.

»Da oben sind welche«, flüsterte ich. »Da sind Spanner!«

Das Mädchen wischte sich mit dem Handrücken über den Mund und flüsterte zärtlich: »Ça te gêne? Ça ne fait rien si tu m'aime.«

Natürlich machte mir das was aus! Liebe hin, Liebe her. Ihr Gesicht beugte sich über mich und ihre Haare verdeckten die Gesichter der Zuschauer über uns.

»Nein!« fluchte ich und stieß sie so heftig zurück, dass sie von der Bank auf das Kopfsteinpflaster rutschte. Ich war aufgesprungen und starrte wütend nach oben.

»Non«, schrie sie und umklammerte mein Knie.

Ich versuchte, mich loszureißen, aber sie hielt mich fest.

»Non!« schrie ich sie an.

Plötzlich ließ sie mich los. Fast wäre ich stolpernd gefallen.

»Va-t'en!« schrie sie zu mir hoch, noch auf den Knien, während sie ihren Rock runterzog. »Hau bloß ab! Du hässliche Deutsche. Du boche!«

Wie eine Furie war sie aufgesprungen. Im hellen Mondlicht sah ich durch die zerrissenen schwarzen Strümpfe ihre weißen Knie. Sie riss den Mantel von der Bank. Ich stand belämmert

vor ihr und versuchte, den flatternden Mantel zu fangen, mit dem sie auf mich einschlug.
»Va t'en«, fauchte sie wütend. »Raté!«
Das klang wie Ratte, hieß aber Versager, soweit ich mich an mein Schulfranzösisch erinnern konnte. Die anderen Vokabeln, die sie mir an den Kopf warf, lernte man da ja nicht. Endlich erschöpfte sich ihre Wut. Anklagend breitete sie die Arme aus, als sie an sich herunterblickte.
»Regarde! Qu'est-ce que t'as fait!«
Das sollte ich gemacht haben? Dabei war ich doch unschuldig. Im wahrsten Sinne des Wortes. Ich hatte doch gar nichts gemacht! Aber das war wohl das Problem.
Zerknautscht schaute ich die Kaimauer hoch. Die da oben wussten ja, was wirklich geschehen war. Aber da blinkten nur desinteressiert die Sterne. Die Gaffer waren verschwunden. Wahrscheinlich war es den Spannern hier nicht spannend genug.
Mir reichte es. Ich überlegte nur noch, wie ich mich freundschaftlich aus der Affäre ziehen könnte, ohne mein Gesicht zu verlieren. Ich hob ihren Mantel auf, den sie achtlos auf dem Pflaster hatte liegenlassen, und sah zu, wie sie unter ihrem Rock an dem Strumpfhalter nestelte, ein Bein auf die Bank stellte, den Strumpf herunterrollte, den einen Stöckelschuh in der Hand, dann mit dem nackten Fuß in den Schuh schlüpfte, das andere Bein auf die Bank stellte und den zweiten Strumpf auszog.
»Tiens!« sagte sie, einen nackten Fuß immer noch auf der Bank, und warf mir ihre schwarzen Nylons vor die Füße.
Da lagen sie vor mir wie die Reste zweier Schlangen, die sich gehäutet hatten und deren Umklammerung ich nicht mehr zu fürchten brauchte.
Sie betrachtete ihr aufgeschürftes Knie, das sie mit etwas Speichel einrieb.
»Tut es weh?« fragte ich leise und näherte mich ihr vorsichtig.
»C'est rien«, sagte sie und schlüpfte in den zweiten Stöckelschuh, der schräg auf dem Kopfsteinpflaster stand, während sie sich mit einer Hand an meiner Schulter festhielt. Dann ließ

sie mich los und stand, die Arme verschränkt, klein, zart und hilflos vor mir.
»Frierst du?« fragte ich und legte ihr den Mantel um die Schultern.
»Non, non«, sagte sie und zog fröstelnd den Mantel enger um sich. Einsam und verloren stand sie vor der Bank.
»Soll ich dich zur Metro bringen?« fragte ich hilflos.
»Non. Je prends un taxi«, sagte sie und zog sich den Mantel an.
Ich half ihr höflich dabei und sagte: »Ich begleite dich. Das ist zu gefährlich, um diese Zeit ein Mädchen allein auf der Straße.«
»Non merçi«, sagte sie und zog den Gürtel fest um ihre Taille.
Ich starrte ihr hinterher, bis sie in dem Schatten des Brückenbogens in der Dunkelheit verschwunden war und sich nur noch das Klacken ihrer Absätze immer leiser werdend entfernte und im Rauschen des Flusses unterging.
Ich setzte mich auf die Bank.
Unendlich einsam und traurig zündete ich mir eine Zigarette an. Als ich endlich aufstand, war der Boden mit Kippen übersät. Von dieser Nacht blieb mir nur mein »Faust« in der Tasche. Aber zwischen den anderen Büchern in meiner Bude hatte ich noch ein paar trockene Zigaretten Parisienne gebunkert.

Rudi war noch wach. Sie habe sich solche Sorgen gemacht, meinte sie mütterlich und zündete eine Kerze an. Das Licht war immer noch abgestellt, also hatte Rudi kein Geld auftreiben können. Das hieß, ich musste mit meiner Zigarettenration haushalten. Ich brach die Parisienne in der Mitte durch und zündete sie, den Kopf schräg geneigt, an der Kerze an. Sie habe die ganze Nacht kein Auge zugemacht. Schließlich sei es schon fünf Uhr morgens oder gleich sechs und die Stadt nachts gefährlich durch die vielen Algerier, die Passanten überfielen, beraubten, zusammenschlügen und vergewaltigten. Die hätten Paris nachts im Griff.

Ich hörte gar nicht zu und schaute der flackernden Kerze zu, die zu verlöschen drohte, wie mein Leben, das mir plötzlich so sinnlos vorkam.
Rudi fragte mich, was ich denn den halben Tag und die ganze Nacht gemacht hätte ohne Geld. Leider habe sie heute kein neues auftreiben können, dafür habe sie aber Aussicht auf einen Job bei den Filmstudios in Billancourt. Als Dolmetscherin in einem französischen Film, in dem deutsche Schauspieler mitspielten.
»Jetzt rate mal, wer die sind?«
Was interessierte mich das. Das war ihre Welt, nicht die meine. Mit der Glut der Kippe zündete ich mir die andere Hälfte der Parisienne an. Dann hätte ich die auch gleich ganz rauchen können. So verlor ich mindestens vier bis fünf kräftige Züge. Nicht einmal das machte ich richtig.
»Stell dir vor, Horst Frank und Gerd Fröbe spielen in dem Film, und Claude Autant-Laura führt Regie. Ist das nicht toll?«
Die Glut der Kippe hatte sich in das Wachs gefressen und qualmte stinkend.
»Machst du bitte das Fenster auf? Dein Gequalme stinkt ja fürchterlich in dieser winzigen Bude.«
Ich erhob mich und stieß die Dachluke auf. Wieder begann ein grauer Tag über den Dächern von Paris.
»Laurent Terzieff spielt die Hauptrolle. Endlich bin ich wieder unter meinesgleichen. In den könnte ich mich glatt verlieben, mit seinen graugrünen blitzenden Augen und seinem schönen...« Die ging mir richtig auf die Nerven mit ihrem Filmfimmel.
ch schnippte wütend die Kippe in Richtung der einen Taube, aber auch die beachtete mich nicht und kniepte nur müde mit einem Auge, als die Kippe an ihr vorüberkullerte und in der Regenrinne liegenblieb.
»Ich hab' mich verliebt!« sagte ich und schloss die Luke mit einem kräftigen Ruck.
Der Luftzug löschte die Flamme der Kerze. Das Dämmerlicht des grauen Tages war schon heil genug, um Rudis verblüfften Gesichtsausdruck zu erkennen.

»Aber das ist doch schön«, sagte sie zögernd und klapperte mit den Augen. »Wie heißt sie denn?«
Ich hockte mich in die Ecke neben der Tür und schaute nach oben zu dem kleinen hellen Viereck.
»Keine Ahnung«, sagte ich.
Wie im Gefängnis, dachte ich.
»Namen sind Schall und Rauch«, sagte Rudi.
»Sie hat mir ein Buch von Goethe geschenkt«, sagte ich.
»Das ist aber süß!« sagte Rudi. »Ist sie eine Deutsche?«
»Nein, Algerierin!«
Ich schaute immer noch auf die Luke. Eingesperrt mit Mama.
»Hauptsache, ihr versteht euch. Die erste Liebe vergisst man nie!«
»Sie liebt mich nicht. Sie hasst mich!«
Ich sah Rudi wütend an. Ihr positives Gesülze ging mir auf die Nerven. Endlich schaute sie mich wirklich an. Jetzt musste sie fragen: Aber warum denn.
»Aber warum denn?« fragte sie vorsichtig und klapperte nur zweimal mit den Augen.
»Weil ich hässlich bin!«
Rudi bekam einen mitfühlenden Ausdruck.
»Aber Goddi, du bist doch nicht hässlich. Du bist schön!«
Jetzt hatte ich sie bei einer faustdicken Lüge ertappt. Sie hörte mir gar nicht zu. Die verstand mich überhaupt nicht! Nur Romantik und Schöntun. Immer Friede, Freude, Eierkuchen.
»Erzähl mir doch keine Scheiße! Ich bin doch nicht blind. Alle sagen das! Ich kann mich doch selber im Spiegel nicht ansehen. Keiner hat so eine zerknautschte Schnauze mit Schlitzaugen und eine Stirn wie ein Neandertaler! Und das auf so einem langen, dürren Gerippe!«
So. Jetzt war die Luft raus. Das saß! Da war sie stumm! Ich schnaufte heftig aus, um mich zu beruhigen. Rudi sagte nichts und schaute vor sich hin.
Nach einer Weile sagte sie leise: »Du bist etwas ganz Besonderes, Goddi. Etwas Einmaliges. Da kannst du stolz drauf sein. Vielleicht bist du nicht schön, aber dafür bist du interessant. Schau mal, du hast schöne Hände. Darauf schauen die Frauen

als erstes. Und wenn du lachst, dann geht die Sonne auf. Schönheit kommt von innen. Du bist eben nicht wie jeder andere.«
Ich hatte mein Gesicht auf den Knien vergraben und kämpfte gegen die blöden Tränen. Die hatte gut reden. Ich wollte lieber wie die anderen sein und nicht etwas Besonderes. Alle anderen kamen mit Mädchen klar, bloß ich nicht. Was war denn daran interessant.
»Vielleicht bin ich ja auch schwul«, sagte ich mit verrotzter Stimme und zog die Nase hoch.
»Na und?« sagte Rudi. »Das ist doch nichts Schlimmes. Es gibt ja auch eine geistige Liebe zu Frauen. Goethe mit seiner Frau von Stein. Und die meisten großen Künstler sind schwul. Jean Cocteau, André Gide... Die meisten von denen sind auch homosexuell. Alle großen, sensiblen Menschen sind schwul. Und du bist eben auch sehr sensibel.«
Scheiß Sensibilität, dachte ich, da wird man nur immer verklemmter. Bloß kein Künstler werden, dann lerne ich ja nie ein Mädchen kennen. Der Freud hätte seine Freude an mir gehabt. Statt Liebe immer nur Kunst machen. Nee danke. Das würde Rudi so passen. Dann wäre ich ja ewig mit ihr zusammengesperrt, und sie bliebe die einzige Frau.
»Du kapierst einfach nichts. Von Männern schon gar nichts!« sagte ich und stand auf, um mir die letzte Zigarette zu holen.
Das heftige Wummern an der Tür ließ uns zusammenzukken.
»Police! Ouvrez la porte!«
Das Hämmern war so heftig, als wollten sie gleich die Tür aufbrechen.
»Police! Ouvrez la porte!«
Wie spät war es, sechs oder schon sieben? Wollten die uns verhaften und den Deutschen ausliefern? Rudi öffnete kreidebleich die Tür.
Die Flics standen, die Maschinenpistolen im Anschlag, auf der Treppe. Sie sprachen in barschem Ton auf Rudi ein.
»Sicherheitsüberprüfung«, sagte Rudi aufgelöst. »Sie machen eine Razzia auf alle Ausländer wegen des Chrustschow-Besuchs. Wegen eventueller Attentäter. Die wollen unsere Pässe sehen!«

Scheiße! Mein Pass lief in drei Tagen ab. Wie unwirklich wurden alle meine Probleme, wenn es wirklich ernst wurde.

Rudi hatte fünfundzwanzig Francs aufgetrieben.
Den Lastwagenfahrer, der mich für zehn Francs zur holländischen Grenze mitnehmen wollte, hatte ich verpasst. Einfach verschlafen. So musste ich mir eine Zugfahrkarte nach Brüssel für dreiundzwanzig Francs kaufen, um rechtzeitig das Land zu verlassen, bevor mein Touristenstempel abgelaufen war.
Vor Brüssel stieg ich aus dem Zug und trampte sofort wieder in Richtung Paris. An der Grenze bekam ich einen neuen Stempel in den Pass. Für die nächsten drei Monate war ich wieder ein normaler Tourist, der sich in Frankreich frei bewegen konnte. Meine Bewegungsfreiheit war allerdings mit zwei Francs in der Tasche stark eingeschränkt.
Es wurde Nacht, und der eisige Herbstwind trieb mir Tränen in die Augen. Die Ohren schmerzten vor Kälte. Die wenigen Autos, die kamen, rasten an mir vorbei. Auch beim Autostopp war ich nicht so erfolgreich wie Rudi. Bei mir stoppten keine Autos. Wahrscheinlich wollte sich niemand so einen verfrorenen Finsterling, der kurz im Scheinwerferlicht auftauchte, in seinen Wagen einladen.
Um mich warm zu halten, lief ich durch die schwarze Nacht von der belgischen Grenze aus in Richtung Paris. Als der Morgen dämmerte, hatte ich endlich das nächste Dorf erreicht, das zwanzig Kilometer entfernt gewesen war.
In der Schaufensterscheibe einer Bäckerei, die gerade aufmachte, sah ich in der Spiegelung eine vor Kälte zitternde Vogelscheuche. Ich hätte mich auch nicht getraut, mich mitzunehmen.
Ein blonder, sauber aussehender Junge, der auf seinem Parka eine schwarz-rot-goldene Flagge aufgenäht hatte und während seiner Herbstferien Frankreich bereiste, rettete mich. Er gab mir die Hälfte seines noch ofenwarmen Brötchens ab, streckte den Daumen dem erstbesten Auto entgegen, das auch noch sofort hielt und uns beide mitnahm. Am späten Nachmittag war ich wieder in Paris.

Übermüdet und froh, wieder zu Hause zu sein, hämmerte ich gegen unsere Tür. Rudi machte nicht auf. Der Schlüssel lag auch nicht unter der zweiten Stufe. Irgendwas stimmte nicht.
»Rudi?« rief ich und trat wütend gegen die Tür.
Sie musste sich doch Sorgen gemacht haben, dass ich noch nicht wieder aufgetaucht war. Endlich hörte ich, wie der Schlüssel umgedreht wurde.
Er sah mich genauso entgeistert an wie ich ihn. Seine dunklen Augen kullerten ihm fast aus seinem schwarzen Gesicht. Er hatte sich nur ein Handtuch um die Hüften geschlungen und hielt es mit beiden Händen ängstlich fest. Seine dürren dunkelbraunen Beine zitterten leicht, als ich ihn anschnauzte.
Aber Deutsch verstand der wohl nicht.
Ich hätte Rudi einen besseren Geschmack zugetraut. Mit so einem dürren Neger hatte sie mich noch nie überrascht.
Barsch schob ich ihn beiseite und stürmte in mein Zimmer. Sie lag in meinem Bett und hatte vor Scham die Decke so weit über den Kopf gezogen, dass unten nur ihre nackten schwarzen Füße hervorlugten.
Die Fußsohlen waren ganz hell, fast rosa. Ich war im falschen Zimmer! Oder hatte ich vor Übermüdung Halluzinationen?
Der Schwarze gestikulierte heftig mit einer Hand, während er mit der anderen das Handtuch festhielt, und sprach aufgeregt mit unverständlichen Lauten auf mich ein.
Ich antwortete ihm in meiner Heimatsprache, dass es mir leid täte und ich mich wohl geirrt hätte, aber eigentlich würden Rudi und ich hier wohnen.
Aber wir verstanden uns nicht.
»Maman!« schrie ich, um das Kauderwelsch zu beenden, und stampfte mit dem Fuß auf.
Die schwarzen Füße zuckten zusammen und verkrochen sich unter der Decke. Dafür kam oben ein schwarzer Krauskopf zum Vorschein. Es schien sich um ein Mädchen zu handeln, die mich mit weit aufgerissenen Augen anglotzte. Dann verzog sich ihr riesiger Mund zu einem Grinsen, und ihre Nase wuchs zu doppelter Breite.

»Maman?« fragte sie schrill.
Ich nickte erleichtert.
Sie gab schnelle gutturale Laute von sich. Der lange Dürre kratzte sich mit seinem langen dürren Mittelfinger in seinem krausen Haar. Dann zog sich auch seine Nase in die Breite, und er entblößte ein kräftiges weißes Gebiss.
»Maman«, gurgelte er erleichtert und reichte mir einen Zettel, den er aus einer Hose angelte, die vor dem Bett auf dem Boden lag.
Der Zettel war schon etwas zerknittert.
Ich glättete ihn und las: »Mein Kleiner! Musste plötzlich ausziehen. Unsere netten Nachmieter haben als Ablöse die Mietschulden bezahlt. Wir wohnen jetzt in der Rue des Martyrs 26 bei Renard. Sei lieb und bedank dich noch mal bei den beiden. Bis gleich. Rudi.«
Ich bedankte mich noch mal bei den beiden mehrsprachig und machte mich auf den Weg.
Immer, wenn man besonders kaputt ist und sich auf ein bisschen Ruhe freut, tauchen Schwierigkeiten auf, dachte ich missmutig und trabte in Richtung Sacre Cœur.
Die Rue des Martyrs lag auf der anderen Seite der Seine. Nach guten drei Kilometern wusste ich, warum die Straße so hieß. Es ging bergauf. Wahrscheinlich hatte Rudi einen Maler kennen gelernt, bei dem wir da oben unterkriechen konnten. Warum wäre sie sonst in ein Viertel umgezogen, das in der Nähe vom Montmartre lag? Da kannten wir uns ja kaum aus.
Das Atelier des Malers befand sich im sechsten Stock. Auch das noch! Als ich endlich erschöpft und außer Puste vom Treppensteigen bei Renard ankam, sah ich, dass das Atelier nur eine winzige Zweizimmerchen-Wohnung war. Auch Renard war kein richtiger Maler, sondern nur technischer Zeichner.
Er trug eine randlose Brille und war schon weit über zwanzig. Seine hellen Augen blitzten schlau und freundlich. Sein schüchternes Grinsen erinnerte an einen Fuchs, der lächelt.
Renard war in Rudi verliebt und half ihr bei der Drehbuchübersetzung, die sie für das Filmstudio Billancourt machte. Ich nahm diese neue Bekanntschaft meiner Mutter nicht besonders ernst. Aber da hatte ich ihn unterschätzt.

Dieser blasse, unscheinbare Mann sollte mein Leben verändern.
Renard war zäh in der Verfolgung seiner Ziele. Als Erstes versuchte er Ordnung in unser Leben zu bringen. Um unsere Unkosten einzudämmen, kaufte er in den »Hallen« ein ganzes Stück Schinken. Am Fuß aufgehängt, baumelte er von der Decke. Ich ekelte mich, aber wenn wir Hunger hatten, konnten wir uns ein Stück davon absäbeln.
Mir gab er das tägliche Kleingeld und sorgte dafür, dass ich mich nicht dauernd zwischen die beiden drängte in der zu engen Bude.
Sein zweites Ziel war, so viel Geld mit dem ungeliebten Beruf zu verdienen, um sich davon ein Segelboot mit Kajüte kaufen zu können, auf dem er dann leben wollte. Irgendwann einmal als Rentner frei und ungebunden auf dem Meer.
An den Wochenenden übte er schon mal das Gefühl der künftigen Freiheit auf dem Fluss. Auf einem alten verrotteten stillgelegten Kahn mit großer Kajüte, fest vertäut am Quai d'Orsay. Diesen verrosteten Traum überließ er mir. Er wollte mit Rudi auch mal allein sein. Ich war glücklich.
Ich kroch aus dem dunklen Bauch des Bootes ins Freie, streunte durch die Pariser Straßen, tigerte durch die Cafés und flipperte. Traf diesen und jenen und noch einen.
Ronny hatten sie verhaftet und abgeschoben, erfuhr ich, und das Mädchen aus der Buchhandlung sah ich noch einmal, Arm in Arm mit ihrem deutschen Freund Klaus. Sie beachtete mich gar nicht. Ich las sowieso keine Bücher mehr. Da lernte man nichts über das wirkliche Leben.
Die Leere meines Lebens war mir die wirkliche Lehre.
Es lohnte sich nicht, älter zu werden. Was sollte mir die Zukunft noch bringen? Besser konnte es mir gar nicht gehen. Etwas Taschengeld und genug zu essen, eine schwankende Behausung, auf der ich mich in meiner Koje einrollen konnte. Dem Glucksen des Wassers an der Bordwand lauschen ...
Im Schein der schwachen Funzel, die der knatternde Generator antreibt, der gleichzeitig das nachsickernde Wasser aus dem Rumpf des Kahns pumpt, schreibe ich noch nachts in mein Tagebuch: »Drei Uhr. Ich habe Angst, früh schlafen zu gehen,

weil damit ein frühes Aufwachen verbunden ist. Ein Aufwachen in dem hässlichen Licht eines Vormittags. Ein Aufwachen, nach dem das Warten auf die Dunkelheit folgt. Eine Dunkelheit, die die graue Eintönigkeit des Tages verschleiert. Die Lichter erst zu Lichtern macht. Die das Hässliche verbirgt.«

Ich lese noch einmal diese letzte Eintragung und denke, alles ist so sinnlos. Wozu schreiben, wozu lesen? Auch das Älterwerden. Wozu?

Höchstens zwanzig, das reicht, das ist lange genug.

Ich muss noch mal raus in die Nacht. Hier werde ich verrückt in dieser feuchten, nach Diesel stinkenden Kajüte. Durch die leeren Straßen rennen, bis die Angst vorbei ist. Kaum noch Menschen unterwegs. Auf dem Boulevard vor mir ein älteres Paar ängstlich Händchen haltend, die drei Algerier hinter ihnen ignorierend. Einer der drei spricht sie an. Das Paar verschnellert seinen Schritt. Der zweite stellt sich ihnen in den Weg. Der ältere Mann sagt etwas. Der dritte hält den Mann von hinten fest. Die beiden anderen schlagen mit ihren Fäusten auf seinen Kopf. Der Mann liegt am Boden. Ihre Füße treten das stöhnende Bündel. Die Frau stumm daneben, ihre Fäuste vor dem Mund. Kein Schrei.

Ich gehe schnell weiter. Hinter mir höre ich die unheimlichen Rachenlaute ihrer fremden Sprache. Ich zwinge mich, langsam zu gehen. Gefahr! Die nächste Ecke die Rettung. Ich mache lieber die Biege. Eine kleine dunkle Seitenstraße. Das war dumm. Zu spät. Lautlos haben sie mich eingekreist. Und drängen mich in eine Ecke. Fäkaliengeruch. Ein Klicken. Das Schnappmesser ist an meiner Kehle. Einer dreht mich um. Die Klinge drückt auf meinen Kehlkopf. Das gusseiserne schwarze Abflussrohr vor mir ist verrostet. Daneben ein halb eingerissenes Plakat. »Défense d'afficher! Lois de …«

Die drei hinter mir wechseln hastige Laute. Einer fühlt in meinen Hosentaschen. Sie sind leer. Wütend zerrt die Hand an meinem Gürtel. Er kriegt ihn nicht auf.

»Alors, tu veux baiser«, kann ich endlich verstehen.

Ich schüttele vorsichtig den Kopf. Die Klinge schmerzt.
»Tu parles Français?«
Ich schüttele den Kopf. Der Druck des Messers wird kräftiger.
»Faire l'amour, tu comprends!«
Ich rühre mich nicht.
»Anglais?«
Ich werde umgedreht und an die Wand gestoßen. Das Abflussrohr drückt sich schmerzhaft in den Rücken. Ich sehe die drei im Schattenriss vor mir.
»Fuck you!« höre ich.
Weit hinten am Ende der dunklen Gasse Gefahr. Zwei Flics im Schein der Straßenlaterne. Aber ich kann nicht schreien. Die drei wechseln flüsternd schnelle Worte. Sie scheinen uneinig zu sein.
»Quelle nationalité?« höre ich einen der Schatten. »Allemand?«
Ich nicke.
»Très bien!« sagt einer und boxt mir auf die Brust. »Deutsch gutt!«
Ich bekomme kaum Luft.
»Hitler!« lacht er. Die anderen lachen heiser mit. Ich versuche es auch und huste.
Die Flics sind näher gekommen, bleiben auf der anderen Straßenseite und schlendern vorsichtig vorbei. Aber ihnen droht keine Gefahr. Da stehen vier Freunde und lachen zusammen. Die lässt man besser in Ruhe um diese Zeit.
Ich klopfe einem meiner Feinde besonders freundlich auf die Schulter.
»Heil Hitler!« lache ich erleichtert. »Heil Hitler«, winke ich mit der rechten Hand und renne weg. Bloß nicht den Flics in die rettenden Arme laufen, sonst schnappen die mich auch noch.

Erst als ich gehetzt außer Atem wieder in den sicheren Bauch des Bootes zurückgekrochen war, wurde mir schlecht und ich musste mich übergeben.
Das ist ja zum Kotzen, das Leben, dachte ich.

Fast vergewaltigt und abgestochen. Verreckt, verblutet, tot in der Gosse. Zerstückelt verscharrt.
Das gab mir neue Lebenswut. Jetzt hatte ich endlich ein Ziel.
Noch in dieser Nacht begann ich meinen ersten Roman zu schreiben. Eine Autobiographie. Der Titel:
»Die Flucht«.
Ein neues Leben begann. Ich musste meine Vergangenheit niederschreiben. Sonst würde ich nur wie eine flüchtige Sternschnuppe gewesen sein, die, von niemandem bemerkt, im Nichts verlöscht.
Wie ein gestauter Fluss, der droht überzulaufen, barsten die Dämme in meinem Innern, und eine Flut von Worten erbrach sich auf das Papier. Ich war erleichtert. Meine Hand schmerzte.

Rudi war euphorisch, dass ihr Sohn endlich auch seine Berufung entdeckt hatte und jetzt Schriftsteller war. Ich hätte wohl doch ihre künstlerische Begabung geerbt und nicht die technisch langweilige meines Vaters. Ich würde ihr Mut machen und sie beflügeln, nun auch ihre Schriftstellerei in Angriff zu nehmen und ihre eigene Biographie zu schreiben. Sowie sie diese alberne Drehbuchübersetzung beendet hätte, würde sie damit beginnen.
Die ersten Seiten, die ich ihr zu lesen gegeben hatte, legte sie beiseite und sah mich bewundernd an.
»Ich bin richtig stolz auf dich, mein Kleiner, aber warum bleibst du stilistisch nicht knapp und benutzt so viele ausschmückende Adjektive? Und warum hast du auch noch die meisten Sätze im Plusquamperfekt geschrieben? Nimm dir ein Beispiel an Hemingway. Das ist ein Schriftsteller, den ich bewundere. Diese unverblümte Knappheit, diese machohafte Männlichkeit, mit der er den zartesten Gefühlen den höchsten Ausdruck verleiht.«
»Was ist denn ein Plusquamperfekt?« unterbrach ich Rudis Schwärmerei.
»Ach, das ist jetzt schon über dreißig Jahre her, dass ich diesen Quatsch lernen musste«, sagte sie abfällig und blätterte im

»Cahier du Cinéma«. »Ich glaube, das ist die zweite Vergangenheit, oder ist es die dritte?«
Mir war das egal. Ich hatte genug zu tun mit der ersten. Hauptsache, irgendein anderer Mensch auf dieser weiten Welt würde mich verstehen. Schlimmstenfalls nach meinem Tod. Wäre das dann die zweite Zukunft? Wie viele Zukünfte gab es überhaupt? Auf jeden Fall, wenn ich das Buch fertig geschrieben haben würde, würde jeder wissen: Ich war!
Egal, jetzt ist jetzt. Weiter. Schritt für Schritt. Buchstabe für Buchstabe. Wort für Wort.
Ich schrieb die Nächte durch und träumte am Tag. Die Seiten stapelten sich auf der zweiten Koje. Nach einem Vierteljahr hatte ich die ersten Kapitel fertig. Noch wagte ich nicht, sie zu lesen, und schrieb weiter im Bauch des Schiffes. Die Zeit war aufgelöst.
Ich schrieb wie besessen und überließ mich meinem natürlichen Rhythmus, blieb vierzehn oder fünfzehn Stunden wach, schlief dreizehn Stunden, arbeitete, schlief, arbeitete und stellte irritiert fest, dass sich die Aufwach- und Einschlafzeiten immer stärker verschoben.
Die Vierundzwanzig-Stunden-Einteilung der übrigen Menschheit ist gegen meine Natur, überlegte ich, als ich morgens aufwachte, hungrig an Deck kroch und die Sterne funkelten. Jetzt war morgens drei Uhr nachts. Ich musste also die nächsten sechzehn Stunden wach bleiben, um mir, wenn ich wieder aufwachte, ein Baguette kaufen zu können. Um mich der Menschheit wieder anzupassen, musste ich ein paar Überstunden lang wach bleiben. Das passte mir überhaupt nicht.
Für den nächsten Morgen hatte ich mir vorgenommen, zum ersten Mal mein bisheriges Werk zu lesen. Danach würde ich mich entscheiden, ob ich ein Schriftsteller werden wollte. Ich war jetzt alt genug, um meine Zukunft selbst zu bestimmen.

An diesem Abend schlief ich schlecht ein. Ich war zu nervös. Der nächste Morgen würde mein künftiges Leben verändern, dachte ich im Halbschlaf und begann zu träumen.

Seit meiner Kindheit im Waisenhaus hatte ich nicht mehr ins Bett gemacht. Es war immer derselbe Traum. Ich musste Pipi und konnte nicht mehr aufhören. Aber in dieser Nacht musste ich gar nicht, und die Matratze war trotzdem nass, als ich wach wurde.
Das beruhigende Glucksen war nicht mehr zu hören, und der Generator war verstummt. Ich rollte mich aus der Koje, um zur Toilette im Bug zu gehen.
Das Wasser war eiskalt. Ich stellte mich erschrocken auf und stieß mir den Kopf an der Decke. Das kalte Nass umspülte meine Oberschenkel. Es war stockdunkel. Ich tastete nach dem Lichtschalter, aber er funktionierte nicht. Ich watete zum Heck, um die Leiter zu finden. Wie unsichtbare Geisterhände fühlte ich die einzelnen handgeschriebenen Seiten meiner Vergangenheit, die herumschwammen und an mir kleben blieben. Panik packte mich. Auf der ersten Sprosse rutschte ich aus und klatschte mit dem ganzen Körper ins dunkle Nass. Tauchte wieder auf, spie das ölige Wasser aus, würgte und zog mich mit den Händen an der Leiter hoch, bis ich den Hebel der Luke ergreifen konnte.
Sie ließ sich nicht öffnen. Mit beiden Fäusten riss ich an dem glitschigen Hebel. Er rührte sich nicht. War das Wasser schon weitergestiegen?
Wie eine Ratte würde ich hier unten ersaufen, statt das sinkende Schiff zu verlassen. Meine Kraft ließ nach, ich rutschte ab. Mein Schrei erstickte gurgelnd im Wasser, das über meinem Kopf zusammenschlug.
Ich hatte die Orientierung verloren. Wo war oben, wo unten? Die rettende Sprosse. Luft! Ich hangelte mich wieder hoch. Nur das Platschen meiner strampelnden Beine war zu hören. Rechts oder links? Links. Der Hebel bewegte sich. In meiner Panik hatte ich in die falsche Richtung gezogen.
Ich stieß die Klappe nach oben auf. Mir kam kein Wasser entgegen. Sternenklarer Himmel über mir.
Hustend kroch ich auf dem schrägen Deck weiter nach oben zur Backbordseite, die noch über Wasser war. Die Seile zum Kai waren straff gespannt, aber hielten noch. An dem Brett, das zur Reling führte, konnte ich mich hochziehen. Zitternd saß

ich oben am Kai und sah, wie die andere Seite des Kahns fast lautlos langsam versank. Aus dem Bauch des Schiffes quollen die Seiten meiner Lebensgeschichte wie helle, verwelkende Blätter hervor, wirbelten an die Wasseroberfläche und wurden von der dunklen Strömung fortgerissen. Erst jetzt spürte ich meine nasse Unterhose.
Kein Mensch war zu sehen. Nur von weit her blinkten die Lichter auf der Brücke.
Wie spät mochte es sein? Ich sah die ersten Streifen des kommenden Morgens. Die kalte Nässe schüttelte mich. Ich rannte los. Meine nassen Füße patschten auf dem Asphalt. Langsam wurde mir wieder wärmer. Die wenigen Autos auf dem Boulevard achteten nicht auf den Verrückten, der halb nackt durch die Straßen von Paris rannte.

Renard war kreidebleich und steckte mich unter die heiße Dusche. Seine Sachen waren mir viel zu klein, aber trocken.
Rudi hatte mich in den Arm genommen, streichelte mir ununterbrochen über den Kopf und heulte die ganze Zeit.
Renard sagte nichts und starrte vor sich hin.
Rudi drückte mich so fest, dass ich kaum Luft bekam.
»Jetzt hör doch auf zu flennen, es ist doch gar nichts passiert!« beruhigte ich sie.
»Aber wenn du nicht aufgewacht wärst, dann hätte ich meinen kleinen Prinzen nie mehr in den Arm nehmen können!«
»Hätte, wenn, wäre!« sagte ich und löste mich aus der Umklammerung.
Rudi sah mich stumm an.
Vielleicht hätte aus mir ein Schriftsteller werden können, wenn das Boot nicht gesunken wäre. Aber was interessierte das einen Fisch.
Jetzt übernahm Renard das Ruder. Nachdem sich beide von dem Schock erholt hatten, entschied er, dass ich endlich einen richtigen Beruf erlernen sollte. Mit Schreiben könne man ja nicht überleben, und wenn wir so weitermachten, würde ich nur versacken. Damit meinte er wohl das Boot.
»Ich glaube, er hat recht!« sagte Rudi. »Schließlich bin ich für

dich verantwortlich. Renard würde dich in der Firma, für die er arbeitet, unterbringen, und du könntest auch technischer Zeichner werden. Aber die Entscheidung liegt ganz bei dir!«
Das war mal wieder typisch Rudi. Da war sie ganz die Tochter meines Opas. Statt Früchte ernten und Erdbeeren pflücken Kartoffeln anpflanzen.
»Nee!« sagte ich und wusste genau, was ich nicht wollte. Wieder zurück und zeichnen, das hatte ich hinter mir.
»Aber irgend etwas muss dich doch interessieren! Renard hat recht. Du solltest irgendeinen anständigen Beruf erlernen, der dich in die Gesellschaft integriert, meint er.« Rudi sah mich erwartungsvoll an.
Sie meinte es ernst. Jetzt kam es drauf an. Ich musste mich entscheiden. Und diese Entscheidung sollte mein zukünftiges Leben bestimmen. Wie viele Leben gibt es überhaupt, überlegte ich panisch.
Fotograf kam nicht in Frage, das hatte ich hinter mir.
Es musste doch noch irgendeinen anderen anständigen Beruf geben außer dem des technischen Zeichners.
Lastwagenfahrer! Aber ich war ja erst siebzehn.
Ich hasste Entscheidungen. Mir fiel nichts ein.
»Möchtest du vielleicht Schauspieler werden?«
»Wie kommst du denn da drauf?« fragte ich erschrocken.
Rudi strahlte.
»Das ist der schönste Beruf, den ich mir vorstellen kann. Du wirst bewundert. Ich sehe das doch jetzt im Studio beim Horst Frank. Das Geld wird dir nachgeschmissen. Journalisten rennen dir hinterher und stellen dir tausend Fragen. Du bist der absolute Mittelpunkt.«
Ich hasste es, der Mittelpunkt zu sein. Das war ja noch schlimmer als beim Pflastermalen. Und wenn mich mal jemand was fragte, wurde ich rot und wusste nichts zu sagen und fing an zu stottern. Nee, Mittelpunkt werden war nichts für mich, das war Rudis Begabung.
»Ich will lieber Journalist werden«, sagte ich und war froh, dass mir ein anständiger Beruf eingefallen war.
»Wie kommst du denn da drauf?« fragte Rudi erschrocken.
»Na, da kann ich den anderen Fragen stellen, und die müssen

mir antworten. Da muss ich nichts von mir erzählen, aber die ich befrage, müssen alles von sich erzählen, und wenn sie das nicht machen und anfangen zu lügen, frage ich weiter, bis sie die Wahrheit sagen müssen, auch wenn es denen peinlich ist. Und das schreibe ich dann auf und veröffentliche es.«

Rudi sah mich skeptisch an.

»So hab' ich das ja noch nie gesehen. Also mich könnten die ruhig fragen. Ich habe keine Geheimnisse. Hast du Geheimnisse?«

Ich wurde rot. Das war auch so eine blöde Frage.

»Nee«, sagte ich. »Aber ich möchte lieber immer die Wahrheit sagen. Und wenn man die Wahrheit sagt, dann ... dann ...«

Sie verstand mich nicht. Ich wusste, wovon ich redete, wenn ich es bloß hätte sagen können! Deshalb hatte ich das doch alles aufgeschrieben. Dieses ganze Leben. Aber das war jetzt vorbei.

Rudi sah mich nachdenklich an.

»Also ich bin lieber das Ereignis, über das berichtet wird, als dass ich mir dämliche Antworten anhören muss, die ich auch noch einem Redakteur vorlege, der meine Sätze ändert und mich zwingt, alles umzuschreiben, damit es in sein Blättchen passt. Die Journalisten können auch nicht immer die Wahrheit sagen. Glaub das bloß nicht. Nur weil es gedruckt ist. Außerdem fürchte ich, musst du für diesen Beruf ein Studium vorweisen. Germanistik oder so was.«

»Ach so«, sagte ich enttäuscht. »Und als Schauspieler braucht man das nicht?«

Rudi schöpfte wieder Hoffnung.

»Nein! Da musst du nur begabt sein und machst eine Schauspielschule für zwei oder drei Jahre. Ich habe mich schon erkundigt. Die Reinhardt-Schule in Berlin ist die beste.«

Noch mal drei Jahre, wieder auf 'ne Schule.

»Hat James Dean das auch machen müssen? So eine Schule?«

Rudi war wieder in ihrem Element.

»Ich weiß nicht. Manche werden auch auf der Straße entdeckt.«

Damit meinte sie wohl sich. Wer sollte mich schon entdecken, so wie ich aussah? Also Schule. Was blieb mir anderes übrig.

»Und dann bin ich ein Schauspieler so wie Jimmy und Marlon Brando?«
»Ja!« sagte Rudi erfreut. »Und wenn du die Abschlussprüfung gemacht hast, bist du schon fast volljährig. Dann kann dich kein Jugendamt mehr einsperren.«
Jetzt wurde mir doch etwas mulmig.
»Eine Prüfung muss ich da auch machen?«
»Du willst wirklich Schauspieler werden?« Rudi war ganz aufgeregt.
»Warum nicht?« sagte ich und sah Jimmy vor mir in dem Film »Denn sie wissen nicht, was sie tun«.
»Und was muss ich da tun?« fragte ich Rudi und überlegte, wie die aus dem Heim staunen würden.
»Erst mal müssen wir drei Vorsprechrollen einstudieren. Zwei Klassiker und eine moderne.«
Ich war baff.
»Wem muss ich denn was vorspielen?«
»Na, den Prüfern von der Schauspielschule. Die wollen sehen, ob du begabt bist. Und begabt bist du ja.«
»Und was meinen die mit Klassiker?« fragte ich.
»Das sind Theaterstücke. Einen Monolog aus dem ›Hamlet‹ oder auch eine Szene, vielleicht aus dem ›Homburg‹.«
»Aber ich war doch noch nie in einem Theater!«
»Das macht doch nichts«, sagte Rudi. »Dann bist du eben zum ersten Mal im Theater, nicht in der Masse der Zuschauer, sondern oben auf der Bühne, ganz allein.«
So hatte ich mir das Schauspielerwerden nicht vorgestellt. Ganz allein auf der Bühne, und alle starren einen an.
Aber Rudi war Feuer und Flamme. Wie Jeanne d'Arc sagte sie kämpferisch: »Das schaffen wir schon!«

Ich war geschafft, nachdem ich wochenlang die Textstellen für die Prüfung gebüffelt hatte. Noch war ich nicht allein. Unsere Bühne war das Dachzimmerchen bei Renard, der skeptisch den deutschen Klassikern lauschte, die ich stotternd vortrug. Rudi war in ihrem Element und mimte leidenschaftlich meine Partnerinnen.

Der Prüfungstag in Berlin rückte näher. Wehmütig nahm ich Abschied von Paris. Schon wieder sollte ein neues Leben beginnen. Aber diesmal hatte ich Angst. Eine ungewisse Zukunft drohte in Berlin. Paris, adieu!
Nie wieder würde ich so frei und glücklich am Ufer der Seine sitzen und unbefangen die helle Scheibe des Mondes betrachten können. Denn der war gar keine Scheibe. Der war rund. Das hatten jetzt endlich die Russen bewiesen. So technisch begabte Forscher wie mein Vater. Wissenschaftler hatten andere Träume. Zum ersten Mal hatte die Menschheit auch die Rückseite des Mondes gesehen. Und die Rückseite des Mondes war dunkel. Ewige Nacht. Und dahinter die funkelnden Sterne am Firmament, die mir jetzt noch freundlich zublinkten, existieren auch nicht mehr, dachte ich traurig. Nur ihr Licht leuchtet noch.

»O meine Mutter! O lass mich deine Knie umfassen, Mutter! Weißt du, was mir geschehn?«
Ich lag zu Rudis Füßen auf dem Boden und hielt ihre Knie krampfhaft umklammert. Sie saß königlich auf einem Hocker und sah tränenreich auf mich hernieder. Schluchzend sagte sie: »Gefangen seid Ihr, Prinz, und kommt hierher! Was häuft Ihr neue Schuld zu Euren alten?«
Ich sah zu ihr auf. Die konnte auf Kommando heulen! Ich holte tief Luft: »O meine Mutter, also sprächst du nicht, wenn dich der Tod umschauerte, wie mich! Nur ich allein, auf Gottes weiter Erde, bin hilflos, ein Verlassner, und kann nichts!«
Bei dem letzten Satz konnte ich ein bisschen Selbstmitleid empfinden. Aber das mit den Tränen klappte nicht so richtig.
Rudi troff schon die Nase. Sie musste sich schneuzen. Schneuzte man sich denn auf einer Bühne? Meine Mutter brachte mich völlig aus dem Text.
»Und… und…« Jetzt fing ich schon wieder an zu stottern. »Der… der… die Zukunft, auf des Lebens Gipfel, heut, wie ein Feenreich, noch überschaut …« Bloß keine Silbe auslassen, sonst kann man sich nicht weiterhangeln. »… liegt in zwei

engen Brettern duftend morgen, und ein Gestein sagt dir von ihm: Er war! Scheiße!« Jetzt hatte ich auch Tränen in den Augen, aber vor Wut. »Ich kann diesen Scheißtext nicht behalten!«

Ich war aufgesprungen und trat wütend gegen Rudis Hocker, der ihr Thron war. Diese Quälerei tat ganz schön weh.

»Der ... der ... springt ja im Satz immer vor und zurück! ... So redet doch kein normaler Mensch!«

Rudi hatte mich königlich tröstend in den Arm genommen.

»Du warst sehr gut«, sagte sie. »Erschütternd! Kleist hat diesen komplizierten Satzbau gewählt, um seinen wirren Gedanken eine Form zu geben. Das müsste dir doch liegen!«

»Jetzt reicht's aber!« Ich holte ganz tief Luft:

»Wie kommst du drauf, dass mir das liegen soll!
Wenn der, obwohl der 'n Dichter ist, mir nur,
auch wenn ich sie mir zehnmal eingebleut,
die einfachsten und simpelsten Gedanken
so kompliziert und wirr vermitteln kann,
dass ich, wenn ich dann endlich fertig bin,
bei so 'm beschissnen Text schon nicht mehr weiß,
wie jetzt, verdammt noch mal, der Anfang war!
Wieso soll der mir liegen! Grade mir! ... der Kleist!«

Rudi sah mich nachsichtig an.

»Weil der auch so verschachtelt redet wie du. Das kommt bestimmt daher, weil Kleist Stotterer war.«

»Ach nee!« Ich war verblüfft. »Deshalb muss der doch nicht gleich so abgehoben sülzen. Der kann doch lieber dichten: Mann o Mann, Mutter, mir ist der Arsch so auf Grundeis gegangen, als die mir ans Leder wollten ... Ich hab' so 'n Bammel gehabt. Wenn die mich abstechen, dann findste irgendwann nur noch die Leiche von mir, die dann schon stinkt. Die duftet doch nicht, oder? Wahrscheinlich hat der nie richtig Schiss gehabt.«

»Der war eben auch nur ein Autodidakt«, versuchte Rudi ihren Kleist zu verteidigen.

»Na und?« sagte ich und suchte den anderen Monolog heraus, den ich auch vorsprechen wollte. »Der kann's doch auch, der olle Schüttelspeer. Hier! Damit kann ich doch heut noch was

anfangen. ›Sein oder nicht sein‹. Das ist doch ’ne echte Frage. Oder wenn ich da sage: ›Sterben. Schlafen. Schlafen.‹ Da kenn’ ich mich aus. ›Vielleicht auch träumen!‹ Das ist realistisch. Da weiß ich endlich, wovon ich rede. ›Des Mächt’gen Druck.‹ Klaro, klar! ›Des Stolzen Misshandlungen, verschmähter Liebe Pein.‹ Der muss auch schon mal geflennt haben. ›Den Übermut der Ämter‹. Damit meint er das Jugendamt. ›Und die Schmach, die Unwert schweigendem Verdienst erweist.‹ Das ist der Maurer, der die Schnauze hält und den Freddi lobt, dieses Arschloch! Da kann ich doch Wut ablassen mit so ’nem Monolog. Das ist hier echte Kunst und nicht das Gestottere von diesem Autodiktaten, oder wie das bei Kleist heißt.«
»Kleist war Autodidakt! Möchtest du lieber noch das moderne Stück üben, ›Die Katze auf dem heißen Blechdach‹?«
Rudi blätterte in dem Theaterstück.
»Nee, jetzt nicht!« sagte ich. »Was ist ein Autodidakt?«
Rudi konnte ich alles fragen.
»Das ist ein Mensch, der sich alles selber beibringt.«
»Ach nee!« sagte ich. »So was gibt es? Wusste ich gar nicht.« Ich war neugierig.
»Es gibt mehr Dinge zwischen Himmel und Erde, als unsere Schulweisheit sich träumen lässt«, deklamierte Rudi.
»Shakespeare«, rief ich.
»Na siehst du!« sagte sie. »Komm, lass uns noch ein bisschen ›Blechdach‹ spielen. Ich spiel’ dir die heiße Katze Maggie, die versucht, ihren versoffenen, schwulen Ehemann zu verführen.«
»Nee«, sagte ich. »Ich mach’ lieber noch meine Sprechübungen, da muss man nicht so viel denken.«
»Die sind leider auch wichtig«, sagte Rudi enttäuscht. »Damit dich jeder auf der Bühne versteht.«
»Genau«, sagte ich und klemmte mir einen Korken zwischen die Zähne, um meine Berliner Schnodderschnauze zu einer deutlichen Aussprache zu zwingen. Das war wichtig für die feinen Herrschaften, die unten sitzen würden, damit die mich da oben auch verstehen könnten und ihnen keine Silbe entginge.
»Fischers Fritze fischt frische Fische. Frische Fische fischt Fischers Fritze.« Da durfte kein Berliner S zischen.

Ich las weiter aus dem Übungsbuch für angehende Schauspieler: »Die Kunst des Sprechens«.
»Et det at dat ät dät ot dot öt döt ut dut üt düt it dit. Au to di dakt!« setzte ich noch eigenmächtig hinzu.
Es war nicht leicht, einen anständigen Beruf zu erlernen, um endlich auch ein Mitglied der Gesellschaft zu werden. Irgendwann würde ich zu den anderen gehören.
Sein oder nicht sein. »Fischers Fritze frisst frische Fische.«

»Blie blü blie blah blie blü blie blaah!« las ich zwanzig Jahre später im »Kleinen Hey«. Mein Übungsbuch für angehende Schauspieler fand ich in einer von Rudis Plastiktüten wieder.
Rudi war nicht stolz darauf, dass ich ihren Lebenstraum erfüllt hatte. Erst jetzt nach ihrem Tod war ich darauf gekommen, dass meine Mutter eifersüchtig auf mich war. Schauspielerei war ihre Bestimmung, nicht die meine. Sie war das Genie. Sie war die große Schauspielerin in der Wirklichkeit. Und sie würde entdeckt werden, dessen war sie sich sicher. Nur Unbegabte wie ich mussten sich mühsam ein Handwerk erarbeiten. Der wirkliche Künstler sei frei. Ich täte ihr leid mit meiner Beamtenmentalität. Abgesichert. Immer in derselben Stadt. Ein Jahr lang oder manchmal sogar zwei. Und immer in dunklen Räumen. Ich würde doch nie die Sonne sehen und den schönen Wechsel der Jahreszeiten. Der wahre Künstler würde mit einem Planwagen durch die Lande ziehen und auf Marktplätzen spielen. Heute hier, morgen da. Ein echter Künstler spielt um sein Leben.
»Ach, du meinst, Vorsicht! Wäsche weg! Die Schauspieler kommen!«

Wir standen in Heidelberg auf der beleuchteten Neckarbrücke. Ich war noch erschöpft von meiner Theaterpremiere. Meine erste klassische Hauptrolle. Nach drei Jahren Schauspielschule und vier Jahren am Theater hatte ich es in jungen Jahren geschafft. Das Zittern, dass mein Engagement nicht verlängert werden würde, war endlich vorbei. Der starke Applaus hatte

mich nicht beflügelt. Ich war nur froh nach schlaflosen Nächten und quälenden Proben diesen Abend hinter mir zu haben. Aber ich war auch stolz darauf, Rudi zeigen zu können, dass ihr Sohn sich in diesem Beruf durchgesetzt hatte.
Rudi war zu ihrem fünfzigsten Geburtstag aus Hamburg angereist, und diese Premiere war mein Geschenk an sie. Nur für sie hatte ich an diesem Abend gespielt.
Ein Danaer Geschenk.
Ich konnte nicht ahnen, dass dieses Geschenk sie aufs tiefste verletzte. Damals wäre ich im Traum nicht darauf gekommen. Ich war einfach nur glücklich, dass meine Mamschi diese Aufführung miterleben konnte, und ich war sicher, sie ist stolz auf mich.
Auf dem Philosophenweg, während unseres Spaziergangs hoch über der erleuchteten Stadt, hoffte ich auf ein kleines Lob von ihr.
Sie schwieg eine Zeitlang und erwähnte dann wie nebenbei, sie habe im Film in derselben Rolle Laurence Olivier bewundert. Sie erinnere sich noch genau daran, wie dieser wunderbare Schauspieler in Großaufnahme den Shakespeare-Monolog so dezent und leise gespielt habe, fast nur mit den Augen, kaum die Lippen bewegend, nur ein leichtes Zucken der Mundwinkel, das fehle mir leider, diese Sensibilität in der Kunst.
Wir waren auf der Neckarbrücke angekommen. Es war Vollmond.
Ich zündete mir eine Zigarette an. Sie hatte recht. Ich war nicht Olivier.
»Aber Rudi, bitte! Das ist doch auch ein Film!« versuchte ich mich zu entschuldigen. »Ich spiele diese Figur auf einer Bühne. Das ist ein riesiger Raum. Da kann ich nicht nur mit den Lippen zucken und in mich hineinflüstern! Das ist eine Bühne, das andere ist Film!«
Sie sah mich kämpferisch an.
»Na und?« sagte sie. »Ich sage dir doch nur, wie ein wirklicher Künstler ist. Ich kann dir mehr über Schauspielerei erzählen, als du je in deinem Leben erfahren wirst, du Kunstspießer!«
Trotz meiner Heiserkeit wurde ich laut.
»Du hast doch überhaupt keine Ahnung, was ein Künstler ist!

Du behauptest immer von dir, du bist Schauspielerin. Eine ewig wiedergekäute Lebenslüge. Wann hast du denn je auf einer Bühne gestanden? Nie! Woher maßt du dir an, du weißt Bescheid? Weil du mal Kleindarsteller gemimt hast, ohne einen einzigen Satz?«

Rudi hörte mir aufmerksam zu. Selbstsicher lächelnd.

Ich zog an der Zigarette und stieß den Rauch heftig aus. »Was hast du denn die ganze Zeit gemacht? Schauspielerei ist nicht lügen. Dieser Beruf ist harte und mühsame Arbeit an der Wahrheit. Dazu gehört Mut!«

Meine Stimme hallte über den Fluss. Die abendlichen Spaziergänger drehten sich erschrocken nach uns um. Rudi schaute mich trotzig an.

»Ich habe immer den Mut gehabt, durchs Leben zu gehen ohne Netz und doppelten Boden. Kämpferisch und allein. Ohne einen Mann, der mich versorgt. Nicht wie die anderen da!«

Die vorbeischlendernden Paare warfen uns neugierige Blicke zu.

»Rudi, bitte!« sagte ich jetzt leiser und dämpfte meine Stimme.

»Weil du mit niemandem klarkommst. Geschweige denn mit einem Mann.«

Jetzt nutzte Rudi die Akustik und hob ihre Stimme. Das Heidelberger Schloss war beleuchtet und gab ihr eine romantische Kulisse als Hintergrund. Laut deklamierte sie: »Berufen bin ich zu ganz anderem Werk, und keinem Manne kann ich Gattin sein!«

Einige Leute blieben interessiert stehen.

Die Chefin des Cafés, in dem ich oft zwischen den Proben einen Espresso hinunterstürzte, nickte mir freundlich grüßend zu. Ich lächelte gequält zurück.

»Hör endlich auf mit dieser romantischen Jeanne-d'Arc-Leier!« sagte ich und warf meine Zigarette wütend ins Wasser.

Ich hatte mich abgewandt und über die steinerne Brüstung der Brücke gelehnt. Ich sagte nichts und schaute in das Wasser. Um mich zu beruhigen, zündete ich mir wieder eine Zigarette an.

Nach einer Weile sagte sie wie für sich: »Außer dieser Mission hatte ich doch noch die Verantwortung, ein Kind in die Welt zu setzen. Wie dein Vater es von mir verlangt hatte.«

Ich biss die Zähne zusammen, um nicht wieder ausfallend zu werden.
Leise sagte sie: »Ich konnte nie meiner Berufung folgen.«
Ich sah sie von der Seite an. Tränen rannen ihr dekorativ über die Wangen.
»Und warum nicht?« fragte ich hart.
Ohne Vorwurf schaute sie mich an und wischte sich die Tränen aus dem Gesicht.
»Weil ich immer damit beschäftigt war, Geld aufzutreiben, um für dich zu sorgen!« sagte sie bestimmt.
»Ach! Jetzt bin ich schuld, dass du nicht Schauspielerin werden konntest? Du hast es doch nie versucht! Seit fünf Jahren kann ich alleine laufen. Ich brauch' dich nicht. Du bist frei!«
Erregt zog ich an der Zigarette.
Sie sah mich traurig an.
»Du rauchst zuviel! Dass ich dich von dieser Sucht nicht abhalten konnte!«
»Lass mich in Ruhe!« wurde ich wieder lauter. »Ich bin nicht mehr dein Kind! Du musst mich nicht mehr abhalten.«
Ich schmiss die angerauchte Zigarette ins Wasser.
Ich sah dem kleiner werdenden Punkt der Glut nach, wie er in der glitzernden Spiegelung des Mondes verschwand.
»Dann tu es doch!« sagte ich entnervt. »Du hast mir immer gesagt, um ein Glühwürmchen zu fangen, versuch' den Mond zu bekommen. Was hindert dich daran? Jetzt kannst du doch Schauspielerin werden!«
Rudi sah mich mit großen Augen an. Trotzig sagte sie: »Das werde ich auch!« Sie warf den Kopf zurück und schaute auf die beleuchtete Stadt. »So wahr mir Gott helfe! Ich werde es dir beweisen!«
Der Kampf war eröffnet.
»Bla, bla«, sagte ich und richtete mich müde auf.
Rudi sah kämpferisch zu mir hoch.
»Und das schwöre ich dir, mein Kleener. Deine olle Mamschi, die wird dir noch Konkurrenz machen!«
»Ja, mach!« sagte ich und war froh, dass unser Streit beigelegt war.
Das Wasser am Ufer des Flusses warf leichte Schaumkronen.

»Aber hab keine Bange«, sagte sie jetzt befreit. »Ich werde nicht deinen Namen benutzen, wenn ich auf der Bühne stehe. Ich werde mir selbst einen Namen machen!«

Wer glaubt, wird selig, dachte ich damals ungläubig.
Aber ich hatte meine Mutter unterschätzt. Obwohl ich ihr alles zutraute. Obwohl sie es war, die mir Selbstvertrauen gegeben hatte. Obwohl sie es war, die mir gezeigt hatte, dass das Leben auch ein Märchen sein kann, in dem man drei Wünsche frei hat, die sich erfüllen. Obwohl sie mir nicht gesagt hatte, dass man sich diese Lebenswünsche genau überlegen sollte. Denn jeder erfüllte Wunsch ist nachher in der Wirklichkeit anders, als man ihn sich gedacht hatte. Und was soll man mit einem Mond, wenn das Glühwürmchen längst verloschen ist.

Nach unserem Gespräch in Heidelberg auf der Neckarbrücke war Rudi nach Hamburg abgereist und hatte dort eine Schauspielschule besucht, ohne mir etwas davon zu sagen. Ich spielte unterdes Theater in Berlin. Nach einer Vorstellung entdeckte ich sie am Bühneneingang. Ich hatte sie erst nicht bemerkt und schrieb meinen Namen in die Programmhefte, die mir entgegengestreckt wurden. Plötzlich hörte ich ihre Stimme.
»Ach, Herr John! Bitte würden Sie mir auch ein Autogramm geben?«
Ich schaute verblüfft auf.
»Rudi?«
Sie lächelte schüchtern und klapperte fremd mit den Augen.
»Bitte, bitte! Geben Sie mir doch auch ein Autogramm!«
Ich schaute ungläubig auf den leeren Zettel, den sie mir entgegenhielt.
»Bitte, bitte«, sagte sie.
Ich wurde rot. Leise zischte ich, damit die anderen mich nicht hörten: »Bitte Rudi, lass das! Du bist doch meine Mutter!«
Schnell unterschrieb ich das Programmheft einer älteren Dame, die sich vorgedrängelt hatte. Rudi schob sie beiseite und sagte

laut: »Wollen Sie mir kein Autogramm geben, nur weil ich keinen teuren Hochglanzprospekt von Ihrer Aufführung habe?«
Sie schaute mich kämpferisch an und hob den Zettel in die Höhe.
»Das ist doch Quatsch!« sagte ich und versuchte zu lächeln. »Bitte lass das!«
»Jetzt geben Sie der Frau doch ein Autogramm!« sagte der Herr neben Rudi.
Sie sah mich triumphierend an.
»Nein«, sagte ich gepresst und starrte meine Mutter wütend an.
Jetzt mischte sich eine junge Frau mit Brille ein.
»Der ist aber ganz schön arrogant. Was bildet der sich denn ein?«
»Das finde ich auch«, sagte der Herr. »Warum geben Sie denn der Dame kein Autogramm? Den anderen haben Sie doch auch eins gegeben.«
Mir war ganz heiß und ich fing an zu schwitzen.
»Weil ich ... weil sie ...« Ich fing an zu stottern.
Rudi klapperte unschuldig mit den Augen und lächelte.
»Lassen Sie den doch«, sagte der Herr zu Rudi. »Sie können mein Programmheft haben. Da hat er seinen Namen reingeschrieben.«
»Sie sind ein Engel!« strahlte Rudi. »Ich bin nämlich ein großer Fan von ihm.« Sie betrachtete beseelt die Unterschrift. »Der ist nämlich mein Schwarm. Schon immer.« Sie lächelte mich an und drückte das Programmheft an ihr Herz.
Mir war schwindelig und ich drängte mich eilig durch die Zuschauer, die Rudi umringten.

Dieses Programmheft mit meinem Namen hatte sie auch die letzten fünf Jahre mitgeschleppt. In einer anderen Tüte fand ich einen von ihr geschriebenen Zettel: »›Mehr Verstand – Mehr innere Würde – Mehr äußere Unverschämtheit – Mehr Humor!‹ Hemingway«.
Das war ihr zweiter Wunsch, den sie sich erfüllen wollte. Schriftstellerin zu sein.
Den ersten Wunsch hatte sie sich im Spätherbst ihres Lebens

erfüllt. Sie war für ein paar Tage bei mir in Berlin eingezogen und hatte ihr Gepäck, die zwölf oder dreizehn prall gefüllten Plastiktüten, im Flur gestapelt. Glücklich erzählte sie: »Hurra! Ich habe die Schauspielprüfung neben den ganz jungen Dingern vor der Bühnenkommission mit Glanz und Gloria bestanden!«

Jetzt lebe sie zum ersten Mal ausschließlich von dem Geld, das sie als echte Schauspielerin verdiene. Sie spiele bereits ihre Vorsprechrollen mit großem Erfolg überall in Studenten- und Altersheimen. Jetzt habe sie sogar ein Engagement in der katholischen Studentengemeinde, die ein Jesuit leite. Außerdem habe sie der evangelische Pastor der berühmten St.-Michaels-Kirche in Hamburg für eine Vorstellung in seinem Gemeindefestsaal engagiert. »Die Gage für nur eine Stunde: DM 150. Netto. Stell dir vor!« Aber jetzt müsse sie wieder weiter.

Die nächsten fünf Jahre zog sie von Stadt zu Stadt und lebte ihren Traum.

Ich wühlte in den Plastiktüten und suchte nach ihrer Biographie. Statt dessen fand ich eine goldbemalte Pappkrone und ein Laken, das am Rand mit einer Goldborte verziert war. Das musste eines ihrer Theaterkostüme gewesen sein. Aus einer anderen Tüte kramte ich ein Plakat hervor, das sie selbst gemalt hatte. Der Text war blau-rot umrandet. Mit Lippenstift stand in großen Lettern darüber: »Heute 20.15 Uhr in der Aula – Raum 3 – Neunundneunzig Pfennig Eintritt«.

»LEUTE – HÄNGT DIE WÄSCHE WEG! DIE KOMÖDIANTEN KOMMEN!«

AN ALLE FRAUEN –
die sich für Theater interessieren:

EINLADUNG
zu einem ungewöhnlichen
<u>THEATER-EXPERIMENT</u>

Das »BERLINER EINFRAUENZIMMERTHEATER RUTH JOHN« (det bin icke) möchte euch einen kleinen Einblick in den Schauspielerberuf geben. Früher musste ich

zwanzig Jahre lang Kitsch bei Film und Mist bei Fernsehen machen, um Angehörige zu ernähren (weil es mehr einbrachte als Theater spielen).
Seit einigen Jahren bin ich allein und pfeife auf Geld und Ruhm. Anstatt ehrgeizig einer Karriere nachzujagen und mich kommerziell versklaven und von Behörden bevormunden zu lassen, zog ich vergnügt mit meinem »EINFRAUENZIMMERTHEATER« kreuz und quer durch die Lande. Brotlose Kunst? Na und! (»Sehet die Vögel am Himmel... Sie säen nicht, sie ernten nicht, und doch...!«). Hungernde Künstlerin? Ja wenn schon! (»Schauet die Lilien auf dem Felde. Sie schaffen keine Vorräte in die Scheune, und doch...!«)... (»O ihr Kleingläubigen! Habt doch Vertrauen. Darum sorget euch nicht um den morgigen Tag...!«)
Seitdem weigere ich mich standhaft, mich in miesen Jobs unterdrücken zu lassen oder in Geist tötenden, wenn auch noch so hoch bezahlten ehrenwerten Berufen zu langweilen.
Statt mich vermarkten zu lassen, wähle ich Freisein und schöpferische Entfaltung und bin nur noch bereit zu tun, was mir Freude macht. Mit Begeisterung für das Dichterwort und dem wunderschönen Gefühl, etwas zu wagen, was einen Sinn hat. Frauenschicksale darzustellen, zum Nachdenken anzuregen, Verständnis füreinander zu wecken.
»...Ob uns auch Speier und Spötter verlacht –
UNS GEHT DIE SONNE NICHT UNTER!...«
Also – »HOLT DIE WÄSCHE REIN, LEUTE!
Wilde Gesellen, vom Sturmwind durchweht, Fürsten in Lumpen und Loden, ziehen wir dahin... DIE KOMÖDIANTEN KOMMEN!«

War das ihre Biographie?
Ihr Traum war anstrengender, als sie sich gedacht hatte. Schließlich sei sie nicht nur Schauspielerin, sondern gleichzeitig auch noch Regisseuse, Bühnenbild- und Kostümentwerfe-

rin, Kulissenschieberin und ... und ... und ... mutterseelenallein, »ohne Netz«, sprich: Souffleur. Das koste viel Kraft, hatte sie sich bei mir beschwert.
Wahrscheinlich suchte sie meine Nähe und zog nach München. Sie schien einsam zu sein. Ich brachte sie wieder mit Janek zusammen, der immer noch in der Stadt hauste. Aber der nehme ihr nur wieder Geld ab und sei eifersüchtig auf unseren Erfolg.

In einem unserer letzten Gespräche sagte sie: »Manchmal gibt es mir einen Stich ins Herz, wenn ich ein Foto von dir in der Zeitung sehe.«
»Aber warum denn?« fragte ich.
»Ich weiß auch nicht«, sagte sie. »Mein bisheriges Leben erscheint mir so sinnlos. Dann bin ich verzweifelt und ratlos. Doch dann finde ich Trost in meinem früheren Glauben. Und dann wird mir wieder leichter.«
»Aber wieso soll dein Leben sinnlos sein?« hatte ich versucht, sie aufzumuntern. »Du hast einen Sohn großgezogen. Du führst ein spannendes, freies Leben. Du hast dir deinen Lebenstraum erfüllt und bist Schauspielerin geworden. Und jetzt schreibst du an deiner Biographie. Ich beneide dich darum.«
»Ach weißt du«, hatte sie geantwortet. »Es fällt mir so schwer, mich mit der Vergangenheit auseinanderzusetzen. Ich bekomme immer wieder diese Magenkrämpfe. Sich mit seiner Vergangenheit zu beschäftigen kann sehr belastend sein. Plötzlich merkt man, was man alles falsch gemacht hat.«
»Aber findest du es nicht wichtig, deine Erfahrungen weiterzugeben? Vielleicht hilft das ja anderen Menschen, und sie fühlen sich nicht so allein. Mir hat das schon oft geholfen. Schreib einfach die Wahrheit auf.«
Sie sah mich mit traurigen Augen an.
»Aber gerade das ist so schwer. Das mit der Wahrheit. Sie kann auch ein Bumerang sein. Die Beschäftigung damit kann dich zerstören und zerfressen. Ich weiß nicht. Ich habe immer an den Glauben und die Liebe geglaubt. Aber jetzt, wo ich versuche, alles niederzuschreiben ... Ich weiß nicht, ob ich das schaffe ...«
Sie starrte mit leeren Augen vor sich hin. Plötzlich sah sie aus

wie ein altes Kind, das nicht mehr weiterwusste. Dabei bin ich doch ihr Kind, dachte ich.
Hilflos wie ein Erwachsener suchte ich nach Worten.
»Vielleicht schreibst du deine Erfahrungen auch nur nieder! Schreib sie doch lieber auf!«
Erst verstand sie mich nicht.
»Du meinst, ich sollte alles, was passiert ist, nicht so negativ sehen?«
Ich zuckte mit den Schultern und nickte.
»Du kannst es nicht mehr ändern. Schlimmstenfalls erlebst du die Schönheit des Scheiterns. Ist das nicht einen Versuch wert?«
Endlich lachte sie wieder.
Es war gar nicht so leicht, im Alter die Eltern seiner Eltern zu sein.
Ich saß auf dem Fußboden wie auf einer Müllhalde, umringt von bunten Plastiktüten, deren Inhalt verstreut war. War das alles, was sie mir zurückgelassen hatte? Diese handgeschriebenen Zettel? Ein paar Leihamtsscheine. Traumsplitter? Und keine Biographie?
Die hätte mir geholfen, meine Mutter besser zu verstehen. Eigentlich war sie mir fremd. Jetzt war es zu spät. Die Antworten musste ich nun selber finden. Hatte sie mir in Wirklichkeit nur Lebenslügen hinterlassen, die ich geglaubt habe?
Nein!
Sie wollte eine Märtyrerin sein.
Sie hatte ihre eigene Wahrheit gelebt und sich die Wirklichkeit so verrückt, dass sie in ihren Traum passte. Und wenn ich endlich aus diesem Traum aufwachte und träumte, ich sei wach …
Was in dem Schlaf für Träume kommen mögen …
Wozu suchte ich ihre Biographie? Sie hatte mir das Leben gegeben und etwas Wertvolles hinterlassen.
Eine Lebensgeschichte. Eine Liebesgeschichte.
Wie in einem kitschigen Melodram kämpfte sich endlich eine Träne durch mein Gesicht.

Ich schaute hektisch auf meine Uhr und war schon wieder zu spät. Der Weg zum Friedhof führte quer durch die Stadt. Zum ersten Mal hatte ich fast die ganze Nacht durch geweint und war erst gegen Morgen erschöpft eingeschlafen. Ich hatte schlecht von ihr geträumt. Es war mehr ein Gefühl, eine Ahnung, die ich nicht einordnen konnte.

Gedankenversunken wäre ich fast an Janek vorbeigefahren, der vor einem Wienerwald stand und auf mich wartete. Er hatte drei gelbe, halb verwelkte Blumen in der Hand. Vermutlich hatte er sich in dem Lokal noch Mut antrinken müssen für den letzten Gang.

»Musst du Blume haben an Grab«, sagte er, als er einstieg. Auf Umgangsformen legte er Wert. Wahrscheinlich hatte er in der Kneipe noch schnell die Blumenvase geplündert.

Die Totenglocke bimmelte hektisch und schrill, als wolle sie uns antreiben. Janek keuchte.

Wir eilten über die Kieswege des Friedhofs zur Leichenhalle.

»Hab' ich dich gestern in Fernsehfilm noch gesehen«, sagte er außer Atem. »Hat meine Kumpel nicht geglaubt, dass du mein Sohn.« Er blieb kurz stehen und verschnaufte. »Hat Ruth nicht mehr sehen können. Herrgottnochmal! War sie stolz auf dich!«

Ich ließ ihn in dem Glauben.

Wir eilten weiter. Janek keuchte neben mir. Sein Atem stieß in der Kälte feine Wölkchen aus.

»Werde ich sie nie wiedersehen. Mein Leniuch liegt in Holzsarg zugenagelt. Wird ihr kalt sein unter die Erde.«

Wir waren an der Leichenhalle angekommen. Brigitte wartete schon auf uns. Neben ihr die junge Studentin mit ihrem Baby auf dem Arm, die Rudis Leichnam gefunden hatte. Wir fünf waren das letzte Geleit.

Dieses Baby ungeschickt im Arm haltend, hatte Rudi mir noch vor einer Woche zum Abschied hinter dem Fenster zugewinkt. Das war das letzte Mal, dass ich sie lebend gesehen hatte. Und jetzt sollte sie in diesem hellen, schmucklosen Sarg liegen, der auf einem Karren aufgebahrt war.

Ich fror.

Auf jeder Seite des Karrens standen zwei schwarz gekleidete Männer. In der Kälte trampelten sie auf der Stelle und schlugen ihre Füße gegeneinander. Als wir eintrafen, schauten sie auf die Uhr und bauten sich auf. Zwei neben dem Gefährt, die beiden

anderen gingen nach vorne zur Deichsel. Sie tuschelten miteinander und drehten sich zu uns um.
»Haben Schauspieler erkannt«, flüsterte Janek stolz.
Ihre berufsmäßig vergrämten Mienen verzogen sich zu einem leichten Grinsen.
»Können wir jetzt endlich? Sie kommen zu spät«, sagte der eine.
Ich nickte.
Der Sarg mit meiner Mutter wurde vor uns hergezogen. Und ich lief das letzte Mal hinter ihr her.
Fast hätte ich das Begräbnis meiner Mutter verschlafen, dachte ich und wunderte mich, dass ich nicht traurig war.
Die Sargzieher hatten es eilig. Es war ein weiter Weg bis zum Grab. Der Weg ist das Ziel, nicht das Ende des Weges, dachte ich und sah den wackelnden Sarg vor mir.
Janek drängte sich an mir vorbei und holte mit schnellen, wankenden Schritten den Sarg ein.
»Halt!« rief er wütend, als wolle er den unausweichlichen Gang zu der Grube verhindern. Die schwarzen Herren blieben erschrocken stehen.
Janek beugte sich dicht über das breitere Ende der Holzkiste. Ich fürchtete schon, er wolle den Tod seiner Frau wieder rückgängig machen, den Deckel des Sarges gewaltsam öffnen und mit Rudis Leichnam tanzend den Friedhof verlassen.
Statt dessen kratzte er sehr realistisch mit seinem Daumennagel am Kopfende der Kiste und ächzte wütend: »Haben Sie Preisschild drangelassen. Hat sie nicht verdient. Die Preis für Todt.«
Wir waren bei der Grube angekommen. Jetzt stand ich vor dem Loch, in das sie versenkt werden sollte. In Ewigkeit. Amen.
Janek stand neben mir. Die drei gelben Blumen in seiner Hand ließen die Köpfe hängen und zitterten.
Die vier Totengräber hatten den Karren vor dem Grab abgestellt und sich einige Schritte entfernt. Alle warteten. Niemand wusste etwas zu sagen. Wir starrten auf den hellen Sarg.
Aber kein Wunder geschah. Nichts passierte.
»Mach' ich letzte Abschied.«

Ich sah Janeks glasigen Blick. Es schüttelte ihn leicht. Er drückte mir die drei Stengel in die Hand. Eine vertrocknete Blüte fiel vor seine Füße auf den gefrorenen Boden. Er griff in die Jackentasche, wühlte zwischen den klirrenden Fläschchen herum und zog eine kleine Mundharmonika hervor.
Bei ihren romantischen Versöhnungen hatte er uns oft mit seinem unvollkommenen Spiel genervt. Vielleicht wollte er sich jetzt noch ein letztes Mal mit Rudi versöhnen.
Er klopfte die Mundharmonika auf seiner Handfläche aus, hob sie hoch, nahm sie in beide Hände, dass sie fast darin verschwand, benetzte die Lippen und umschloss mit seinem Mund die Öffnungen des Instruments. Er hatte die Augen geschlossen in inniger Konzentration.
Wir lauschten ergriffen.
Aber kein Ton war zu hören. Lange stand er so da. Die gewölbten Hände vor dem Mund, so als wolle er sie rufen. Seine Augen öffneten sich wieder und starrten auf den Sarg. Langsam ließ er beide Hände mit der Mundharmonika wieder sinken. Er verharrte noch einen Moment wie im Gebet. Schaute dann auf das glänzende Instrument in seiner Hand. Klopfte es in die Handfläche der anderen Hand und steckte die Mundharmonika wieder in die Tasche.
»Hätte sie nicht gemocht«, sagte er leise. »Hat sie nie gemocht!«
Er senkte den Kopf und starrte auf die gelbe zerfallene Blumenblüte zu seinen Füßen.
»Konnte sie nie leiden. Gelb!« sagte er nachdenklich.
In seinem schmalen zerfurchten Gesicht arbeitete es.
»Herrgottnochmal! Hat sie immer gehasst, Gelb!« Er sah mich verzweifelt an. »Hab' ich geliebt, Gelb! Aber sie nur Rot. Immer nur Blutrot! Hab' ich gehasst! Wie Todt.«
Er schaute auf den Sarg. Dann ging er ein paar Schritte vor, an dem Sarg vorbei, stolperte fast über den aufgehäuften Erdhügel und blieb vor der Grube stehen. Schwankend beugte er sich vor, stützte seine Hände auf die Knie und schaute hinunter. Seine grauen Haare fielen ihm nach vorne. Er sah aus, als würde er gleich vornüber ins Grab stürzen. Ich war vorsichtig hinter ihn getreten und hielt ihn am Arm.

»Hast du gesehen? Da unten?«

Er beugte sich noch weiter vor. Ich hielt ihn mit beiden Händen an den Schultern und schaute auch in das Loch. Es war viel tiefer, als ich erwartet hatte. Steil ausgeschachtet. Ein paar harte Erdbrocken lösten sich vom Rand und polterten hinunter. Kullernd kamen sie auf dem Grund des Grabes zu liegen. Eine große gelbe Plastiktüte leuchtete aus der Schwärze.

Von hier oben kaum zu erkennen, stand in dunklen Lettern: »Graberde«.

»Haben sie hierein, die Abfall!«

Dezent hatten sich die schwarzen Herren wieder genähert. Ein älterer mit Leichenbittermiene stand uns gegenüber auf der anderen Seite und sagte in trauerndem Tonfall: »Bitt' schön, die Herren, wenn mir jetzt unsere Arbeit machen dürften.«

Janek richtete sich mühsam auf und sah ihn mit zusammengekniffenen Augen an.

»Da unten ist Plastiktüte!«

Der schwarze Mann warf einen kurzen Blick in die Grube.

»Da kann man nix machen. Was da unten liegt, des kommt nimmer hoch!«

Janek sah ihn wütend an und begann zu zittern.

Der schwarze Mann betrachtete uns befremdet und sprach in tragischem Tonfall: »Jetzt san's so gut. Die Zeit ist jetzt um! Die nächsten warten scho, und mir machen auch nur unsere Arbeit.«

Ich nahm Janek an die Hand und zog ihn vom Grab weg.

»Komm, Janek!« Ich musste plötzlich lachen. »Weißt du, die Rudi hat immer mit Plastiktüten gelebt. Das wird ihr nichts ausmachen.«

»Auch mit gelbe?« Janek sah mich zweifelnd an.

»Ja, auch mit gelben«, sagte ich.

Wir hatten uns wieder hinter dem Sarg aufgestellt und hielten uns jetzt alle an den Händen fest. Das Baby auf dem Arm der Studentin schaute mit neugierigen Augen auf die vier Männer. Ruhig und ernst sah es zu.

Die Leichenträger hatten den Sarg angehoben und Seile untergelegt. Sie schauten fragend zu mir rüber. Ich nickte unmerklich.

Mit vereinten Kräften schleppten sie die Kiste über die Öffnung.

Ich war verwundert, wie schwer die Hülle meiner Mutter noch sein musste. Der ganze Ballast, den sie hier zurückgelassen hatte, trieb diesen Männern Schweißperlen auf die Stirn. Sich flüsternd Kommandos zurufend, begannen sie vorsichtig die Holzkiste abzuseilen.
Brigitte nahm meine Hand und drückte sie ganz fest.
Die Totengräber verschnauften schwer atmend eine Gedenksekunde lang und zogen die Seile wieder hoch.
Dann ließen sie uns allein.
Das Baby begann fröhlich zu krähen und schaute aufgeregt nach oben in die Birke. Wir schauten auch hoch. Die nackten, filigranen Zweige bewegten sich sanft gegen den blauen Himmel. Mehr war für uns nicht zu erkennen.
Doch. In der Birke neben dem Grab unterbrach ein Vogel die ewige Stille.
Wie eine Lerche im Winter.
Sie flog flatternd auf in die Lüfte. So würde ich mich immer an sie erinnern.
Ich sah ihr nach, wie sie sich zum Himmel erhob.
Die Wolken rissen auf und ließen durch das Blau einen Sonnenstrahl auf mein Gesicht fallen. Ich schloss geblendet die Augen. Helle Punkte blitzten in meinem Kopf wie Sterne.
Mich erfüllte ein Gefühl von Frieden und Freiheit. Es gab nichts zu sagen.
Alles war gut, so wie es war. Alles hat seine Zeit. Amen, dachte ich.
Ich öffnete die Augen und schaute in den strahlend blauen Himmel. Es musste wohl Föhn sein, bei dem mitten im kalten Winter die Farben aus sich heraus leuchten und den kommenden Frühling erahnen lassen. Den ewigen Kreislauf.
Rudi liebte alle Jahreszeiten.

Der Econ Verlag ist ein Unternehmen der
Econ Ullstein List Verlag GmbH & Co. KG, München

1. Auflage 2000

ISBN 3-430-15109-0

Satz: Josefine Urban – KompetenzCenter, Düsseldorf
Druck und Bindearbeiten: GGP Media GmbH, Pößneck